KB059423

대한민국 명문학군
입지지도

서울 황금 학군부터 떠오르는 신흥명문 학군까지

대한민국 명문학군 입지지도

신진상 지음

비즈니스북스

대한민국 명문학군 입지지도

1판 1쇄 인쇄 2023년 1월 10일
1판 1쇄 발행 2023년 1월 17일

지은이 | 신진상
발행인 | 홍영태
편집인 | 김미란
발행처 | (주)비즈니스북스
등 록 | 제2000-000225호(2000년 2월 28일)
주 소 | 03991 서울시 마포구 월드컵북로6길 3 이노베이스빌딩 7층
전 화 | (02)338-9449
팩 스 | (02)338-6543
대표메일 | bb@businessbooks.co.kr
홈페이지 | http://www.businessbooks.co.kr
블로그 | http://blog.naver.com/biz_books
페이스북 | thebizbooks
ISBN 979-11-6254-322-1 03320

프롤로그

앞으로 4년, 똑똑한 부모는 부동산과 입시를 이렇게 준비한다

대한민국에서 부동산과 교육만큼 뜨거운 감자는 없습니다. 특히 이 둘은 서로 떼려야 뗄 수 없는 상관관계를 갖고 있기에 첨예한 갈등의 원인이 됩니다. 그런데 지난 5년간 부동산과 교육 시장은 악몽과도 같았습니다. 문재인 정부는 집권 초부터 '학생부종합전형'(이하 '학종')을 절대적으로 지지하는 교육부장관을 임명했고, 그 결과 '수능 절대평가' 시도와 함께 사실상 '학종 중심의 입시'로 바꾸는 전초전이 시작되었습니다. 그러다가 비판 여론이 거세지자 '서울 주요 대학 정시 40퍼센트까지 확대'라는 가이드라인에 이어, 수시전형 시 학종의 핵심이자 사교육의 온상이었던 '자소서 폐지'까지 결정하면서 입시 정책에 극적인 전환을 일으켰습니다. 그런데 입시에서 정시 선발 인원이 늘어나면 교육 시장과 부동산에 어떤 일이 벌어질지 정말 몰랐던 걸까요?

당시 정부가 부동산, 특히 아파트 가격을 안정시키겠다는 의지를 가졌다면 정시 확대 정책은 조급하게 추진할 일이 아니었습니다. 입시 공부를 해본 사람이라면 알겠지만 수능시험은 비싼 사교육을 오랫동안 많이 받을수록 성적이 잘 나오는 시험입니다. 주요 대학의 정시 합격자 중에서 재수생들의 거주지가 어디인지만 파악해봐도 정시 확대가 아파트 가격 상승에 불을 붙이는 인화성 물질이라는 것을 금방 알 수 있습니다. 정시 확대는 지방 일반고의 몰락과 강남 8학군을 비롯한 교육특구의 부활을 가져왔습니다. 이것이 해당 지역의 아파트 가격을 급등시키는 주범이 될 것임은 불을 보듯 뻔한 일이었습니다.

학군지 부동산 투자, 자녀교육과 재테크 성공의 지름길이다

윤석열 정부는 규제를 통해 집값을 잡겠다는 문재인 정부의 부동산 정책에 전면 반기를 들었습니다. 최근에는 '15억 원 이상 주택담보대출 금지 규제' 해제와 더불어 각종 규제를 풀기 위한 조치를 진행하고 있습니다. 법 개정이 필요한 임대차3법 등을 제외한 대통령 시행령으로 가능한 한 모든 규제를 완화하는 정책 행보를 이어나가고 있습니다.

하지만 최근의 경제 상황을 보면 규제 완화가 부동산 시장에 온기를 불어넣기에는 역부족입니다. 전 세계가 인플레이션에 따른 금리 인상의 폭풍 속으로 진입했기 때문입니다. 러시아-우크라이나 전쟁 후 공급망 차질로 치솟은 물가는 초인플레이션을 초래했고, 미국과 유럽을 비롯한 전 세계 중앙은행은 큰 폭의 금리 인상 행보를 이어가고 있습니다. 그런데 고가의 아파트가 아니더라도 대출금 없이 순수 자기 자본으로 집을 살 수 있는 사람은 거의 없습니다. 특히 교육에 관심이 많은 30대 후반에서 40대 후반까지의 수요자라면 더욱 그렇습니다. 이로 인해 최근에는 학군지 부동산도 거래절벽 상황에 직면했습니다. 그럼에도 맹모들의 교육열은 쉽사리 사그라들지 않을 것입니다. 입시에서 정시 비율이 늘어나고, 수시에서도 수능 등급이 최종 당락을 결정하는 상황에서 학부모들은 수능 대비에 유리한 지역으로 몰릴 수밖에 없습니다. 부동산이 회복세로 돌아서면 이 지역이 가장 먼저 상승 전환점을 맞을 것입니다.

과거에는 주어진 환경이나 열악한 조건을 극복하고 성공한 경우를 빗대어 "개천에서 용 난다."라는 표현을 썼습니다. 그런데 지금은 개천에서 용이 나는 데 두 가지 방법이 있습니다. 하나는 개천을 용이 날 수 있는 큰 연못으로 바꾸는 것이고, 다른 하나는 개천에 사는 이무기가 용이 나는 개천으로 이사를 가는 것입니다. 전자는 지역 격차와 국가 재정의 한계 때문에 불가능합니다. 20년 전에 노무현 정부가 지역 균형 발전으로 지방과 수도권을 균등하게 발전시키려고 했지만 실패했습니다. 결국 답은 "개천을 옮겨야 용이 난다."입니다.

입시 정책의 흐름을 보건대 우수한 학생과 좋은 학원이 모인 동네로 이사를 간다면 일단 유리한 고지를 선점했다고 볼 수 있습니다. "위기는 곧 기회의 다른 말이다."라는 명제는 명백히 진리입니다. 금리 상승 때문에 매수세가 끊겨 가격이 하락하고 있는 지금이야말로 학군지 부동산에 투자할 때입니다. 지난 50년 동안 집값은 몇 번의 경제 위기에도 불구하고 어느 지역이든 꾸준히 우상향해왔습니다. 바로 '공급의 비탄력성' 때문입니다. 지금 전 세계는 경제와 안보 모든 면에서 위기 상황에 놓여 있지만 결국 전쟁도 끝나고 인플레이션도 정점을 찍은 뒤 하향 안정화에 접어들 겁니다. 그렇게 되면 금리 인상도 마무리되면서 주택 수요가 늘어나 다시 집값이 고개를 드는 날이 옵니다.

이 책의 독자 중에는 초등 고학년 학부모들이 많으실 듯합니다. 이분들에게는 학군지 실거주만큼 일석이조의 투자 전략이 없음을 거듭 강조하고 싶습니다. 그 기회는 이미 열려 있습니다. 이 책 속에 나온 정보를 통해 내 아이의 성향과 역량에 맞는 학군지를 선별해 투자에 나설 준비를 하시기 바랍니다.

학군과 아파트 가격의 함수를 이해하면 절대 투자에 실패하지 않는다

"좋은 학군이 아파트 가격 상승을 보장할까요?"

이 질문에 저는 "네."라고 답하겠습니다. 물론 예외인 지역도 있습니다. 용산 지역은 이미 대부분의 아파트 가격이 평당 1억 원을 돌파해서 서초구를 비롯해 강남을 잇는 부촌입니다. 하지만 학원가가 없고 학군도 별로 좋지 않습니다. 반면 중계동은 학군도 좋고 대형 학원가까지 갖추고 있는 강북의 대표적인 교육 특구인데 상대적으로 다른 학군지보다 집값이 낮습니다. 그래서 "학군은 입지를 이길 수 없다."는 주장도 제기됩니다.

하지만 미래에도 그럴까요? 용산구에는 아직까지 학원가가 없고 다른 학군지에 비해 학교 경쟁력도 떨어집니다. 하지만 이 지역 학생들도 한강을 건너 대치동의 학원가를 이용하면서 입시 경쟁력을 높이고 있으며, 중경고와 용산고 등은 서울대를 비롯해서 의학계열 대학의 입시 실적이 좋아지고 있습니다. 머지않아 서울을 대표하는 학군 중 하나로 부상할 것이며 재개발을 통해 신축 아파트가 들어서면 대형 학원가도 생길 것입니다. 이렇게 용산구가 학군의 프리미엄까지 갖추게 되면 부동산의 가치는 더욱 올라갈 수밖에 없습니다. 중계 학군은 서울 중심지와 먼 곳에 있고 교통의 편의성이 떨어져 상대적으로 아파트 가격 상승에 제한이 있습니다. 하지만 대학교 입시 실적과 특목고, 자사고 실적 및 학원가의 경쟁력을 볼 때 지금보다는 집값이 더 오를 것이라고 확신합니다. 동북선 경전철 개통도 중요한 영향을 미칠 것입니다.

현재 부동산 시장은 침체기에 접어들었습니다. 물론 학군지도 예외는 아닙니다. 하지만 장기적으로 학군이 좋은 지역의 아파트 가격은 우상향할 수밖에 없습니다. 학군지의 부동산은 늘 수요보다 공급이 부족하고, 기존 학군지의 인프라를 능가할 새로운 학군의 형성은 쉽지 않기 때문입니다.

우리 아이가 대학에 갈 때 입시와 집값은 어떻게 달라질까

저는 20여 년 동안 대치동에서 대입 컨설팅을 해온 입시 전문가이며 각종 금융자산의 관리사로도 활동하고 있습니다. 그래서 대한민국의 입시와 부동산에 관해서는 최적의 조언을 해줄 수 있다고 자부합니다. 이 책에는 대치동을 비롯한 전국의 학군지에서 만난 수많은 학생과 학부모들의 상담을 통해 쌓아온 어마어마한 실전 데이터가 고스란히 담겨 있습니다. 아울러 발로 뛰며 파악한 학군지 부동산의 현재와 미래의 비전까지 포함하고 있습니다. 무엇보다 학군지 고등학교의 경쟁력을 파악하기 위한 자료는 기존의 정보 수준과 깊이를 넘어섭니다. 해당 학교의 입시 실적 이면에 숨은 의미와 학교 내 다양한 프로그램의 수준과 경쟁력까지 낱낱이 파악해서 담아냈습니다. 서울대와 서울대 의대를 비롯한 의학계열 대학은 어떻게 학생을 선발하는지, 이들 대학에 수시전형으로 합격한 학생은 어떤 학생기록부(이하 '학생부')를 갖고 있는지 등에 대해 자세히 설명했습니다. 또한 향후 대입 정책의 변화에 따른 고교 선택 전략 등 학군지 선택에 있어 반드시 고려해야 할 다양한 정보까지 구체적으로 풀어냈습니다.

통찰력은 미래를 보는 눈입니다. 지금부터 관심을 갖고 공부하지 않으면 내 아이만의 경쟁력을 확보하기 어렵습니다. 현재가 아닌 자녀가 대학에 들어갈 때 입시는 어떻게 달라질지, 아파트 가격은 어떻게 변할지에 대해 미리 예측하고 대응하는 자만이 입시와 부동산 두 분야에서 모두 성공할 수 있습니다.

2023년 1월

신진상

이 책을 200% 활용하는 법

1. 입시 이슈와 학군 트렌드를 먼저 세심히 읽는다.
2. 학군별 지도를 보며 주요 학원의 위치를 파악한다.
3. 지도의 QR코드를 통해 해당 학군의 매물과 실거래가 정보를 찾아본다.
4. 관심 있는 학군을 먼저 읽고 싶다면 오른쪽 페이지 끝의 학군 이름이 적힌 표시를 보며 찾아간다.

일러두기

* 서울 지역의 경우 학군과 학원 경쟁력을 가진 일곱 개 구를 중심으로 강남구 대치동, 서초구 반포, 송파구 잠실, 광진구 광장동, 양천구 목동, 강동구, 노원구의 중계동을 집중적으로 다루었다. 수도권은 분당구, 평촌, 일산, 수원의 영통 및 광교, 인천의 송도를 선택했으며 지방은 대전, 천안, 대구, 광주, 부산 지역을 다루었다.
* 해당 지역의 학군 경쟁력 중 중학교는 전국 단위 학업성취도 평가와 학교 알리미에서 공식적으로 발표한 자사고·특목고·영재고 진학비율 그리고 그 학교의 주요 과목 내신평균점수로 평가했다. 고등학교의 경우는 서울대와 의대, 치대, 한의대를 많이 보내는 학교들을 위주로 다루었다. 특히 이 책에는 취재를 통해 일일이 확인한 내용과 수많은 학생들의 상담지도 사례를 고스란히 녹여냈다.
* 이외에도 해당 학군 내 주요 학원들의 동향과 선택 가이드를 담아냈다. 국영수와 주요 과목을 중심으로 지역을 대표하는 학원들의 세세한 정보까지 수록해서 학군지 선택에 도움을 주기 위해 노력했다. 마지막에는 해당 학군에 진입하는 방법을 제시하기 위해 학교와 학원 접근성이 높으며 각 학군지 부동산 시세의 가늠자 역할을 할 주요 아파트 단지의 기본 정보와 매매가 및 전세가 추이를 담았다. 모든 거래 가격은 국토교통부에서 검증한 실거래가를 기준으로 삼았다.
* 본문 중 언급되는 학교 명칭은 전체 교명을 쓰는 대신 통상적으로 쓰이는 형태를 기준으로 간략하게 표기했다(예: 대원외국어고등학교 → 대원외고).
* 본문 중 아파트의 면적은 전용면적을 '평'으로 환산해 표기했다(예: 85m^2 → 25평).

인트로

2024~2027년 대입 성공을 위해 반드시 알아야 할 입시 이슈와 학군 트렌드

중등 학군 선택 시 반드시 점검해야 할 5가지 핵심 데이터

입시는 투자다. 급변하는 투자 환경 속에서 살아남기 위해 수많은 데이터와 지표를 활용하듯이 대입뿐 아니라 고등학교 입시 또한 철저하게 데이터에 기반을 두어 대비하고 실행해야 한다. 대입에서 중요한 데이터는 서울대를 비롯한 주요 대학 실적과 해당 학교의 수능 점수다. 윤석열 정부에서는 고등학교별 졸업생 중 수능에서 2등급 이상의 과목이 두 개 혹은 세 개가 넘는 학생의 비율에 관한 자료를 주기적으로 발표할 것으로 보인다. 그렇게 되면 수능에 강한 학교와 그렇지 않은 학교가 드러나게 된다. 이처럼 고등학교 선택의 기준은 위의 데이터들을 참고하면 세울 수 있는데 문제는 중학교다. 중학교를 선택할 때는 어떤 데이터를 활용해야 할까? 수능 같은 전국 단위 표준시험이 존재하지 않기 때문에 학부모들의 고민은 깊을 수밖에 없다. 하지만 다음에 설명하는 다섯 가지 핵심 데이터만 확인하면 중학교 선택의 기준도 확실해진다. 이 데이터는 맘카페 엄마들의 입소문보다 훨씬 더 중요하다.

지역 내 중학교의 학년별 학생 수 추이를 파악하라

교육부의 학교 알리미 사이트를 북마크하자. 해당 지역 혹은 학교를 검색해서 학교 정보를 누른 뒤 가장 먼저 확인해야 할 데이터는 학년별 학생 수다. 이 숫자가 늘어나고 있는 학교를 선택하는 것이 유리하다. 만약 학생 수가 줄어드는 학교라면 똘똘한 상위권 학생들이 일찌감치 대치동 등 명문학군으로 이사를 가는 추세라는 뜻이다. 당연히 좋은 현상이 아니다. 중학교 학업성취도 평가는 절대평가이기 때문에 공부 잘하는 학생들이 많다고 해서 내 자녀가 손해 볼 게 없다. 그러므로 중학교 학생 수가 많을수록 해당 학군의 미래도 밝다고 할 수 있다.

해당 학교의 전출입 학생 수를 파악하라

학생들이 전학을 가거나 휴학을 하는 비율은 1학년이 압도적으로 많다. 이 수치는 학년당 3퍼센트가 넘는 학교도 있고 1퍼센트 미만인 학교도 있다. 당연히 전출입 학생의 변동성이 적은 학교가 내 자녀에게 유리하다. 전입이 많은 학교는 학업 분위기가 나빠질 뿐 아니라 주변 학부모들에게 좋지 않은 인상을 줄 가능성이 높다. 특히 전입의 경우 중학교보다는 상대평가를 하는 고등학교에서 불리하다. 좋은 내신등급을 받으려고 학력이 좋은 학교에서 전학을 오는 학생들 때문에 내 자녀의 내신등급이 떨어질 수 있다.

졸업생 진로 현황을 확인하라

졸업생 진로 현황은 학교 선택에 있어서 가장 중요한 데이터라 할 수 있다. 외고·국제고 입학 비율과 영재고·과학고(이하 '영과고') 입학 비율이 전체 학생

수의 10퍼센트가 넘는 학교는 상위권 학생들이 모여 있다고 봐야 한다. 이런 곳은 학업 분위기도 좋고 일찍부터 경쟁에 노출될 수 있는 학교라 할 수 있다. 그리고 같은 '특수목적고등학교'(이하 '특목고')와 '자율형사립고'(이하 '자사고')라 해도 외고·국제고 진학비율과 영과고 진학비율은 별도로 비교해야 한다. 이 데이터를 활용하면 해당 중학교가 이과형인지 문과형인지 혹은 융합형인지 추론해볼 수 있다.

학업성취도 평가 결과를 확인하라

이 데이터는 해당 학교의 내신성적을 보는 것과 같다. 학년별로 1학기, 2학기의 성적이 각각 제공된다. 난이도에 따라 해마다 성적이 조금씩 다를 수 있지만, 그 학교가 어느 정도의 학업 수준을 갖고 있는지는 파악할 수 있다. 비평준화 지역의 중학교는 학생들이 'A'를 얼마나 많이 받는지도 따져봐야 한다. 일반적인 중학교에서는 전국 단위 자사고를 지망하는 학생들을 고려해 시험의 난이도를 쉽게 조절하는 경향이 있으니 평균이 유달리 낮은 학교는 고민해볼 필요가 있다.

해당 지역 내 학원 수를 확인하라

학원이 많은 지역은 사교육 열기가 그만큼 뜨겁다는 의미로 이는 해당 지역의 공교육 환경을 자극한다. 그래서 사교육 환경이 우수한 지역은 공교육의 경쟁력이 높은 경우가 많다. 일종의 선순환 구조다. 해당 데이터는 학원연합회 홈페이지 등을 통해 확인할 수 있다.

일반고와 자사고,
내 아이에게 유리한 고등학교 선택법

학부모라면 누구나 자녀의 중학교 입학과 동시에 고등학교 선택을 고민하기 시작한다. 고민의 무게는 저마다 다를 수 있지만 주제는 똑같다. '명문 대학이나 의대 입학에 유리한 고등학교는 어디이며, 내 아이에게 가장 적합한 학교는 어디인가'이다.

고등학교가 평준화되어 있으므로 어떤 학교에 가든 자녀가 공부를 잘한다면 걱정이 없다. 일반고에 가서 전교 1등을 하거나 전국 단위 자사고에 가서 3등급에 들면 목표하는 대학에 진학할 가능성이 높다. 하지만 이는 극소수의 성공 사례일 뿐이기에 학부모들의 고민은 깊어질 수밖에 없다. 특목고와 자사고는 각각 고려해야 할 사항이 많으므로 여기서는 일반고 진학이 유리한 학생의 유형에 대해서만 살펴보기로 한다.

일단 중학생 때 주요 과목의 고등 과정 선행학습을 하지 않은 학생은 일반고 진학이 유리하다. 물론 자사고의 경우 고등 과정 선행학습을 하지 않아도 내신

성적이 좋으면 합격이 가능하다. 하지만 입학 후가 문제다. 이미 상당한 수준의 선행학습을 하고 온 학생들과의 경쟁에서 밀릴 수밖에 없다. 내신은 바닥으로 추락해 자존감이 극도로 낮아져 모의고사에서도 좋은 성적을 기대하기 어렵다. 특히 수학과 과학 선행학습이 안 되어 있다면 자사고 진학은 피해야 한다. 즉 초등학교 고학년부터 중학교 수과학 선행을 시작해서 중학생 때는 고등 과정 선행을 진행한 학생들이 지원해야 한다는 뜻이다.

두 번째로 내 자녀가 칭찬만으로도 춤출 수 있는 '고래형'인지 치열한 경쟁 속에서 높은 성취를 이룰 '파이터형'인지 정확히 파악해야 한다. 전자라면 일반고에서 상위권을 유지하는 게 낫고, 후자라면 자사고와 특목고에 진학하는 것이 유리하다.

세 번째 판단 기준은 학생부 항목이 줄어들고 자소서가 폐지되는 입시에서 어떤 학교가 대입을 잘 준비해줄 수 있는지 따져보는 것이다. 대입 자소서가 폐지되면 일반고와 자사고 중 어느 쪽이 더 유리할까? 개인적인 판단으로는 자사고가 유리하다. 일반고의 경우 자소서를 통해서 학생부 비교과를 만회할 수 있었다. 하지만 자소서가 사라진다면 수시의 대부분을 차지하는 학종에서는 선생님들이 써주는 학생부가 절대적으로 중요하다. 그런데 일반고 선생님들은 대학교 입학사정관이 원하는 학생부, '세부능력 및 특기사항'(이하 '세특'), '창의적 체험 활동'(이하 '창체 활동')에 대해 자사고와 특목고 선생님들에 비해 잘 모르는 경향이 있다. 물론 일반화하긴 어렵지만 이 부분에서 자사고가 더 경쟁력이 있음은 부인하기 어렵다. 따라서 수시전형으로 대입에 성공하고 싶은 학생들은 중학생 때 좀 더 노력해서 자사고에 진학하는 것이 유리하다.

이 세 가지 사항을 기준으로 자녀의 학업 역량과 습관 등을 면밀히 관찰한 뒤, 늦어도 중학교 2학년 2학기까지는 일반고와 자사고 중 어느 쪽을 선택할지 결정해야 한다.

고교학점제, 일반고와 자사고 어느 쪽이 더 유리한가

이주호 신임 교육부장관의 발언 내용을 보면 2025년도부터 전면 적용되는 고교학점제는 실행될 가능성이 높다. 이 장관은 "고교학점제와 입시의 연관관계는 조금 고민이다. 아직 확신을 갖고 답을 못 하겠다."라고 말했다. 하지만 청문회에서는 "제도 자체는 아주 바람직하며 고등학교는 물론 중학교에도 도입이 되어야 한다."고 주장했다. 즉 고교학점제는 박근혜 정부의 자유학기제처럼 생존할 가능성이 높아졌다.

이 장관이 고교학점제에 동의하는 이유는 취지와 명분 때문이다. 한국 공교육 관행에서 학생이 대학생처럼 과목을 선택해 자유롭게 듣는 제도는 상당히 획기적이다. 물론 대학교의 필수 전공과목처럼 의무적으로 들어야 하는 수업이 있지만 선택과목의 개수와 범위는 지금보다 훨씬 더 늘어날 전망이다.

이주호 장관이 고교학점제를 지지하는 이유 중 하나는 이 제도가 수시전형, 특히 학종에 유리하기 때문이다. 자신의 진로와 적성에 따라 각각 과목을 선택하고 실력을 검증받는 것은 모든 학생이 수능과 같은 전국 단위 표준시험을 치르는 것과는 그 취지가 다르다. 이 제도는 철저하게 학종을 염두에 두고 설계되었다. 그런데 조국 장관 사태 이후 수시와 학종에 대한 비판 여론을 이겨낼 수 없게 되자 정시전형 40퍼센트 가이드라인으로 회귀한 것이다. 정시로 대학에 갈 학생이라면 수능에 유리한 주요 과목이 아닌 '드론 날리기'와 '코딩 언어로 암호화폐 만들어보기' 등 실습 과목 위주의 시간표를 짜지는 않는다.

이러한 고교학점제는 자사고와 일반고 중 어느 쪽에 더 유리할까? 지금까지 논의한 내용을 바탕으로 분석해보면 확실히 일반고보다는 자사고에 유리한 제도다. 내신 주요 과목 외에 절대평가 과목이 늘어나고, 절대평가 과목의 경우 교사가 써주는 코멘트(세특)의 수준과 정성이 입시에 중요한 영향을 미치기 때문이다. 그리고 무엇보다도 학생들이 선택할 수 있는 다양한 과목의 개설 여부, 공강 시간의 활용 및 도서관 시스템 등 여러 면을 고려해볼 때 고교학점제는 자사고에 조금 더 유리하다고 결론지을 수 있다.

예를 들어 '공강'이라는 상황을 생각해보자. 공강을 위해 매번 학교에서 벗어난 공간을 찾아다닐 수는 없다. 그래서 일부 학부모들은 고등학교 선택 시 학교 내 도서관 운영방식을 살펴봐야 한다고도 말한다. 도서관에 영상을 감상할 수 있는 멀티미디어실을 두면 고교학점제로 늘어나는 '소인수 수업'(12명 이하의 학생이 듣는 과목)이나 영상 수업 공간으로 활용할 수 있기 때문이다.

고교학점제가 성공하려면 여러 전제 조건이 충족되어야 하지만 그중 도서관이 히든카드라고 생각한다. 학생들이 도서관을 보다 적극적으로 이용해서 책을 읽고 자신의 진로와 미래에 대해서 생각해볼 수 있는 시간을 가질 수 있도록 정부와 학교의 노력이 필요하다. 절대평가냐 상대평가냐, 혹은 무학년제가 가능하냐 등의 논쟁에 가려 정작 가장 중요한 사항, 즉 학생들의 학습능력 진흥에 대한 고민은 뒷전으로 밀린 것 같아 염려스럽다.

최상위권 학생들은 왜 내신에 불리한 특목고, 자사고에 '문 닫고 입학'하는가

그동안 고등학교에서는 내신이 불리하면 정시에 올인하는 전략이 지배적이었다. 그래서 상대적으로 내신성적을 잘 받을 수 있는 일반고를 택하는 전략으로 입시에 성공한 사례가 많았다. 앞으로도 이런 경향이 유지될까?

최근 자사고의 경쟁률은 소폭 상승했다. 하나고의 경우 2021학년도 1.99 대 1에서 2022학년도는 2.14 대 1, 천안북일고는 1.14 대 1에서 1.67 대 1, 상산고는 1.67 대 1에서 1.94 대 1, 외대부고는 2.43 대 1에서 2.87 대 1로 대부분 높아졌다. 2022년 10월 현재 전국 단위 자사고 입시 컨설팅이나 자소서 면접 지도를 원하는 학생들의 수도 예년보다 늘어난 추세다. 대부분의 언론과 교육 전문가는 학생부 축소와 자소서 폐지로 내신성적의 중요성이 강화되면 일반고가 더욱 유리할 것으로 내다보고 있지만 실제 양상은 다르다.

그 이유는 통합형 수능 때문이다. 인문계 학생들이 수능 수학에서 고전을 면치 못하면서 1등급이 가능했던 학생이 3등급을 받는 일이 비일비재해졌다. 특히 수능 최저등급이 높기로 유명한 고려대의 경우 2022학년도 학업우수자전형에서 인문계 일부 학과에서는 전체 지원자의 수능 최저 충족 비율이 1.39퍼센트에 불과했다. 1단계만 통과하면 면접을 통해 대부분 합격했다는 뜻이다.

최근의 입시 구조는 확실히 문과보다는 이과를 선택하는 편이 유리하다. 이에 따라 경영대 등에 지원하는 문과 전공 학생들까지 이과를 선택하는 사태가 벌어졌다. 전국 단위 자사고는 문과생, 이과생 모두 선택할 수 있다. 하지만 어느 자사고든지 이과 학생이 문과 학생보다 두 배 이상 많은 상황이라 여러모로 유리할 것이라고 판단한 결과다. 이에 따라 전국 단위 자사고에 '문 닫고 입학'(하위권으로 입학한다는 뜻)해도 늘어난 정시 인원과 수능 대비에 유리한 자사고를 선택하는 게 득이라고 생각하는 학생과 학부모들은 더 많아질 것이다.

그리고 수시에서 내신의 중요성이 커질 거라고 생각하는 학부모들과 달리, 자사고 진학을 고려하는 학부모들은 내신보다 과목별 세특 등 선생님이 써주는 평가가 더 중요해질 거라고 예상하고 있다. 이미 고등학교 2학년 때부터 진로 선택과목이 ABC 성취도(D나 F는 없음)로 바뀌면서 등수가 의미 없어진 상황이다. 따라서 결국 학생부 세특이 더욱 중요해질 것임을 이미 눈치챈 것이다. 학생부 세특은 전국 단위 자사고 선생님들의 경쟁력이 압도적으로 높은데, 학생별 우수성과 관심 있는 주제를 개성적으로 써줄 수 있는 역량이 상대적으로 높기 때문이다.

입학사정관제 도입의 주역, 이주호 교육부장관은 입시 판도를 어떻게 바꿀까

이주호 교육부장관은 입학사정관제의 설계자다. 정시보다 수시가 더 미래 지향적인 입시 형태라고 주장하고 있기 때문에 정시가 공정하다는 윤석열 대통령의 교육철학과는 충돌할 수밖에 없다. 과연 이주호 장관은 죽어가는 학종을 살릴 수 있을까? 결코 쉽지 않아 보인다. 학종을 둘러싼 여론이 이명박 정부 때보다 더 나빠졌기 때문이다. 게다가 대통령이 공약으로 정시 확대를 약속한 상황이다. 다만 정시비율이 40퍼센트를 넘어 50퍼센트 이상 확대되는 일은 벌어지지 않을 것으로 보인다. 하지만 정시가 늘어나면서 강남 학군의 서울대 진학률이 더 높아지고 이에 따라 양극화와 사교육비 문제가 더욱 심각해지면 상황이 달라질 수도 있다.

이주호 장관은 수능 절대평가와 자격고시화를 주장해왔다. 최근에는 고등학교 3년 동안 치른 모든 시험성적과 각종 평가 보고서 등을 AI로 데이터화해서 대학들이 그것을 보고 학생을 뽑도록 해야 한다는 의견을 제시했다. 이는 학종을 포장지만 바꿔서 재활용하겠다는 뜻으로 풀이된다. 그러나 여론을 거스르며 '수시 강화'라는 무리수를 두지는 않을 것으로 보인다.

또 한 가지 이주호 장관의 트레이드 마크는 고교 다양화에 기반한 자사고 정책이다. 문재인 정부는 시행령을 바꿔 2025년부터 자사고와 외고, 국제고의 일반고 전환을 확정했다. 하지만 시행령이기 때문에 변경이 가능하다. 이미 윤석열 정부는 자사고를 유지하는 쪽으로 방향을 잡았다. 즉 자사고와 외고, 국제고는 유지되겠지만 자소서나 학생부, 독서 활동, 교내상賞, 자율동아리 활동 반영 등이 부활하는 일이 벌어지지는 않을 전망이다.

2025년 고교 내신 절대평가 추진되면 입시는 어떻게 바뀔까

이주호 교육부 장관이 2022년 12월 폭탄선언을 했다. 고교학점제가 전면 시행되는 2025학년도부터 고2 이상이 선택하는 선택과목 외에 고1이 배우는 공통과목도 내신 성취평가제로 바꾼다는 계획이다. 현재는 고2, 고3에서 배우는 일부 선택과목(언어와 매체 화법, 작문 독서, 수1·수2 미적분, 확률과 통계, 영어1·영어2, 수능 사탐 선택과목 및 과탐 1과목)은 상대평가를 하고 있다. 2025년부터는 이들 과목도 성취평가로 바뀌어 고2와 고3은 모든 선택과목이 내신 절대평가로 전환될 예정이었다. 그런데 고1도 전부 성취평가제로 바뀐다면 어떻게 될까? 이게 실행된다면 실로 엄청난 일이다.

사실 고교학점제를 창안했던 문재인 정부도 내신 절대평가를 계획했다. 그러나 전교조 등 학교에서 반대하며 발목을 잡았다. 2021학년도 대입 합격자까지는 고2·고3 진로 선택과목도 9등급제로 평가받았고 2022학년도 신입생부터 진로 선택과목을 ABC 평가제로 바꾼 것이다. 국민 여론이 압도적으로 정시 확대를 원하는데도 문재인 정부가 2022학년도 입학생(즉 2019학년도 고교 입학생)부터 진로 선택과목을 성취평가로 바꾼 것은 그만큼 고교학점제를 성공시키고 싶은 마음이 컸음을 보여준다. 고교학점제는 고교 내신 절대평가 없이 성공할 수 없음을 잘 알았기 때문이다.

이주호 장관은 원래 고교 내신 절대평가를 MB 정부 장관 시절부터 목놓아 외쳤던 사람이다. 여론은 부정적이지 않을 테지만 전교조는 격렬하게 반대할 것이다. 그러나 민노총의 파업 시위에도 눈 하나 깜짝하지 않는 윤석열 정부다. 전교조가 반대한다고 정책을 접을 가능성은 적다.

고교 내신 절대평가가 시행되면 어떤 일이 벌어질까? 우선 수시의 학생부교과전형은 사실상 폐지되고 학종은 과목별 세특 중심의 비교과 전형으로 바뀔 것이다. 대학은 정시를 울며 겨자 먹기 식으로 늘리거나 갈수록 본고사와 비슷해지는 논술 전형을 늘려야 할 수도 있다. 아니면 이 기회에 아예 국영수 본고사를 부활하자는 여론몰이가 일어날지도 모른다. 특목고, 자사고나 학생부 세특을 잘 써주는 수시 명문 학교들은 더욱 인기를 얻을 것이다.

한 가지 변수는 있다. 야당은 전교조나 진보 세력을 의식해 반대할 가능성이 높다. 그러나 고교학점제가 전 정부 교육정책의 핵심이기 때문에 전교조처럼 격렬하게 반대하지는 않을 것이다. 정시의 소폭 확대, 논술고사의 본고사화 및 소폭 확대, 학생부교과전형의 단계별 폐지, 학종의 현상 유지 및 과목별 세특의 중요성 증대, 그리고 특목고, 자사고, 영재고의 인기는 더욱 상승할 것으로 보인다.

이주호 장관은 최근 인터뷰에서 수능은 반드시 폐지되어야 한다며 소신 발언을 했다. 뒤이어 현행 대학 입시를 크게 건드리지 않고 미세조정하겠다는 뜻을 밝혔다. 따라서 내신 절대평가는 현 정권 임기 초반이니 착근할 수 있지만, 현 정부 임기 내에 수능 절대평가나 자격고사화는 절대 없을 것이다.

수능 준비가 되는 고등학교와 안 되는 고등학교, 어떻게 판단하나

'정시 40퍼센트' 시대에 아주 중요한 질문이다. 수능 준비가 되는 학교인지 아닌지 여부는 지역별, 학교별 수능 점수를 확인하면 대략 파악할 수 있는데 추후에 공개될 가능성이 높다. 학생들의 고교 선택의 자유를 높일 수 있기 때문이다. 이는 밀턴 프리드먼Milton Friedman의 《선택할 자유》를 인생의 책으로 여기는 윤석열 대통령의 정체성과도 맞아떨어진다. 하지만 후폭풍은 있다. 강남불패 신화가 더욱 강화되고 상대적으로 점수가 떨어지는 지역의 학력을 끌어올릴 묘책이 없기 때문이다. 이명박 정권 때 조선일보가 공개했듯이 언젠가는 정부의 묵인 아래 특정 일간지가 학교별 수능 평균점수를 공개할 날이 올 것이다. 그때까지는 다른 방법으로 예측해야 한다.

가장 좋은 방법은 〈베리타스알파〉가 발표하는 '서울대 실적 톱 100' 입시 결과에서 정시와 수시의 비율을 보는 것이다. 수능에 강한 학교일수록 서울대 정시 합격률이 높다. 물론 재수생 비율도 그만큼 높겠지만 고3 수험생도 다른 일반고보다는 성적이 좋다. 이 리스트에 올라 있는 고등학교 중 70퍼센트는 특목고, 영재고, 자사고이고 30퍼센트 정도가 일반고다. 따라서 이들 100개 학교를 제외하고는 수능에 강한 학교인지 아닌지를 파악하기란 쉽지 않다. 보통 수시와 정시를 포함해서 서울대 합격생을 다섯 명 정도 배출하는 학교라면 연세대와 고려대 합격생을 포함한 이른바 'SKY 합격생'은 대략 20명 선으로 추측할 수 있다. 보편적으로는 자사고가 일반고보다 수능 대비에 강하다고 보면 된다. 수시전형으로 서울대 합격생을 가장 많이 배출하는 학교인 하나고와 민사고를 제외하면 나머지 전국 단위 자사고 여덟 개 학교 모두 수시보다 정시에 강하다.

대치동의 경우, 남녀공학 공립고인 세종고와 개포고를 제외하면 대부분의 일반고가 수능에 강하다. 중대부고와 중산고는 수시와 정시에서 모두 엇비슷한 경쟁력을 보이지만 나머지 학교는 모두 수시보다 정시에 월등히 강하다. 지방의 경우에는 대구시 수성구에 위치한 학교들이 수능 대비가 잘 되어 있다. 수성구는 대치동보다 수능성적이 좋았던 적도 있지만 지금은 대치동과 차이가 많이 벌어졌다.

이외에 학교별 교과 진도 계획표 등으로도 확인할 수 있다. 상산고의 경우 수학의 미적분 영역이 다른 학교에 비해 한 학기 정도 빨리 진행된다. 그만큼 정시 준비가 유리하다는 의미다. 학부모들이 모여 있는 맘카페에서 정보를 얻는 방법도 있다. 학부모들이 올린 글을 보면 해당 학교가 내신성적을 올리기 얼마나 어려운지, 학업 분위기는 어떤지 등을 확인할 수 있다.

내 아이, 수시형인지 정시형인지 파악하는 방법

자녀의 성향이 수시형인지 정시형인지 여부는 고등학교 3학년이 되면 가장 정확하게 알 수 있다. 하지만 그때 파악해서는 대입에 성공할 가능성이 낮다. 가능하다면 중학교, 빠르면 초등학교 고학년 때는 파악해서 성향에 맞는 학교 선택을 고민하고 입시 로드맵을 짜야 한다. 오랫동안 수많은 학생을 진학지도한 경험을 바탕으로 몇 가지 기준을 제시하자면 아래와 같다.

첫째, 머리만 믿고 노력하지 않는 학생은 정시형이다. 학종과 학생부교과전형은 철저하게 노력형 인재에 어울리는 전형이다. 많은 학부모들이 내 아이가 머리는 좋은데 노력을 하지 않는다고 믿는데 이런 성향이 확실한지 먼저 판단해야 한다. 만일 확실하다면 그 아이는 2년 반 동안 지루하게 이어지는 내신 경쟁보다는 정시에 더 적합하다.

둘째, 수학 과목의 성적을 보면 알 수 있다. 일단 수학에 약한 학생은 이과를 선택하면 안 되고, 문과에 가더라도 상위권 대학에 정시로 합격하는 것은 사실상 불가능하다. 수학 과목을 어려워하거나 점수가 낮은 학생은 일찌감치 수시 쪽으로 입시 로드맵을 짜는 것이 유리하다.

셋째, 멘탈이 약하면 수능 같은 큰 시험에는 불리하다. 멘탈이 강하지 않은 학생은 10번의 기회가 있는 내신시험에 적합하다. 내 아이가 성실하지만 멘탈이 약하다고 우려하는 학부모라면 중학생 때부터 내신시험에 좀 더 비중을 두고 준비시키는 게 좋다.

마지막으로, 꼼꼼하고 섬세한 성격의 학생이 수시에 유리하다. 이주호 장관은 고등학교 내신시험을 지필고사 위주에서 수행평가 위주로 바꿀 가능성이 크다. 그런데 보고서나 발표 그리고 기타 과제는 꼼꼼한 성격의 학생에게 유리한 특성이 있다. 그래서 일반적으로 수시는 여학생에게 유리하고, 정시는 남학생에게 유리하다고 보는 것이다. 수행평가 등 섬세함과 꼼꼼함을 요구하는 평가에서 여학생은 남학생보다 좋은 성적을 받을 가능성이 높다.

앞으로 주목해야 할 '2023 신흥학군'은 어디인가

이 책에서는 서울 일곱 곳, 경기·인천 다섯 곳, 지방 다섯 곳 등 모두 17개의 학군을 소개하고 있다. 그 외 경쟁력을 높여가는 신흥학군들이 있으며 그중 서울 지역에서는 '마포 학군'을, 지방에서는 '세종 학군'을 꼽을 수 있다.

마포구는 아파트 가격에 비해 학군이 약한 대표적인 지역이다. '마용성'으로 불리는 마포구, 용산구, 성동구는 학군이 약하면서 아파트 시세는 비싼 공통점이 있다. 하지만 이 중 마포구는 1980년대 학력고사 시절, 경성고와 광성고가 서울대 합격생 30명 이상을 배출하며 강북을 대표하는 명문학군이었다. 물론 지금은 서울대 합격생을 다섯 명 이상 배출하는 구내 고교가 단 한 곳도 없을 정도로 그 위상이 추락했다. 그러나 마포구는 용산구나 성동구보다는 학군 형성이 빠를 것으로 보인다. 그 이유는 두 가지다. 우선 마포구는 유달리 젊은 인구가 많다. 마포구의 평균 연령은 강남, 서초, 송파, 양천, 광진 다음으로 낮은데 점점 더 젊어지는 추세로 가고 있다. 젊은 세대가 많이 밀집한 지역이므로 교육열이 높아질 수밖에 없다. 당연히 학군에 대한 관심과 사교육 열기가 뜨거워지는 상황이다. 학업성취도 평가에서도 점점 더 좋은 점수를 받을 것이다. 두 번째 이유는 광흥창역을 중심으로 학원들이 대거 들어와 학원가가 만들어지고 있다는 점이다. 목동을 거점으로 하는 유명 학원들은 이미 이 지역에 진출했다. 예전에는 마포구에서 특목고와 자사고를 준비하려면 목동까지 가야 했지만 지금은 상당수의 초등생 학부모가 마포구 내 학원을 이용하고 있다.

지방의 유망학군으로는 '세종 학군'을 꼽을 수 있다. 혹자는 세종시에는 공무원 외에 전문직 종사자가 없기 때문에 학군 형성이 어려울 것이라고 분석하지만 내 견해는 다르다. 일단 세종시는 현재 집권 여당에게는 아주 중요한 지역이다. 지난 지방선거에서 사상 처음으로 '국민의힘'에서 세종시장을 배출했다. 그뿐 아니다. 이미 세종시로 정부의 주요 부처가 상당수 이전한 상태에서 총선을 앞두고 세종시 발전에 불리한 정책을 내놓을 가능성은 거의 없다. 세종시를 규제 지역에서 푼 것도 이러한 차원에서 해석해볼 수 있다. 이처럼 지역 발전의 불확실성이 상당 부분 해소된 만큼 세종시는 지금보다 더 발전할 가능성이 있고 이는 학군 발전의 기폭제가 될 것이다.

또한 아직까지 일반고는 뚜렷한 입시 실적을 내지 못했지만, 세종국제고와 세종과학예술영재학교는 좋은 실적을 내고 있다. 해마다 해당 학교의 학생들을 상담하며 학생부를 살펴본 결과 융합형 인재들이 많다는 인상을 받았다. 특히 해당 지역에 영재고를 비롯한 특목고와 자사고가 있을 경우 일반고의 입시 실적도 덩달아 좋아지는 사례가 많다. 현재 세종시의 대표적인 일반고인 세종고와 한솔고의 실적은 미미하지만 영재고와 국제고에 자극받은 공교육이 분발할 가능성이 높다. 아직 학원가가 제대로 형성되지 않은 단점이 있다. 하지만 일자리가 늘어나고 사교육에 적극적으로 투자하는 전문직 종사자가 거주할 만한 중대형 아파트가 많아지면 자연스럽게 학원가도 형성될 전망이다.

차례

서울시 명문학군 입지지도

제1장 대한민국 입시 1번지, 강남 대치 학군

제2장 대치동을 넘보는 입시 강자, 서초 반포 학군

제3장 '엘리트'의 힘, 송파 잠실 학군

제4장 중등부의 압도적인 경쟁력, 목동 학군

제5장 흔들리지 않는 강북의 맹주, 중계 학군

제6장 한강변 최고의 학군지, 광진 학군

제7장 새로운 도약을 꿈꾸는 강동 학군

수도권 명문학군 입지지도

대치동을 넘보는 유일한 강자, 분당 판교 학군

제9장

경기 남부 최고의 학원가, 평촌 학군

제10장

국제교육도시의 위엄, 인천 송도 학군

제11장 전통의 영통과 부상하는 광교, 수원 학군

제12장 가성비 좋은 수도권 학군지, 일산 학군

지방 명문학군 입지지도

제13장 전국구 의대 입시 사령부, 대구 수성 학군

제14장 고교 학군 최고의 가성비, 대전 둔산 학군

제15장 떠오르는 신흥강자, 천안 불당 학군

제16장 제2의 교육도시를 꿈꾸다, 부산 해운대 학군

제17장 호남 유일의 학원가, 광주 봉선 학군

서울시 명문학군 입지지도

제1장

대한민국 입시 1번지
강남 대치 학군

☑ **입지 특징**	• '대전살기'(대치동에서 전세 살기)족 증가 • 은마아파트 등 재건축 기대감으로 매매가-전세가 갭 차이는 큰 편 • 고교 주변 자녀 입주용 소형빌라(원룸)는 보증금 2억 원대로 형성
☑ **학원가 특징**	• 대한민국 스타강사들의 총집결지 • 초중고 과정의 모든 입시와 각종 시험 준비 가능 • '국어와 수학' 두 분야 중심으로 재편
☑ **배정 예상 중학교**	구룡중, 개원중, 단대부중, 대명중, 대청중, 대치중, 숙명여중, 역삼중, 진선여중, 휘문중
☑ **배정 예상 고등학교**	개포고, 경기고, 경기여고, 단대부고, 숙명여고, 영동고, 중대부고, 중산고, 진선여고

부동산 시세 보기

❶ 트윈클어학원 대치본원 : **초등 저학년 선호 어학원**

❷ 대치명인학원 대치캠퍼스 : **대치동에서 시작해 전국에 분원을 보유한 중고등 단과학원**

❸ 프라우드7학원 : **초등 중고학년 선호 어학원**

❹ CMS 대치영재관 : **영재고 초등 준비 최강 학원**

❺ 수학에미친사람들 대치본관 : **꼼꼼한 관리와 개별식 맞춤 수업이 강한 수학 학원**

❻ 깊은생각고등수학 : **대치동 최강 수학 수능 대비 학원**

❼ 시대인재 본관 : **대치동 최강 단과 종합 학원**

❽ 수학의힘 대치1본원 : **오답을 반복학습으로 극복**

출처: 네이버지도(https://map.naver.com), 네이버부동산(https://land.naver.com)

하는 수학 학원

⑨ 소마 대치본원 : 대치동 최강 사고력 수학 학원

⑩ 다원교육 고등 대치본관 : 대치동 영재고 의대 대비 학원의 강자

⑪ ILE어학원 : 영어 4대 영역 기초 잘 잡아주는 영어 학원

⑫ 더프라임수학학원 : 선행에 강한 수학 학원

⑬ 블루스카이학원 : 대치동 최강 수학 내신 학원

⑭ 생각하는황소 : 자기주도학습능력 키워주는 수학 학원

⑮ 필즈더클래식대치센터 : 사고력 수학과 급선행 심화 전문 수학 학원

부동산 시세 보기

❶ DYB최선어학원 대치 본원 : **중고등 영어 내신 최강**
❷ 대치파인만 중고등관 : **민사고 입시 최강 학원**
❸ 생각이 크는 학원 : **누적 테스트가 유명한 수학 학원**
❹ 루체테어학원 : **소수 정예 영어 몰입 교육이 강한 학원**
❺ 수학과표현학원 : **다양한 문제 풀이 방식으로 유명한 수학 학원**

출처: 네이버지도(https://map.naver.com), 네이버부동산(https://land.naver.com)

대치동,
왜 부동의 넘버원 학군인가

1980년대 후반 사교육이 허용된 이후부터 지금까지 대한민국의 '넘버원 학군'은 줄곧 대치동이 차지해왔다. 강남 8학군에 속하는 압구정동과 청담동 그리고 최근 아파트 가격이 연일 신고가를 경신하고 있는 서초, 반포 일대도 학군으로는 대치동을 이길 수 없다. 관내 중고등학교의 특목고, 영재고, 자사고 합격자 수와 서울대 합격자 수는 타의 추종을 불허한다.

무엇보다 대치동 학원가는 대한민국 스타강사들의 총집결지다. 공교육과 사교육의 완벽한 컬래버레이션이라 할 수 있다. 대치동에 거주하는 학부모와 학생들은 입시와 관련해서는 최상의 선택권을 갖고 있다. 또한 대치동에는 남녀공학뿐 아니라 남학교와 여학교 등 다양한 선택이 가능한 명문 학교들이 많다.

"여기서 전교 10등 안에 든다고 자신만만해하는데 너희는 우물 안 개구리다."

내가 대구와 부산 등 지방의 명문학군지에서 학생들을 상담할 때마다 하는 말이다. 최상위권 학생이라고 해도 대치동의 휘문고에 간다면 전교 100등 안에 들기도 힘들다고 말해준다. 절대 자만하지 말고 더 열심히 노력하라는 의미로 하는 말이지만, 실제로도 그렇다.

대치동 학부모와 학생들은 무엇이 어떻게 다른가

대치동에서 전세살이를 하는 사람들을 '대전족'이라고 한다. 대전족 중에는 한 해 수능 만점자 네 명을 배출한 대구 수성구 출신들도 상당수 있다. 그곳에서 실력을 다진 학생들도 대치동의 휘문고와 단대부고 등으로 전학을 간 후에 '전교권'의 성적을 유지하는 경우를 거의 보지 못했다.

그렇다면 대치동은 왜 영원한 넘버원 학군이 될 수밖에 없을까? 그 이유는 압도적인 선행학습과 우수한 사교육 자원에 있다. 대치동의 중학생들은 고등학교 입학 전에 수학의 미적분이나 기하까지 진도를 빼놓는 것이 일반적이다. 초등학교 고학년에 미적분을 공부하는 아이들도 적지 않다. 영어 공부는 수학보다 더 일찍 시작한다. 영어유치원에 다니는 것은 기본이며, 초등학교 저학년 시기 1~2년 동안 영어권 국가에 살면서 영어 실력을 키운 아이들도 많다. 정시가 강화되는 시점에서 주요 과목인 영어와 수학에서 압도적인 경쟁력을 지닌 대치동 키즈를 다른 지역 학생들이 이기기는 쉽지 않다.

대치동 학부모들을 상담해보면 그들이 지닌 부의 수준과 태도가 남다르다는 것을 느끼게 된다. 이것도 대치동이 대표적 명문학군으로 꼽히는 이유 중 하나다. 교육에 대한 대치동 학부모들의 열의와 집중도는 더 이상 새로울 게 없다. 하지만 경제와 사회 전반에 대한 관심과 지식이 대단하다는 인상을 줄곧 받아왔다. 부동산은 물론 주식과 선물 옵션 등의 파생상품 투자에 대해서도 웬만한 전문가 못지않은 식견을 갖고 있다. 2021년 여름에는 NFT에 관심을 갖고 위메이드 주식에 투자한 학부모들이 적지 않았다. 대치동은 노동소득뿐 아니라 투자소득에서도 다른 지역을 압도한다. 그 경제적 힘이 거의 무한대로 늘어나는 사교육비를 감당하는 주춧돌이 아닐까 하는 생각이 들 정도다.

학부모들만큼이나 학생들의 경쟁심리도 대단하다. 소위 엄친아 엄친딸 간의 경쟁이 치열하고 그만큼 멘탈도 강하다. 그리고 성공적으로 입시를 치르기 위해 끝까지 버틸 수 있는 체력이 얼마나 중요한지 잘 알고 있어서 운동에도 많은 시간을 투자한다. 내가 만난 다양한 지역의 상위권 학생들 중에서 자기 통제력이 가장 강한 학생은 대치동 학생들이었다.

대치동 학원가와 학교의 경쟁력은 입시 정책 변화와 무관하다

대치동 학군을 떠받치는 힘은 최강의 사교육 경쟁력에서 비롯된다. 대치동의 학원에서는 초중고 과정의 모든 입시와 각종 시험 준비가 가능하다. 영재원, 특목중, 특목고와 자사고 입시에서 내신 준비와 수능 입시 및 컨설팅, 대학과 학과별 입시까지 대한민국 입시와 관련된 모든 분야를 다룬다. 또한 최고의 강사와 관리 시스템을 갖추고 있다. 특히 대치동에서는 최상위권에 속하는 학생들 다수가 이과를 선택하기 때문에 수학과 과학탐구 학원이 압도적으로 많고 경쟁력도 우수하다. 국영수 과목의 일타강사는 대치동 외에 다른 지역에도 있지만 과학탐구만큼은 대치동이 부동의 넘버원이다(대치동 학원 소개편에서 구체적으로 다룰 예정이다). 또한 대치동의 고등학교는 학생들이 자신의 학습 목표에 맞게 사교육을 활용할 수 있는 여지를 제공한다. 학교에서 야간자율학습을 하지 않기 때문에 학생들은 자유롭게 학원에서 필요한 수업을 듣고 각자의 실력에 맞는 학습 로드맵을 짜서 관리할 수 있다. 또한 입시 경험이 풍부한 선생님들이 주로 고3 학생들을 지도하면서 최상의 입시 준비를 할 수 있도록 돕는다. 즉 대치동은 학교와 학원이 공생하며 시너지를 내는 곳이다.

중학생 때부터 대치동 진입을 꿈꾸는 학부모가 알아야 할 것들

대치동에서 중학생을 대상으로 과학탐구 토론대회 수업을 할 때마다 느끼는 점이 있다. 바로 중학생이 고등학생보다 공부를 더 잘한다는 것이다. 대치동의 중학생 중 우수한 학생들은 서울과고와 경기과고, 한국과학영재학교 등의 영재고 그리고 민사고, 하나고, 상산고 등의 전국 단위 자사고에 입학한다. 그래서 최상위권 학생들은 휘문고나 단대부고 혹은 숙명여고가 아닌 대청중, 대명중, 휘문중에 더 많이 있다고 해도 과언이 아니다.

영재고 입학 준비, 일단 대치동 진입을 목표로 해야 하는 이유

중학교 내신이 절대평가로 바뀐 후 대치동 중학교의 특목고, 영재고, 자사고 진학비율은 급상승했다. 대청중의 경우 매년 영재고를 비롯한 민사고, 외대부고에 평균 20명 가까이 진학시키고 있다. 하나고, 대원외고, 한영외고, 세종과고까지 합칠 경우 40명 이상이 진학하는 해도 있을 정도다. 중3 학생 수가 350명에서 400명가량 되는 중학교에서 10퍼센트 이상의 학생이 매년 특목고를 비롯한 자사고에 진학하는 놀라운 성과를 내고 있다. 중요한 점은 해를 거듭할수록 영재고와 과고의 합격률이 높아지고 있다는 점이다.

대치동 중학생들의 학업능력이 국내 최고 수준인 이유는 이미 초등학교 입학 전에 영어 공부를 시작하고, 초등 저학년부터 수학과 과학에 중점을 두고 선행학습을 시작하기 때문이다. 또한 독서와 토론 수업도 꾸준히 병행한다. '이과생들은 국어에 약하다'는 말은 대치동 키즈들에게는 해당하지 않는다.

영재고와 과학고는 자사고와 달리 서류 평가와 교과 지식이 필수적인 시험과 캠프면접까지 치르기 때문에 별도의 사교육에 의존하지 않고는 합격하기가 어렵다. 대치동 중학생들은 특히 '2단계 영재성 평가'에 강하다. 해당 학교 측은 정답이 없는 열린 문제를 출제한다고 하지만, 영재고 대비 학원에서 공부하지 않고 중학교 교과 수업만으로 이 시험에 대비하기란 불가능하다. 대치동 학원 선택 가이드에서 자세하게 설명하겠지만 영재고 준비 학원 중 탑티어에 해당하는 학원들은 모두 대치동에 몰려 있다. 학원의 분원이 서울이나 수도권 각지에 있어서 같은 교재와 커리큘럼으로 공부한다고 해도 최상급 선생님들의 지도는 대치동에서만 받을 수 있다.

즉 영재고와 과고 진학을 목표로 한다면 대치동의 중학교 입성을 노려볼 만하다. 다만 자녀의 수과학 선행 정도와 해당 과목의 경쟁력을 냉정하게 평가해 봐야 한다. 수학의 선행 정도가 반드시 점검되어야 하는 이유는 무엇일까? 서울과고에서 선택하는 수학 과목은 고급 미적분 등 고교 수준을 뛰어넘는 대학 수준의 과목들이 즐비하고, 서울대를 비롯한 최상위 대학에서는 이들 과목을 높은 점수로 이수한 학생을 선호하는 경향이 강하기 때문이다.

예전에 지방 광역시 중학교 출신으로 서울과고에 합격한 학생의 진학 컨설팅을 한 적이 있다. 이 학생은 수학 과목의 선행이 대치동 키즈에 비해서 상대적으로 부족해서 본인의 목표였던 서울대 공대 진학이 어려운 상황이었다. 상대적으로 문과 성향이 강하며 독서량이 풍부했던 이 학생은 서울대 자유전공학부에 지원해 합격한 후 최종 전공을 공대로 정하는 우회 전략을 택했다.

대치동에서 중학교를 선택하면 그 영향이 대학까지 미치는 이유

대치동의 빅3 중학교 중 휘문중 학생들은 현재 자사고 취소를 놓고 서울시 교육청과 소송 중인 휘문고로 진학하는 경우가 많다. 그래서 타 학교보다 자사고 진학비율이 높은 편이다. 대청중, 대명중, 대왕중은 학교 내신시험이 쉽지 않은데도 주요 과목의 평균점수가 80점대를 기록할 정도로 높고, 영재고와 과고 진학생이 외고와 국제고 진학생보다 많다. 반면 대치중은 일반고 진학비율이 확실히 높다. 현재 대치동 중학교에 진입을 고려하는 학부모 중에 자녀가 특목고와 영재고가 아닌 일반고를 목표로 하고 있으며, 대치동 분위기에 적응하기 좋은 학교를 찾고 있다면 대치중도 좋은 선택지 중 하나다.

자녀의 목표가 영재고나 과고 진학이 아니더라고 대치동 중학교 진학은 여러 측면에서 의미가 있다. 일종의 '밴드왜건효과'를 노려볼 수 있기 때문이다. 다들 영재고를 준비하는 분위기에 맞춰 그 학생들과 함께 실력을 키우는 편승효과를 누리는 것은 큰 도움이 된다. 영재고 입시에서 '영재성 판별검사'가 변별력 있는 수과학 문제 풀이에서 문해력이 필요한 긴 발문과 제시문을 주고 문제를 푸는 방식으로 바뀐 것도 중학생들에게는 도움이 된다. 자연스럽게 수능까지 미리 준비할 수 있기 때문이다.

"매도 먼저 맞는 게 낫다."는 속담은 입시에서도 통한다. 중학생 때부터 영재고와 과고를 비롯한 자사고 대비 공부를 하면 대입 준비가 한결 쉬워진다.

대치동 주요 중학교의 고등학교 진학 현황과 내신점수

중학교	졸업생	일반고	외고·국제고	영재고·과고	자사고	국어 평균점수	수학 평균점수	영어 평균점수
대청중	378명	235명 (63.8%)	11명 (3.2%)	16명 (4.6%)	80명 (23.3%)	90.8	86.2	88.0
대명중	339명	222명 (69.6%)	8명 (2.5%)	12명 (3.7%)	72명 (22.6%)	82.8	81.5	82.2
대왕중	300명	226명 (81.9%)	2명 (0.7%)	4명 (1.5%)	37명 (17.4%)	83.3	81.7	83.9
휘문중(남)	276명	110명 (43.5%)	5명 (2%)	10명 (3.9%)	119명 (47%)	85.6	84.1	84.3
대치중	227명	130명 (76%)	3명 (1.8%)	11명 (4.1%)	18명 (10.5%)	79.7	73.2	75.2

* '학생 수'(진학비율)로 표기한 진학률은 2022학년도 입시 결과로, 영재고 진학률은 최대치를 추정했다. 전체 정원은 2021학년도 기준이며, 내신성적은 2021년 2학년 1학기 시험을 기준으로 했다. 이하 반복해서 나오는 '주요 중학교의 고등학교 진학 현황과 내신점수' 표를 작성한 기준은 동일하다.

2022학년도 정시에서 서울과고와 경기과고까지 영재고 출신들이 서울대 의대를 비롯한 주요 대학 의대 정시에 다수 합격했다. 그 이유는 무엇일까? 영재고 선발 시험이 수능 국어를 비탕으로 수학과 과학 실력을 묻는 방식으로 변했기 때문이다. 영재고는 학교 설립의 취지상 학생들이 수능보다 수시전형으로 대학에 진학하기를 바란다. 하지만 수능 국어에서 인문계 최상위권 학생에게도 킬러 문항인 경제 제시문 등이 출제되면서 재학생들의 수능 경쟁력을 키우는 중이다.

최근 들어 영재고는 국어의 중요성을 강조하고 있다. 서울과고 학생들은 1학년 때 국어와 독서를 따로 수강할 수 있는데 '독서'는 읽기 능력뿐 아니라 수능 국어의 비문학 지문 대비 능력을 키우는 수업이다. 예를 들어 《멋진 신세계》를 읽고 당시와 현재의 기술과 사회상을 비교하는 식으로 수업이 진행되며 이는 설득력, 추론 능력, 토론 능력을 기르는 데 도움을 준다. 나아가 수능 국어에 대비한 역량도 자연스레 강화시켜준다.

대치동 내 중학교에 진학했을 때 대입에 유리한 또 다른 이유는 달라진 학교 내신시험에 있다. 대치동 중학교의 내신시험 난이도는 생각보다 높지 않다. 특목고, 영재고, 자사고 입시가 내신 성취 평가제로 바뀌면서 예전보다 학교 내신 시험도 상대적으로 쉽게 출제하는 편이다. 대청중의 경우 수학과 과학은 평균 점수가 80점이 넘으며 90점 가까이 될 때도 있다. 이처럼 대치동의 중학교에서는 내신성적을 받는 게 어렵지 않기 때문에 수능과 대입이라는 큰 그림을 그리면서 중학교 생활을 할 수 있다.

그리고 대치동에서 중학교를 다니면 영재고와 과고 외에 전국 단위 자사고 진학에도 단연 유리하다. 가장 큰 이유는 이 학교들이 노골적으로 이과 성향의 학생들을 선호하기 때문이다. 대치동의 상위권 학생들은 중학생일 때부터 이과를 염두에 두고 고등 수학 선행학습과 물리, 화학, 생명과학 올림피아드 등을 준비하면서 과학 선행학습을 한다. 그러니 이과생을 선호하는 전국 단위 자사고가 좋아할 수밖에 없다.

지난 2020년부터 하나고, 민사고, 외대부고 등의 면접이 문이과 통합으로 바뀌면서 자소서가 중요해졌다. 하지만 중학생의 자소서는 국어, 영어, 사회 과목의 내용을 중심으로 하는데 대부분 상식적인 수준에 그쳐서 특별히 변별력이 없다. 면접에서도 상식 확인 정도의 질문을 하는 데 그친다. 반면 수학과 과학을 주제로 자소서를 쓴 학생들의 경우 내용이 꽤 심도 있고 자신의 대학 전공과 연계된 세부적인 진로 설계까지 담아내는 편이다. 당연히 면접관의 주목을 받을 수밖에 없다. 그래서 대치동의 학원들은 학생이 문과 전공을 희망하더라도 전국 단위 자사고 자소서는 무조건 이과 성향으로 쓰라고 조언하는 편이다.

이러한 이유로 대치동에서 중학교를 다니면 원하는 대학에 합격할 가능성이 더 높아진다. 물론 모든 선택에는 리스크가 따른다. 대치동 중학교에 입학하는 것만으로 반드시 원하는 대학에 입학할 수 있는 것은 아니다. 하지만 다른 지역과 비교할 수 없을 정도의 교육열과 사교육 자원을 6년 동안 누릴 수 있다는 것은 분명 이점이다. 일단 출발선상에서 한발 앞서 있다는 점은 자명하다.

신쌤's 컨설팅

'영재고-의대생' 중 대치동 중학교 출신이 많은 이유

나는 대치동에서 수많은 학생들의 자소서를 지도한 경험이 있다. 특히 영재고를 다니면서 의대를 지원하는 학생들을 해마다 10명 이상 지도해왔다. 이 학생들을 지도하면서 영재고 합격생 중에서 서울대 의대를 비롯해 주요 의대에 수시전형으로 입학한 학생들 대부분이 대치동의 중학교에 다닌 것을 확인할 수 있었다. 특히 대청중, 대명중, 대왕중 출신이 많았다.

즉 초등학생 때 중학교 수학과 과학의 선행학습을 하지 않으면 대치동의 중학교 진입을 신중하게 고려해야 한다는 의미다. 사실 대부분의 영재고 합격생과 전략적으로 대치동의 일반 고등학교에 진학하는 최상위권 학생들은 중학교 1학년 때 이미 미적분을 공부한 경우가 많다. 수학 학습이 그 정도 수준으로 이루어지지 않으면 고등학교에 진학한 후 영재고를 준비했던 학생들과의 경쟁에서 밀릴 수밖에 없기 때문이다. 특히 영재고 준비생들은 수학뿐 아니라 과학 과목 선행학습 수준이 상당하다. 그들은 통합과학 과목뿐 아니라 물리, 화학 올림피아드와 정보 올림피아드까지 준비했기에 영재고 준비생들과 과학 과목에서 경쟁하는 것은 쉽지 않다.

게다가 영재고와 과고 학생들은 수시전형에서 절대적으로 유리한 '알앤이'(교수의 지도 아래 학교에서 작성하는 소논문) 경쟁력도 갖고 있다. 소논문은 교육부가 주관하는 일반고 학생부에는 기재할 수 없지만, 교육부의 감독 대상이 아닌 영재고에서는 얼마든지 기재할 수 있다. 그래서 대학들은 개별 학생들의 학교명을 몰라도 학생부에 적힌 알앤이로 어떤 유형의 학교인지 파악이 가능하다.

앞서 대치동 출신 영재고 학생들은 이미 중학생 때 미적분을 끝낸 경우가 많다고 언급했다. 미적분을 끝냈다는 것은 단순히 진도를 많이 나갔다는 의미가 아니다. 이는 수능 수학의 30번 문제를 풀 수 있는 수준까지 수학 선행학습과 심화학습을 동시에 진행했다는 뜻이다. 그리고 과학 올림피아드를 준비하면서 물리와 화학II 과목을 끝낸 학생도 많다. 즉 고등학교 입학 전에 이미 주요 과학 과목의 선행학습과 심화학습을 동시에 했기 때문에 영재고 내신에서 강세를 보일 수밖에 없다.

그리고 중학생 때 과학탐구토론대회를 준비하면서 소논문을 써본 경험이 있기에 영재고에서 진행하는 과제 연구 인턴십과 알앤이에서도 경쟁력을 갖는다. 중학교에 다니며 비교과와 교과 영역에서 골고루 실력을 쌓아놓은 덕분에 이들의 고등학교 학생부는 내신성적은 물론 비교과까지 탁월한 경쟁력을 보일 수밖에 없다. 명문대학 의예과에 대치동 출신 영재고 학생들이 많은 이유다.

왜 대치동에는 정시형 고등학교가 압도적으로 많을까

대치동에서 중학교를 졸업하거나 중3 때 대치동으로 전학해서 일반고 진학을 생각하는 학생들은 고등학교를 선택할 때 어떤 전략이 필요할까? 대치동 일반고를 선택하려면 '나를 알고 적을 아는' 손자병법의 대원칙을 따라야 한다. 즉 내 자녀의 스타일부터 파악한 후 각 학교별 강점과 약점을 분석하는 것이 순서다.

우선 수시전형이 무엇인지 알아야 한다. 교과전형은 내신을 100퍼센트 반영하고 학종은 80퍼센트를 반영한다. 그런데 중학생 때 학교 성적이 A 이하인 학생들이 고등학교 내신에서 1등급을 받기란 대단히 어려운 일이다. 학부모님들을 상담해보면 학교 성적에서 드러나지 않는 잠재력에 대해 이야기하는 경우가 많다. 하지만 중학생 때까지 드러나지 않는 잠재력이 고등학교에 들어가서 뒤늦게 발현될 가능성은 희박하다.

대치동 일반고의 경쟁력은 요즘 위세가 많이 꺾인 외고보다 더 높다. 서울의 주요 외고에서 내신이 좋지 않아 1학년 1학기 중간고사를 마치고 대치동 고등학교에 편입한 학생의 성적이 외고 때보다 더 떨어졌다는 소문은 사실이다. 중학교 내신과 고등학교 내신은 다르다. 고등학교 내신에서는 수행평가가 더 중요하다지만 중학생 때부터 관리해온 내신성적을 무시할 수는 없다.

대치동의 일반고 내신에서도 수행평가는 중요하다

수행평가에 임하는 자세 또한 고등학교 선택의 조건이다. 대치동의 고등학교는 수행평가를 자주 하기 때문에 필기시험을 잘 봐도 수행평가로 등급이 갈리는 경우가 비일비재하다. 그래서 중학생 때부터 수행평가에 신경을 쓰고 충실하게 해내는 학생들이 고등학교 내신에서도 두각을 나타낼 가능성이 높다.

고등학교 수행평가의 근간은 글쓰기다. 즉 내 자녀가 독서와 글쓰기에 강점이 있다면 수시에 강한 학교를 선택하고 그렇지 않다면 일찌감치 정시형 학교를 1지망으로 선택하는 것이 유리하다. 보통 강남의 일반고 문과에서 사회 과목의 수행평가는 이미 배운 개념의 사례에 해당하는 신문 기사를 찾아 요약하고 의견을 다는 식으로 진행한다. 평소 꾸준한 독서와 글쓰기를 해온 학생이 유리할 수밖에 없다.

이과는 새로운 전염병이나 환경 문제가 발생하면 그에 해당하는 신문 기사를 찾아 이를 과학적으로 분석하고 해결책을 제시하는 수행평가를 실시하곤 한다. 요즘에는 글쓰기보다 발표를 더 많이 시키는 추세다. 글쓰기 과제를 주면 사교육에 의존한다는 비판을 받기 때문이다.

대치 학군의 일반고, 일대 지각 변동이 일어나다

만약 내 자녀가 수시형이라는 판단이 섰다면 대치동 학부모들은 그때부터 고민이 시작된다. 수시형 학교가 상대적으로 적기 때문이다. 여고 중에서는 진선여고, 남녀공학 중에서는 개포고와 중대부고가 대표적인 수시형 학교다. 남고 중에서는 중산고가 수시에 대한 준비도가 높다. 자소서와 교내상, 소논문과 자율 동아리가 사라진 입시에서 수시에 강한 학교란 과목별 선생님들이 써주는 세특에 조금 더 많은 공을 들이는 학교라는 뜻이다. 각 과목 선생님들은 평소에도 학생에 관해 메모하거나 여러 차례에 걸쳐 수행평가를 하면서 세특에 쓸 만한 내용들을 미리 확보해둔다. 학생들의 진로에 맞게 차별화된 학생부를 써주기 위한 노력의 일환이다.

중동고의 경우 정시형 학교지만 문과는 유독 수시에 강하다. 진로 진학에서 스타교사로 꼽히는 안광복 선생님이 수시 프로그램을 주도하기 때문이다. 정체성 찾기, 철학적으로 생각하기 등 인문학 성향이 강한 프로그램이 다수다 보니 이과 성향이 강한 학생들에게는 다소 불리한 면도 있다는 평이다. 그러나 최근에는 이과 학생부의 경쟁력을 키우면서 서울대 의대 수시 합격생도 배출하는 등 전반적으로 나아지고 있어 변화가 기대된다.

고등학교를 선택할 때는 일단 그해 졸업생 중 현역과 재수생의 서울대 합격자 비율이 어느 정도인지 봐야 한다. 서울대 합격자 수에는 재학생과 재수생이 섞여 있어서 몇 명이 현역으로 갔는지 정확하게는 알 수 없다. 일단 대치동의 고등학교에서 수시로 서울대에 합격한 학생은 대부분 현역이다. 정시로 합격한 학생은 70퍼센트 정도가 재수생 혹은 N수생으로 추산된다. 나는 강남 대성학원에서 최상위권 재수생들을 지도한 경험이 있어 네트워크를 통해 매년 강남 일반고 출신 재수생의 서울대 합격률이 늘고 있다는 사실을 알게 됐다. 정시 비율이 40퍼센트로 늘어난 2023학년도 입시 결과는 정시에서 재수생 합격률이 더 높아질 것이다.

재수생 합격자가 많을 경우 학교가 지닌 경쟁력보다 학원의 힘이 합격에 주

강남구 주요 고등학교 서울대 합격자 수 및 내신점수

고등학교	서울대 합격자 수	졸업생 수	예상 재수생 비율	국어 평균점수	수학 평균점수	영어 평균점수
휘문고(남)	39명(수시 3명, 정시 36명)	399명	46.8%	83.6	66.1	72.5
중동고(남)	27명(수시 6명, 정시 21명)	363명	44%	77.8	66.5	71.4
경기고(남)	22명(수시 6명, 정시 16명)	373명	49.2%	70.0	60.8	57.5
진선여고	19명(수시 7명, 정시 12명)	306명	41.5%	73.1	60.0	60.8
단대부고(남)	17명(수시 4명, 정시 13명)	380명	49.1%	75.6	67.8	69.9
숙명여고	14명(수시 9명, 정시 5명)	390명	49.2%	74.1	70.2	80.0
영동고(남)	14명(수시 9명, 정시 5명)	303명	52.7%	64.5	65.5	71.0
중산고(남)	12명(수시 7명, 정시 5명)	320명	34.4%	76.6	75.6	79.4
경기여고	11명(수시 6명, 정시 5명)	369명	46.1%	68.9	66.4	66.8
중대부고	10명(수시 5명, 정시 5명)	326명	41.9%	73.8	50.0	61.2

요한 역할을 했을 가능성이 크다. 이른바 강남대성과 시대인재 등의 재수 학원의 힘이라는 점이다. 그다음으로 살펴봐야 할 데이터는 고등학교 1학년 첫 번째 시험의 국영수 성적이다. 이 점수를 보면 시험문제를 쉽게 출제하는 학교인지 아닌지, 수학을 잘하는 학생들이 얼마나 있는지 등을 파악할 수 있다. 시험문제의 난이도가 해마다 달라질 수 있어 절대적인 참고사항은 아니지만 수시도 함께 준비할 수 있는 학교인지 여부는 어느 정도 알 수 있다.

위의 자료에서는 서울대 합격자 수에서 드라마틱한 변화를 보인 두 학교에 주목해야 한다. 첫 번째 학교는 경기고로 이곳은 원래 수시형 학교에 가까웠다. 서울대 자연계와 공대에서 선호하는 과학중점학교로 서울대에 원서를 쓸 만한 최상위권 학생들은 물리, 화학, 생물, 지학을 모두 II까지 공부한다. 그런데 2022학년도에는 2021학년도의 서울대 정시 합격생 일곱 명에서 거의 두 배 이상 늘어난 16명을 배출했다. 서울대 정시 합격자 수의 비약적 증가는 '의대·치대·한의대'(이하 '의치한') 실적으로도 연결된다. 특히 경기고의 경우 수시와 정시전형 모두 서울대 의대 합격자가 나왔다. 그동안 알앤이에 투자하던 학부모들이 적극적으로 수능 준비에 나서면서 생긴 변화라고 볼 수 있다.

두 번째 학교는 진선여고다. 진선여고는 이과나 예체능 전공을 목표로 삼는 여학생들이 수시전형으로 대학 입학을 노리기에 유리한 학교다. 주요 과목뿐 아니라 음악, 미술, 체육 등의 기타 과목도 세특을 잘 써주는 학교로 유명하다. 그런데 2022학년도에는 엄청난 일이 벌어졌다. 국내 여고 사상 최초로 수시전형에서만 서울대 의대 합격생을 세 명이나 배출했으며 서울대 치대 합격생도 나왔다. 정시에서는 서울대 약대 합격생을 두 명이나 배출했으니 서울대 의학계열 합격자만 무려 여섯 명이 나온 것이다. 강남의 우수한 남자 일반고나 심지어 외대부고와 민사고 등의 전국 단위 자사고의 입시 결과와 비교해도 절대 밀리지 않는 대기록이다. 올해 이후 진선여고의 인기는 더욱 높아질 전망이다.

개포고는 남녀공학이면서 공립학교다. 강남에서 정시보다 수시전형에 압도적인 경쟁력이 있는 학교로 영동고 다음으로 수시 실적이 좋다. 그 비결은 역시 학생부에 있다. 특히 학생의 진로와 연계해 다양한 창체 활동을 진행하는 것으로 유명하다.

중대부고는 상대적으로 이과가 취약한 학교지만 문과에서는 서울대 합격자를 많을 때는 10명 가까이 배출한 적도 있다. 이과 학생들에게도 노벨상을 수상한 학자 중 한 명을 골라 에세이를 쓰게 하는 등의 STEM 교육을 실시한다. 앞으로도 수시에서 좋은 성적을 기대해볼 만한 프로그램이 많은 학교다. 중산고는 예전에는 다양한 교내상으로 높은 평가를 받았는데, 2024년부터 교내상 반영이 사라지기 때문에 다른 분야에서 경쟁력을 보여줄 것으로 예상된다.

대치동의 대표적인 정시형 고등학교, 내 아이와 잘 맞을까?

앞서 언급한 학교들 외에 대치동의 다른 학교들은 전부 정시 지향형 고등학교다. 이 중 휘문고, 단대부고, 숙명여고는 이른바 '빅3'로 통하는 명문고다. 휘문고의 2022학년도 실적을 보면 서울대 수시 합격생은 세 명(그중 두 명이 의대), 정시 합격생은 36명이다. 이 중에서 현역이 14명, 재수생이 25명(모두 정시)이다. 정시 자연계열 합격생 중 상당수는 서울대를 포기하고 다른 학교 의대를 선택한 것으로 알려져 있다. 만약 정시전형이 40퍼센트로 늘어나면 이 숫자는 더 늘어날 전망이다. 단대부고는 어떤 해에는 서울대 수시 합격생이 딱 두 명인 적도 있었다. 이과 전교 1등이 의대에 가고 2등이 치대에 갔다. 하지만 그해에도 서울대 정시 합격생은 20명 이상 나왔다.

이처럼 대치동의 고등학교가 매력적인 이유는 수시보다 정시에서 압도적인 실적을 내기 때문이다. 숙명여고와 영동고는 2022학년도 입시에서 유달리 수시 합격자가 많았지만 원래는 수시보다 정시에 더 좋은 실적을 내던 학교다. 경기여고는 수시와 정시 어느 한쪽이 특별히 강하다고 말하기는 어려운데, 2022학년도 들어 갑자기 서울대 정시 합격자 수가 한 명에서 다섯 명으로 늘어났다. 그렇다고 경기여고를 정시형 학교라고 단정 짓기는 어렵다. 이들 학교는 2023학년도 입시까지 지켜본 후에 수시형인지 정시형인지를 판단해야 한다.

학교별 성향 파악 못지않게 중요한 것은 내 자녀가 수시형인지 정시형인지 파악하는 것이다. 고등학교 1학년 3월에 실시되는 서울시교육청 주최 모의고사를 보고 판단하는 게 가장 정확하다. 하지만 이때 결정하면 너무 늦어지게 된다. 아무리 늦어져도 중학교 3학년에는 고등학교 진학에 관한 결정을 해야 한다. 일단 중학생 때 수학과 과학 성적이 상위권인 이과형 학생이라면 기본적으로 정시 경쟁력이 있다고 볼 수 있다. 통합형 수능에서 이과생들이 압도적으로 유리하기 때문이다. 고1 모의고사 문제를 집에서 시험 상황과 똑같은 조건하에서 풀어보며 경쟁력을 미리 가늠하는 방법도 있다.

내 자녀가 수시형인지 정시형인지를 판단하는 또 다른 근거는 암기형 시험에 강한가, 사고력을 판단하는 시험에 강한가다. 학교 내신성적은 그다지 잘 나오지 않는데 영재원 시험 혹은 학원에서 치르는 시험에서 좋은 성적을 내는 학생이라면 정시에서 더 높은 경쟁력을 보일 가능성이 있다.

휘문고, 단대부고, 숙명여고, 영동고, 중동고 등의 정시형 고등학교에서는 1학년 때부터 학교 내신시험을 교과서 밖 지문으로 확장해서 수능 유형으로 제출하려는 경향이 강하다. 이런 이유로 중학생 때 내신성적이 별로여서 정시만 생각했던 학생 중에 고등학생 때 내신성적이 좋아져 수시전형을 준비하는 학생도 심심치 않게 볼 수 있다.

신쌤's 컨설팅

대치동 고등학교들의 수시 실적이 약한 '진짜' 이유

사실 대치동에서 일반고를 다니는 학생들은 내신보다 모의고사 성적이 훨씬 더 잘 나오는 경우가 일반적이다. 이과의 경우 수학 1등급이 한 반에서 20퍼센트 이상 나오고 영어 1등급 학생이 80퍼센트에 육박하는 학교들도 있다. 그에 따라 내신이 평균 3등급 이하인데도 모의고사는 모든 영역에서 1~2등급을 오가는 학생들이 많다. 이들이 모의고사 성적대로 실제 정시에서 수능 점수를 얻는다면 적어도 중앙대 정도는 갈 수 있다. 그래서 대치동 일반고 학생들 중 3~4등급대 학생들은 수시전형에서 성균관대 이하는 쓰지 않는 경향이 강하다.

물론 실제 수능에서는 최상위권 N수생들이 대거 진입하기 때문에 변수가 크다. 재수생 숫자는 6월 모의고사보다 9월 모의고사에서 많아지고, 그 두 배 정도 되는 인원이 해당 모의고사를 치르지 않고 바로 수능으로 직행한다. 2023학년도 수능에서 50만 명의 수험생 중 거의 30퍼센트인 13만 5,000명이 재수생 이상의 N수생이었다. 6월 모의고사에서는 7만 명이 안 됐으니 거의 두 배가 늘어난 셈이다. 대부분 반수생이고 이미 '인서울' 대학을 다니는 경우가 많다. 이들 때문에 강남의 일반고 현역 고3은 수능시험에서 모의고사 때보다는 훨씬 더 낮은 점수를 받고 재수를 선택하는 경우가 압도적으로 많다.

강남 지역의 재수생 비율은 보통 졸업생의 40~50퍼센트대고 반수생까지 합하면 거의 70퍼센트 이상이 다시 수능에 응시한다고 봐야 한다. 대치동에서 18년째 컨설팅을 하면서 살펴본 결과, 대치동의 고등학교에서 내신 3등급 이하 학생들이 수시에서 안전권 대학 혹은 하향 지원하는 경우는 거의 없었다. 이런 경우는 해마다 한두 건 정도에 불과했다. 정시가 늘면 가장 큰 수혜를 볼 학생들이 대치동 고교생들이라는 사실은 100퍼센트 진실이다.

앞으로 정시비율이 지속적으로 확대된다면 학생들은 물론이거니와 학부모들의 눈높이는 그만큼 더 높아질 수밖에 없다. 내신에 비해 좋은 모의고사 성적을 믿고 정시에서는 응시 대학의 수준을 점점 더 상향 조정할 것이다. 그뿐만 아니라 갈수록 문이 좁아지는 수시 논술 전형의 경쟁률은 더 올라갈 전망이다.

난공불락의 대치동 학원가, 더욱 강해지고 세분화되다

대입 수시보다 정시 비중이 커지는 분위기에서 대치동이 압도적인 경쟁력을 갖는 이유는 막강한 학원 때문이다. 전국적으로 중계동과 목동뿐 아니라 평촌과 부산의 센텀시티, 대구의 수성구 등 다양한 학원가가 있지만 질과 양적인 측면에서 대치동을 능가하는 곳은 없다. 대치동은 수시와 정시, 각종 특별전형과 특례입학, 외국대학 진학 등 대입과 관련된 모든 영역을 최고 수준으로 서포트해줄 수 있는 학원들의 집결지라 할 수 있다.

대치동 학부모들은 학원이 아닌 '강사'를 따라 움직인다

대치동의 학원가는 대치역을 중심으로 은마상가, 한티역 그리고 도곡역 주변과 대치사거리, 은마사거리 등 총 다섯 개 영역으로 구분할 수 있다. 이 중에서 유명 학원들은 은마사거리와 한티역 사이에 집중 포진해 있다.

이들 학원가의 공통점은 종합 학원이 없다는 점이다. 예전에 압구정동의 종합 학원 최강자인 정보학원이 은마사거리 순복음교회 근처에 학원을 차렸지만 결국 문을 닫고 철수했다. 대치동 학부모들은 여러 과목을 모두 가르치는 종합 학원을 신뢰하지 않는 경향이 강하다. 그 외 대치동 학원의 중요한 특징은 중등부와 고등부가 분리되지 않고 고등부를 잘하는 학원이 중등부에서도 강점을 보인다는 사실이다. 그 이유는 대치동의 학부모들은 자녀가 중학생 때부터 대입과 연계된 공부를 할 수 있는 학원을 선호하기 때문이다.

대치동은 철저하게 학원보다는 선생님을 따라 움직이는 곳이라 강사가 갑이고 학원은 을이다. 강사와 학원의 중요성 비중을 살펴보면 6 대 4는 기본이고 보통 7 대 3으로 강사의 중요도가 훨씬 크다. 학원 중에는 소위 일타강사들이 강의하는 장소만 제공하는 곳으로 전락하는 곳도 있다. 그 외에 자녀를 명문대학에 보낸 '돼지엄마'들이 차린 학원들도 상당한 영향력을 발휘한다. 대표적으로는 로고스논술구술학원, 세정학원, 대치메카 등을 꼽을 수 있다.

사실 학부모 입장에서는 학원의 운영 구조가 중요한 것은 아니다. 학원 선택의 가장 중요한 기준은 최고 수준의 강사가 있는지, 관리를 잘하는지 등이다. 그래서 대치동에서 오랜 기간 터줏대감 자리를 지켜온 학원들은 대규모 강의보다는 철저한 관리와 일타강사들의 힘에 의존할 수밖에 없다.

그런데 각 과목별 일타강사들을 모아서 영입할 정도로 실력이 뛰어난 영업실장을 두려면 적잖은 인센티브를 줘야 한다. 그러면서 학부모들을 상대하고 학생들을 관리하려면 대규모 투자금 없이는 불가능하다. 이 정도의 자본력을 갖춘 곳은 재수 학원 중 독보적 1위를 기록 중인 대성학원과 메가스터디 정도다. 이 둘은 각각 두각학원과 러셀학원이라는 브랜드로 대치동에 진출했다.

현재 추세로 보면 늦게 시작한 두각학원이 조금 더 강세를 보인다. 대치동의 중고등학교별 내신을 잘 관리해주는 동시에 설명회를 자주 열어서 학부모들이 필요로 하는 다양한 정보를 제공해주고 학생들의 수시경쟁력을 높여준다는 평이다. 두각학원은 대치동 외의 지역에 군림하는 종합 학원과는 성격이 조금 다른 편이다. 그럼에도 대치동에서 다른 지역의 종합 학원과 비슷한 학원을 찾는다면 가장 유사한 유형이라 할 수 있다. 하지만 여전히 대치동의 대세는 특정 과목에만 집중하는 단과 학원이다.

대치동의 학원들이 '국어와 수학' 두 분야로 재편되는 이유

입시에서 영어 과목이 절대평가로 바뀌면서 대치동 학원가는 확실히 국어와 수학 중심으로 재편되었다. 대치동의 국어 학원 중에서 학부모와 학생들의 만족도가 가장 높은 학원은 산김영준국어논술전문 학원이다(정식 명칭과는 별도로 '김영준논술학원'으로 더 많이 불린다). 중등부와 고등부 내신 및 수능에서 단연 대치동 1위라 할 수 있다. 김영준 원장은 수능 국어만 전담하고 학교 내신은 김 원장에게서 혹독하게 훈련받은 선생님들이 가르친다. 특히 학생들이 가장 어려워하는 독서 파트와 문법 쪽에 특화된 수업을 하는 것으로 유명하다. 다만 산김영준국어논술전문 학원의 수업이 상위권에 특화되어 있어서 국어에 약하거나 독서량이 부족한 학생들이 따라가기에는 조금 어렵다는 평이 있다. 최근 급성장하고 있는 대치동의 학원 중 중등부 국어에서 강자로 떠오른 곳은 지니국어논술학원이다. 예전에는 윤진성국어학원이었는데 원장의 아내 이름을 따서 학원명을 바꾼 후 더욱 유명해졌다.

그 외 예전에 강남대성학원의 일타강사면서 인강에서도 유명세를 떨쳤던 김동욱 현 메가스터디 강사가 지금도 대형 학원에서 인기를 끌고 있다. 그러나 항상 새로운 스타강사들은 등장하게 마련이다. 대치동 학원가의 위세가 갈수록 대단해지는 데는 이들 신구 스타강사들의 치열한 경쟁도 한몫을 하고 있다.

최근 급부상한 젊은 국어 강사로는 김승리 선생님을 꼽을 수 있다. 강남대성학원에서 재수생을 가르치고 대성마이맥에서는 인강을 진행하며 주말에는 대치동의 시대인재에서 강의하는데, 학생들에게 큰 인기를 끌고 있다.

시대인재는 국어뿐 아니라 수학과 과학 등 전 과목에서 우수 강사들을 모았고, 재수 종합반과 독학재수반을 운영하면서 학생들의 관리력을 인정받은 곳이다. 이 분야의 대치동 원조 강자는 이강학원이었다. 시대인재는 이강학원의 입시 연구소장이 독립해서 차린 학원으로 지금은 이강학원을 뛰어넘는 대치동의 강자가 되었다. 이처럼 학원가에서 그것도 가장 경쟁이 치열한 대치동에서 영원한 1등은 있을 수가 없다.

대치동 수학 학원의 경쟁력은 단연 '시스템'이다

대치동에서 수학 학원은 그야말로 춘추전국시대를 방불케 한다. 그럼에도 오랜 기간 명성을 유지하는 학원들이 있다. 그중 한 곳이 깊은생각이다. 20년 이상 일타를 기록 중인 깊은생각은 이과 최상위권 학생들을 싹쓸이하고 있다. 깐깐한 대치동의 학부모들이 무한 신뢰하는 한석원 대표의 카리스마가 20년 이상을 버틴 원동력이다. 깊은생각에서 강의하던 강사들이 나가서 학원을 차렸는데 바로 블루스카이학원이다. 이 두 학원은 대기만 6개월에서 길게는 1년이 걸릴 정도로 학생들이 많이 몰리는 곳이다. 그래서 당장 이 학원에 못 다닐 바에는 메가스터디 현우진 강사의 인강을 듣겠다는 학생들도 있다. 굳이 이 두 학원을 비교하자면 강의력 면에서는 깊은생각이, 시스템 측면에서는 블루스카이학원이 조금 더 강점을 보인다는 평이 일반적이다.

대치동의 대형 학원이 스타강사의 장악력으로 굴러간다면 소형학원들은 나름의 강점을 살려 학생들에게 다양한 기회를 주고 있다. 특히 선행학습이 안 되어 있거나 수학 성적이 하위권인 학생들은 위해 다양한 수업을 진행한다. 예를 들어 선생님과 일대일 수업을 하면서 특히 이해가 어려운 개념과 오답이 많이 나오는 문제 유형을 집중적으로 공부하는 수학 종일반 개념의 수업 등이 있다. 약점을 찾아 집중 보완하는 이런 형태의 수업을 '클리닉 수업'이라고 한다. 겨울방학 때는 지방에서 대치동으로 올라와 '수학 자물쇠반'에 등록해 두 달 내내 수학 수업만 받고 가는 경우도 많다.

대치동 과학 학원은 어떤 특장점이 있는가

영재고와 과학고를 준비시키거나 과학탐구 과목을 선행학습시키려는 학부모라면 대치동 학원을 어떻게 고르고 활용해야 할까? 대치동의 대표적인 과학 학원은 시리우스, 미래탐구학원, 플라즈마학원, 해냄학원 그리고 미래탐구학원의 주요 인력들이 나와서 차린 다원교육 등이다. 미래탐구학원은 수강생들이 많아서 관리력이 약하다는 단점이 있지만 그만큼 많은 합격생을 배출해 관련 데이터가 많고 예상문제의 적중률이 상대적으로 높은 장점이 있다. 영재고는 결국 2단계 영재성 판별검사에서 승부가 갈리는데 이와 관련해서 가장 많은 데이터를 갖고 있는 학원이 유리할 수밖에 없다.

이들 학원들은 고등부에 올라가면 단과반 개념으로 바뀌면서 대치동 외의 지역에서는 수업 듣기가 어려운 '과학II'를 가르친다. 이 수업은 주로 과고 학생들과 과학중점학교의 학생들이 집중적으로 듣는다. 서울대처럼 과학Ⅱ 과목을 최소 한 개 이상 필수지원해야 하는 학교를 목표로 하는 최상위권 학생들은 필히 대치동의 과학 학원을 다닐 수밖에 없다.

영재고 진학을 위해 과학탐구 전문 학원을 찾는 학생들 외에 과목별로 심화된 수업을 원하는 일반고 학생들을 위한 과학 학원도 대치동에서는 인기다. 예를 들어 윤도영통합과학시스템은 의과대학 지망생들이 가장 많이 선택하는 학원으로, 생명과학 분야에서 톱클래스에 속한다. 대성마이맥 강사이기도 한 윤도영 대표는 카이스트 생명과학과 출신이다. 개념부터 실전까지 온라인과 오프라인을 연계한 학습 시스템이 인정받고 있으며 윤도영 강사가 직접 진행하는 설명회(대치동 다른 학원과는 달리 유료임)는 내실이 있기로 정평이 나 있다. 다만 윤도영 강사는 2023학년도 수능을 끝으로 인강에서 은퇴하고 본인의 학원에만 주력할 것으로 알려져 있다.

대치동의 최상위권 학생 중 서울대 자연계열을 희망하는 학생들은 생명과학I과 화학II를 선택하는 경향이 강하다. 의대를 겨냥한 학생들은 생명과학I과 화학II 조합을 선택하는 경우가 가장 많다. 화학 과목은 정촉매연구소가 체계적인 교재와 강의로 유명하다. 정촉매연구소의 화학 강의 중에는 상위권은 물론 중하위권 학생들을 위한 기본 강좌도 있어 선택의 폭이 넓다. 온라인을 이용한 질의응답도 효과적으로 운영되고 있다. 물리 과목에서는 미래인학원이 서울과고 학생들을 다수 보유하며 올림피아드에서 좋은 실적을 올렸다. 물리II를 선택하는 학생들은 물리 마니아거나 최상위권임을 전제한 상황이라 아예 눈높이를 올림피아드에 맞춰놓고 수업해도 무리가 없다. 상대적으로 쉽다고 여겨지는 지구과학은 전문 학원이 없지만 엄영대, 김지혁, 오지훈 등의 스타강사가 각각 시대인재, 미래탐구학원, 명인학원에서 큰 인기를 모으고 있다. 대치동에서 지구과학은 철저하게 대형 강의로 해결하는 분위기다.

그런데 대치동의 과학 선생님들은 전반적으로 학생들의 수준을 높게 보고 최상위권 학생들의 눈높이에 맞춰 강의하는 경향이 있다. '강의를 감상한다'는 표현을 쓰는 학생들이 있을 정도로 대치동 과학 학원의 문턱은 높다. 고등학교에 올라가서 이런 상황에 처하지 않으려면 미리 준비해야 한다. 초중등생 때부터 실험과 연구 등을 통해 과학에 흥미를 갖고 관련 독서를 하는 것도 좋은 방법이다. 대치동에서 이런 류의 과학 수업으로 가장 인기가 있는 곳은 와이즈만 영재교육 대치센터다. 레벨별 과학 프로그램을 운영하므로 수준에 맞는 수업을 들으며 흥미를 높일 수 있는 학원이다.

신쌤's 컨설팅

대치동 학원가를 움직이는 거대 자본과 돼지엄마의 힘

대치동 학원을 이용하는 학생과 학부모 입장에서 학원의 운영방식까지 알아야 할까 싶겠지만, 이런 이해도에 따라 성적과 입시 결과가 달라진다는 말은 일리가 있다.

먼저 대치동 학원은 강사들의 위상이 대단하다. 고등부의 경우 대부분의 강사는 월급쟁이가 아니라 개인사업자다. 대성마이맥, 메가스터디, 이투스 등의 인강 강사를 병행하는 경우 강사들은 법인을 설립해 연구소를 운영한다. 조교들만 10명이 넘는 스타강사들도 있다. 대치동 강사들이 다른 지역 강사와 다른 점은 여러 학원에서 수업을 한다는 점이다. 주말의 경우 아침 9시부터 밤 10시까지 서너 개 학원을 돈다. 이들은 학원과 7 대 3으로 지분을 나누는데 신규 학원의 경우 8 대 2의 비율을 적용해 강사가 8을 가져간다. 정원이 미달일 경우에도 최소한의 고정급을 보장받는 슈퍼 갑이다. 당연히 학생들, 특히 고등학생은 학원보다 강사를 보고 학원을 결정한다.

대치동의 학원장은 두 부류로 나뉜다. 이강학원처럼 자신이 창업한 학원을 비싸게 판 뒤 자신은 고용 사장이 되어 계속 학원을 운영하는 경우가 많다. 2015년도 이후 대치동의 학원가에 외국계 사모펀드, 코스닥 상장기업 등의 대규모 자금이 투입되면서 이런 유형의 학원이 늘어났다. 그러나 대치동에서 여전히 주류인 학원들은 자녀를 서울대나 의대에 보내 이른바 돼지엄마로 통하는 학부모가 설립한 학원들이다. 이들은 학부모 관리능력과 강사 네트워크를 갖추고 있으며, 주말이면 수백 명을 한 강의실에 모아놓는 대형 강의를 진행한다. 대치동 학원가의 또 다른 특징은 상담실장의 영향력이다. 사실 대치동의 대형 학원 중 대규모 자본이 투입된 학원을 제외하고는 학부모가 상담실장으로 일을 시작해 경험을 쌓은 뒤 독립해서 학원을 차린 경우가 많다. 돼지엄마 출신 상담실장이 여전히 대치동 학원가를 떠받치고 있는 힘이다.

대치동 진입 시 아파트 매매와 전세, 빌라 중 무엇을 택할 것인가

지금 이 순간에도 자녀교육을 위해 대치동으로 이사를 해야 하나 고민하는 학부모들이 많을 것이다. 그런데 최근에는 고려해야 할 사항이 더 많아졌다. 불과 2~3년 만에 아파트 가격이 급등했기 때문이다. 2019년도에 16억 원 정도 했던 은마아파트 25평(이하 평의 표기는 모두 전용면적이다)은 실거래가가 2022년 9월 기준 무려 25억 원이 넘었다. 3년 사이에 10억 원 가까이 상승했다.

제아무리 맹모라고 해도 비강남 거주자가 자녀교육을 위해 30억 원 가까운 금액을 동원해서 그것도 지은 지 40년(1979년 준공)이 넘은 대치동의 구축 아파트를 구입하는 것은 쉽지 않다. 자녀의 학업성적이 우수해서 재정적 리스크가 크더라도 교육에 올인하겠다는 각오나 집값이 지난 3년처럼 끝없이 오를 거라는 강력한 믿음 없이는 힘든 일이다.

대치동 아파트도 신축효과가 크다

2016년 당시 압구정신현대아파트 34평은 16억 원이었다. 당시 대치동에 유일한 신축 아파트였던 래미안대치팰리스는 압구정신현대아파트보다 가격이 높아 34평은 21억 5,000만 원이었다. 만약에 비슷한 가격으로 래미안대치팰리스로 이사를 가려면 평수를 줄여 국민평형 25평으로 갈 수밖에 없다. 신축효과 때문에 래미안대치팰리스는 구축이었던 청실보다 20퍼센트 정도 오른 가격이었다. 그 당시는 지금처럼 집값이 폭등하던 시절은 아니었다.

2016년 21억 원대였던 래미안대치팰리스의 가격은 6년 동안 얼마나 올랐을까? 2021년 4월에는 가격이 48억 8,000만 원으로 두 배 이상 올랐다. 만약 그때 현대아파트를 팔고 래미안대치팰리스로 갈아타면서 5억 원의 대출금을 받았다고 해보자. 그러면 이자와 원금을 제외하고도 족히 22억 원은 벌었을 것이다. 만약 자녀가 목표로 한 대학에 입학했다면 아파트 시세 차익뿐 아니라 입시 성공이라는 두 마리 토끼를 모두 잡은 셈이다.

재건축이 확정되기 전 마지막 카드 '대전 살기'

대치동에 진입하는 학부모들 중 대부분은 '대전족'을 선호한다. 대전족 혹은 대전 살기는 '대치동에서 전세로 산다'는 문장의 줄임말이다. 그러나 몇 년 사이 전세금액도 매매가와 함께 많이 올랐다. 지난 3~4년간 대세 상승기에 접어들면서 서울 아파트 가격은 전세와 매매를 가리지 않고 폭등장을 연출했다.

2022년 12월에 23평이 보증금 5억 3,000만 원에 월세 20만 원, 11월에는 25평이 보증금 1억 원, 월세 300만 원에 계약된 바 있다. 은마아파트는 거주 조건을 따지자면 불편한 점이 너무 많다. 오세훈 시장의 임기 내에 재건축이 이루어질 것이라는 기대감 때문에 전세가와 매매가의 갭이 다른 아파트에 비해 훨씬 크다. 25평은 7억 3,500만 원으로 그리 비싸지 않다. 한보미도맨션 1, 2차는 4년 전에 준공된 은마아파트보다 전월세가 높아 전용 25평이 11월에 보증금 7억 원에 월세 110만 원, 보증금 7억 원에 월세 20만 원으로 각각 거래되었고, 10월에는 전세가가 10억 원을 돌파해 11억 원을 기록했다.

최근 금리 인상 여파로 부동산 시장이 전반적으로 침체기에 접어든 상황이다. 따라서 강남 아파트 가격도 견디지 못하고 하락할 것이라는 전망에 동의한다면 일단은 대전족으로 살다가 집값 조정폭이 커지면 그때 집을 사는 전략도 유효할 수 있다.

대치동의 빌라는 상대적으로 저렴하다는 장점은 있지만 대세 상승장이 와도 아파트처럼 집값이 상승하지는 않는다. 2022년 8월에는 13평 소형 빌라가 4억 4,000만 원에 거래된 일이 있는데 4년 전에도 거의 비슷한 액수로 거래되었다. 중형 빌라는 가격이 올랐지만 매물이 적은 편이다. 그러나 한때 아파트 전세 매물이 나오지 않자 급하게 빌라로 모여들면서 대치동의 빌라 전세가도 높아지기 시작했다. 대치동 학원가 중심과 가까운 위치에 있는 20평대 빌라의 전세가가 8억 원까지 오르기도 했다. 은마아파트 23평이 7억 원 선이니 구축 아파트의 같은 평수와 큰 차이가 나지 않는 가격이다.

휘문고 인근에 있는 원룸 형태의 작은 빌라에 자녀만 입주시켜놓고 부모님은 서울 인근 소도시에 사는 케이스도 있다. 이 중 한 학생은 휘문고 전교 10등 안팎이었지만 뛰어난 수학 실력 덕분에 수시전형 2단계인 서울대 수리구술 면접을 잘 봐서 결국 서울대 공대에 합격했다. 이 소형 빌라(7.5평)는 2014년도 기준 보증금 2억 원에 월세 25만 원으로 거주할 수 있었다. 지금도 월세 금액은 큰 차이가 없다.

대치동 아파트 가격도 떨어질까?

강남 재건축의 상징으로 꼽히는 대치동 은마아파트가 지난 10월 재건축 심의를 통과했다. 물론 금리 인상으로 주택경기가 얼어붙은 상황에서 재건축 호재가 얼마나 영향을 미칠지는 미지수다. 하지만 적어도 은마아파트의 가격은 경기침체 국면에서도 큰 폭의 하락은 없을 것이라는 의견이 다수다.

하지만 그 외 아파트는 본격적인 금리 인상의 직접적인 영향을 받을 수밖에 없다. 아파트별로 차이는 있지만 금리 인상이 본격화된 시점부터 가격 조정은 이미 시작되었다. 윤석열 정부가 생애 첫 주택 구입 대상자에게 LTVLoan To Value ratio(주택을 담보로 돈을 빌릴 때 인정되는 자산가치의 비율)를 80퍼센트까지 올려준다고 했지만, 20억 원 이상의 돈을 빌릴 경우 기준금리가 3.5퍼센트라고 해도 매달 600만 원의 이자를 갚아야 한다. 이는 한 달에 1,000만 원을 받는 고액연봉자라 해도 부담이 되는 금액이다.

이자를 부담할 자신이 없다면 지금은 아파트 매매보다는 아파트 전세나 빌라 전세를 구하는 방법이 더 나을 수 있다. 일단 대치동에 진입한 후 본격 하락기에 접어들 때 아파트 매수를 노려보는 전략이 현재로서는 가장 현실적이다.

학군별
필수 체크
아파트

강남 대치 학군 주요 아파트

학교와 학원 접근성을 기준으로 학군별 입지 최강 아파트를 알아보자.

※ 표 일러두기

- **배정학교** : 초등학교가 단독으로 적힌 것은 거주지 원칙에 따라 100퍼센트 배정받는 것이고 중학교, 고등학교가 세 곳이 나오는 경우는 배정의 확률이 높은 순서대로 해석하면 된다.
다만, 경기도 중 안양과 과천은 같은 학군으로 묶여서 과천에 살지만 추첨을 통해 안양에 있는 신성고에 다닐 수도 있다.
경기도는 지원자가 많을 경우 일정 인원은 추첨으로 안양·과천·의왕을 묶어서 배정하기에 반드시 거주지에 가까운 학교에 배정된다는 보장이 없다. 이 점이 서울과 다르다. 즉 과천이나 의왕시민이라면 먼 곳에 있는 좋은 대학을 먼저 고려할 것인지, 아니면 가까운 학교에 다니면서 개별적으로 사교육을 받아 좋은 대학에 갈지를 결정해서 제1지망 학교를 선택하는 게 좋다.
그리고 서울 및 평준화 지역의 자사고는 거주지 우선 원칙과 상관없다. 서울의 경우 서울시 광역으로 지원하고 추첨 후 면접으로 최종 합격이 결정하기 때문에 배정 학교 목록에서는 빠진다.
- **평단가** : 전용면적 25평(약 85m^2, 공급면적으로는 약 33평), 2022년 9월 현재 거래가를 기준으로 했다. 25평이 4인 가족 표준 아파트처럼 인식되고 있어 수요가 가장 많지만, 개중에는 25평이 없는 아파트들이 있다. 이들 아파트들도 25평으로 환산했을 때의 가격을 기준으로 했다.
- **매매가-전세가 추이 그래프 출처** : 호갱노노(hogangnono.com)

아파트명	세대수	입주연도/ 평단가	배정 예상 학교	매매가-전세가 추이
도곡렉슬	2,002 세대	2006년/ 1억 원 이상	• 초 : 대도초 • 중 : 역삼중, 숙명여중, 단대부중 • 고 : 중대부고, 숙명여고, 단대부고	 매매 전월세 33평 최근 실거래 기준 1개월 평균 29억 최근 3년 전체 기간 매매/전세 비교 30억 20억 10억 0 매매 전세 전세가율 평균 60.2% 2008 2010 2012 2014 2016 2018 2020 2022
래미안 대치팰리스 1단지	1,278 세대	2015년/ 1억 원 이상	• 초 : 대치초 • 중 : 단대부중, 대청중, 숙명여중 • 고 : 단대부고, 중대부고, 숙명여고	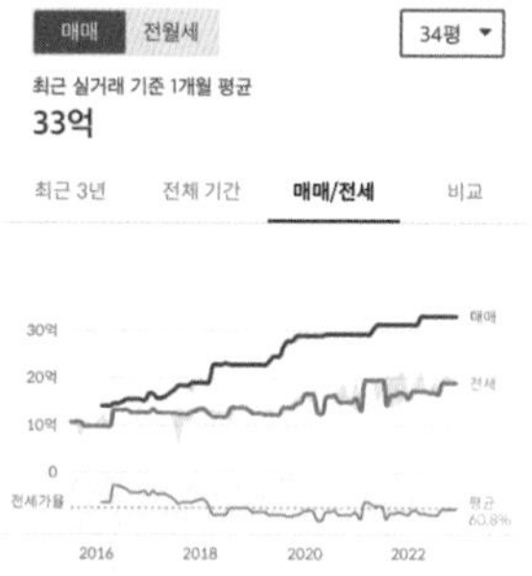 매매 전월세 34평 최근 실거래 기준 1개월 평균 33억 최근 3년 전체 기간 매매/전세 비교 30억 20억 10억 0 매매 전세 전세가율 평균 60.8% 2016 2018 2020 2022
선경	1,034 세대	1983년/ 1억 원 이상	• 초 : 대치초 • 중 : 대청중, 단대부중, 개원중 • 고 : 단대부고, 중대부고, 개포고	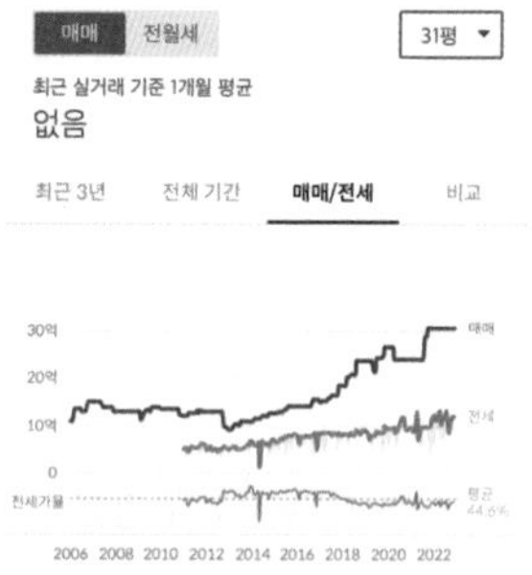 매매 전월세 31평 최근 실거래 기준 1개월 평균 없음 최근 3년 전체 기간 매매/전세 비교 30억 20억 10억 0 매매 전세 전세가율 평균 44.6% 2006 2008 2010 2012 2014 2016 2018 2020 2022
타워팰리스	1,294 세대	2002년/ 1억 원 이상	• 초 : 개원초 • 중 : 구룡중, 숙명여중, 대청중 • 고 : 숙명여고, 중대부고, 개포고	 매매 전월세 34평 최근 실거래 기준 1개월 평균 26억 4,000 최근 3년 전체 기간 매매/전세 비교 20억 10억 0 매매 전세 전세가율 평균 62.4% 2006 2008 2010 2012 2014 2016 2018 2020 2022

아파트명	세대수	입주연도/ 평단가	배정 예상 학교	매매가-전세가 추이
래미안 블레스티지	1,957 세대	2019년/ 1억 원 이상	• 초 : 개일초, 구룡초 • 중 : 구룡중, 대청중, 개원중 • 고 : 개포고, 경기여고, 숙명여고	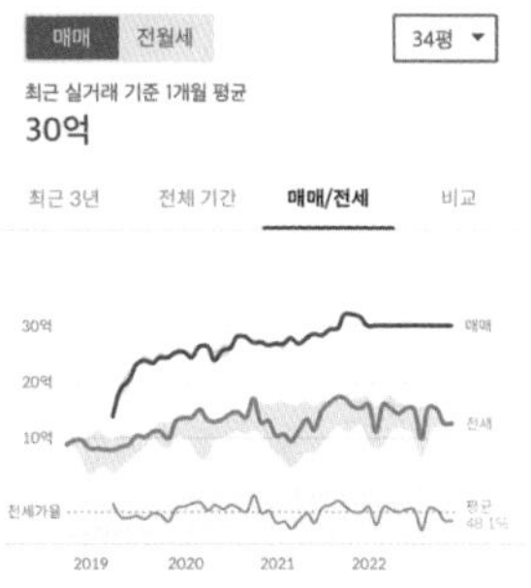 매매 전월세 34평 최근 실거래 기준 1개월 평균 30억 최근 3년 전체 기간 매매/전세 비교
대치 아이파크	768 세대	2008년/ 1억 원 이상	• 초 : 대도초, 도곡초 • 중 : 단대부중, 숙명여중, 역삼중 • 고 : 단대부고, 중대부고, 숙명여고	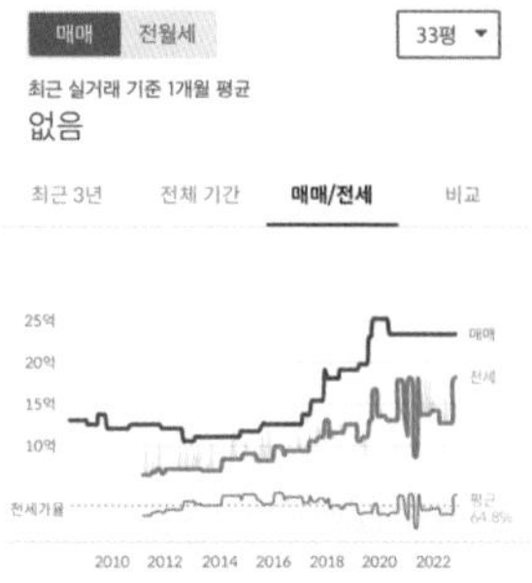 매매 전월세 33평 최근 실거래 기준 1개월 평균 없음 최근 3년 전체 기간 매매/전세 비교
은마	4,424 세대	1979년/ 7,000만 원 이상	• 초 : 대곡초, 대현초 • 중 : 단대부중, 개원중, 휘문중 • 고 : 단대부고, 경기여고, 중대부고	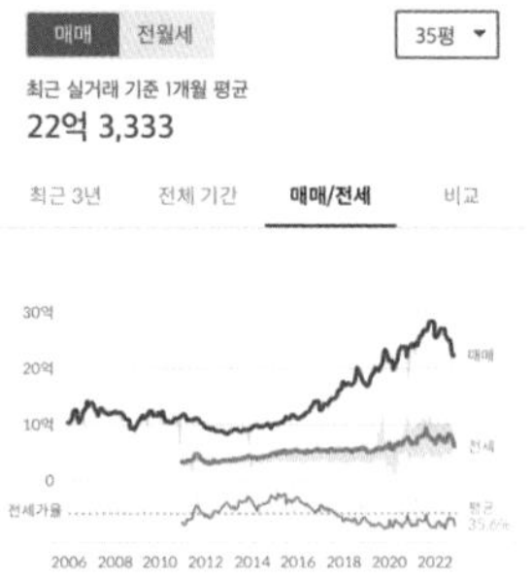 매매 전월세 35평 최근 실거래 기준 1개월 평균 22억 3,333 최근 3년 전체 기간 매매/전세 비교
한보미도 맨션1~2차	2,436 세대	1983년/ 7,000만 원 이상	• 초 : 대곡초 • 중 : 개원중, 대청중, 단대부중 • 고 : 경기여고, 개포고, 단대부고	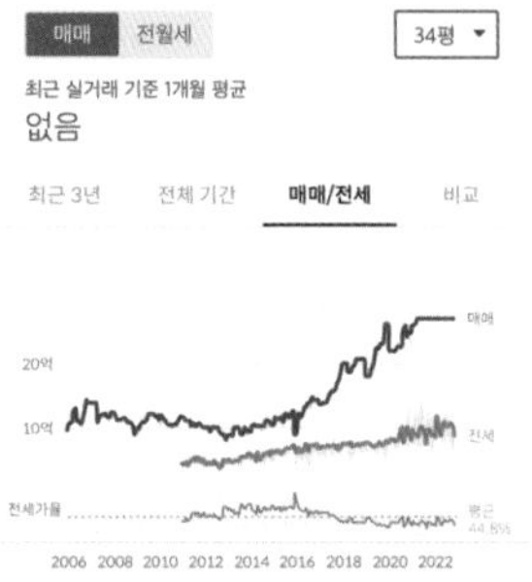 매매 전월세 34평 최근 실거래 기준 1개월 평균 없음 최근 3년 전체 기간 매매/전세 비교

아파트명	세대수	입주연도/평단가	배정 예상 학교	매매가-전세가 추이
대치현대	630 세대	1999년/7,000만 원 이상	• 초 : 대현초 • 중 : 휘문중, 대명중, 단대부중 • 고 : 단대부고, 중대부고, 진선여고	 매매 전월세 33평 최근 실거래 기준 1개월 평균 24억 6,000 최근 3년 전체 기간 매매/전세 비교 20억 10억 매매 전세 전세가율 평균 62.2% 2006 2008 2010 2012 2014 2016 2018 2020 2022
대치삼성1차	960 세대	2000년/7,000만 원 이상	• 초 : 대치초 • 중 : 단대부중, 대청중, 숙명여중 • 고 : 단대부고, 중대부고, 숙명여고	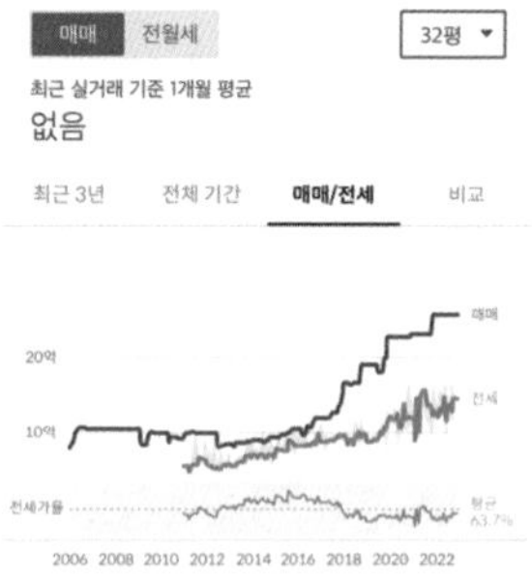 매매 전월세 32평 최근 실거래 기준 1개월 평균 없음 최근 3년 전체 기간 매매/전세 비교 20억 10억 매매 전세 전세가율 평균 63.7% 2006 2008 2010 2012 2014 2016 2018 2020 2022

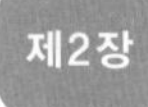

대치동을 넘보는 입시 강자
서초 반포 학군

입지 특징	• 3호선, 7호선, 9호선이 지나는 트리플 역세권, 고속터미널이 있는 교통의 요지 • 강남구에 비해 상대적으로 쾌적한 입주 환경 • 실거주라면 구축 전세, 방배동 빌라로 우회해서 접근 가능
학원가 특징	• 중등부는 수학과 영어 중심으로 형성 • 고등부는 대치동 학원을 선호 • 대치동에 본원을 둔 분원 학원들의 선전
배정 예상 중학교	경원중, 반포중, 서문여중, 서운중, 서일중, 서초중, 세화여중, 신동중, 신반포중, 원촌중
배정 예상 고등학교	반포고, 상문고, 서문여고, 서울고, 서초고, 압구정고, 양재고, 은광여고

서초 반포 학군 **고속터미널역**

부동산 시세 보기

❶ 파인만영재서비스센터 : **영재고, 민사고 입시 준비를 위한 초등 수과학 학원**
❷ 반포 세정학원 : **대치동에 본원이 있는 고등부 내신 단과 학원**
❸ 블루스카이 반포점 : **대치동 본원이 유명한 고등부 수학 내신 학원**
❹ 헨리영어 서초캠퍼스 : **유아부터 초중등까지 영어 실력을 키워주는 실용영어 학원**

출처: 네이버지도(https://map.naver.com), 네이버부동산(https://land.naver.com)

❺ 생각하는황소 서초학원 : **대치동에 본원이 있는 수학 내신 심화 전문 학원**
❻ 와이즈만영재교육 서초센터 : **영재원과 영재고 입시를 어려서부터 준비해주는 학원**
❼ 서초 크라센어학원 : **표현 영어부터 유학 영어까지 심화 영어 위주의 어학원**

서초, 반포 지역 중학교의 경쟁력, 대치동에 밀리지 않는다

서초 반포 학군의 가장 큰 특징은 고등학교보다 중학교가 더 경쟁력이 있다는 점이다. 중학교의 경우 대치동 상위권 중학교와 비슷한 성적을 유지하고 있다. 2017년도에 폐지된 학업성취도 평가의 마지막 해인 2016년 기록에 따르면 학업성취도가 95퍼센트(전교생의 95퍼센트가 3단계 우수 평가를 받았다는 의미) 이상 되는 학교는 서운중 한 곳 뿐이다. 하지만 대치동은 대왕중, 대명중, 대청중 이렇게 세 학교가 포진해 있다. 서초 반포 학군의 나머지 중학교는 모두 학업성취도가 90~95퍼센트 사이에 분포해 있다. 최상위 중학교는 대치동에 비해 다소 밀리지만 거의 대부분의 중학교가 90퍼센트 이상이라는 점에서 90퍼센트 미만 학교들도 다수 존재하는 대치동에 비해 균일한 학업성적을 보여준다고 평가할 수 있다.

특목고, 자사고 학생들을 상담하다 보면 이 학생들이 어느 중학교 출신인지 확인하게 된다. 그중 외고는 대개 서운중, 원촌중 등 서초동의 중학교 출신이

서초, 반포 지역 주요 중학교의 고등학교 진학 현황과 내신점수

중학교	졸업생	일반고	외고·국제고	영재고·과고	자사고	국어 평균점수	수학 평균점수	영어 평균점수
서운중	398명	280명 (81.8%)	3명 (0.9%)	9명 (2.6%)	43명 (12.6%)	86.2	69.7	78.2
원촌중	396명	202명 (61%)	10명 (3%)	5명 (1.5%)	100명 (30.2%)	82.5	76.9	81.8
서일중	369명	248명 (73.6%)	4명 (4.1%)	6명 (1.8명)	60명 (17.8%)	80.9	78.2	91.0
경원중	342명	214명 (59.8%)	7명 (2%)	6명 (1.7%)	119명 (33.2%)	79.9	84.9	78.8
세화여중	297명	123명 (46.8%)	10명 (3.8%)	1명 (0.4%)	118명 (44.9%)	83.8	76.0	77.4
신동중	261명	129명 (47.8%)	8명 (3.1%)	11명 (4.2%)	103명 (39.8%)	85.3	84.5	85.1
반포중	231명	132명 (57.9%)	0명 (0%)	9명 (3.9%)	79명 (34.6%)	86.6	77.8	84.5
서문여중	213명	176명 (83.4%)	2명 (0.9%)	1명 (0.5%)	21명 (10%)	66.7	57.6	79.1
신반포중	203명	125명 (62.5%)	2명 (1%)	3명 (1.5%)	65명 (32.5%)	78.7	74.4	81.0

대치동 못지않게 자주 발견되었다. 서초동 지역은 대치동이나 기타 지역처럼 '기승전 이과', '기승전 의대'로 편향되어 있지는 않다는 느낌을 받았다. 그렇다면 정말 서초, 반포 지역의 외고와 국제고 진학률이 영재고나 과고보다 더 높을까? 위의 표를 보면 사실을 확인할 수 있다.

'탈 외고·영재고·과고' 현상이 뚜렷해지고 있는 서운중

최근 서운중의 외고 진학률은 떨어지는 추세다. 2022학년도 외고 입시에서는 여학생 세 명이 합격했다. 결국 지역과 남녀를 불문하고 상위권 학생들은 중학생 때부터 영재고와 과고를 노린다는 말이 서초구에도 적용되고 있다. 반면

여학교인 세화여중과 남녀공학인 원촌중은 여전히 외고와 국제고 진학생이 많지만 서운중은 변화된 모습을 보인다.

이러한 현상은 특정 지역에 국한된 사실이 아니다. 어느 지역이나 전반적으로 상위권 학생들은 외고, 국제고보다는 영재고, 과고 진학을 더 많이 선호한다. 서초, 반포 지역 최강의 중학교인 서운중에서도 영재고, 과고 합격생이 예전보다 늘어나고 있다. 서운중학교는 학교 시험문제가 인근 학교에 비해 어렵다. 국어시험의 경우 문제를 쉽게 내면 100점이 수두룩하게 나오기 때문에 중학교 3학년 때는 2학년 때보다 난이도를 높인다. 수능 국어 유형에 미리 적응하도록 훈련시키는 것이다. 그리고 국어시험의 경우 2022학년도부터는 모든 문제를 주관식으로 출제하고 있다. 즉 글쓰기 실력이 뒷받침되지 않는 학생은 학교 국어시험에서 좋은 성적을 받기 어렵다는 뜻이다.

이는 서운중이 다른 중학교에 비해 일반고 진학비율이 높은 이유 중 하나다. 학교의 서술형 평가나 수행평가에 적응한 학생들은 수시에 강한 서초구 일반고에 진학해서도 입시에서 충분히 좋은 성적을 거둘 수 있다고 판단하기 때문이다.

원촌중과 세화여중의 외고·국제고 진학률은 여전히 높다

서초, 반포 지역의 전통적인 강자인 원촌중은 수학시험을 어렵게 출제하는 학교로 유명하다. 학생들이 난생처음 지필고사를 치르는 중학교 2학년 1학기 중간고사만 쉽게 내고 그 후에는 갈수록 어려워진다는 평이다. 아직은 영재고, 과고 합격생 수가 서운중에는 미치지 못한다. 하지만 수학시험의 난이도를 지속적으로 높이면서(전교에서 수학 만점자가 단 두 명만 나온 적도 있다) 학생들을 하드 트레이닝시키고 있다. 이런 추세라면 머지않아 서운중을 따라잡을 수도 있을 거라는 전망을 해볼 수 있다.

세화여중은 높은 외고 진학률을 꾸준히 유지하는 학교다. 영어와 수학 모두 잘하는 상위권 학생들이 주로 대원외고와 한영외고 그리고 이화외고에 진학해 좋은 성적을 거두고 있다. 그 외 중상위권 학생들 대부분은 세화여고에 진학한다. 그래서 세화여중의 자사고 진학률이 높다. 세화여중의 교육 목표는 글로벌 인재 양성이다. 영어 과목에 강한 학생들이 많아서 영어시험의 변별력을 높이기 위해 문제의 난이도가 높은 편이다. 다른 학교에 비해 상대적으로 영어 평균 점수가 낮은데, 이는 학교 측의 이런 고심을 반영한다.

서일중은 서운중과 항상 함께 거론되는 학교로 특목고 진학 실적도 갈수록 좋아지고 있다. 학교 시험의 경우 국영수는 다른 학교에 비해 어렵지 않지만 사회와 과학시험이 다소 어렵다는 평가를 받고 있다. 신반포중은 서초, 반포 지역 중학교 중에서도 인원이 가장 적은 학교이며 이에 따른 장단점이 있다. 외고, 국제고, 영재고, 과고 진학률이 그리 높지 않다. 학교 시험의 난이도는 그다지 높은 편이 아니어서 시험을 치를 때마다 올백을 맞는 학생이 한 명 이상 나온다. 서초 지역 중학교의 일반적인 특성 중 하나가 영어를 잘하는 학생이 많다는 것인데, 신반포중도 예외는 아니다. 특히 방과후수업에서 토플 라이팅 수업을 할 정도로 수준 높은 영어를 구사하는 학생이 많다.

경원중은 자사고 진학비율이 높고 외고, 국제고에 진학하는 학생들도 많은 편이다. 인성과 창의 융합형 교육을 강조하는 분위기여서 글로벌 인재를 목표로 하는 서초, 반포 지역의 다른 중학교와 차별화되는 측면이 있다.

이들 중학교 외에 서문여중과 반포중, 혁신학교로 지정된 서초중도 서초, 반포 지역 학부모들이 선호하는 중학교다. 이 지역은 우수한 학생들이 중학생 때부터 유입되는데 이 현상이 강해지고 있어 더욱 경쟁력 있는 학군이 될 전망이다. 다만 아직은 영재고, 과고 진학률이 대치동을 비롯한 명문학군들에는 미치지 못한다.

대치동 부럽지 않은 실적을 내고 있는 5대 명문고

서초동의 학생과 학부모를 만나보면 입시에 대한 자신감이 해마다 올라가고 있다는 느낌을 받는다. 아파트 가격뿐 아니라 대입 실적도 쑥쑥 오르는 지역이다. 서초구의 5대 명문고인 세화고, 서울고, 반포고, 상문고, 세화여고의 2021학년도 서울대 합격자 수는 모두 96명이었다. 2022학년도에는 103명(세화여고 대신 서문여고가 5위)으로 7퍼센트 정도 늘어났다. 아파트 가격만 상승한 게 아니라 학군의 경쟁력도 상승하고 있다는 증거다.

이 지역의 주요 학교들은 수시에 강한 상문고와 반포고, 정시에 강한 세화고와 세화여고 그리고 서문여고로 나눌 수 있다. 이처럼 수시와 정시에 강한 고등학교가 다수 포진해 있다는 것은 내 자녀의 성향이 수시형인지 정시형인지에 따라 학교를 선택할 자유가 충분하다는 의미다.

서초구 주요 고등학교 서울대 합격자 수 및 내신점수

고등학교	서울대 합격자 수	졸업생 수	예상 재수생 비율	국어 평균점수	수학 평균점수	영어 평균점수
세화고	37명(수시 6명, 정시 31명)	354명	49.4%	76.2	70.1	72.4
상문고	24명(수시 10명, 정시 14명)	370명	50%	62.4	59.9	64.1
서울고	18명(수시 10명, 정시 8명)	405명	46.9%	64.7	60.9	61.3
반포고	13명(수시 5명, 정시 8명)	235명	55.1%	62.8	54.1	56.6
서문여고	11명(수시 5명, 정시 6명)	291명	46.8%	75.9	57.1	61.0
세화여고	8명(수시 4명, 정시 4명)	347명	53.2%	72.7	58.7	68.2

외대부고, 휘문고 다음으로 서울대 정시 합격자가 많은 세화고

세화고는 정시로만 서울대에 31명이나 보내는 무시무시한 학교다. 정시에서 이 학교보다 서울대를 많이 보내는 학교는 전국 단위 자사고 부동의 1위인 외대부고와 휘문고뿐이다. 수시 합격생이 여섯 명밖에 안 된다고 생각할 수도 있겠지만 내실은 아주 알차다. 세화고는 서초 반포 학군에서 유일하게 수시전형으로 서울대 의대 합격생 두 명을 배출했다. 정시 합격생 한 명을 포함해 모두 세 명이 서울대 의대에 합격했다.

최상위권 학생들만 모여 있는 학교도 아닌데 어떻게 이런 엄청난 입시 결과를 낼 수 있었을까? 그 비결은 선택과 집중에 있다. 서울대를 수시로 가는 10명 내외의 학생 외에 대다수의 학생은 2학년 때부터 내신과 비교과 활동에 거의 신경을 쓰지 않는다. 학교에서도 비교과 활동이나 동아리 활동 그리고 진로 활동을 강조하지 않는다. 대입에서 정시 인원이 20퍼센트 정도밖에 안 될 때도 세화고는 정시에 집중했다. 따라서 앞으로 정시비율이 40퍼센트 이상 늘어나면 이 학교의 정시 올인 전략은 더욱 강화될 전망이다.

다만 세화고에서 걱정하고 있는 것은 2023학년도부터 서울대 정시전형에도 내신성적이 반영된다는 점이다. 등급과 선택과목뿐 아니라 선생님이 써주는 과목별 세특도 평가 대상이기 때문에 확실히 긴장하는 분위기가 역력하다. 세화고에서 내신등급이 1.3 정도로 전교 1등을 한 학생이 수시로 서울대 자유전공학부에 지원한 경우를 보았다. 이 학생은 수시에 강한 다른 학교의 학생들보다 내신등급도 조금 낮은 편이고 학생부 분량도 얇은 편이었지만 무난히 서울대 자유전공학부에 합격했다.

내신 경쟁이 치열한 학교에서 좋은 내신점수를 받았다는 것보다 뛰어난 비교과 활동은 없음을 증명한 셈이다. 물론 2021학년도부터 서울대는 고등학교에서 학교 소개 자료와 내신 분포도를 공식적으로 받지 않아 내신 경쟁이 얼마나 치열한 학교인지 정확하게 판별하지는 못한다. 그럼에도 대부분의 입시사정관들은 세화고의 학생부를 보면 금방 알아차린다.

상문고는 2022학년도 입시 결과에서 수시 못지않게 정시에서도 좋은 성적을 올렸다. 하지만 원래는 강남, 서초 지역에서 서울대 수시 합격생 비율이 제일 높았던 학교다. 각종 동아리 활동과 도전정신 및 지적 호기심을 증명하는 자료, 서울대가 원하는 독서와 연구 프로그램, 대학과 연계한 진로 찾기 프로그램 등 다양한 수시 프로그램을 갖추고 있다. 만약 수시로 서울대, 연세대, 고려대를 지망하는 서초 지역의 남학생이라면 상문고를 가는 것이 가장 좋은 선택이다. 상문고에서 내신 2등급으로 서울대 동양사학과에 지원해 1단계를 통과한 학생이 있었는데 그 학생의 독서량은 대단했다. 특히 중국과 일본 역사에 전문가 못지않은 해박한 지식을 갖고 있어서 깜짝 놀란 적이 있다. 지금은 자소서와 독서 활동이 사라졌지만, 자신이 지망하는 학과에 맞는 '심화 독서 기록'을 과목별 세특에 적는다면 자신의 관심사와 특장점을 부각시킬 수 있다.

서울고는 세화고와 상문고에 비해 입시 결과가 다소 밀리기는 하지만 전통적으로 서울대 및 상위권 대학 입시에 강하다. 해마다 서울대 의대 수시전형에

두 명 이상 합격시키는 몇 안 되는 학교다. 전교 1등은 서울대 '지역균형전형'(이하 '지균')으로 2등은 일반전형으로 합격하는 것이 거의 정례화되어 있다. 1등과 2등의 내신성적 차이라고 해봐야 0.1~0.2점 정도밖에 안 된다. 특히 과학중점학교이기 때문에 모든 과학 과목을 배운다. 알앤디 연구 프로그램들도 다양하게 마련되어 있어서 학생부 내용이 영재고 학생들 다음으로 알차다는 평이다.

서울고와 상문고의 경우 비교과와 전공적합성이 있는 3등급대 심지어 5등급대 학생들도 좋은 학생부로 서울권 대학에 합격하는 기적을 발휘하기도 한다. 이는 강남 지역 일반고 대부분이 내신 2등급 내에 드는 최상위권 학생들에 주력하는 것과 달리 서울고와 상문고는 4~5등급 학생들도 수시에서 경쟁력을 가질 수 있도록 지도한다는 의미다. 사실 강남 학군 학생들이라고 해서 모두 수능에서 강세를 보이는 것은 아니다. 내신도 안 좋은데 수능 점수까지 낮아서 수시로 어느 대학이든 가야 하는 학생들은 있을 수밖에 없다. 그런 학생들까지 챙긴다는 점은 이들 학교의 큰 장점이다.

서초구의 영원한 라이벌 여고, 엇비슷한 실적과 강화되는 학교 프로그램

서초 반포 학군의 대표적인 여고는 서문여고와 세화여고다. 동덕여고도 있지만 입시 실적이 그다지 좋은 학교는 아니다. 이 지역에서 공부를 잘하는 여학생들은 대원외고나 한영외고 등을 지망하거나, 진선여고 등 서초 지역에서 가까운 여고를 선택하는 경향이 있다. 그 외에는 서문여고와 세화여고에 진학하는데, 이 두 학교는 해마다 앞서거니 뒤서거니 하면서 치열하게 경쟁하는 전통의 라이벌이다. 2022학년도는 서문여고의 서울대 입시 실적이 조금 더 좋았다.

두 학교 모두 수시에 강한 여학생들을 고려해서 서술형 평가, 즉 수행평가를 늘리면서 학생부를 충실하게 써주려고 노력한다. 독서 활동 프로그램도 진로와 연계해 진행하고 있다. 서문여고는 서울대 외에 연고대 수시에서도 합격자 수가 매년 늘고 있는데 학교의 특색 있는 프로그램 덕분이라는 평이다. 학생들이 각각 문학캠프, 인문캠프, 경제캠프, 역사캠프, 수학캠프 등 다양한 활동에 참여해 진로를 탐색할 기회가 많다는 점에서 좋은 평가를 얻고 있다.

이들 학교 외에 반포고와 서초고 등의 남녀공학 공립학교들도 있지만 이 학교들은 정시보다는 오히려 수시에 강한 학교다. 특히 반포고는 과학중점학교로 서울고 수준에는 미치지 못하지만 학생들이 모여서 탐구하는 문화가 정착되어 있다. 요즘 대입 수시에서는 학생부 항목이 줄고 자소서가 폐지되면서 전공적합성의 중요성도 줄어들었다. 반면 광범위하게 진로를 설정하기 시작했다. 즉 계열 적합성을 고려해서 공대를 희망하는 학생들은 비슷한 활동으로 여러 학과를 쓸 수 있다. 영재고나 전국 단위 자사고는 학생들의 진로를 세세하게 설정해 학생부를 꾸며준다. 반면 일반 공립고인 반포고는 학생부의 방향을 포괄적으로 잡을 수밖에 없고 대학들도 그런 현실을 이해하는 추세다.

반포고의 경우 학생부도 상당히 경쟁력이 있는 편이다. 이전보다 수능 대비에 좀 더 주력하면서 수학 과목의 난이도를 높이는 중이다. 만일 세화고에서 내신등급을 잘 받을 자신이 없는 학생이라면 반포고와 서초고도 좋은 대안이 될 수 있다.

왜 서초동에는 대치동 같은 학원가가 형성되지 못했나

대치동에서 컨설팅을 하면서 서초, 반포 지역 학원들로 설명회를 자주 다녔다. 그때마다 '대치동에 비해서 경제력과 부모의 교육열이 밀리지 않는데 왜 이 지역에는 이름난 학원가가 없을까?'라는 의문이 들었다. 그런데 이 지역을 자세히 들여다보면 그 이유를 알 수 있다. 바로 분산효과 때문이다.

서초 지역은 지하철 3호선과 9호선이 있는 지역으로 고속터미널역과 교대역 인근에는 전혀 다른 형태의 학원가가 구축되어 있다. 학원은 고속터미널 인근 삼호가든맨션5차 근처에 가장 많다. 수학 학원과 영어 학원들이 압도적으로 많고 그 외는 국어 학원과 인근 학교들의 내신시험을 대비해주는 학원들이 있다.

고등부 상위권 학생들은 여전히 대치동으로 간다

이 지역 학생들 상당수는 대치동 학원가를 이용한다. 결국 학원은 수능 준비를 해줄 수 있느냐 여부가 가장 큰 경쟁력이다. 특히 고등부 학생들은 강사를 따라 움직이기 때문에 일타강사들이 많이 몰려 있는 대치동으로 갈 수밖에 없다. 대치동의 대형 학원 중에서 내신 강좌로 유명한 세정학원은 서초 지역의 고등학교 내신 강좌도 개설하면서 서초, 반포 지역 학생들까지 확보하는 중이다.

이 지역의 경우 컨설팅이나 소논문 등 소규모 고가 컨설팅이 대치 학군 못지않게 활발하게 이루어졌다. 고가의 아파트가 밀집한 지역이다 보니 서초동의 학부모들은 비교과 영역에도 과감한 투자를 아끼지 않았다. 그러나 입시에서 소논문과 자소서 등이 사라지면서 이런 분위기도 사라지는 추세다.

서초동 학원가는 중등부 중심이고 고등부는 대치동과 공유하고 있다는 사실은 서울시 강남서초 교육지원청 홈페이지에서 두 구 내에 자리 잡고 있는 학원 리스트를 보면 금방 알 수 있다. 수능 대비에 필수인 유명 단과 학원들은 대부분 대치동에 위치해 있으며 서초동에 따로 분원을 두지 않는 경우가 많다. 이는 해당 학원들이 강남 서초 지역의 학생을 모두 전담하고 있다는 의미로 풀이될 수 있다.

이처럼 고등부 학생은 대부분 대치동 학원을 선호하기 때문에 중학생 때까지는 인근 학원을 이용하다가 중3이 되면 대거 대치동으로 이동한다. 학부모들도 자녀에게 적합한 학원을 골라 선택하기 때문에 몰려다닐 일이 없다. 서초동에는 대치동 학원가의 한 축을 형성하는 돼지엄마들이 적은데, 이 점도 대치동처럼 학원 집중 지역이 형성되지 못한 이유 중 하나다.

대치동의 본원 못지않게 잘 되는 서초, 반포의 분원 학원들

서초, 반포 학원가의 경우 초등부와 중등부에 강점이 있다. 삼호가든 근처에 자리한 학원들은 유명 어학원의 브랜치거나 소규모 수학 학원 혹은 대치동 학원의 분원 성격의 학원들이다. 서울교대 근처에는 영과고와 전국 단위 자사고 입시의 강자인 파인만학원의 브랜치가 있다. 파인만학원에 따르면 압구정동, 대치동, 송파 쪽보다 반포 파인만학원의 성장세가 높다고 한다.

대치동에 본원이 있는 블루스카이학원과 와이즈만영재교육 서초센터뿐 아니라 생각하는황소 서초학원도 상위권 학생들이 많이 찾는 학원이다. 반석수학학원은 서초동에 본원이 있는데, 선행학습이 부족한 학생들이 일대일 지도로 실력을 키울 수 있는 학원으로 인정받고 있다.

영어 학원의 경우 재원생 수준이나 숫자로 서초동 최강자로 인정받은 곳이 있다. 바로 진선생어학원이다. 이곳은 서초, 반포 지역의 중등 자원을 흡수하는 학원이다. 반포고, 서초고 등 서초구 내 고등학교의 내신시험을 이 학원보다 더 꼼꼼하게 챙겨주는 곳은 없다는 평이 지배적일 정도로 학생과 학부모의 만족도가 높다.

원래 서초동 어학원 중에서는 서초크라센어학원이 내신 및 외국 대학 입시 준비까지 고루 잘한다는 평이 있었다. 그러다 영어 학원이 내신 중심으로 재편되면서 진선생어학원이 단연 1위 학원으로 올라섰다. 그 외에 초등학생들의 발표력과 표현력을 키워주고 싶은 학부모들은 파머스영어 서초캠퍼스를 많이 찾는다.

서초, 반포 학원가에서 국어 과목은 어떤 학원들이 인정받고 있을까? 이 지역의 고등학교 내신 국어와 수능 국어 기초를 함께 잡고 싶은 학생들은 서율학원 이재현 강사의 수업을 많이 듣는다. 사실상 이재현 강사는 서초동에서 가장 많은 학생들을 보유하고 있는 강사라고 해도 과언이 아니다. 그리고 송림학원과 반포 세정학원, 대치명인학원 서초캠퍼스도 국어 성적을 올리려는 서초동의 학생들이 주로 찾고 있다.

이 외에 서초, 반포 지역에는 대형 강의실이 없는 소규모 학원들이 많은 편이다. 세화고 주변인 반포주공아파트 상가와 서울고, 상문고, 서문여고 등의 유명 학교 주위에도 학원들이 있지만 규모는 크지 않다. 대치동의 좋은 강사들이 나이가 들어 아예 서초동 쪽에 학원을 차리는 경우는 많이 보았지만, 대치동 일타강사들이 서초동의 학원에 출강하는 경우는 그리 많지 않다. 그러나 서초동의 학부모들 역시 나이가 젊은 선생님을 선호하는 경향이 강하기 때문에 유명 강사의 경우, 서초동에서 출발해 입지를 다진 뒤 나중에 대치동으로 진출하는 경우는 종종 있다.

이 지역에도 과거에는 교대역 바로 뒤에 강남대성학원, 서초 메가스터디, 비상에듀 등의 재수 학원들이 몰려 있었다. 하지만 강남대성학원이 강남역 뒤로 이전하는 등 이들 대형 학원이 각기 다른 지역으로 이전하면서 서초동 학원의 한 축을 차지하던 교대 학원가는 학생들의 발길이 확연히 줄었다.

서초동의 아파트 가격은 어떻게 대치동을 추월했나

왜 대한민국 최고의 부촌은 압구정동도 아니고 대치동도 아닌 서초동과 반포동이 되었을까? 아크로리버파크의 33평 분양 가격이 17억 4,000만 원일 때 사람들은 모두 '미쳤다'고 외쳤다. 그런데 지금의 가격은 40억 원대로 10년도 안 되는 기간 동안 세 배 이상 올랐다. 이 아파트뿐 아니라 서초, 반포 지역의 아파트는 물가와 주가보다 더 압도적인 상승률을 보이면서 지난 10년간 부동산 상승장을 주도했다.

2000년도 서울에서 가장 잘나가던 강남 아파트 가격은 그해 처음으로 평당 1,000만 원을 돌파했다. 지금은 평당 1억 원 이하의 아파트를 찾기가 어려울 지경으로 20년간 10배 가까이 상승했다. 2020년 이후에는 서초동과 반포의 아파트 가격 상승률이 대치동, 도곡동, 압구정동 등 대표적인 강남 지역을 앞질렀다. 이 흐름대로라면 추후 아파트 가격 상승세 흐름이 다시 왔을 때 서초동 쪽에서 평당 3억 원대 아파트가 탄생할 가능성이 높다.

재건축 이슈와 초등학교 입학 전 이주 수요로 집값 상승

고가 아파트의 필수 요소는 학군(학원 포함), 교통, 자연환경, 일자리 네 가지라 할 수 있다. 그렇다면 서초 지역이 대치동을 비롯한 강남 지역에 비해 특별히 아파트 가격이 높을 이유가 없다. 그런데도 서초동과 반포 쪽 아파트는 왜 대치동을 뛰어넘어 대한민국 최고의 부촌이 되었을까?

이는 박원순 전 서울시장 시절 서초 지역이 강남 지역보다 먼저 재건축이 이루어지면서 이른바 신축효과를 톡톡히 보았기 때문이다. 또 한 가지 이유는 계성초등학교와 반포외국인학교에 있다. 두 학교에 입학하기 위해 부유층 자녀들이 일찍부터 서초구에 진입하는 경우가 늘었기 때문이다. 강남의 부유층 자제 중 국내 최고 대학을 나온 케이스를 살펴보니 계성초등학교 출신이 많았다. 이처럼 계성초등학교의 압도적 인기가 서초동과 반포동의 아파트 시세를 끌어올리는 견인차 역할을 했다고 볼 수 있다.

쾌적한 주거환경과 트리플 역세권

아파트와 회사 그리고 유흥가가 몰려 있는 강남에 비해 서초동은 고급 아파트와 고급 빌라 등이 많아 상대적으로 더 좋은 주거환경을 갖고 있다는 강점이 있다. 서래마을과 방배동 일대의 고급 빌라에 유명인들이 거주하면서 서초동의 명성과 부촌 이미지는 더욱 강화되었다.

서초동은 이용객이 가장 많은 지하철 노선인 3호선, 7호선, 9호선이 다니는 트리플 역세권이며, 고속터미널이 있는 교통의 요지다. 신세계백화점을 비롯한 각종 편의시설과 한강, 우면산, 청계산, 양재천 등의 자연환경에 둘러싸여 있다는 것도 큰 장점이다. 그리고 인구밀도가 강남구 지역에 비해 상대적으로 적은 점도 쾌적한 환경을 완성한 주된 요소다.

비싸도 너무 비싼 서초 지역, 어떻게 진입해야 할까

자녀교육을 이유로 서초동 지역의 아파트에 입성하려 한다면 금수저가 아닌 이상 쉽지 않다. 2022년 기준으로 33평의 아파트 가격이 대부분 30억 원을 넘어섰고 전세금도 17억 원에서 시작한다. 이 정도의 아파트 가격이라면 고액 연봉을 받는 전문직 종사자도 쉽게 진입하기 힘든 수준이다. 전월세를 노려볼 수도 있지만 2021년 입주한 서초그랑자이 33평에 입성하려면 보증금 3억 원에 월세만 무려 450만 원을 내야 한다. 2021년도의 전세가는 30평이 20억 원에 달했다. 사정이 이러하니 금수저가 아닌 이상 서초동 신축 아파트 입성은 점점 더 요원한 일이 되고 있다.

가장 현실적인 대안은 구축 아파트 전세다

반포래미안퍼스티지 25평의 경우 최근 들어 매물이 나오고 있지만 2022년 초까지만 해도 매물을 찾아보기 어려웠고 전세가도 18억 원 수준이다. 전세를 끼고 갭 투자를 하려 해도 15억 원 이상의 집은 대출이 되지 않기 때문에 현금만 12억 원 이상 갖고 있어야 신규 진입이 가능하다. 문제는 집 한 채라고 해도 보유세가 상당하다는 점이다. 2022년 기준으로 3,000만 원 정도의 보유세를 내야 한다. 세전 연봉 2억 원의 고임금 회사원이라고 해도 소득세와 보유세를 생각하면 실제 월 500만 원 정도의 돈으로 사교육비와 생활비를 감당해야 하는데 이는 쉬운 일이 아니다.

만일 대한민국 아파트 가격이 일본처럼 폭락한다 해도 서초, 반포 지역은 가장 마지막까지 버틸 가능성이 높다. 특히 교육을 목적으로 진입을 고려하는 이들에게 세화고와 세화여고 인근에 있는 래미안퍼스티지의 매력은 쉽게 사그라들지 않을 것이다. 반포의 랜드마크가 된 아크로리버파크의 위세는 이보다 더 대단하다. 2022년 실거래가로 33평이 41억 원, 40평이 59억 원에 이르렀다. 다행인지 불행인지 2022년의 매매가 기록은 2021년보다는 다소 떨어졌다. 2021년에는 33평이 45억 원, 45평이 60억 원에 거래되기도 했다.

재건축이 확정된 반포주공1단지는 33평이 66억 원에 거래됐지만 전세가는 매매가에 비하면 꽤 저렴하다. 같은 평수의 전세가가 12억 원대다. 작은 평수는 10억 원대로도 진입이 가능하다. 하지만 1973년에 지어진 아파트라 삶의 질은 많이 떨어질 수 있다는 점을 각오해야 한다.

반포자이는 원촌중에 배정될 가능성이 가장 높은 아파트다. 2008년도에 입주를 시작한 아파트로 2022년 기준 33평이 37억 원에 거래되고 있으며 전세가는 12억 6,000만 원 선이다. 4년 전에 비해 전세가는 1억 원이 오른 반면 매매가는 14억 원이나 올랐다. 천정부지로 치솟고 있는 서초동 아파트 가격의 상승추세가 이번 하락기에 얼마나 꺾일지 예단하기 힘들다. 하지만 다른 지역보다는 하락 폭이 적을 것으로 전망된다. 신고가를 거듭하는 대표 지역으로서 일생 일대의 투자라고 생각하고 대출을 받아 매수하는 이들은 지속적으로 늘어날 수 있다.

전세가는 신축의 경우 17억 원에서 18억 원, 구축의 경우 10억 원에서 12억 원 사이이다. 자녀의 교육만을 위해 진입하고자 한다면 전세 또한 고려해볼 만한 선택이다. 원촌동 주변의 구축 아파트인 반포미도1차(1987년)나 삼풍아파트(1988년)는 가장 작은 평수의 전용면적이 각각 25평과 24평이다. 이들 아파트의 전세가는 7억 원 후반에서 10억 원까지 폭넓게 형성되어 있어 조금 더 현실적인 선택지가 될 수 있다. 신동중 주변인 잠원한신의 전세가는 2022년에 계약된 기록을 보면 10억 원에서 12억 원 사이로 위의 두 아파트보다는 조금 더 비싸다.

방배동 학군은 빌라 진입을 노려보자

잠원동에는 세 개의 중학교가 있고, 고등학교는 청담동에서 이주한 청담고가 있다. 다만 청담고의 입시 경쟁력은 그다지 높지 않은 편이다. 대표적인 신축 아파트인 래미안신반포팰리스의 경우 33평이 41억 원 선에서 거래되고 있다. 4년 전 거래가가 22억 원이었는데 그 사이 두 배 가까이 올랐다. 잠원동 내에서 가격 상승률이 가장 높은 아파트다.

서초, 반포 지역의 진입이 대치동보다 어려운 또 다른 이유는 대치동에 비해 빌라나 다세대주택 등을 구하기가 어렵기 때문이다. 빌라나 다세대주택으로 가려면 결국 방배동 쪽에서 거주지를 찾아야 한다. 방배동 학군에는 서문여중과 서문여고가 있고 서울고도 방배동 학군에 가깝다고 볼 수 있다. 방배5구역에는 디에이치방배, 방배14구역에는 롯데건설이 짓는 아파트가 들어설 예정이다. 향후 이 지역은 발전 가능성이 매우 높다.

방배동의 경우 30평이 넘는 중형 빌라 매매가는 13억 원에서 14억 원 사이다. 소형 빌라는 4억 원에서 6억 원 사이에 거래되고 있다. 전세가는 4억 원에서 8억 원 사이이다. 매물도 많이 나와 있는 편이니 서초구에 진입하고 싶지만 도저히 아파트 진입이 불가능하다고 판단되면 방배동 인근 빌라를 고민해보는 것도 대안이 될 수 있다.

서초 반포 학군 주요 아파트

아파트명	세대수	입주연도/평단가	배정 예상 학교	매매가-전세가 추이
반포주공 1단지	3,590세대	1973년/1억 5,000만 원 이상	• 초 : 반포초 • 중 : 세화여중, 반포중, 신반포중 • 고 : 서문여고, 서초고, 서울고	매매 전월세 32평 최근 실거래 기준 1개월 평균 52억 3,000 최근 3년 전체 기간 매매/전세 비교
아크로 리버파크	1,612세대	2016년/1억 5,000만 원 이상	• 초 : 반포초 • 중 : 세화여중, 반포중, 신반포중 • 고 : 서문여고, 반포고, 서초고	매매 전월세 34평 최근 실거래 기준 1개월 평균 46억 6,000 최근 3년 전체 기간 매매/전세 비교
반포래미안 퍼스티지	2,444세대	2009년/1억 5,000만 원 이상	• 초 : 잠원초 • 중 : 세화여중, 반포중, 신반포중 • 고 : 반포고, 서초고, 서문여고	매매 전월세 34평 최근 실거래 기준 1개월 평균 36억 5,000 최근 3년 전체 기간 매매/전세 비교

아파트명	세대수	입주연도/ 평단가	배정 예상 학교	매매가-전세가 추이
서초 그랑자이	1,446 세대	2021년/ 1억 원 이상	• 초 : 서이초 • 중 : 서운중, 서일중, 서초중 • 고 : 은광여고, 양재고, 반포고	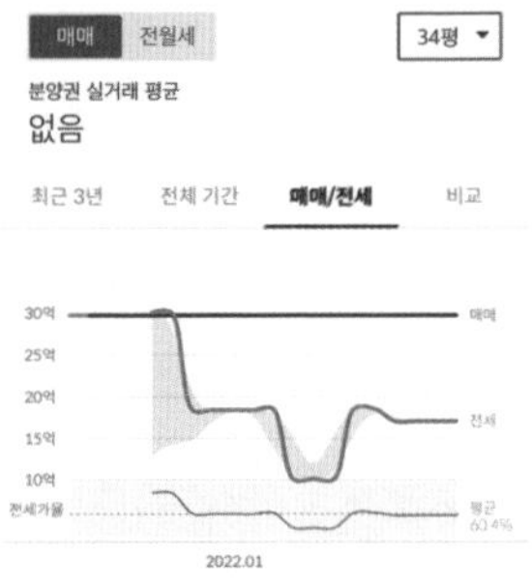 매매 전월세 34평 분양권 실거래 평균 없음 최근 3년 전체 기간 매매/전세 비교 30억 25억 20억 15억 10억 전세가율 매매 전세 평균 60.4% 2022.01
아크로 리버뷰 신반포	595 세대	2018년/ 1억 원 이상	• 초 : 반원초 • 중 : 경원중, 신동중, 원촌중 • 고 : 반포고, 서초고, 압구정고	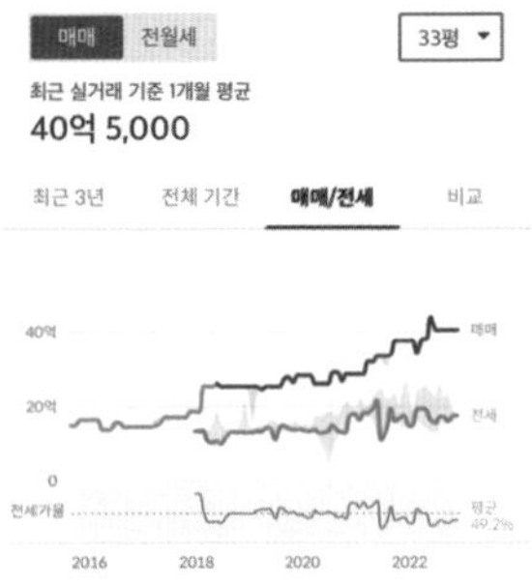 매매 전월세 33평 최근 실거래 기준 1개월 평균 40억 5,000 최근 3년 전체 기간 매매/전세 비교 40억 20억 0 전세가율 매매 전세 평균 49.2% 2016 2018 2020 2022
아크로 비스타	757 세대	2004년/ 1억 원 이하	• 초 : 원명초 • 중: 서일중, 원촌중, 서운중 • 고 : 반포고, 서초고, 은광여고	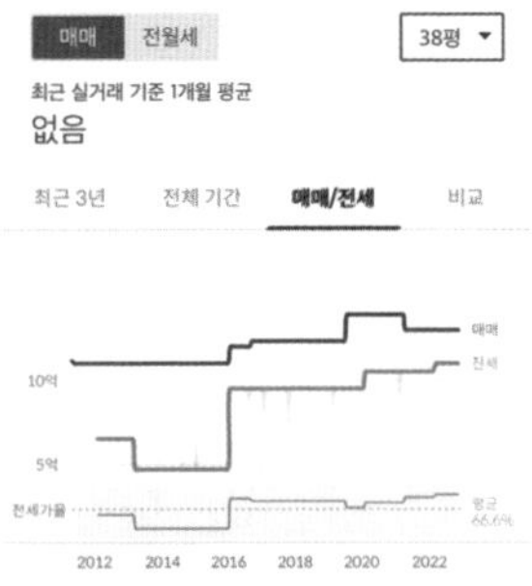 매매 전월세 38평 최근 실거래 기준 1개월 평균 없음 최근 3년 전체 기간 매매/전세 비교 10억 5억 전세가율 매매 전세 평균 66.6% 2012 2014 2016 2018 2020 2022

제3장

'엘리트'의 힘
송파 잠실 학군

☑ **입지 특징**	• 2조 2,000억 투여되는 잠실 MICE 복합개발사업 주목 • 교통, 업무시설, 자연환경 3박자 좋음, 단 매매가 변동성은 큰 편 • 잠실동과 신천동 매매가 부담된다면 석촌동, 송파동, 방이동, 풍납동이 차선책
☑ **학원가 특징**	• 잠실학원사거리에 대형 학원들이 포진 • 송파구의 학원 양대산맥은 장학학원과 구주이배수학 • 대치동과의 접근성 때문에 대형 학원은 많아도 유명 학원은 적은 편
☑ **배정 예상 중학교**	가락중, 가원중, 문정중, 방산중, 방이중, 배명중, 보성중, 보인중, 석촌중, 세륜중, 송파중, 신천중, 오금중, 오륜중, 오주중, 일신여중, 잠신중, 잠실중, 정신여중
☑ **배정 예상 고등학교**	가락고, 방산고, 배명고, 보성고, 오금고, 영동일고, 잠신고, 잠실고, 잠일고, 정신여고, 창덕여고

❶ 섬이깊은수학학원 : **일대일 개인별 맞춤 수업**

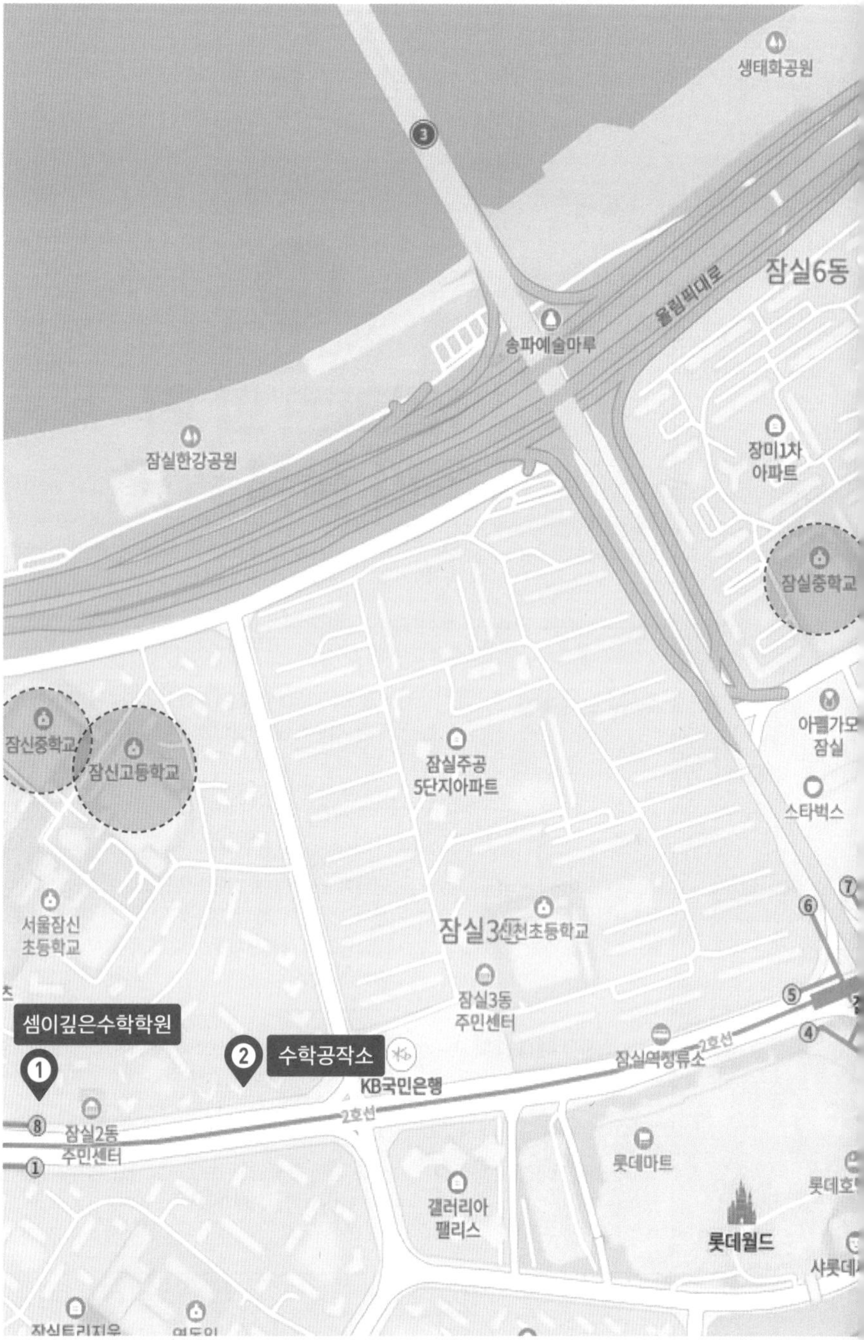

❷ 수학공작소 : **사고력 수학 중심 학원**

❸ 플레이팩토 매쓰펀 : **유아 초등 사고력 수학 학원**

학원 중학교 고등학교

출처: 네이버지도(https://map.naver.com), 네이버부동산(https://land.naver.com)

④ 리틀스콜라스 : 유아 초등 영어에 강한 어학원
⑤ 상위권수학 잠실나루점 : 심화 수학을 준비하는 학원
⑥ 씨앤씨어학원 : 유아부터 초중고까지 모두 커버하는 실용 영어 학원

송파구의 빅4 중학교는 어디인가

윤석열 정부 이후 달라진 교육 정책 중 하나가 학업성취도 평가의 부활이다. 과거 교육과정평가원이 출제하고 전국 중학교 3학년 학생과 고등학교 2학년 학생들이 치렀던 학업성취도 평가는 전교조의 반대로 문재인 정부에서 5년간 폐지되었다. 하지만 윤석열 정부는 학업성취도 평가의 부활을 예고했다. 그리고 이주호 장관은 전 학교를 대상으로 학업성취도를 평가하고 그 결과를 공표함으로써 학생과 학부모의 선택의 자유를 보장해야 한다는 입장이다. 학업성취도 평가는 시기상의 문제일 뿐 부활할 가능성이 커졌다.

오륜중, 잠신중, 잠실중, 신천중의 독주는 계속된다

2016년도에 마지막으로 실시된 학업성취도 평가에서 '보통 이상의 학력'을 지닌 학생이 전체 정원의 95퍼센트를 넘은 학교는 강남구에 네 곳, 서초구에

한 곳이 있었다. 강남권은 압구정중학교와 대치동의 빅3인 대명중, 대왕중, 대청중이다. 서초구는 서운중이고, 송파구에서는 오륜중이다.

최근 5년 동안의 학력 변화를 정확히 파악할 수는 없지만 송파구에서 최고의 실력을 갖춘 학생들이 모인 중학교는 여전히 오륜중이다. 그다음으로 우수한 학생들이 모여 있는 중학교는 잠실중, 잠신중, 신천중이다. 다만 보성중과 보인중은 고등학교의 위상에 비해 그다지 두각을 나타내지 못하고 있다. 보성중의 학업성취도 평가는 90~85퍼센트 수준이고, 보인중은 80퍼센트 미만으로 송파구에 있는 중학교 중 가장 저조했다. 이들 학교 외에 여학생들이 선호하는 정신여중까지 포함해 송파구 주요 중학교의 내신성적과 특목고 및 자사고 진학비율을 살펴보자. 송파구의 중학교는 특목고 중에서 외고, 국제고 진학비율이 상대적으로 높은 반면 자사고 진학비율은 상대적으로 낮다는 점이 특이사항이다. 그 이유는 송파구나 강동구 지역까지 포함해서 다닐 수 있는 자사고가 보인고와 배재고 정도밖에 없기 때문이다. 그리고 여학교 자사고가 없다. 정신여중에서 다섯 명의 자사고 합격생을 배출했는데 세화여고와는 너무 거리가 멀어 최상위권 학생들(전과목 성취도 A)이 주로 가는 전국 단위 자사고에 진학했을 가능성이 높다. 영재고와 과고보다 문과, 이과 선택지가 동시에 존재하는 전국 단위 자사고를 선호할 가능성이 조금 더 높다.

외고 국제고에 비해 영재고 과고 진학률이 아쉬운 송파구

오륜중은 송파구에서 가장 우수한 자원들이 모여 있는 소수정예 학교다. 그런데 이 학교 학생들의 영재고와 과고 진학비율은 외고와 국제고에 비해 아주 낮다. 외고와 국제고 진학률만 보면 서초구나 대치동과 큰 차이가 없지만 확실히 영재고와 과고는 대치동에 비해 상당히 밀리는 수준이다. 학교 내신성적은

송파구 주요 중학교의 고등학교 진학 현황과 내신점수

중학교	졸업생	일반고	외고·국제고	영재고·과고	자사고	국어 평균점수	수학 평균점수	영어 평균점수
신천중	382명	267명 (69.2%)	16명 (4.1%)	10명 (2.9%)	80명 (20.7%)	86.6	75.3	83.5
잠신중	376명	260명 (69.1%)	16명 (4.3%)	12명 (3.5%)	65명 (17.3%)	81.5	73.5	81.5
잠실중	354명	257명 (69.5%)	5명 (1.4%)	5명 (1.4%)	81명 (21.9%)	79.3	80.4	76.8
정신여중	333명	290명 (88.7%)	7명 (2.1%)	2명 (0.6%)	5명 (1.5%)	78.9	70.3	80.8
오륜중	193명	145명 (76.7%)	10명 (5.3%)	3명 (1.6%)	23명 (12.2%)	82.7	80.7	72.3
보인중(남)	188명	107명 (58.5%)	0명 (0%)	0명 (0%)	48명 (26.2%)	61.5	66.4	67.6
문정중	176명	129명 (72.5%)	1명 (0.6%)	1명 (0.6%)	7명 (9.6%)	77.5	67.2	77.1
가락중	166명	120명 (71.8%)	3명 (1.7%)	1명 (0.6%)	29명 (7.4%)	83.8	77.3	75.5
보성중(남)	158명	106명 (72.6%)	1명 (0.7%)	1명 (0.7%)	33명 (22.6%)	85.3	78.3	84.7
가원중	138명	107명 (78.1%)	2명 (1.5%)	2명 (1.5%)	21명 (15.3%)	82.4	83.1	72.3

해마다 다를 수 있기에 일관성 있는 분석이 어렵지만, 수학 내신점수가 높다는 것은 그만큼 수학을 잘하는 학생들이 많이 있음을 의미한다.

일반적으로 수학 성적이 우수한 학생들의 선택지는 영재고와 과고인 경우가 많다. 하지만 오륜중의 상위권 학생들은 초등학생 때부터 영재고와 과고 입시 교육을 받는 대치동의 중학생들과 영재고에서 경쟁하느니 외고와 국제고 쪽을 선택한다. 뛰어난 수학 실력으로 좋은 내신 등급을 유지하며 수시로 상위권 대학에 진학하겠다는 목표를 세우는 경우가 많다고 볼 수 있다.

오륜중은 2022년뿐 아니라 최근 3년 동안 영재고와 과고에 진학한 학생의 최대 숫자가 세 명 정도다. 그나마도 늘어난 수치다. 최근에는 송파 잠실에서도 영재고와 과고의 인기가 조금씩 증가하고 있기는 하지만 대치동에 비하면 아직 미미한 수준이다. 영재고와 과고 실적은 대치동, 목동, 중계동처럼 오래된 전문 학원들이 안정적으로 실적을 내고 있는 지역이 확실히 우세하다.

특목고 실적만 보면 단연 두각을 나타내는 학교는 잠신중이다. 대한민국에서 외고와 국제고에 가장 많은 학생을 보내는 학교라 할 수 있다. 그뿐만 아니라 영재고와 과고 진학률도 높은 편이다. 자사고 진학비율이 상대적으로 낮다는 점을 고려하면 영어와 국어를 잘하는 최상위권 학생들은 외고와 국제고, 수학과 과학을 잘하는 최상위권 학생들은 영재고와 과고에 진학하는 식으로 최상위권 학생들의 전략이 확연히 갈린다고 추측해볼 수 있다. 잠신중은 몇 년 전까지만 해도 특목고 진학 실적에 있어 잠실중에 밀렸다가 최근 극적인 역전을 했다. 신천중도 잠실 송파 지역에서 꾸준히 영재고와 과고를 보내는 학교다. 내신으로만 보면 국어와 영어가 강해서 외고, 국제고형 인재가 많아 보인다. 하지만 실제로는 내신시험이 어려워서 수학 점수가 낮았을 수도 있다. 2022학년도에 치러진 중2 첫 번째 수학시험의 평균점수는 82점이다.

위의 빅4 중학교 외에도 송파구에서는 선택지가 더 있다. 내 자녀가 영재고나 과고 혹은 외고나 국제고를 목표로 하지 않는다면 보성고와 보인고(자사고)를 노려서 보인중과 보성중에 보내는 것도 좋은 선택이다. 중학생 때는 너무 치열한 경쟁에서 벗어나서 기본 실력을 다지는 것도 나쁘지 않다. 아무래도 같은 중학교 학생들이 같은 고등학교에 대거 입학하면 적응하기도 쉽고, 수시에 상당한 영향력을 미치는 학급 회장이나 학생회 간부 일을 맡을 때도 유리하다. 중학교 진학도 철저하게 내 자녀의 성향과 스타일, 진학 목표에 맞춰서 신중하게 결정해야 한다.

송파구의 고등학교, 수시와 정시 어느 쪽에 더 경쟁력이 있을까

20년 가까이 입시 컨설팅을 해오면서 내가 가장 많이 만난 학생은 대치동 학생들이고, 그다음이 송파 지역의 고등학생들이다. 대치동 학원가에서 공부하는 송파구 학생들이 워낙 많기 때문이다. 실제로 송파구 내 학생 인구가 많기도 하다. 송파구 인구는 2020년 기준 67만 6,000명으로 강남구의 인구 53만 명보다 더 많다. 서초구 인구가 43만 명이라는 점을 놓고 보면 송파구는 강남권에서도 인구가 압도적으로 많으며, 중구와 종로구 인구보다 네 배가량 더 많다. 인구가 많은 만큼 학교도 많다.

송파 지역 고등학교의 서울대 실적은 대치동과 서초 지역에 비해서는 확실히 밀리는 편이다. 대치와 서초 학군은 독보적인 1등이 있다기보다는 상위권의 몇몇 학교가 치열하게 경쟁하면서 학군 전체의 경쟁력을 끌어올리는 효과가 있다. 송파 학군에서는 어느 순간부터 구내 유일한 자사고인 보인고의 독주가 굳어졌다.

송파구 주요 고등학교 서울대 합격자 수 및 내신점수

고등학교	서울대 합격자 수	졸업생 수	예상 재수생 비율	국어 평균점수	수학 평균점수	영어 평균점수
보인고(남)	21명(수시 7명, 정시 14명)	353명	36.4%	71.5	70.7	64.8
보성고(남)	4명(수시 1명, 정시 3명)	295명	45.7%	61.7	68.2	73.7
잠신고	7명(수시 2명, 정시 5명)	237명	39.6%	72.2	67.1	66.2
영동일고	3명(수시 1명, 정시 2명)	319명	44.3%	75.8	61.1	66.6
창덕여고	3명(수시 2명, 정시 1명)	155명	31.8%	81.7	64.0	54.8
정신여고	2명(수시 1명, 정시 1명)	331명	37.5%	73.6	54.4	61.9

보인고, 수시와 정시 모두에 경쟁력이 오르는 비결은?

송파 소재 광역 자사고인 보인고는 2022학년도에 최초로 서울대 합격생 20명을 돌파했다. 수시와 정시에서 각각 최초 합격자를 일곱 명, 14명 배출하면서 총 21명의 서울대 합격생을 배출하는 기록을 세웠다. 이 학교는 매년 서울대 수시 합격생을 5~7명 정도 배출했는데 2022학년도 들어 정시 합격자가 대폭 늘어난 것이다. 보인고는 최근 3년 동안 한 해에 최소 20명, 최대 26명 정도를 의치한에 보내고 있다. 의치한은 수시에서도 보통 1등급이 총 4개 영역 중 3개 이상 나와야 하기 때문에 이렇게 많은 합격생을 배출했다는 것은 그만큼 보인고의 수능 경쟁력이 높다는 증거다.

보인고의 최근 서울대 합격자 수를 보면 2017학년도에는 여덟 명, 2018학년도에는 10명, 2020학년도에는 13명으로 매년 조금씩 우상향하고 있다. 보인고의 정시 강세는 일시적인 현상일까? 아니면 정시 40퍼센트의 시대에도 탄탄대로일까? 일단 정시 강세는 재수생 효과 때문인 걸로 볼 수 있다. 보통 정시에서 서울대 합격생의 60~70퍼센트는 재수생이기 때문이다. 이런 현상을 보면 보인고도 2022년도에 갑자기 재수생이 늘어났을 수 있다.

그런데 주목할 만한 사실이 있다. 2021학년도에는 40.2퍼센트가 재수를 선택한 반면 2022학년도에는 재수 선택이 36.4퍼센트로 줄어든 상황에서 정시 합격자가 전년도에 비해 일곱 배나 증가했다는 점이다. 그 원인은 무엇일까? 전년도 대비 상대적으로 우수한 학생들이 재수를 선택했을 수도 있고, 재수생이 아닌 현역들이 수능을 잘 보았을 수도 있다. 이 모든 객관적 증거들은 보인고가 입시에서 송파 지역의 절대강자가 되어가고 있음을 단적으로 보여준다.

앞서 송파 학군 학생들의 자소서를 많이 보았다고 말했다. 그중에서도 보인고 학생들의 학생부는 보는 순간 '아, 보인고구나!'라는 생각이 들 정도로 뚜렷한 특징이 있다. 학생의 진로를 정확히 파악해 그와 관련한 진로 활동과 연구 활동으로 전공적합성과 학업 역량을 동시에 보여주기 때문이다. 특히 내신 1등급 학생의 학생부에만 신경을 쓴 게 아니라 3~4등급 학생들의 학생부도 꽤 알차게 작성됐다. 보인고의 3~4등급 학생들도 충실한 학생부를 통해 건국대 이상의 대학에 합격하는 경우를 종종 보았다.

문과 학생들에게는 시사 이슈를 전공적합성으로 연결시킬 수 있는 기회를 제공하고 있다. 이과 학생들에게는 시사 이슈를 실험 연구와 연결해서 대학들이 선호하는 인재임을 증명하고자 애쓰고 있다. 예를 들면 고급화학 수업 시간에 노벨화학상 수상자의 이론을 연구하는 기회를 갖는 식이다. 환경 관련 학과를 희망했던 한 학생은 1995년 노벨화학상을 받은 연구 주제인 '오존층에 영향을 미치는 화학적 메커니즘'에 대해 연구하고 보고서를 쓰는 활동을 했다. 1학년 때는 4대강의 녹조 상태가 얼마나 심각한지를 보여주는 실험을 하면서 자신의 꿈을 일관성 있게 보여주고자 노력했다. 진로와 꿈의 일관성만큼 대학 입학사정관들이 좋아하는 키워드는 없다.

보인고는 실험과 이론의 병행 연구를 통해 대학이 이과생에게 가장 원하는 학업 형태를 시행한다. 이제 영재고를 제외한 일반고와 자사고 학생들의 학생부에는 소논문 쓰기와 비교과 관련 활동을 기재할 수 없지만, 관련 논문 읽기는 얼마든지 가능하다. 보인고에서 중상위권 정도 되는 학생이라면 문과든 이과든 상관없이 학과와 관련된 주제를 먼저 선택하고, 그 주제에 맞는 논문을 읽으며 역량을 키울 수 있다. 그와 동시에 학생들의 수능성적도 올려주니 여러모로 송파의 최강자가 될 자격이 충분하다.

보인고는 전체적인 학업능력 면에서 원래부터 송파구의 최강자는 아니었다. 2017년부터 금지된 학업성취도 평가 대신 2017년에 공개된 전국 고등학교 3학년 학생들의 수능성적 분석자료를 보면 그 학교의 수능 경쟁력을 객관적으로 파악할 수 있다. 이 자료를 보면 보인고는 평균 3등급 이상의 비율이 문과는 39.2퍼센트로 송파구 전체 1등을 기록했다. 하지만 이과는 32.4퍼센트로 창덕여고와 잠신고에 이어 3위를 기록했다. 그 후 문재인 정부 시절에는 이 조사가 실시되지 않았지만 보인고의 수능 경쟁력은 분명 이전보다 상승했을 것으로 추정된다.

보성고와 잠신고, 영동일고의 경쟁력은 어느 정도인가

보인고와 함께 송파의 양대 라이벌 남자 사립고는 바로 보성고다. 보성고는 100년이 넘는 전통의 명문고로 강북에 있다가 전두환 정권 때 송파구로 옮겼다. 그런데 보성고의 서울대 합격자 수는 매년 조금씩 줄어들고 있다. 2020학년도에는 여섯 명, 2019학년도에는 일곱 명, 2018학년도에는 여덟 명이었다. 보성고는 한때 해마다 의치한 합격생을 20명 이상 배출할 정도로 강세를 보였지만 최근 들어 보인고의 약진에 다소 밀리는 분위기다. 물론 2022학년도에도 서울대 의대 합격자는 나왔지만 전체적인 서울대 합격자 수는 줄어드는 추세다.

하지만 보성고에서는 공교육 입시전문가인 배영준 선생님이 진로진학상담

교사로 활동 중이다. 학종과 학생부교과전형 등 학생부 지도에 있어서는 자타 공인 최고로 꼽히는 실력을 갖춘 배영준 선생님이 3학년 진학부장으로 있기 때문에 앞으로 학교 프로그램은 개선될 여지가 있다. 지금은 보인고의 위세에 눌려 한풀 꺾였지만 추후 다시 예전의 명성을 되찾을 가능성은 얼마든지 있다.

남녀공학의 양대 산맥은 영동일고와 잠신고로 두 학교는 입시 실적도 비슷하다. 영동일고의 2022학년도 서울대 합격생이 세 명으로 성과가 다소 저조한 편이다. 하지만 해마다 서울대 합격생이 다섯 명 정도는 나왔으며, 2019학년도에는 일곱 명이나 배출했다. 서울대 합격생이 10명을 넘은 적은 없지만 연세대, 고려대, 서강대, 성균관대, 한양대는 중복자를 포함해서 해마다 10명 이상 보내고 있다.

2021학년도에는 2등급 후반으로 거의 3등급에 가까운 학생이 서강대에 학종으로 합격해서 화제가 되었다. 영동일고는 서울대 전 입학사정관 진동섭 선생님이 교감 선생님으로 계셨던 곳이다. 그분이 서울대로 옮긴 후 학교는 수시보다 정시 쪽에 경쟁력을 더욱 키운 느낌이다.

잠신고는 2020학년도에는 서울대 합격자를 일곱 명, 2018학년도에는 여섯 명, 2017학년도에는 일곱 명 배출하는 등 안정적으로 서울대에 보내던 학교였다. 2018학년도에만 서울대 수시 한 명을 기록했고, 나머지 해에는 수시에서도 서울대에 두세 명을 보내면서 수시와 정시 모두 안정적인 실적을 보여주었다. 그런데 최근 입시 경향을 보면 완전히 정시형 학교로 자리 잡은 느낌이다. 2022학년도에도 정시 실적이 수시를 압도했다.

서울대 입시 실적만 보면 잠신고가 영동일고를 근소하게 앞서는 추세다. 두 학교는 과목별 내신성적 점수도 비슷하다. 다만 수학에서는 잠신고의 평균점수가, 국어와 영어에서는 영동일고의 평균점수가 약간 더 높다. 물론 해마다 난이도가 달라지기 때문에 이 점수로 두 학교를 비교할 수는 없다. 하지만 상대적으로 수학을 잘하는 학생들이 잠신고를 선택한다는 사실은 알 수 있다.

재수생들을 대상으로 정시 컨설팅을 하면서 잠신고 출신 학생을 상담한 적이 있다. 그 학생은 기숙학원에서 열심히 공부해 현역 때보다 학교 등급을 두 레벨 이상 올려 성균관대에 합격했다. 이 학생의 사례처럼 잠신고와 영동일고 학생들은 최상위권이 아닌 중상위권 학생들도 전반적으로 눈높이가 높다. 따라서 학교 지원 시 현역일 때는 중앙대, 경희대, 외국어대, 시립대 이하의 대학은 지원을 꺼리고 과감히 재수 혹은 반수를 선택해서 정시나 논술 전형에 응시하는 경우가 많다.

남고에 비해 경쟁력이 약한 여고, 그래도 창덕여고와 정신여고가 있다

지하철 2호선과 8호선이 통과하고 서울 각지는 물론 광주 하남시 등과도 긴밀히 연결되는 송파구에는 좋은 고등학교들이 많다. 다만 상대적으로 여학생들이 다닐 만한 좋은 고등학교는 적은 편이다. 양대 산맥인 보성고와 보인고의 위상에 필적할 만한 여학교가 없다. 여학생들은 남녀공학인 영동일고에서 진가를 드러내고 있으며 강동구에 있는 한영외고로도 많이 진학한다.

보성고와 송파구의 유일한 자사고인 보인고가 우수 남학생을 선점할 뿐 아니라 실적도 좋다. 반면 여고로는 정신여고 정도가 명맥을 유지하고 있다. 대치동과 서초동에 비해서 송파 학군의 부족한 부분은 확실히 여자고등학교다. 대치동에서는 숙명여고와 진선여고가, 서초동에서는 서문여고와 세화여고가 막강한 경쟁력을 발휘하는 데 반해 정신여고는 상대적으로 열세다. 정신여고와 강북에서 건너온 창덕여고 모두 아직은 송파 학군 학부모들의 기대치에는 부응하지 못하고 있다.

이는 송파구에서 딸을 명문 대학에 보내고 싶은 부모들의 한결같은 고민이다. 만약에 정신여고와 창덕여고의 실적이 가파르게 상승하거나 좋은 여고가 생겨 우수한 자원을 모으기 시작한다면 송파구는 대치와 서초 못지않은 교육의 강자가 될 가능성이 높다.

2021학년도에는 정신여고가 서울대 합격생을 여덟 명이나 배출해서 큰 주목을 받았다. 2019학년도에도 서울대에 여섯 명을 보냈다. 정신여고의 교육 프로그램은 인성과 융합, 과제해결 과정 수업 등으로 구성되어 있다. 서울대가 좋아할 만한 내용을 고루 갖추고 있어서 그동안 수시에서 많은 학생들을 합격시켰다. 여고 중에서 서울대 합격생을 그 정도 수준으로 꾸준히 배출하는 학교는 대치의 진선여고와 숙명여고, 서초의 세화여고 정도다. 이처럼 지금까지 정신여고는 상당히 좋은 실적을 유지해왔는데 2022학년도 들어서 서울대 합격생이 두 명으로 대폭 줄어들었다. 왜 이런 일이 생긴 걸까?

학교 측에서는 블라인드 평가 때문에 송파 학군의 학교들이 손해를 본 것이라고 설명한다. 하지만 쉽게 납득이 가지 않는 이야기다. 왜냐하면 2021학년도에도 서울대는 블라인드 평가를 했기 때문이다. 정작 블라인드 평가가 시작된 해에는 실적이 좋았다가 그다음 해에 급격히 떨어진 이유로 그다지 합리적인 설명은 아니다. 2023학년도에도 낮은 실적을 보인다면 학교 프로그램이나 진학지도에 문제가 있다는 뜻이다. 만약 반전해 실적이 오른다면 2022학년도의 저조한 실적은 일시적인 하락으로 볼 수 있다.

창덕여고는 소수정예(150명 내외)의 작은 학교로 내신점수를 확보하기 아주 어려운 학교다. 2017년에 마지막으로 학교별 수능 점수를 공개했는데 평균 3등급 이상 학생 비율에서 문과는 29.4퍼센트로 2위, 이과는 36.1퍼센트로 송파구에서 1위를 기록한 대표적인 정시형 학교다. 그 비율은 숙명여고나 은광여고보다는 낮지만 대치동에 있는 경기여고와 진선여고보다는 높다. 이 학교 1학년 학생들의 1학기 수학 성적을 보면 64점으로 라이벌인 정신여고보다 10점 정도가 높다. 수학을 잘하는 학생들이 그만큼 많기 때문에 수학이 절대적으로 중요한 정시에서 좀 더 나은 결과를 보였던 것으로 풀이된다. 2022학년도 입시에서는 서울대 수시 합격자를 두 명 배출했다. 총 학생 규모를 비율로 계산하면 300명 이상 되는 학교에서 서울대에 여섯 명 보낸 것과 같은 기록이라고 보면 된다.

이외에도 송파구 내에는 많은 중고교들이 있다. 인구수가 많은 만큼 학교 역시 그 수가 많다. 최상위권의 서울대 진학률은 그리 높지 않지만 학교마다 특색 있는 프로그램으로 나름의 경쟁력을 확보하고 있다. 그중 오금고는 중앙대, 경희대, 외국어대, 시립대의 진학률이 높다. 물론 현재 초등학교 고학년 학부모들은 SKY대학이 아닌 중위권 대학은 눈에 차지 않겠지만, 막상 고교 입학을 앞두고는 자녀의 학업성적에 맞는 현실적인 선택을 하게 된다. 특히 수학 과목의 성적이 뛰어나지 않다면 오금고처럼 틈새 전략을 취하는 학교를 선택하는 방법도 추천할 만하다.

송파 학원가, 대형 학원은 많아도 '유명 학원'은 적은 이유

잠실학원사거리는 송파구를 대표하는 학원가로 대형 학원들의 움직임도 활발하다. 영재고 입시가 대세로 떠오르면서 송파 지역에서도 전국구 프랜차이즈 학원인 CMS영재교육센터가 강세를 보이고 있으며, 기존의 강자였던 잠실 파인만학원은 다소 주춤하는 추세다. 이들이 주도하는 학원가에서 마이맥스터디와 대성학원이 공동으로 문을 연 강남대성위업이 확장 개원했다.

삼전동 학원사거리를 장악하는 자가 송파를 장악한다

송파구 최대 종합 학원인 장학학원은 삼전동이 아닌 가락동에 있다. 타이트한 내신 관리가 인기의 비결로, 송파구에서 과고와 외고를 제일 많이 보내는 학원으로 알려져 있다. 예전에는 올림피아드 실적도 좋았지만 최근에는 하향 추세라는 평가를 받는다. 학부모들 사이에서는 내신 대비에 너무 많은 시간을 할

애한다는 불만도 조심스럽게 나오는 상황이다. 그래서 2학년 말부터 수능 준비가 본격적으로 필요할 때는 탄천을 건너 대치동의 학원으로 이동하는 경우가 가장 보편적이다.

구주이배수학도 꽤 규모가 큰 수학학원이다. 송파구에서는 장학학원과 구주이배수학이 양대 산맥을 이룬다. 초등과 중등 수학까지는 대치동이 아닌 잠실 학원가에서 공부하려는 학생들에게 맞춤 학원이다. 학생 수준에 맞는 문제 풀이와 유형별 약점 파악 및 개선에 상당한 강점을 지닌 학원으로 알려져 있다.

영재고와 과고를 희망하는 최상위권 학생들의 경우 초등수학은 개념폴리아 잠실관을 선호한다. 그리다수학학원은 반복 학습이 유명한 곳으로 고등부까지 갖추고 있으며 시설이 좋아 학생들에게 인기가 높다. 초등학생만을 대상으로 운영하는 CMS영재교육센터 잠실도 여전히 인기가 높다. 유투엠수학학원 송파잠실캠퍼스는 초등학생과 중학생에게 새로운 수학 학습법을 제시해 화제를 모은 곳이다. 학생들이 말하기와 발표 수업을 통해 수학을 재미있게 공부할 수 있도록 유도하는 곳이라는 평가를 받고 있다.

탄천만 건너면 대치동, 지리적 이점이 송파 학원가 발목을 잡는다

초등부 영어 학원은 방이동에 있는 브래니악영어학원 방이캠퍼스가 수강생이 가장 많은 것으로 알려져 있다. 영어 도서관도 이용할 수 있고 표현 영어를 중시하는 초등 학부모들의 선호도가 높다. 삼전동에 있는 청담어학원의 초등 브랜드 에이프릴어학원 송파잠실캠퍼스도 많이 찾는다. 청담어학원은 그 인기가 예전만 못하지만 철저한 레벨 테스트로 명맥을 이어가고 있다.

그런데 송파구에 위치한 학원들은 장학학원을 제외하면 대부분 유명 프랜차이즈 학원들이다. 즉 대형 학원은 많아도 유명 학원은 적은 편이다. 그 이유는 무엇일까? 바로 대치동과의 접근성 때문이다. 잠실 지역은 서초동보다 대치동 접근성이 훨씬 더 좋다. 고등학생뿐 아니라 중학생 심지어 초등학생도 대치동에서 수업을 받는 경우가 허다하다. 대치동과의 근접성은 분명 이점이지만, 기존의 송파 잠실을 토대로 자리를 잡은 학원의 성장을 막는 결정적 요인이기도 하다.

아파트 천국 송파, 아파트 외에 다른 진입 방법은 없을까

원래 잠실은 강북에 속해 있었다. 그러다 을축년(1925년)의 대홍수 때문에 섬이 되었다가 박정희 대통령 시절 강남으로 통합되면서 지금의 잠실이 되었다. 원래는 한강으로 흐르던 석촌호수가 인위적으로 만들어진 호수가 된 것도 그 시기의 일이다. 가장 넓고 인구가 가장 많은 송파구는 가장 젊은 구이기도 하다. 88올림픽 때 강동구에서 분리되어 서울시 내 25번째 구가 되었다. 잠실 하면 올림픽선수기자촌아파트를 떠올리게 된 것도 올림픽 때문이며 사실상 올림픽이 송파구와 잠실의 위상을 높인 것은 정설이다.

이제 송파구의 미래는 삼성동과 이어지는 잠실 MICE 복합개발사업에 달려 있다. 무려 2조 2,000억 원이 투여되는 이 사업은 한강변 올림픽대로를 지하화해서 공원으로 만들고, 코엑스의 세 배 규모에 달하는 전시장도 들어설 계획이다. 이 사업이 성공적으로 완료된다면 송파구의 위상은 올림픽 이후 또 다른 전기를 맞게 될 것이다.

집값 상승률만 따지면 강남, 서초보다 더 높다

1980년대 잠실주공 1~4단지 아파트의 30평대 평당 가격은 1,000만 원 수준이었다. 하지만 재건축된 후 송파구 대장 아파트로 등극한 잠실엘스, 리센츠, 트리지움, 레이크팰리스 등의 평당 가격은 3,000만 원을 돌파했고 2022년에는 5,000만 원에 이르렀다. 강남이나 서초에 비해 낮은 가격에서 상승하다 보니 이들 지역 아파트에 비해 상승세는 더 가파른 우상향 곡선을 그리고 있다.

잠실 송파는 학군뿐 아니라 교통이나 업무시설과 자연환경과의 조화라는 측면에서도 살기 좋은 곳이다. 사실 언론에서는 잠실 인근 아파트들까지 강남 아파트로 설정해서 기사를 쓰는데 이쪽 아파트의 시세가 강남에 비해 높지는 않다. 그리고 같은 단지 아파트들 사이에도 매매가에 큰 차이가 있을 정도로 변동성이 크다. 잠실엘스 아파트 25평의 경우 2022년 8월에 23억 1,000만 원에 거래됐는데, 10월에는 19억 5,000만 원에 거래가 됐다. 불과 두 달 사이에 같은 평수 아파트가 거의 4억 원이나 떨어졌다는 것은 그만큼 변동성이 크다는 의미다.

평당 1억 원에 근접한 잠실의 아파트

송파구의 비싼 아파트는 잠실동과 신천동에 몰려 있다. 아파트 매매를 고려한다면 비싼 만큼 앞으로도 더 오를 가능성이 큰 이 두 군데에 보금자리를 잡는 것이 좋다. 만일 이 지역보다 낮은 가격의 아파트를 찾는다면 석촌동, 송파동, 방이동, 풍납동으로 시선을 이동할 필요가 있다.

잠실동의 랜드마크인 리센츠, 레이크팰리스, 잠실엘스, 트리지움의 매매가는 어느 정도일까? 2022년 기준으로 레이크팰리스 35평은 27억 원에 거래됐다. 25평이 22억 3,000만 원이니 평당 거의 7,000만 원 수준이다. 전세가는 어떨까? 25평 전세가 12억 5,000만 원으로 확실히 신축효과가 큰 셈이다. 18평의 전세가가 9억 원대에 형성되어 있으며 리센츠의 시세는 더 높게 형성되어 있다. 2022년 기준으로 25평이 22억 5,000만 원에 팔렸다. 평당 거의 8,000만 원 선에 육박한다. 그런데 전세가는 조금 싼 편으로, 25평의 경우 9억 2,000만 원에서 10억 5,000만 원 사이에 가격이 형성되어 있다.

트리지움은 25평이 23억 원에 거래돼 평당 1억 원 선에 근접했었다. 월세의 경우 25평은 보증금 7억 원에 월 210만 원의 월세를 내야 한다. 연봉 1억 원 이상의 직장인이 아니면 전월세 진입도 쉽지 않다. 잠실엘스의 가격 또한 만만치 않다. 25평이 24억 원에 거래된 바 있다. 전세가는 같은 평수가 10억 원에서 12억 5,000만 원 사이였다. 하지만 2022년 하반기부터 거래 절벽을 만난 트리지움은 무서운 속도로 떨어졌다. 11월에는 25평이 18억 3,000만 원에 거래되기도 했다. 서초보다 송파 지역이 더 많이 떨어지는 이유는 송파에 대단지가 많아 매물도 상대적으로 많이 쌓이기 때문이다. 엘스도 같은 해 11월에 매매가가 19억 원대로 떨어졌다.

신천동에는 곧 재건축이 진행될 장미아파트와 진주아파트가 있다. 장미아파트는 1979년에 지어진 아파트로 은마아파트와 건축 연한이 같다. 진주아파트는 한 해 늦은 1980년에 건설되었다. 현재 25평이 23억 2,000만 원에 거래되고 있다. 전세 매물도 상대적으로 귀해 월세만 거래기록이 있는데, 25평의 경우 보증금 1억 원에 월세는 138만 원 선이다. 전세가가 낮으면 소유주들은 일단 매출을 보유하면서 재건축이 확정되어 가격이 오를 때까지 기다리는 경향이 강하다. 송파, 잠실이라고 예외는 아니다.

신천동에서 가장 인기 있는 아파트는 잠실시영아파트를 재건축한 파크리오다. 한강시민공원과 올림픽공원이 지척이라 자연환경이 우수하다. 파크리오는 25평이 25억 원으로 드디어 평당 1억 원 클럽에 들어갔다. 전세는 25평이 9억 원 정도이며 월세일 경우에는 보증금 3억 원에 140만 원을 내야 한다. 자녀교육을 위해 그리고 대치동 학원가와 인접성을 생각하면 고민해볼 만하다.

그런데 송파구는 반드시 아파트가 아니더라도 진입할 방법이 있다. 삼전동에는 다세대주택이 많이 포진해 있는데 25평이 3억 2,000만 원 선으로 강북의 오래된 아파트보다 저렴한 편이다. 20평 빌라는 보증금 3,000만 원에 월세 60만 원대로 가격이 형성되어 있다.

보인고 진입을 노린다면 방이동도 괜찮은 선택이다

송파구 최대의 명문인 보인고는 오금동에 있다. 방이동에서 충분히 통학할 수 있는 입지다. 방이동은 조만간 재건축되는 올림픽선수기자촌아파트를 비롯해 주상복합, 단독주택, 다세대, 다가구, 원룸, 오피스텔까지 그야말로 모든 주거 형태가 다 있는 곳이다. 올림픽선수기자촌아파트도 재건축 이슈 때문에 2022년도에 25평이 23억 원에 거래되었다. 분양가가 1,000만 원대였던 아파트가 지금은 평당 1억 원에 근접해 있으니 그 당시 투자했던 사람들은 상당히 큰돈을 벌었을 것이다.

송파에서 살펴봐야 할 또 다른 아파트는 가락동에 위치한 헬리오시티다. 9,510세대나 되는 대단지로 2018년에 지은 따끈따끈한 신축이다. 12평에서 초대형 평수인 60평까지 있어 다양한 세대의 주목을 받을 만하다. 폭락이 시작된 10월에도 25평이 17억 8,500만 원에 팔렸다. 전세 거래도 활발한데 가장 인기가 있는 전용면적 25평이 10월에 9억 원에 계약된 사례도 했다. 33평의 전세가는 14억 원으로 잠실 못지않은 인기를 누리고 있다. 물론 이 거래가는 2021년에 비하면 5억 원, 많게는 7억 원가량 떨어진 상태다. 현재 매물도 많이 나와 있어 가격은 더 조정될 가능성이 크다.

학군별 필수 체크 아파트

송파 잠실 학군 주요 아파트

아파트명	세대수	입주연도/평단가	배정 예상 학교	매매가-전세가 추이
잠실엘스	5,678세대	2008년/7,000만 원 이상	• 초 : 잠일초 • 중 : 신천중, 잠신중, 정신여중 • 고 : 정신여고, 배명고, 잠실고	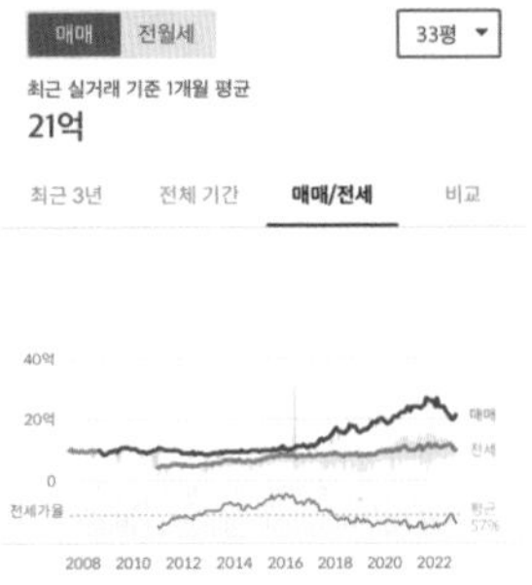 매매 전월세 33평 최근 실거래 기준 1개월 평균 21억 최근 3년 전체 기간 매매/전세 비교
리센츠	5,563세대	2008년/7,000만 원 이상	• 초 : 잠신초 • 중 : 잠신중, 신천중, 잠실중 • 고 : 잠신고, 영동일고, 잠일고	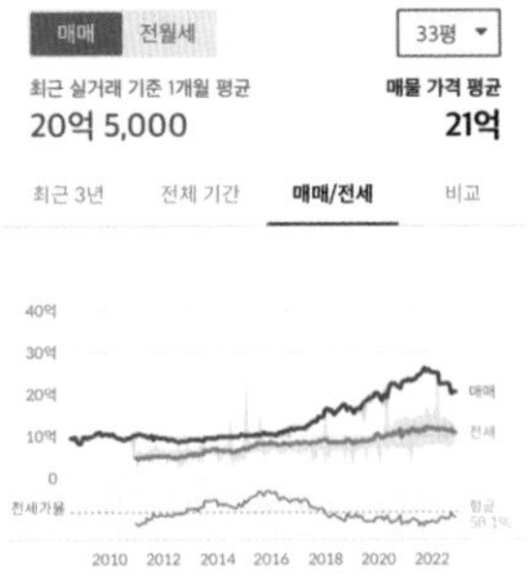 매매 전월세 33평 최근 실거래 기준 1개월 평균 20억 5,000 매물 가격 평균 21억 최근 3년 전체 기간 매매/전세 비교
레이크팰리스	2,678세대	2006년/7,000만 원 이상	• 초 : 송천초 • 중 : 잠신중, 잠실중, 배명중 • 고 : 영동일고, 잠신고, 배명고	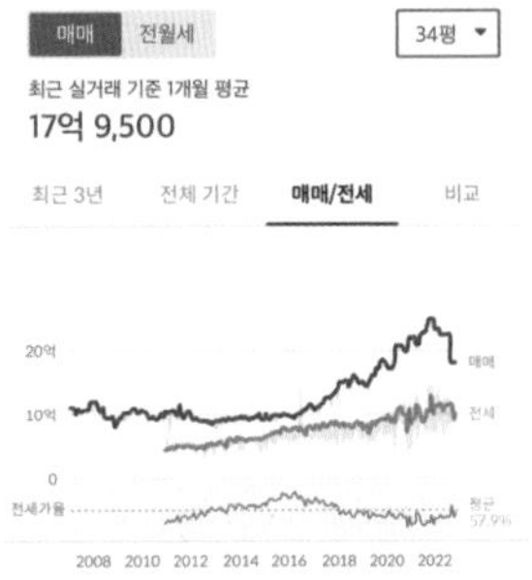 매매 전월세 34평 최근 실거래 기준 1개월 평균 17억 9,500 최근 3년 전체 기간 매매/전세 비교

아파트명	세대수	입주연도/평단가	배정 예상 학교	매매가-전세가 추이
트리지움	3,696세대	2007년/7,000만 원 이상	• 초 : 버들초 • 중 : 잠신중, 잠실중, 배명중 • 고 : 영동일고, 잠신고, 잠일고	 매매 전월세 33평 최근 실거래 기준 1개월 평균 18억 2,333 최근 3년 전체 기간 매매/전세 비교 30억 20억 10억 0 전세가율 매매 전세 평균 59.1% 2008 2010 2012 2014 2016 2018 2020 2022
파크리오	6,864세대	2008년/7,000만 원 이상	• 초 : 잠실초, 잠현초 • 중 : 잠실중, 방이중, 잠신중 • 고 : 잠실고, 잠신고, 영동일고	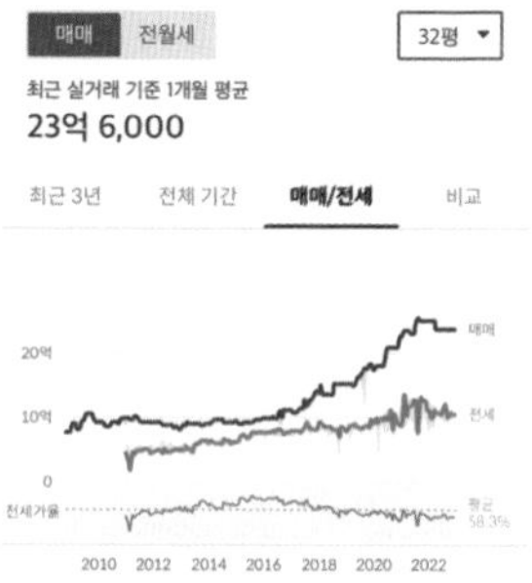 매매 전월세 32평 최근 실거래 기준 1개월 평균 23억 6,000 최근 3년 전체 기간 매매/전세 비교 20억 10억 0 전세가율 매매 전세 평균 58.3% 2010 2012 2014 2016 2018 2020 2022

제4장

중등부의 압도적인 경쟁력
목동 학군

입지 특징

- 대표적인 호재는 신정뉴타운 재건축
- 재건축이 확실시되는 아파트들은 평당 약 8,000만 원 선 형성
- 목동 학군 진입의 대안책은 대단지 인근 빌라 또는 다세대주택

학원가 특징

- 고등부 최상위권 학생들을 위한 학원 증가세
- 중학생도 대학 과정까지 선행학습하는 수학 전문 학원
- 국어, 과학 학원도 선택지 다양

배정 예상 중학교

강신중, 금옥중, 목동중, 목운중, 목일중, 봉영여중, 양정중, 영도중, 월촌중, 신남중, 신목중, 신서중

배정 예상 고등학교

강서고, 금옥여고, 대일고, 명덕고, 목동고, 백암고, 신목고, 신서고, 양천고, 영일고, 진명여고

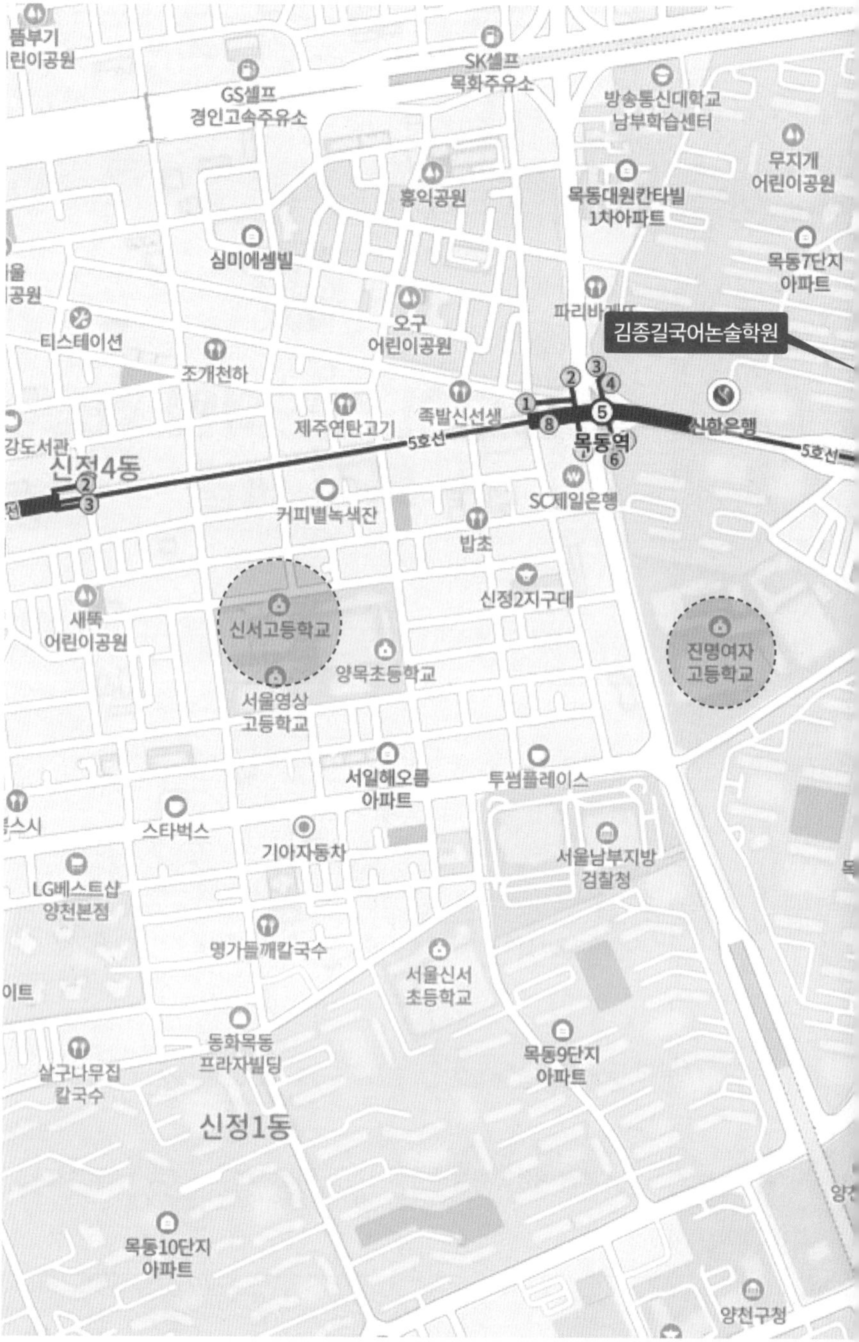

❶ 김종길국어논술학원 : 목동을 대표하는 국어 논술 학원
❷ 하이스트 목동 본원 : 목동에서 영재고 의대 입시를 가장 잘 준비해주는 학원
❸ 시대인재 목동 본관 : 대치동에 본원이 있는 고등부 단과 학원
❹ 정이조주니어영어학원 : 목동을 대표하는 토착 영어 학원

학원 중학교 고등학교

출처: 네이버지도(https://map.naver.com), 네이버부동산(https://land.naver.com)

⑤ PGA 오목관 : 국영수 수업을 모두 하고 있는 소수정예 학원
⑥ 아드폰테스 수학과학 하이페리온관 : 소수정예로 수학 과학 관리가 아주 좋은 학원
⑦ 씨앤씨학원 목동관 : 목동에서 외고 입시 실적이 가장 좋은 학원

목동 학군의 힘은 고등학교가 아닌 중학교 경쟁력에 있다

목동 하면 가장 먼저 떠오르는 것은 여전히 막강한 학원가와 대단지 아파트촌이다. 학원 설명회와 수업 때문에 목동을 자주 방문했는데 그야말로 아파트와 학원 딱 두 종류의 건물만 끝없이 펼쳐지는 목동 오목교역 근처를 보면서 학생들에게는 이보다 공부하기 좋은 환경도 없겠다는 생각을 하곤 했다. 목동에는 대치동 못지않게 전문직 종사자들이 많이 산다. 의사와 변호사가 주를 이루는 대치동과 달리 목동에는 대학교수와 기자, 방송국 PD, 아나운서들도 많이 거주한다.

목동 학원가에는 신정동뿐 아니라 여의도와 마포 심지어 서대문에서도 원정 오는 학생들이 많다. 아파트의 시세로 보면 양천구가 강동구와 광진구에 뒤지지만 학원의 경쟁력은 여전히 대치동에 이은 2위권이라고 할 수 있다. 목동 지역 고등학교를 다룰 때 자세히 설명하겠지만 이 지역에는 세화고, 휘문고, 중동고 같은 폭발적인 실적을 내는 광역 자사고가 없다. 그 대신 일반고들의 실적이 좋아지고 있다. 다양한 학교를 선택할 수 있다는 매력이 목동 학군의 가장 큰 장점이다.

압도적인 정원과 압도적인 실적의 목동 중학교들

목동 지역의 경쟁력은 고등학교가 아닌 중학교에 있다는 게 교육계의 정설이다. 2016학년도에 마지막으로 실시된 국가 단위 학업성취도 평가에서 '보통 이상의 학력' 평가를 받은 비율이 최상위, 즉 95퍼센트 이상인 학교가 대치동과 동일하게 세 학교나 있었다. 특목고, 영재고 진학률에서도 쌍벽 아니 삼벽을 이루는 목운중, 월촌중, 신목중이 바로 그 학교들이다. 그다음 순위인 90~95퍼센트의 비율에 속하는 학교도 세 군데나 된다. 여학교인 봉영여중, 목일중 그리고 남학교인 양정중이다. 그리고 전체적으로 상위권이라고 평가할 수 있는 85~90퍼센트의 비율에 속하는 학교는 목동중과 신서중이다. 목동 학군에서는 이들 여덟 개 학교 중에서 하나를 선택하는 것이 최선이다.

목동 소재 중학교들은 일단 다른 지역 학교보다 압도적으로 많은 정원이 인상적이다. 한마디로 스케일이 다르다. 인구는 줄어도 목동 지역의 중학교 인원은 크게 줄지 않았다. 이는 여전히 목동의 중학교들로 유입되는 학생들이 많고 인기가 높다는 증거다. 특히 남녀공학 중학교의 재학생이 압도적으로 많다. 고등학교의 경우 정원이 많은 학교는 내신성적을 받기가 쉬운 편이라 입시에서 확실한 우위를 점할 수 있어서 선호도가 높다.

그렇다면 중학교는 어떨까? 주변을 보면 초등 고학년 학부모들도 인원이 많은 중학교를 선호하는 경향이 강하다. 다양한 학생들과 교류할 수 있고 그만큼 배울 게 더 많다고 생각하는 것이다. 목동 학군의 학생들 중 서울대, 연고대, 의치한에 입학한 경우를 보면 남녀공학 중학교 출신이 확실히 더 많은 편이다.

양천구 주요 중학교의 고등학교 진학 현황과 내신점수

중학교	졸업생	일반고	외고·국제고	영재고·과고	자사고	국어 평균점수	수학 평균점수	영어 평균점수
신목중	519명	362명 (77.5%)	12명 (2.6%)	17명 (3.6%)	52명 (11.1%)	75.0	76.5	85.5
목동중	497명	312명 (72.9%)	21명 (4.9%)	13명 (3.0%)	49명 (11.4%)	81.3	76.3	78.5
월촌중	496명	359명 (76.4%)	15명 (3.2%)	16명 (3.4%)	57명 (12.1%)	84.1	80.6	85.7
목운중	477명	303명 (73.7%)	16명 (3.8%)	14명 (3.4%)	67명 (16%)	79.3	75.8	77.9
신서중	438명	330명 (84.6%)	8명 (2.1%)	8명 (2.1%)	21명 (5.4%)	79.9	84.5	81.1
목일중	435명	314명 (80.3%)	7명 (1.8%)	6명 (1.6%)	42명 (10.7%)	83.3	75.4	85.4
봉영여중	187명	140명 (89.2%)	3명 (1.9%)	3명 (1.9%)	1명 (0.6%)	77.9	79.2	76.4
양정중(남)	186명	79명 (45.1%)	4명 (2.3%)	6명 (3.4%)	82명 (46.9%)	74.7	81.1	79.9

목동 학군 내 영과고 입시의 최강자로 올라선 신목중

영재고나 과고를 목표로 하는 이과 성향의 학생이라면 신목중의 입시 실적에 주목해야 한다. 신목중보다 영과고를 많이 보낸 중학교는 대치동의 양대 명문 대청중과 대명중뿐이다. 의대나 서울대, 포항공대, 카이스트를 꿈꾼다면 대한민국 서열 3위의 중학교인 신목중학교를 눈여겨봐야 한다. 물론 같은 영재고라 해도 서울과고 등의 상위권 영재고에 많이 보냈느냐 아니냐의 차이는 있다. 다시 말해 질적인 측면에서는 대치동이 확실히 우위다. 하지만 목동의 영재고 실적은 결코 폄하할 수 없다. 과고의 경우 세종과고에 쏠려 있는 대치동과 달리 목동은 한성과고와 세종과고 실적이 비슷하거나 한성과고 합격생이 전통적으로 많은 편이다.

자녀가 외고를 지망한다면 월촌중에 주목해야 한다. 명덕외고에서 논술 특강도 하고 많은 학생들을 상담해보았는데, 재원생들의 출신 중학교를 보면 유달리 월촌중이 많았다. 다만 최근에는 이 수치가 줄어들고 있기는 하다. 2020학년도에는 외고, 국제고를 무려 30명이나 보냈지만 2021학년도에는 18명으로 급격히 줄었다. 이는 문과 최상위권 학생들도 중학생 때부터는 방향을 전환해 수학과 과학 중심의 영과고나 전국 단위 자사고를 노린다는 의미다. 대치동에 이어 목동에서도 이과 열기는 대단히 뜨겁다고 볼 수 있다.

목운중은 상대적으로 자사고의 진학비율이 높다. 한가람고가 일반고로 전환됨으로써 목동 지역의 유일한 자사고가 된 양정고로 진학하는 남학생들이 다수다. 그뿐 아니라 외대부고, 하나고, 민사고 등 전국 단위 자사고의 합격자도 꾸준히 배출하고 있다. 이처럼 목동의 3인방 중학교는 모두 영재고, 외고, 자사고 입시에 경쟁력이 있다고 평가할 수 있다.

목동중은 목동 내 중학교 중에서 외고를 가장 많이 보내는 학교다. 2022학년도부터는 월촌중을 제치기 시작했다. 그만큼 최상위권의 내신을 악착같이 챙기는 여학생들이 많다는 증거다. 보통 여학생이 남학생보다 적게는 세 배, 많게는 다섯 배 정도 많이 외고에 진학한다. 그래서 문과 성향이 강한 남학생이라면 아무리 중학생이라 해도 적잖이 스트레스를 받을 수 있다는 점은 유념해야 한다.

학교별 내신성적은 난이도가 모두 다르기 때문에 동일선상에서 평가하기가 어렵지만 수학 평균점수는 신서중이 가장 높다. 신서중은 다른 학교보다 일반고 진학비율이 높은 편이어서 학교가 문제를 쉽게 출제한다는 추측이 들기도 한다. 이 점은 2023학년도 입시 결과를 보면 보다 더 확실하게 파악할 수 있을 것이다. 수학을 중시하는 전국 단위 자사고와 과고 영재고의 합격비율을 보면 수학시험의 수준을 어느 정도는 가늠할 수 있다.

중학생 때부터 수시, 정시로 나뉜 양정중과 봉영여중

목일중은 내신성적을 보면 국어와 영어의 점수가 높다. 외고를 갈 수 있는 상위권 여학생들이 많다는 의미다. 아니나 다를까 2022학년도 외고 입학생 전원이 여학생이었다. 상대적으로 여학생들에게 좀 더 유리한 학교라고 봐도 무방하다.

양정중은 남자중학교로 이 학교의 자사고 진학비율이 유달리 높은 이유는 같은 재단인 양정고로 진학하는 학생들이 많기 때문이다. 수학 점수를 보면 확실히 남학생들이 수학에 더 강하다는 것을 알 수 있다. 즉 수학에 약한 남학생들은 양정중에서는 고전할 가능성이 높다는 의미다.

목동 학군에서 유일한 여자중학교인 봉영여중은 전반적으로 일반고 진학비율이 높다. 해당 지역에서 여학생들이 주로 가는 자사고인 한가람고가 일반고로 전환되면서 나타난 결과라 할 수 있다. 하지만 처음부터 특목고와 자사고를 노리는 여학생들보다는 일반고에서 내신점수를 잘 받아서 수시로 대학에 진학하고자 하는 학생들이 선택하기에 좋은 학교가 아닌가 싶다.

과연 목동 학군은 대치동과의 격차를 좁힐 수 있을까

목동 학군의 경쟁력이 고등학교가 아닌 중학교에 있다는 소문은 진실일까? 다음에 나오는 표를 보면 실제로 중학교에 비해 고등학교 입시 실적이 압도적으로 높지는 않다. 서울대 합격생을 학교별로 30명씩 배출하는 대치 학군과 서초 그리고 분당 지역에 비해 목동의 일반고나 광역 자사고의 실적은 그다지 인상적이지 않다. 명덕외고를 제외하면 30명 이상 서울대에 보낸 학교가 없다.

그런데 변함없는 사실 한 가지가 있다. 강서고와 양정고가 서울대 진학률 1위와 2위를 기록하고 있다는 점이다. 즉 3위 이하의 학교는 매해 변하지만 강서고와 양정고의 입지는 굳건하다는 뜻이다.

갈수록 막강해지는 명덕외고의 힘

목동 학군의 경우 지금은 아파트 가격과 학원가의 파워가 예전 같지 않다는

양천구 주요 고등학교 서울대 합격자 수 및 내신점수

고등학교	서울대 합격자 수	졸업생 수	예상 재수생 비율	국어 평균점수	수학 평균점수	영어 평균점수
강서고(남)	14명(수시 1명, 정시 13명)	333명	49.3%	70.5	65.6	70.8
양정고(남)	11명(수시 3명, 정시 8명)	326명	52.3%	74.3	56.4	70.8
명덕고(남)	9명(수시 5명, 정시 4명)	256명	35.1%	72.1	61.4	71.9
진명여고	9명(수시 6명, 정시 3명)	415명	46.2%	75.3	55.9	62.8
한가람고	8명(수시 1명, 정시 7명)	242명	52.8%	70.8	70.3	69.3
목동고	8명(수시 4명, 정시 4명)	355명	43.8%	77.8	60.7	63.1
양천고(남)	6명(수시 3명, 정시 3명)	291명	38.6%	73.8	53.6	73.4

평가를 받는다. 목동 학원가를 보면 특목고 입시 실적이 예전 같지 않은 상황에서 대치동과의 격차는 갈수록 벌어지고 있다.

컨설팅을 하다 보면 수요의 변화에 민감해지는데 목동 지역의 수요가 특히 줄어들고 있다는 인상을 받는다. 컨설팅 수요로 학원가의 파워를 예단할 수는 없다. 하지만 대치동과의 입시 격차가 갈수록 벌어지는 원인 중 하나로 짐작된다. 목동은 대형 학원에 비해서 학생들을 개별관리해주고 세심하게 로드맵을 짜주는 제대로 된 진로진학능력을 갖춘 곳이 많지 않다. 그에 반해 대치동은 국영수과 등 교과 중심의 학원이 대부분이지만, 소수 학생들의 니즈에 맞는 맞춤 진학지도를 해주는 학원이나 연구소가 여전히 많고 수요도 끊이지 않는다.

목동 학군에서는 한때 대일외고가 대일고 인근으로 이전할 것이라는 소문이 있었다. 물론 사실무근으로 밝혀졌다. 만약 강북의 우수한 자원을 싹쓸이하던 대일외고가 목동으로 이전했다면 강북의 문과생 서울대 진학비율은 크게 떨어졌을 것이다. 이 정도의 파워가 있는 대일외고가 목동 학군에 편입되었다면 그 시너지가 엄청났을 테지만, 목동에는 대일외고가 아니더라도 명덕외고라는 문과생들의 막강한 대안이 있다. 명덕외고는 2022학년도 서울대 수시전형에만 19명을 합격시켰으며 정시까지 합치면 합격자 수는 총 23명이다.

내가 진로상담을 한 명덕외고 학생들은 서울대 경영학과, 경제학과, 정치외교학과, 자유전공 같은 인기학과 외에 고고미술사학과, 노어노문학과 등 다양한 학과에 지망한다는 특징이 있다. 원래 명덕외고에는 이과생들이 많았고 최상위권 학생의 경우에는 의대에 정시로 진학하는 경우(수능 만점을 받고 서울대 의대에 떨어지고 정시로 연세대 의대에 합격한 명덕외고생도 있었다)도 종종 있었다. 명덕외고는 최근 몇 년 동안 수시에서 압도적인 강세를 보이고 있다. 대원외고처럼 학교 프로그램과 동아리가 다양한 데다 특히 학술 동아리가 강화되면서 학생들의 면접 대비를 위한 발표 수업도 더욱 내실을 갖추어간다는 평이다.

서울대 정시에 내신이 반영될 경우 강서고와 양정고의 운명은?

2010년대 초반 강남대성학원의 재수 종합반에서 논술 강사를 한 적이 있다. 당시 강남대성학원은 최상위권 재수생을 독식하는 최고의 재수 학원이었다. 그때도 재학생 중에 강서고 출신들이 꽤 있었다. 목동에서 교대역(지금은 강남역 인근으로 이전)까지 등원하기가 쉽지 않은데도 최상위권 학생 상당수가 기꺼이 '강대행'(강남대성행)을 택했다.

강서고의 입시 실적을 보면 '100퍼센트 정시형 학교'라는 생각이 든다. 물론 전교 1등이 서울대 의대에 수시전형으로 입학한 것은 긍정적이지만, 나머지 서울대 합격생이 모두 정시전형으로 진학했다는 사실은 실로 충격적인 결과다. 강서고는 서울대 정시 인원이 20퍼센트대였던 2018학년도에도 정시로만 서울대에 18명을 보낸 적이 있다. 그에 비하면 2022학년도 서울대 합격생 13명은 오히려 줄어든 숫자다.

목동 지역 학부모들에게 강서고는 '어차피 정시형 학교로 내신 관리는 중요하지 않다'는 인식이 강했다. 하지만 2023학년도부터 서울대 정시전형에 내신이 반영되기 시작하면 분위기는 확연히 달라질 것이다. 그동안 강서고에 대해서는 '내신등급 올리기는 어렵지만 정시를 생각한다면 이만큼 좋은 학업 분위기는 없다'라는 인식이 강했다. 그래서 기꺼이 강서고를 선택한 학부모들이 많았다. 그런데 문제는 2023학년도부터 내신이 정량평가뿐 아니라 학생부 세특이 포함됨으로써 정성평가까지 더해진다는 점이다. 이렇게 되면 강서고에 대한 인식이 조금 달라질 수 있다. 세특은 수시전형으로 서울대에 많이 보내는 학교들의 강력한 경쟁력이다. 강서고는 여전히 우수한 중등 자원들을 흡수하겠지만 2023학년도에 실적이 갑자기 추락한다면 그 위상은 흔들릴 가능성이 있다. 목동 학군에서 강서고를 1순위로 생각하는 아들을 둔 초등생 학부모라면 반드시 2023학년도 서울대 정시 결과를 주시해야 한다.

양정고에 다니는 이과생과 문과생 모두 상담해본 적이 있는데 학생부는 나쁘지 않았다. 그러나 이 학교도 순수 재수생 비율이 높았다. 양정고의 재수생 비율은 정시의 지존 강서고보다도 높은 편이다. 물론 2022학년도 입시 결과는 2021년도 졸업생이 포함된 수치이므로 2022년도 재수생이 늘었다고 해서 작년의 입시 결과가 설명되는 것은 아니다. 그러나 이 숫자는 입시를 미리 반영하는 거울과 같다. 즉 2023학년도 입시에서 양정고의 서울대 진학률이 높아질 수 있음을 추론하는 게 더 중요하다.

양정고는 2022학년도 서울대 입시에서 수시 세 명, 정시 다섯 명 합격이라는 실적을 올렸다. 수시보다 항상 정시가 강한 학교인 것은 분명하지만 올해 수시 실적은 비정상적으로 낮았다고 볼 수 있다. 이는 모의고사 성적이 최상위권인 학생 중 이과생은 무조건 서울대 수시에서 의대를, 문과생은 서울대 경영학과나 경제학과를 지원하는 경향 때문이 아닐까 싶다. 전반적으로 양정고 상위권 학생들도 수시전형 시 눈높이가 높을 가능성이 크다.

명덕고는 강서구에 위치한 학교지만 양천구에서도 지원이 가능하다. 이 학교가 목동 지역 학부모들에게도 인기가 있는 이유는 바로 과학중점학교이기 때문이다. 목동 지역에서 갈 수 있는 과학중점학교는 강서구에 위치한 명덕고와 마포고다. 과학중점학교는 수시전형에서 절대적으로 유리하다. 물리, 화학, 생물, 지구과학 네 과목을 모두 II까지 이수하고 대학 수준의 선행학습인 고급 과학 과정을 선택해서 들을 수 있기 때문이다. 학생부는 구글에서 검색 가능한 일반적인 상식 수준이 아닌 자신이 직접 실험해본 결과 위주로 쓰여 있다. 일반적으로 남고는 수시에 불리하고 정시에 유리한 편이다. 그런데 명덕고가 남자 고등학교이면서도 정시보다 수시에서 서울대 합격생을 더 많이 배출하는 이유는 과학중점학교의 특성 때문이다. 명덕고는 수시뿐 아니라 정시에서도 서울대 합격생을 꾸준히 배출하고 있다. 2018학년도에는 총 13명이 합격했는데 이때는 정시 합격생이 일곱 명으로 수시보다 많았다.

그런데 지금부터는 딸이 있는 학부모 입장에서 한 가지 의문이 생길 것이다. '아니, 그럼 목동에서 여학생들은 어느 고등학교에 가야 하는 거지?' 그에 대한 답은 진명여고다. 진명여고는 목동 여학생들의 희망으로, 서울대 수시 합격생이 정시 합격생보다 더 많다. 원래 목동 지역에는 2017학년도까지는 정시형 학교가 많았다. 그러다가 2018학년도부터 진명여고의 서울대 수시 합격생이 정시 합격생을 추월(여섯 명 중 네 명)하기 시작했다. 2021학년도에는 연세대와 고려대까지 합쳐서 수시 합격생만 35명이 나왔다. 진명여고는 1906년에 설립되어 개교 100년이 넘은 역사가 깊은 학교다. 심화탐구 영역의 교과목들이 많고, 각종 학술제와 발표회 등 교내 활동도 다채로운 편이다. 태블릿PC와 스마트폰 등을 이용한 스마트 수업에 강점을 보여 코로나19 시기에도 효과적인 비대면 수업을 진행해 학습결손을 최소화했다는 평을 받았다.

일반고 전환 후 서울대 합격 실적이 증가할 것으로 예상되는 한가람고

2021년 한가람고는 갑자기 일반고 전환을 선언해서 목동 학부모들을 놀라게 했다. 남녀공학인데 여학생 수가 남학생에 비해 훨씬 많고 상위권을 독식하는 가운데 정시 실적이 수시 실적을 압도하는 특징이 있다. 대체로 여학생이 많으면 수시 실적이 좋은데 한가람고는 예외인 셈이다. 2021학년도에는 서울대 합격생이 총 여덟 명으로(수시 한 명, 정시 일곱 명), 2022학년도 재수생 비율(실제 반수생을 포함하면 최소 70퍼센트 이상이 다시 수능을 볼 것으로 추산됨)을 고려하면 서울대 실적이 상승할 가능성이 있다.

목동고는 이름만 보면 남학교로 착각하기 쉬운데 실은 여학교다. 1989년에 설립된 학교로 학교명에서 '여자'를 뺐다. 목동고는 매년 꾸준히 서울대 합격생을 5~7명 정도 배출하고 있다. 정시와 수시 합격생이 5 대 5라는 안정적 비율을 유지하고 있는데 이는 학교가 모의고사뿐 아니라 학교 프로그램의 내실화에도 신경을 쓰고 있다는 증거다. 학생 개개인에 맞춘 다양한 진로 프로그램이 강점이다.

학생부에 각 과목별로 교과 담당 선생님이 써주는 세특은 500자로 글자 수가 제한되어 있다. 그런데 창체 활동 중에서 자율 활동과 동아리 활동은 500자지만 진로 활동은 700자까지 적을 수 있다. 목동고의 진로 활동은 졸업생 멘토링, 직업인과 함께하는 직업 체험 등 다양한 방식으로 진행되며 학생들의 선택권을 최대한 존중하는 것으로 인정받고 있다.

마지막으로 소개할 고등학교는 양천고다. 매년 서울대 입학생을 4~9명가량 배출하는데 실적이 안정적이지는 않다. 양천고는 남학교인데도 오히려 수시 경쟁력이 정시보다 나은 특징이 있다. 2016학년도와 2017학년도 서울대 합격생 중 정시 합격생은 단 한 명이었고 나머지는 모두 수시 합격생이었다.

체험 중심의 진로 프로그램과 인성을 중시하는 학교의 특성이 수시의 경쟁력을 높였다는 평가를 받고 있다. 꿈을 찾는 1인 1책 쓰기 프로그램은 독서와 글쓰기를 강조하는 서울대의 인재상과도 잘 부합한다. 이과생들에게는 아두이노, AI 등 코딩 교육을 통해 인공지능 리터러시를 키워주고 있다.

목동 지역 고등학교는 특정 학교가 독주하는 분위기는 아니다. 2023학년도 수시에서는 그동안 주목받지 않던 신목고에서 서울대 의대 합격자가 나오기도 했다. 이처럼 목동의 고등학교는 나름대로 특색 있는 학교 프로그램을 겸비하는 등 수시에 잘 대비하면서도 정시의 경쟁력을 놓치지 않는 학군이다.

중등부 학원의 초강세 속에
고등부 학원의 경쟁력도 좋아지고 있다

목동은 예전부터 학교보다는 학원이 더 경쟁력 있는 지역이었다. 오목교역을 나와 현대백화점 쪽으로 걸어가다 보면 온통 학원들뿐이다. 끝도 없이 펼쳐지는 대치동의 학원 퍼레이드도 대단하지만 목동의 학원가도 그 규모가 만만치 않다. 이렇게 학원이 많은데도 과거 목동 지역 최상위권 학생들은 중등 수업까지는 목동의 학원을 다니고, 고등 수업은 주말을 이용해 대치동 학원을 다녔다. 하지만 요즘에는 목동에서도 최상위권 학생들의 고등부 수업을 소화할 만한 학원들이 많아지는 추세다.

중학생이 대학 과정까지 선행학습을 하는 하이스트

목동 특목고 입시의 최강자는 하이스트 목동 본원이다. 목동의 터줏대감으로 KMO와 각종 올림피아드를 준비하는 이과 성향의 초등학생들과 중학생들이 주로 다니는 학원이었다. 지금은 고등부 자원도 상당히 늘어났다. 하이스트의 영재고 입시 프로그램은 여전히 경쟁력을 인정받고 있는데, 중학생의 수과학 선행학습 수준이 대학교 1학년 수준에 이를 정도로 심화학습의 강도가 높다.

고등학생들을 위해서는 의대 대비반을 운영하고 있으며, 수학과 과학 과목의 수능과 내신뿐 아니라 수리논술 및 면접 대비까지 영역을 확장했다. 수능이 점점 강화되는 현실에서 초등학생과 중학생을 대상으로 등급이 나오는 전국 모의고사도 실시하고 있다. 조금 아쉬운 점은 영재고와 과고, 의대 등 최상위권 학생들을 겨냥한 프로그램을 중심으로 하다 보니 중위권 학생들은 진입하기 다소 어려운 편이다.

특목고 입시의 2인자는 씨앤씨학원이다. 원래 목동에서 외고를 준비하는 학생들은 씨앤씨학원과 리뉴어학원, 정이조영어학원이 천하삼분지계天下三分之計를 이루고 있었다. 지금은 외고의 인기가 예전만 못해서 영어 중심의 학원들도 수학을 강화(씨앤씨학원)하는 자구책을 쓰고 있다. 씨앤씨학원은 다른 유명 학원들이 그렇듯이 초등 수업은 미국 교과서로 하고, 중등 수업은 다양한 원서 읽기를 통해 영어 실력과 인문학적 소양을 동시에 키워주는 데 집중한다.

리뉴어학원은 초등학생을 대상으로 서울대 대비반을 만들 정도로 최상위권 학생들을 겨냥한 학원이다. 요즘에는 목동 지역 학교들의 내신 대비에도 강점을 보이고 있어 인기가 높다. 목동에서 시작한 정이조영어학원은 프랜차이즈 학원 사업을 하고 있다. 지금도 남다른 관리와 체계적인 영어 교육으로 목동 지역 영어 학원의 강자 자리를 유지하고 있다.

목동에는 수학 전문 학원도 많지만 대치동의 깊은생각처럼 목동 지역을 평정하는 학원은 딱히 눈에 띄지 않는다. 대형 강의보다 소수로 밀착관리해주기를 원하는 학부모들의 니즈 탓이라고 볼 수 있다. 그래도 목동의 수학 학원 하면 가장 먼저 떠오르는 곳은 백인대장이다. 학년별로 다양한 커리큘럼을 보유한 특징이 있다. 중학교 1학년 반의 경우, 수학을 처음 시작하는 학생들을 위한 반과 고등 수학을 선행학습하는 반이 있을 정도다. 레벨 테스트와 상담을 통한 정확한 진단, 수준에 맞는 반 편성까지 시스템을 강조한 운영을 하는 것이 특징이다. 이것이 백인대장만의 강점은 아니겠지만 여전히 목동 지역 학부모와 학생들에게서 아주 좋은 반응을 얻고 있다.

아드폰테스도 최근 떠오르는 수과학 학원이다. 이 학원은 데일리 리뷰 테스트를 통해 그날 배운 내용을 철저하게 복습시키는 것으로 유명하다. 그리고 대치동의 강자 시대인재의 목동분원도 최근 들어 주목받고 있다. 이 학원 외에 수학의힘, 수교학원 등도 소수정예로 학생들을 잘 관리하는 장점을 발휘하며 조금씩 두각을 나타내고 있다.

목동에는 국어와 과학 학원도 선택지가 많다

목동에는 수학과 영어 외에 국어와 과학 과목도 괜찮은 학원들이 많다. 국어 학원은 김종길국어논술학원과 갈무리학원이 유명세를 이어가고 있다. 이 두 학원 모두 중등부는 내신 공부에 주안점을 두고 있으며, 고등부는 수능과 대입 논술에 특화되어 있다. 강사들의 실력이 좋아서 학생들의 만족도가 높다. 김종길국어논술학원이 최근 들어 주목을 받고 있다면, 갈무리학원은 목동의 전통적인 국어 강자다. 이 학원은 평소 수업 시간에 학생들의 부족한 부분을 잘 파악한 뒤 주중에 선생님이 돌아가면서 일대일로 30분 동안 클리닉 수업을 진행한다. 문제를 풀면서 각 파트 전공 선생님들이 오류를 바로잡아주기 때문에 학생들의 만족도가 높다.

목동에는 과학 학원도 다양하다. 대표 학원으로는 준과학학원과 김창호과학학원을 꼽을 수 있다. 준과학학원은 과학 선행학습에 가장 적합한 학원이라는 평이다. 온라인 설명회도 수시로 열어 유독 과학탐구 과목에 약한 자녀를 둔 학부모들의 고민을 해결해주는 곳이다. 각 학교별로 전담 선생님을 따로 배정해서 학생들을 관리하는 곳으로도 정평이 나 있다.

목동의 종합 학원은 여전히 하이스트가 최강자 자리를 지키고 있다. 그 외에는 벨루스학원이 학부모들에게서 좋은 평가를 받는다. 소수정예를 고집하면서 국영수 과목을 모두 다룬다. PGA전문가집단학원의 인기도 뜨겁다. 수능의 주요 과목인 국영수를 잘 챙겨주면서 양천구와 강서구 그리고 여의도 지역 고등학교들의 내신까지 관리해주는 곳으로 알려져 있다.

이 밖에도 목동에는 일대일 과외 형태의 과목별 수업도 다양하다. 자녀의 진학 목표와 성적, 선행학습의 정도에 맞춰서 얼마든지 다양한 학원과 수업을 고를 수 있다. 목동 학원가의 존재감은 앞으로도 굳건할 것이다.

재건축 이슈는 목동 아파트 가격을 얼마나 끌어올릴까

양천구의 호재 중 하나는 단연 신정뉴타운이다. 신정뉴타운의 위상은 나날이 높아지고 있다. 목동과 함께 앞으로는 신정뉴타운이 양천구 아파트 시세를 쌍끌이로 끌어올릴 전망이다. 그리고 또 다른 호재는 서울 경전철 목동선이 2028년에 개통되면서 교통이 더욱 편리해진다는 점이다. 왕복 6차선로의 경인고속도로가 지하화되고 그 부지에 공원이 생긴다면 삶의 질은 더욱 올라갈 것이다. 그뿐 아니다. 목동 지역의 노후화된 아파트 단지들이 본격적인 재건축 단계에 진입하면 또 한번의 큰 가격 상승이 예상된다.

앞으로 목동의 아파트 가격은 얼마나 더 오를까? 현재 목동의 아파트 가격은 놀라운 사교육 열기에 비해서는 다소 미흡한 편이다. 광장 학군과 강동 학군 등지와 비교하면 학교와 학원가의 위상은 단연 앞서지만 아파트 가격에서는 이들 학군지에 못 미치고 있다.

재건축 이슈로 2년 사이 70퍼센트 가까이 오른 목동신시가지 아파트

목동에는 총 14개의 아파트 단지가 있는데 이 아파트들은 양천구 내에서 가장 높은 실거래가를 기록하고 있다. 2021년에는 37평이 25억 원에 팔려 언론의 화제가 되기도 했다. 2022년에도 비슷한 가격대를 형성하고 있지만 거래 건수가 거의 없다. 이는 매물 자체가 없다는 의미다. 지금처럼 고금리로 수요가 얼어붙은 상황에서 급매물로 내놓아 싸게 팔기보다는 재건축이 확정되어 프리미엄이 형성될 때까지 기다리겠다는 전략이다.

전세가는 동일 평이 7억 8,000만 원에서 8억 4,000만 원 사이에 거래되고 있다. 오래된 아파트는 재건축에 대한 기대감 때문에 매매가는 높아지고 노후화 때문에 거주의 질은 좋지 않아서 전세가가 낮게 형성된다. 총 세대수가 2,000세대에 가까운 6단지는 2020년도에 29평이 20억 9,000만 원에 거래된 적이 있는데 2022년에는 아예 거래 건수가 없다. 1985년에 지어져 가장 오래된 목동신시가지1단지는 27평이 2022년 6월에 21억 8,000만 원에 거래되었다. 목동 내에서 재건축이 확실시되는 아파트들은 대부분 평당 8,000만 원선이다. 전세가는 32평이 6억 8,000만 원, 37평이 9억 6,000만 원 선이다.

2016년에 지어져 비교적 신축에 속하는 목동힐스테이트의 가격은 어떨까? 목동이라는 이름이 붙은 아파트지만 실은 신정동에 있다. 2021년도의 매매 가격을 보면 18평이 15억 원에 거래되었고 25평은 17억 8,000만 원에 거래되었다. 이런 추세면 소형 평수부터 추후 평당 1억 원을 돌파할 것이 유력하다. 3년 전 평당 5,000만 원 선이었으니 대단한 상승세다. 분양가가 1,980만 원이었던 것을 고려하면 이 아파트를 구입한 사람은 문재인 정부 5년 동안 거의 네 배 이상의 돈을 번 셈이다. 거의 비트코인 수준의 상승세라고 봐도 무방하다. 전세가는 25평이 7억 3,000만 원에서 8억 4,000만 원 사이이다.

매매가에 비해 목동의 전세가가 상대적으로 저렴해 보이는 이유

목동은 학군뿐 아니라 거주환경이 좋고 서울 중심부와 가까워서 이른바 직주근접이 가능하다. 2호선과 5호선 지하철까지 있어서 실거주에 좋은 조건은 두루 갖추고 있다. 서울 경전철 목동선까지 개통되면 아파트 가격은 더욱 탄력을 받을 전망이다.

그런데 왜 양천구의 아파트 가격은 서울 내 8위권에 머무는 것일까? 그 이유는 목동 외에 나머지 지역의 아파트 시세가 낮아 전체적인 평균값을 깎아 먹기 때문이다. 양천구 전체의 아파트 시세를 깎아 먹는 동네는 신월동이다. 우선 신월동에는 유명 브랜드의 아파트가 존재하지 않는다. 대부분 지방의 작은 건설사가 지어 브랜드가 약한 아파트만 있다. 롯데캐슬이 그나마 알려진 브랜드인데 이 아파트의 거래가를 보면 25평이 11억 5,000만 원 정도로 서울의 아파트 평균가격 수준이다. 그러나 전세가는 25평이 5억 6,000만 원으로 목동과 큰 차이가 나지 않는다.

목동에서 가장 신축에 가까운 목동센트럴푸르지오는 2022년 6월에 25평이 19억 1,000만 원에 거래됐다. 확실히 매매가는 보유 가치에 의해 좌우되고, 보유가치를 결정하는 가장 큰 요인은 학군이라는 말이 틀리지 않다는 걸 알 수 있다. 신축 아파트일수록 전세가가 높은 현실이 목동에서도 그대로 확인된다. 목동센트럴푸르지오의 경우 25평이 2022년 9월 기준 보증금 5억 원에 월세 340만 원에 계약됐다. 현재 법정 전월세전환률이 4.5퍼센트로 정해져 있기 때문에 이를 고려하면 전세가가 12억 원이 넘는 셈이다.

목동 아파트의 전세가가 매매가에 비해 낮다고 해도 여전히 부담스러운 가격이다. 그럼에도 목동 학군에 진입을 원한다면 대안은 빌라나 다세대주택밖에 없다. 목동우체국 근처의 한 빌라는 전용면적 54평 물건이 2022년 4월, 5억 5,000만 원에 거래되었다. 목동의 높은 아파트 시세에 비하면 저렴하게 느껴진다. 목동문화체육센터 근처의 19평 빌라는 2021년 12월, 1억 8,700만 원에 거래되었다. 18평 소형 빌라가 4억 900만 원에 거래된 기록도 있다. 오래된 빌라는 비슷한 평수가 2억 원 이하(1억 8,700만 원)에 거래되기도 했다. 목동 빌라의 전반적인 매매가는 2억 원에서 6억 원 사이로 잡으면 될 듯하다.

목동의 단독주택도 아파트만큼은 아니지만 상당히 고가다. 100평 규모의 단독주택이 21억 5,000만 원에 거래되고 있다. 그러나 추후 재건축 이슈 등을 고려한다면 목동은 단독주택보다는 아파트 매매가 더 합리적이다.

학군별 필수 체크 아파트

목동 학군 주요 아파트

아파트명	세대수	입주연도/평단가	배정 예상 학교	매매가-전세가 추이
목동 신시가지 5단지	1,848세대	1986년/7,000만 원 이상	• 초 : 경인초 • 중 : 월촌중, 양정중, 신목중 • 고 : 강서고, 대일고, 진명여고	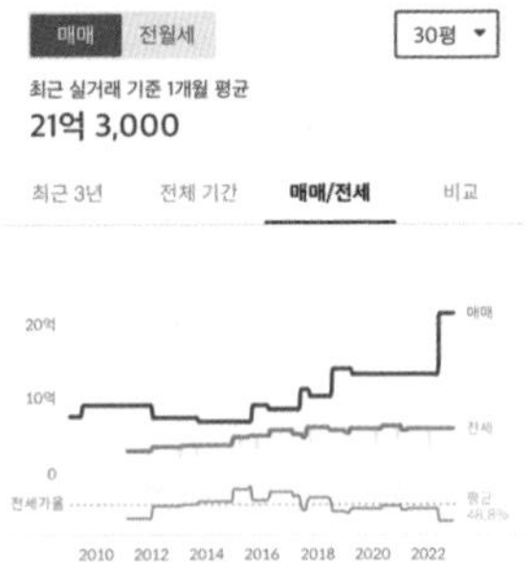매매 전월세 30평 최근 실거래 기준 1개월 평균 21억 3,000 최근 3년 전체 기간 매매/전세 비교 20억 10억 0 전세가율 2010 2012 2014 2016 2018 2020 2022
목동 신시가지 7단지	2,550세대	1986년/7,000만 원 이상	• 초 : 목운초, 서정초 • 중 : 목운중, 목동중, 영도중 • 고 : 진명여고, 신서고, 강서고	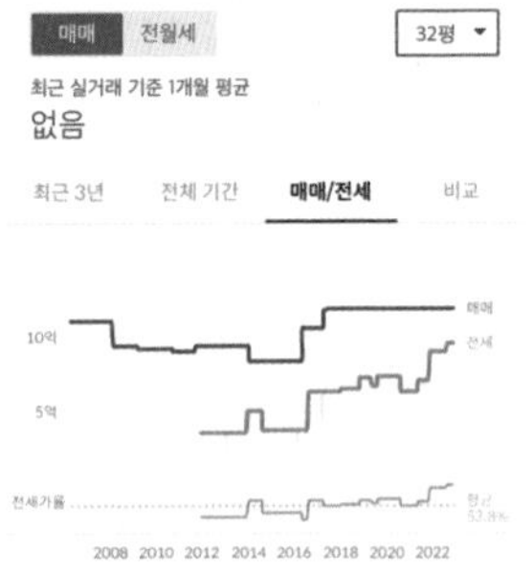매매 전월세 32평 최근 실거래 기준 1개월 평균 없음 최근 3년 전체 기간 매매/전세 비교 10억 5억 전세가율 2008 2010 2012 2014 2016 2018 2020 2022
목동 신시가지 4단지	1,382세대	1986년/5,000만 원 이상	• 초 : 영도초 • 중 : 신목중, 목운중, 영도중 • 고 : 강서고, 진명여고, 대일고	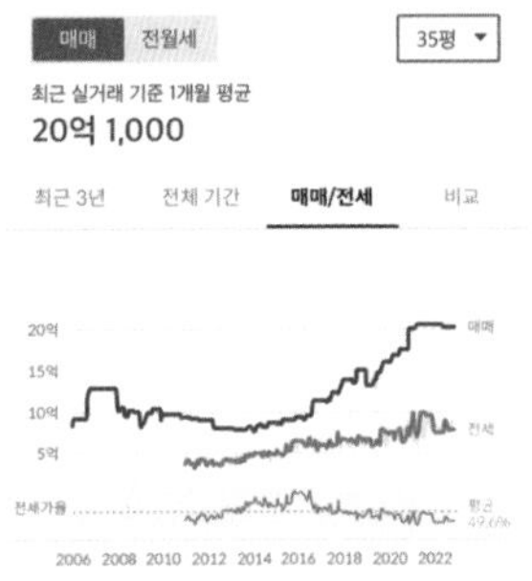매매 전월세 35평 최근 실거래 기준 1개월 평균 20억 1,000 최근 3년 전체 기간 매매/전세 비교 20억 15억 10억 5억 전세가율 2006 2008 2010 2012 2014 2016 2018 2020 2022

아파트명	세대수	입주연도/평단가	배정 예상 학교	매매가-전세가 추이
목동 신시가지 2단지	1,640 세대	1986년/ 5,000만 원 이상	• 초 : 월촌초 • 중 : 금옥중, 신남중, 강신중 • 고 : 금옥여고, 백암고, 양천고	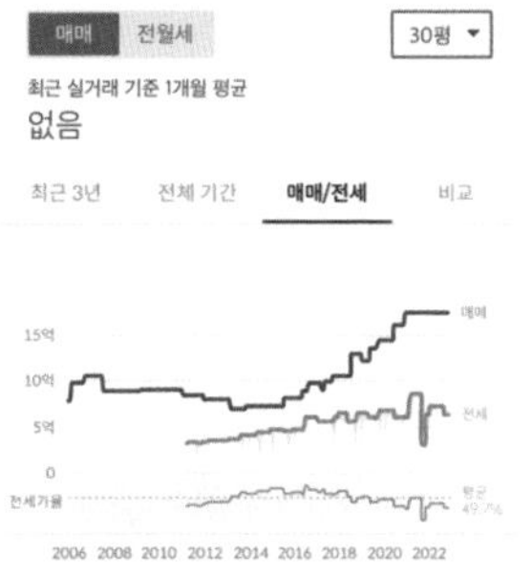
목동 힐스테이트	1,081 세대	2016년/ 5,000만 원 이상	• 초 : 양명초 • 중 : 신서중, 봉영여중, 목동중 • 고 : 진명여고, 목동고, 신서고	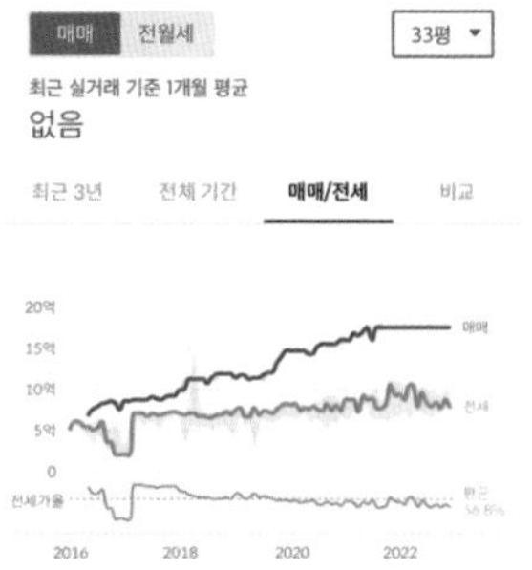
목동 트라팰리스 이스턴에비뉴	258 세대	2009년/ 5,000만 원 이상	• 초 : 목운초 • 중 : 목운중, 목동중, 영도중 • 고 : 진명여고, 신서고, 강서고	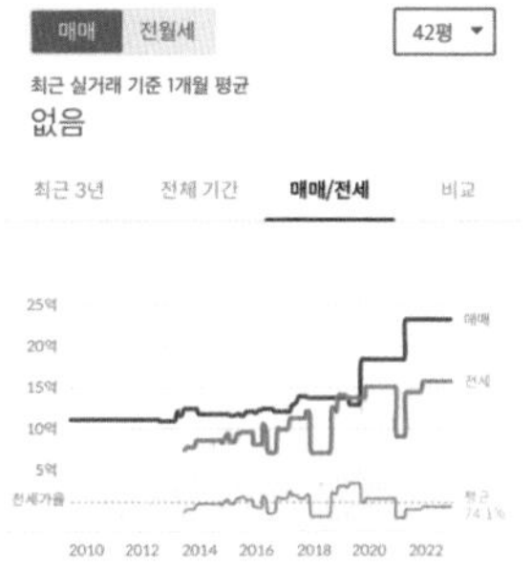
목동 현대 하이페리온	466 세대	2003년/ 5,000만 원 이하	• 초 : 목운초 • 중 : 목운중, 목동중, 신목중 • 고 : 진명여고, 강서고, 신서고	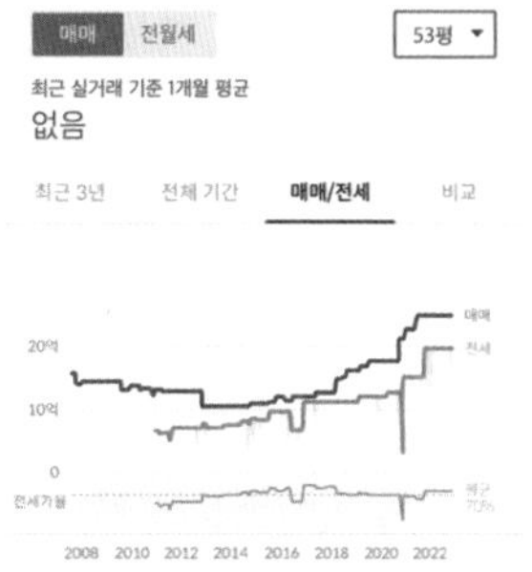

아파트명	세대수	입주연도/ 평단가	배정 예상 학교	매매가-전세가 추이
목동우성 2차	1,140 세대	2000년/ 5,000만 원 이하	• 초 : 은정초 • 중 : 봉영여중, 목일중, 신서중 • 고 : 목동고, 신목고, 진명여고	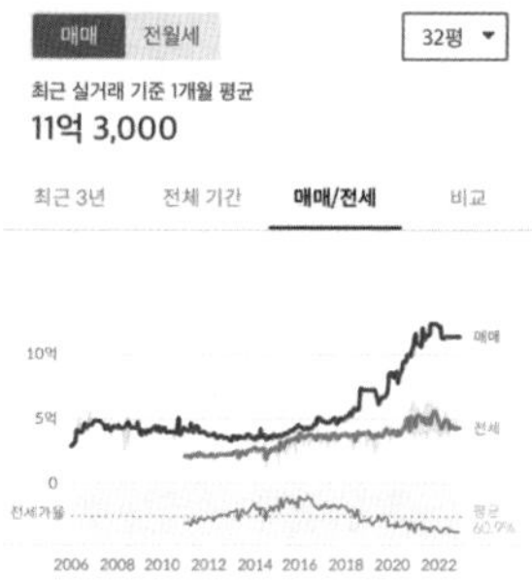매매 전월세 32평 최근 실거래 기준 1개월 평균 11억 3,000 최근 3년 전체 기간 매매/전세 비교 10억 5억 0 전세가율 매매 전세 2006 2008 2010 2012 2014 2016 2018 2020 2022
목동삼성 래미안2차	353 세대	2001년/ 5,000만 원 이하	• 초 : 갈산초 • 중 : 봉영여중, 목일중, 신서중 • 고 : 신목고, 목동고, 진명여고	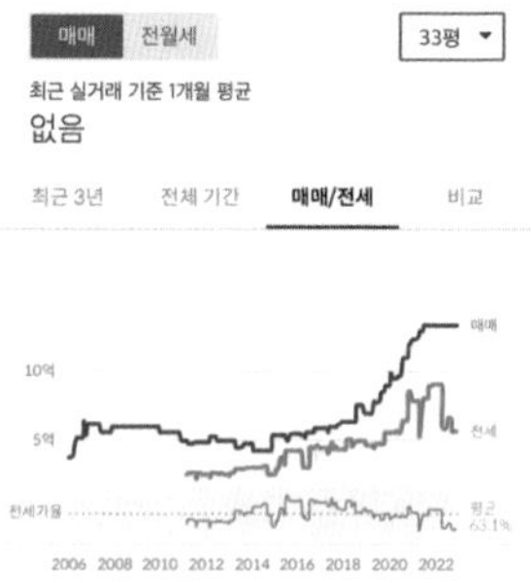매매 전월세 33평 최근 실거래 기준 1개월 평균 없음 최근 3년 전체 기간 매매/전세 비교 10억 5억 전세가율 매매 전세 2006 2008 2010 2012 2014 2016 2018 2020 2022

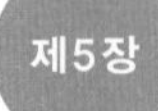

흔들리지 않는 강북의 맹주
중계 학군

입지 특징

- 30평대 매매가 10억 원대, 가성비 측면에서 최고의 학군지
- 중계동에 비해 진입이 수월한 하계동 구축
- 백사마을 재개발 사업 호재

학원가 특징

- 은행사거리, 중계세일학원을 위시로 다양한 종합 학원들이 포진
- 국어 논술 아침 수업반 인기, 영어는 대형 프랜차이즈 학원이 강세
- 수학, 과학 중소형 학원의 경우 학부모들은 중계동 토착 학원을 선호

배정 예상 중학교

불암중, 상계중, 상계제일중, 상명중, 신상중, 신창중, 월계중, 을지중, 재현중, 중계중, 중원중, 중평중, 태랑중

배정 예상 고등학교

대진여고, 불암고, 상명고, 서라벌고, 영신여고, 월계고, 용화여고, 재현고, 청원고

부동산 시세 보기

❶ 심슨어학원 중계캠퍼스 : **중계동에서 초중 회화 및 내신 대**

❷ 조재필수학학원 : **중계동을 대표하는 토착 수학 학원**

❸ 중계 세일학원 : **중계동 최대 종합 학원**

❹ SR사회탐구학원 : **고등부 수능 사탐 전문 학원**

출처: 네이버지도(https://map.naver.com), 네이버부동산(https://land.naver.com)

⑤ 국풍2000 : 수능 국어 대비반 온·오프 연결 수업, 아침 수업반 개설
⑥ 토피아어학원 : 중계동을 대표하는 외고 입시 어학원
⑦ 과수원과학수학전문학원 : 수학과 과학을 모두 잘하는 중계동 학원
⑧ 중계 GMS학원 : 중계동 초중등 수학 강자

중계동은 왜 대치동, 목동과 함께 서울 3대 학원가로 불리는가

노원구는 서울에서 인구밀도가 가장 높은 곳으로 인구수는 송파, 강서, 강남 다음으로 많다. 하지만 평균 출근 시간이 약 50분이라는 데이터가 보여주듯이 '직주근접' 요소를 갖추지 못했다. 이는 주거요건 중 가장 중요한 부분에서 취약점을 갖고 있다는 의미다. 그럼에도 중계동이 높은 인기를 유지하는 비결은 바로 학군 때문이다. 특히 중계동은 대치동, 목동과 함께 서울을 넘어 대한민국 3대 학원가로 불리는 경쟁력을 갖고 있다.

노도강 속의 섬, 중계동은 어떻게 3대 학군이 되었나

노원구는 1963년 이전까지는 존재하지 않았다. 즉 서울이 아니었다. 경기도 양주군에 속해 있었는데 1963년 서울에 편입됐고 '갈대가 자라는 평원'이라는 뜻의 '노원'이란 이름이 붙여졌다. 7호선 마들역이 위치한 상계동의 마들평야는 조선 시대에 말이 뛰어노는 곳이었다. 유하 감독의 영화 〈강남 1970〉에 잘 드러나 있듯이 1970년대 들어 강남이 개발되며 서울 인구가 기하급수적으로 늘어났다. 오늘날의 노원구는 이처럼 늘어난 서울의 인구를 소화할 수 없어 그 대안으로 정부가 강북 개발을 시작하면서 떠오른 곳이다. 본격적인 개발은 전두환 정권 때부터다. 당시 목동과 과천시 그리고 상계동 주변이 동시에 개발되면서 대규모 주택과 함께 학교 등의 기반시설이 들어섰다. 그리고 이때부터 노원구에는 사람들이 몰려들기 시작한다.

서민들의 주거지였던 노원구가 서울 3대 학군지로 부상한 것은 단연 중계동 학원가의 영향력 때문이다. 따라서 노원구는 중계동과 비중계동으로 나뉘며 아파트 가격의 차이가 아주 크다. 이른바 '노도강' 지역은 금천구와 함께 서울에서 아파트 가격이 가장 낮은 지역으로 분류된다. 반면 중계동 특히 은행사거리는 나홀로 선전하고 있다.

여기에는 몇 가지 이유가 있다. 중계동은 '은행사거리'라고 불리는 학원 집중가만 벗어나도 학군이 완전히 달라질 뿐 아니라 교육열도 완전 딴판이다. 자녀가 중학교 입학을 앞두면 중계동 내에서도 은행사거리 인근 아파트로의 대이동이 시작된다. 특정 아파트의 경우 초등 6학년생 자녀를 둔 가정이 중학교 배정을 위해 약 80퍼센트가 전출하기도 한다. 심지어 인기 과외 강사 중에는 소위 은행사거리를 벗어난 아파트에서는 과외수업을 꺼리기도 한다. 중계 학군의 중고등학생들만을 대상으로 수업을 하겠다는 의미다.

은행사거리 학원가 형성의 요인 중 하나가 노원구에서 유일하게 40~50평대 대형 아파트 단지와 인근 대형 병원들의 존재 때문이라는 의견도 빼놓을 수 없다. 백병원과 을지병원 등의 대형 병원과 노도강 지역 및 경기도의 개업의 등이 이 지역에 많이 살고 있다. 또한 인근 대학교 교수들도 중계동에서 자녀의 교육을 해결한다. 이들은 44평 아파트가 있는 롯데우성아파트와 40~50평으로 구성된 대림벽산, 중계라이프, 동진신안아파트와 같은 중대형 아파트를 선호한다.

사립초등학교 재학생이 많다는 점도 은행사거리의 교육열이 높을 수밖에 없는 중요 포인트다. 중계동 지역에서 다닐 수 있는 사립초등학교는 상명초, 화랑초, 삼육초, 동북초, 청원초 등 다섯 군데나 된다. 서울 시내의 사립초등학교 중 거의 3분의 1에 해당한다. 이런 사립초등학교를 은행사거리 아파트에서 도보 혹은 셔틀을 타고 등교할 수 있다. 자녀교육에 관심이 많은 학부모들은 초등 저학년부터 중고등학교까지 지속적으로 투자하기 때문에 이 지역의 교육열은 식지 않을 것이다.

중계동 중학교의 최강자는 여전히 을지중인가

흔히 중계동은 중학교가 강한 학군이 아니라 일반고가 강한 학군으로 알려져 있다. 과연 실제로도 그럴까? 이명박 정권 때인 2011년 실시된 학업성취도 평가에서 노원구 톱은 을지중이었다. 그리고 5년 뒤 마지막으로 실시된 학업성취도 평가에서도 을지중은 1위였다.

노원구 1위면 서울시 전체에서는 몇 위나 될까? 11위였다. 강남, 서초, 송파, 목동 다음 순서에 해당한다. 을지중의 2011년 학업성취도 평가의 평균은 92.9퍼센트가 보통 이상이었고, 2016학년도에는 91.57퍼센트가 보통 이상이었다. 을지중은 학업성취도 평가라는 객관적인 기준이 사라진 2022학년도에도 여전히 그 학력 수준을 유지하고 있을까?

을지중은 여전히 공부를 잘하는 학교가 맞다. 그런데 다른 학군의 랜드마크 중학교에 비해 외고와 국제고 진학자, 즉 문과 성향의 우수생들이 더 많고 이과 성향의 학생들은 압도적으로 적다. 하지만 2016학년도에는 영재고와 과고 진

노원구 주요 중학교의 고등학교 진학 현황과 내신점수

중학교	졸업생	일반고	외고·국제고	영재고·과고	자사고	국어 평균점수	수학 평균점수	영어 평균점수
불암중	353명	274명 (77.2%)	24명 (6.8%)	11명 (3.1%)	33명 (9.3%)	84.3	74.9	81.3
중계중	316명	234명 (73.6%)	17명 (5.3%)	10명 (3.2%)	27명 (8.5%)	83.5	72.0	83.0
상명중	252명	189명 (76.2%)	19명 (7.7%)	11명 (4.4%)	19명 (7.7%)	83.2	80.0	80.6
중평중	241명	189명 (78.1%)	15명 (6.2%)	4명 (1.6%)	16명 (6.6%)	81.7	75.7	84.6
을지중	238명	195명 (82.3%)	13명 (5.5%)	3명 (1.3%)	14명 (5.9%)	83.7	78.7	80.6
태랑중	226명	163명 (73.1%)	14명 (6.3%)	6명 (2.7%)	19명 (8.5%)	76.0	83.7	80.6
신상중	157명	107명 (79.3%)	3명 (2.2%)	0명 (0%)	3명 (2.2%)	77.2	74.1	82.9

학률이 2.1퍼센트, 외고와 국제고 진학률이 1.4퍼센트로 오히려 이과 성향의 최상위권 학생들이 더 많았다. 그러다 최근 들어 점점 더 문과에 강한 중학교(2021학년도에는 외고, 국제고 합격생이 16명으로 더 많았다)로 바뀌고 있다.

이 사실이 의미하는 것은 무엇일까? 해마다 난이도는 다를 수 있지만 을지중의 학생들이 생애 처음으로 치르는 시험인 2학년 1학기 중간고사의 국어와 영어 성적을 보면 수학 성적을 앞서는 것을 알 수 있다. 이 사실만으로는 을지중이 문과 성향의 학생들에게 유리한 학교라고 단언하기 어렵다. 하지만 외고, 국제고 진학생 수가 영재고, 과고 진학생 수보다 압도적으로 많다는 사실은 이과 최상위권 학생들에게는 다소 고민스러운 부분이다.

상명중의 약진, 불암중과 중계중의 견고한 상승세

을지중의 변화에 따라 최근 5년 사이에 노원구의 중학교 강자가 바뀌었다. 2016학년도까지 넘버2에 해당했던 상명중이 그 자리를 차지한 것이다. 물론 그동안 학업성취도 평가가 중지되어 있었기에 이 순위를 100퍼센트 확신할 수는 없다. 다만 분명한 것은 2022학년도에 영재고와 과고는 물론이거니와 외고와 국제고 그리고 자사고까지 최상위권 고등학교의 진학률에서 상명중은 을지중을 앞지르고 있다는 점이다. 특히 영재고와 과고 진학생의 숫자가 압도적으로 많다.

상명중은 이과 성향에다 영어 실력까지 갖춘 우수한 자원이 골고루 섞여 있다는 의미다. 참고로 중계동의 우수한 문과 자원들은 대원외고, 대일외고, 서울외고로 나뉘는 편이고 영재고와 과고는 서울과 전국 각지로 퍼지고 있다. 처음에는 한성과고를 희망하는 학생들이 많았지만 세종과고 실적이 좋아지면서 세종과고를 지원하는 분위기가 점점 더 확산되고 있다. 자사고는 주로 도봉구에 위치한 선덕고를 선호한다. 그리고 하나고, 민사고, 외대부고, 상산고 등 전국단위 자사고에는 전 과목 A인 최상위권 학생들이 꾸준히 입학하고 있다. 특히 선덕고의 입시 실적이 갈수록 좋아지면서 선덕고 지원자들의 성적도 동반 상승하는 추세다. 상명중 학생들의 첫 번째 내신시험 성적을 보면 국영수 모두 80점을 넘는다. 노원구의 넘버원 중학교로 올라서고 있다는 단적인 증거다.

2016학년도 노원구 3위였던 불암중은 어떻게 변했을까? 당시 불암중에서 학업성취도 평가 결과 평균 이상의 학생은 88.83퍼센트였다. 지금도 그 수준을 유지하고 있는지 여부는 알 수 없지만 영재고, 과고를 비롯한 자사고 진학 실적을 보면 추측이 가능하다. 불암중은 외고, 국제고 진학 실적으로는 노원구의 원톱이다. 2022학년도에는 24명이 진학했고 2021학년도에는 무려 33명이 진학했다. 국어, 영어 성적에 비해 수학 성적이 낮다는 것은 학교 시험이 어렵다는 의미이기도 하지만, 확실히 문과 쪽 과목에 강한 학생들이 많다는 증거이기도 하다.

불암중 학생들의 2016학년도 영재고와 과고 진학률은 1.49퍼센트, 외고와 국제고 진학률은 2.3퍼센트로 지금과 비교하면 크게 낮았다. 하지만 매년 상승세를 지속하면서 발전을 거듭하고 있다. 여전히 외고와 국제고에 진학하는 문과 상위권 학생들이 강세를 보이고 있지만, 최근에는 이과 쪽 우수 인재들도 많아지는 추세라 앞으로의 성과가 더 기대된다. 특히 2022학년도 영재고, 과고 입시에서는 상명중과 같은 실적을 보여 주목을 받았다.

중계중도 매년 발전하고 있는 학교다. 원래 외고를 많이 보내는 학교로 유명했다. 2016학년도에 전체 졸업생 중 3퍼센트가 외고, 국제고에 진학했다. 2021학년도에도 4.8퍼센트가 진학했고 2022학년도에는 5.3퍼센트로 진학생 숫자가 더 늘어났다. 다만 특이한 점은 대체로 여학생들이 주도하는 외고, 국제고 진학 러시에 남학생들도 상당수 포함되어 있다는 점이다. 2022학년 외고, 국제고 입시 결과를 보면 남학생이 여섯 명이나 포함되어 있다.

그리고 영재고와 과고 진학생도 꾸준히 늘어나고 있다. 2016학년도에는 1.2퍼센트, 2021학년에는 1.4퍼센트, 그리고 2022학년도에는 드디어 3퍼센트를 돌파했다. 다만 수학 내신성적에 비해 국어와 영어 점수가 여전히 높은 걸 보면 문과 쪽에 좀 더 강점이 있는 학교라 볼 수 있다. 국어와 영어에 비해 수학은 성취도 A를 받은 학생의 수가 적은 편이다. 즉 중계중에 조금 더 확신을 갖기 위해서는 2023학년도 영재고, 과고 실적에 주목해야 한다는 의미다. 다만 2022학년도 3학년생들의 수학 성적 평균과 분포도가 예년과 비슷한 걸로 봐서 큰 변화는 없을 듯하다.

하계동과 상계동에서 주목할 만한 중학교

하계동에 위치한 중평중은 비율상 노원구 학군 중에서 외고와 국제고 진학생이 가장 많은 학교다. 확실히 영어 내신점수가 중계동 내 주요 중학교보다 더 높다. 다시 말해 이 학교는 영어가 강한 여학생들이 선호하는 학교다. 2016년도에 마지막으로 실시된 학업성취도 평가에서도 영어 점수가 가장 높았다. 5년 이상 이 전통은 이어지고 있다. 1퍼센트 미만 대였던 영재고, 과고 진학비율도 늘어나고 있어서 여러모로 학력 수준이 높아지는 학교로 봐야 한다.

공릉동에 위치한 태랑중도 특목고 진학률이 증가하는 추세다. 이 학교는 2016학년도에 외고, 국제고 진학비율이 3퍼센트가 안 되었다. 하지만 2020학년도에는 6.3퍼센트였고, 2022학년도에도 같은 비율을 유지하고 있다. 이 학교에 관심 있는 노원구 학군의 학부모들이 주목해야 할 점이 있다. 2021학년도에는 영재고, 과고 입학생이 한 명이었으나 2022학년에는 여섯 명으로 큰 폭의 상승을 했다는 점이다. 게다가 전부 남학생이었다. 이는 문과 상위권 학생들의 독무대였던 태랑중이 변신하고 있다는 증거다.

그러나 '서울대·포항공대·카이스트·의대·치대·한의대·약대'(이하 '서포카의치한약')을 생각하는 학부모라면 조금은 망설여지는 측면이 있는 학교다. 입시 실적이 일시적으로 한 해만 좋아졌다가 다시 원래대로 복귀하는 학교들도 적지 않기 때문이다. 좋은 학생들이 매년 꾸준히 유입되는 학교도 있지만 그렇지 않은 학교도 많은 것이 대한민국의 현실이다.

상계동에 위치한 신상중은 2016학년도에 전체 졸업생의 2.3퍼센트가 영재고와 과고에 진학하며 이과가 강한 중학교로 주목받았다. 그런데 2021학년도에는 영재고, 과고 진학자가 한 명이었고 2022학년도에는 단 한 명의 진학자도 나오지 않았다. 학업성취도 평가가 부활하면 신상중이 노원구 톱10을 유지할 수 있을지 의문이다. 일단 학생 수가 인근의 다른 중학교에 비해 적다는 것은 경쟁력 측면에서는 불리한 점이다.

마지막으로 노원구에서 살펴볼 중학교는 상계중이다. 상계중은 2016학년도에 외고, 국제고 진학자가 3.4퍼센트로 그럭저럭 괜찮았다. 그렇다면 5년 사이에 이 학교의 진학 실적은 어떻게 변했을까? 외고, 국제고의 2021학년도 진학률은 2.9퍼센트, 2022학년도는 2.6퍼센트로 해마다 줄어들고 있다. 영재고와 과고는 거의 합격자가 나오지 않는 추세다. 상계동에서 점점 잊혀지고 있는 중학교가 그 지역명을 지닌 학교라 더욱 아쉬움이 남는다.

중계동의 일반고가 수시와 정시에 모두 적당히 강한 이유

1980년대에 대학교를 다니던 학부모님들은 서라벌고를 기억하고 있을 것이다. 당시 경기고, 휘문고, 서울고, 영동고 등이 버티고 있는 8학군보다도 더 많은 학생을 서울대에 보낸 학교였다. 서울대 합격생이 거의 100명에 육박할 정도로 어마어마했던 것으로 기억하고 있다. 고교평준화가 실시되기 전, 즉 본고사가 있던 시절에 강북 최고의 명문고는 지금 자사고가 된 신일고였다. 그리고 평준화가 실시되고 재학생의 사교육이 전면 금지된 후 학력고사로 입시를 치르던 1980년대 강북 최고의 명문은 서라벌고였다.

서라벌고는 원래 성북구에 있다가 1998년 노원구로 이전했다. 그 이후 중계 학군의 절대강자 자리를 유지해오다가 최근에는 자사고인 선덕고와 과학중점 학교인 대진고에 확실히 밀리는 상황이다.

노원구 주요 고등학교 서울대 합격자 수 및 내신점수

고등학교	서울대 합격자 수	졸업생 수	예상 재수생 비율	국어 평균점수	수학 평균점수	영어 평균점수
선덕고*(남)	19명(수시 8명, 정시 11명)	355명	33.7%	68.8	65.6	70.7
대진고(남)	11명(수시 5명, 정시 6명)	359명	24.8%	70.0	63.3	61.4
서라벌고(남)	7명(수시 4명, 정시 3명)	380명	35%	71.5	66.3	61.6
대진여고	6명(수시 4명, 정시 2명)	334명	29.7%	67.4	60.2	50.8
용화여고	5명(수시 4명, 정시 1명)	262명	14.1%	71.7	64.0	74.6
재현고(남)	4명(수시 3명, 정시 1명)	317명	39.9%	72.0	63.5	67.9
청원고(남)	4명(수시 3명, 정시 1명)	402명	28.8%	64.3	54.7	60.3

*선덕고는 도봉구에 있지만 노원구 학생들이 다수 진학하기에 추가했다.

1980년대 최강자 서라벌고 3등으로 추락하다

중계 학군의 최강자는 대순진리회 재단에서 운영하는 대진고와 대진여고다. 그리고 노원구 학군으로 묶일 수 있는 도봉구까지 합치면 자사고인 선덕고가 압도적인 1위다. 그에 반해 서라벌고는 부동의 3등이라고 할 수 있다. 2022학년도 서울대 합격자 수는 일곱 명인데 이는 평년작 수준이다. 그리고 수시와 정시비율도 4 대 3으로 대체로 서울대 전체의 수시와 정시비율과도 일치한다. 2016학년도에는 수시로 일곱 명을 보냈고 그 외 학년도에는 대체로 네다섯 명 수준이었다.

학교별 수시 경쟁력을 평가하는 기준은 문과 1등이 서울대 경영학과에 가고 이과 1등이 의대에 갈 경우 최고 수준이라 할 만하다. 그런데 서라벌고의 문과 1등은 경영학과를 갔지만 이과 1등은 지균으로 컴퓨터공학과에 합격했다. 컴퓨터공학과는 1990년대 후반 IT 산업의 인기가 정점에 올랐을 때는 의대와 거의 비슷한 커트라인을 기록했다. 하지만 벤처 붐이 식기 시작하면서 그 인기가 다소 수그러들다가 4차산업혁명 시대의 도래로 다시 그 위상을 높이고 있다.

현재 서울대 컴퓨터공학과는 의치대 다음으로 최상위권 학생들이 모이는 핵심 학과다.

서울대의 경우 의대는 지균으로 총 42명을 선발하는데, 컴퓨터공학과는 아홉 명밖에 뽑지 않는다. 당연히 이 전형으로 컴퓨터공학과에 합격한 학생은 극소수로 쉽게 찾아볼 수 없다. 서라벌고의 서울대 컴퓨터공학과 합격생은 AI와 코딩 관련 학교 활동으로 학생부를 작성했다. 특히 이 학교는 '인공지능 융합 교육과정'을 선도하는 학교로 유명하다.

이처럼 서라벌고는 '경영대와 의대' 조합만큼 최강의 수시 경쟁력을 가진 것은 아니지만 '경영대와 공대' 조합을 이루어냄으로써 수시에 강한 학교임을 증명해 보였다. 두 학생 모두 자신의 지망학과에 맞춰 3년 동안 경제경영 동아리와 컴퓨터 동아리에서 꾸준히 전공적합성을 보여준 특징이 있다. 이로써 서라벌고가 학생들의 진로에 맞는 다양하고 심도 깊은 동아리 활동을 지원하는 등 수시에 강한 면모를 갖고 있음을 알 수 있다.

선덕고의 놀라운 서울대 정시 실적과 '의치한약' 합격률

이제 강북의 원톱으로 올라선 선덕고를 살펴보자. 선덕고는 수시뿐 아니라 정시에서도 놀라울 정도로 선전하고 있다. 강북에는 이름난 재수 종합반도 없고 이 학교가 특별히 재수생을 많이 양산하는 것도 아니다. 이런 점에서 보면 수시와 정시 모두 안정적으로 합격생을 배출할 수 있는 시스템을 갖춘 학교라고 평가할 수 있다. 선덕고는 서울대뿐 아니라 의치한 합격자 수가 29명으로 광폭적인 행보를 보이는 중이다. 물론 이 중에는 중복 합격자가 다수 있다. 하지만 보통 세 군데에 합격한다 해도 한 해 355명의 졸업생 중 10명 이상이 '의대·치대·한의대·약대'(이하 '의치한약')에 간다는 것은 수능 점수에서 대치와 서초 학군 다음 수준의 학교라 해도 과언이 아니다.

서울대 합격자 수도 11명에서 17명으로 꾸준히 증가했으며, 2022학년도에는 서울대 합격자가 19명이 되는 등 단 한 해도 빠지지 않고 늘어나는 추세다. 서울대 합격자 수는 휘문고, 중동고, 세화고 외에 서울의 그 어떤 광역 자사고보다 많다. 그리고 연세대 수시전형 합격생은 세 명에 불과한데, 이는 서울대에 붙고 연세대에 떨어진 학생도 적지 않다는 의미다. 즉 연세대가 서울대보다 내신을 더 많이 본다는 소문이 진실일 수 있다.

선덕고는 상위권 30퍼센트 내의 학생들끼리 치열하게 경쟁하고 있기 때문에 전교 1등이 1등급 후반대다. 뛰어난 학생들이 모여서 경쟁하는 내신의 특성이 있는 데다 비교과 활동마저 인정받지 못하면 수시에서 좋은 실적을 거두기 어렵다. 즉 서울의 자사고와 기타 일반고를 구분하지 않고 같은 잣대로 평가하는 시스템하에서는 불이익을 당할 수 있다.

중계 학군의 새로운 강자, 대진고

대진고는 영재고와 과고에 떨어진 학생들이 가장 많이 선택하는 과학중점학교다. 당연히 이과 상위권 학생들이 모이는 곳으로 서울대는 갈수록 과학중점학교를 선호한다. 이러한 분위기를 증명이라도 하듯 대진고의 서울대 입시 실적은 2016학년도에 여섯 명으로 시작해 꾸준히 상승하면서 지금은 노원구 일반고 넘버원의 실적을 자랑하고 있다.

이 학교는 수학과 과학시험문제를 상당히 변별력 있게 출제하는 편이다. 1등급이 아닌 학업성취도 A, 즉 90점 이상 비율이 수학은 25퍼센트, 과학은 10퍼센트밖에 되지 않는다. 재학생들 대부분이 과학 과목을 선행학습해왔다는 것을 전제로 내신시험을 아주 어렵게 출제한다. 2학년 때는 수학 성적이 A 이상인 비율이 18퍼센트로 줄어든다. 학년이 올라갈수록 어려운 문제로 학생들을 단련해 서울대 심층면접이나 수리논술전형 대비도 하고 있다는 증거다.

그리고 주목할 만한 점은 자사고들의 특장점인 논문형 수학 과제 탐구와 사회 문제 탐구를 선택해서 학생부 내 세특을 빛낼 수 있는 방법을 제공한다는 점이다. 3학년 때는 의대 교수들이 선호하는 고급 생명과학 과정을 배치해 최상위권 학생들의 의대 진학에 각별한 도움을 주고 있다. 일반고임에도 서울대 수시전형에 강한 것은 이런 노력이 있기 때문이다. 그런데 2018학년도에는 오히려 정시 합격생이 수시 합격생보다 더 많았다. 이로써 수시와 정시 모두 강한 학교임을 분명히 알 수 있다.

2022·2023학년도 연속 서울대 의대 수시 합격생을 배출한 대진여고

중계동 여고 중에서 최상위권은 대진여고다. 대진여고도 서울대 합격자를 아홉 명(2018년도)까지 배출한 역량 있는 학교다. 2022학년도에는 서울대 의대 합격자를 지균에서 배출해 화제가 되었다. 강남과 분당 지역 학교들이 강세를 보이는 전형에서 서울의 강북권 여고가 합격자를 배출하기란 상당히 어려운 일이기 때문에 이 결과는 큰 의미를 지닌다.

대진여고는 영재 학급, 바이오 동아리, 융합과학 아카데미 등으로 이과 최상위권 대학과 의치대 진학율을 끌어올리려는 노력을 하고 있다. 교과목 선생님들이 열심히 세특을 써주는 등 상당히 적극적이라는 평을 받고 있다. 다만 2018학년도에는 서울대 합격생이 여덟 명이었다가 2020학년도에는 두 명으로 갑자기 줄어드는 등 다소 기복이 있어서 그 점이 조금 아쉽다. 2022학년도에 서울 의대 합격생이 나오면서 자신감을 많이 찾았으며 앞으로의 실적도 기대해볼 만하다.

그런데 한 가지 유념해야 할 사항은 여학생이 상대적으로 강한 영어에서 상당히 낮은 내신점수를 보여주었다는 점이다. 이는 상위권 내 학생들의 경쟁이 치열해서 변별력을 확보하기 위해 시험문제를 어렵게 출제한다는 의미다. 즉 영어를 못하는 여학생들에게는 상당한 스트레스가 될 수 있다.

용화여고는 비율상으로 노원구의 여고 중에서 서울대 진학자가 가장 많다. 반면 재수생 비율은 가장 적은데 이는 대부분의 학생이 수시로 대학에 입학한다는 뜻이기도 하다. 사실 용화여고는 환골탈태한 학교라고 할 수 있다. 과거에는 서울대 합격자가 단 한 명도 없었던 적도 있었고 대부분 한두 명에 그쳤다. 그러다가 과학중점학교가 되면서 학교의 위상이 완전히 달라졌다. 의대와 한의대 합격자가 나오기 시작한 것이다.

이는 학종에 최적화된 CLCoaching Learning 프로그램을 운영한 결과라고 볼 수 있다. 내신 1.9등급이었던 한 학생은 연세대 신소재공학과에 합격했다. 이 여학생은 2단계 면접을 아주 잘 보았기 때문에 합격했을 것으로 짐작된다. 이는 학교에서 3학년 학생들에게 제공하는 수리과학, 논술, 구술 프로그램의 효과를 톡톡히 본 사례라 할 수 있다.

앞의 표에 포함되지 않았지만 영신여고도 괜찮은 학교다. 서울대 합격생 다섯 명을 배출한 적도 있다. 2022학년도에는 세 명을 배출해 예년에 비해 조금 저조하지만 문과를 희망하는 여학생들이라면 지원해볼 만한 학교다.

재현고와 청원고, 2023학년도 서울대 입시 결과에 주목하라

재현고는 2022학년도 수시전형에서 서울대 의대 합격자를 배출했다. 그런데 이는 2022학년도만의 결과는 아니다. 재현고는 꾸준히 서울대 의대 합격생을 배출해왔다. 이 학교는 동아리 활동이 특화된 것으로 유명하다. 달리 말해 수시에 강한 학교라는 뜻이다. 이과 상위권 학생들에게는 창의발명 동아리, 문과 상위권 학생들에게는 반크VANK 동아리가 유명하다. 수시전형으로 연세대 경영학과에 합격한 한 학생은 '브랜드 기획자'라는 꿈을 갖고 다양한 학교 프로그램에 참여한 것을 합격의 비결로 꼽았다.

다만 재현고도 서울대 합격자 수가 많을 때는 여덟 명 적으면 네 명으로 기복이 심한 편이다. 그리고 2022학년도 재수생들의 비율은 노원 학군 중에서 가장 높을 것으로 예상되는데, 이는 선덕고보다도 높은 수준이다. 2023학년부터는 서울대 정시전형이 늘어나는 만큼 정시에서도 더 좋은 결과를 낼 수 있을 것으로 기대된다.

청원고도 전통적인 강자로 정시보다는 수시에서 조금 더 경쟁력이 있다. 2015학년도에는 서울대 합격자를 일곱 명이나 배출했다. 전교 1등이 서울대 생명과학부에 합격했는데 이 학생의 전 과목 평균점수는 1.3등급이었다. 놀라운 점은 이 학생이 수시전형으로 경희대 약학과에 떨어질 정도로 2022학년도에 약대 인기는 대단했다. 의대를 희망하는 상위권 학생들이 그렇듯 생명과학 토론 동아리 활동을 열심히 했으며, 동아리 부장으로 리더십도 증명해 보였다. 그리고 독서 부문에서도 특장점이 있는 학생이었다. 서울대 자소서에 《빅터 프랭클의 죽음의 수용소에서》에 대해 썼는데 다른 학생들이 의지와 희망, 삶의 의미 등에 전착할 때 그 학생은 책의 과학적 의미에 치중해 작성했다.

청원고는 수시형 학교로 재수생 수가 그리 많지 않기 때문에 진정한 경쟁력을 파악하려면 서울대 정시가 크게 늘어나는 2023학년도 입시 결과를 지켜봐야 한다.

중계동의 은행사거리에는 모든 종류의 학원이 다 있다

중계동에서 학원 설명회를 진행하고 학생들을 상담해보면 정말 다양한 학원에서 공부하고 있음을 알 수 있다. 주로 대일외고와 서울외고 학생들이었는데 다니는 영어 학원도 제각각이었다. 그만큼 중계동 은행사거리 학원가는 대한민국에 있어야 할 학원들이 모두 모여 있는 곳이라 할 수 있다.

영어 학원에서 종합 학원으로 변신 중인 토피아어학원

중계동의 종합반 최강자는 단연 중계 세일학원이다. 원래는 고등부가 유명했는데 현재는 초중고 과정을 모두 운영하고 있다. 방학 기간에는 집중 관리반을 만들어서 맞벌이 가정이 많은 중계동 학부모들에게 호응을 얻었다. 세일학원 외에도 토피아어학원 중계캠퍼스, 학림학원 중계고등센터, 대치명인학원 중계캠퍼스 등 다양한 종합 학원들이 있다.

그중에서 과거 외고 입시의 최강자로, 한 해 대원외고만 200명 가까이 보내던 토피아어학원은 중계동의 토착 프랜차이즈다. 외고 입시가 사실상 사라진 데다 상위권 학생들이 문과를 기피하고 이과를 선호하는 성향 때문에 대치동은 문을 닫았고 중계동만 그 명맥을 이어가고 있다. 지금은 외고, 국제고 외에 자사고 대비반도 운영하면서 주요 과목을 모두 다루고 있다.

국어 학원은 논술 브랜드로 유명한 학림이 중계동 토박이다. 지금은 메가스터디 인기강사인 국어 과목 최인호 강사와 엄선경 강사도 모두 중계동에서 데뷔했다. 이 밖에 국풍2000도 강세를 보인다. 갈수록 어려워지는 수능 국어를 중3 때부터 대비하는 학생들을 위해 온라인과 오프라인을 연계한 수업으로 영역을 확장해나가는 중이다. 국어 학원 중에서 가장 공격적인 마케팅을 하는 곳으로도 유명하다. 이 학원은 7시 반부터 시작하는 아침 수업을 개설해 학부모들에게 호응을 얻고 있다.

영어 학원은 대형 프랜차이즈 학원들이 강세다. 강태우어학원이 중계동에서 오랜 기간 명성을 얻었으나 지금은 중계동 본원이 사라졌다. 그 자리는 심슨어학원 중계캠퍼스, DYB최선어학원 중계, 표현어학원 중계캠퍼스, 승리어학원 등의 대형 프랜차이즈 학원들이 대체했다. 수능 영어 절대평가 후 고등부 영어 학원들은 다소 위축되는 추세이며 초등으로 대세가 넘어갔다. 이 중에서 외고 입시의 강자인 심슨어학원의 평이 좋다. 프리젠테이션과 표현 능력이 많이 향상된다는 평이다. 최근에는 최선어학원도 중계동 대표 영어 학원으로서 입지를 다지는 중이다. 승리어학원도 입시와 내신 준비에서 고르게 좋은 평가를 얻고 있다.

초등부 영어 학원은 선택지가 아주 다양하다. 폴리어학원 중계캠퍼스, 청담어학원 중계브랜치 같은 프랜차이즈부터 대치동에 본원이 있는 덕스어학원 중계캠퍼스와 사립초 학생들이 주로 다니는 텐브릿지학원까지 영어 공부의 목적에 따라 선택지가 다양하며 원어민 선생님들로만 구성된 영어도서관도 있다.

중계동 토착 브랜드를 더 선호하는 학부모

중계동 하면 영어와 국어 학원이 가장 먼저 떠오른다. 반면 수학 학원의 강자는 바로 떠오르지 않는다. 상대적으로 외고 성향의 문과 최상위 자원들이 많기 때문이다. 하지만 지금은 대세가 바뀌었다. 상위권 학생들이 이과로 몰리는 경향은 중계동이라고 예외가 아니다. 이러한 분위기를 반영해 은행사거리 학원가에도 수학과 과학 학원이 늘어났다. 대형 학원뿐 아니라 중소형 학원과 소수정예 수업을 하는 학원까지 선택지가 아주 다양해졌다.

수학에미친사람들 중계관, 짱솔학원 중계점 등 대치동에 본원을 둔 학원들이 많이 진출해 있지만 아직까지는 중계동 자체 브랜드가 더 인기를 끌고 있다. 대표적인 곳은 알로곤학원, 중계 GMS학원, 조재필수학학원, 과수원과학수학전문학원 등이다. 알로곤은 중계동에서 영재고와 과고를 준비하는 최상위권 학생들이 가장 많이 찾는 수학 학원으로 매년 높은 합격률을 자랑한다. 레벨 테스트를 통해서 철저하게 학생들을 가려서 뽑는 곳이다. 초등학교부터 6개월 코스 중에서 극심화가 3개월이나 될 정도로 심화학습과 선행학습의 강도가 대치동 못지않다. 한 반에 10명 내외 소수정예 수업으로 관리도 타이트하게 해서 학생들에게는 혹독한 학원이다. 다만 중등부부터 학생 수가 늘어나 다소 관리 능력이 떨어진다는 단점이 있다. 이를 제외하면 알로곤은 중계동을 대표하는 수학 학원으로 손색이 없다.

GMS는 수학 외에 과학까지 다루면서 영재고와 과고를 비롯해 전국 단위 자사고를 준비하는 학생들이 주로 찾는 학원이다. 자소서 및 심층면접 대비까지 꼼꼼히 준비해주는 곳으로 합격 실적도 좋다. 조재필수학학원은 중계동에서 가장 오래된 터줏대감이다. 초중고 학생 모두를 대상으로 하고 있으며 대형 강의와 소수 클리닉 수업을 병행한다. 특히 고등부 학생들의 만족도가 높아 평이 좋은 학원이다. 복습과 예습을 철저하게 시키고 수업이 끝난 뒤 당일 테스트를 통과하지 못하면 공부방에 가서 나머지 공부를 해야 하는 수학 스파르타 학원이기도 하다. 과수원은 과학과 수학 전문 학원으로 중학생 때 내신과 수능을 모두 완성하겠다는 목표로 강도 높게 수업과 관리를 하는 곳으로 유명하다. 중학생 때 고등학교 과정의 선행학습을 하는 학생과 KMO나 올림피아드 등 경시대회를 준비하는 학생들이 선호한다. 6개월 단위로 학생을 선발해 학교처럼 학기제 수업을 진행한다.

중계

이외에도 중계동에서는 와이즈만영재교육 노원중계 CNI, CMS 중계영재관, 미래탐구 중계, 올림피아드학원 중계영재센터 등 프랜차이즈 학원들도 인기를 끌고 있다. 하지만 아직 중계동의 토종 브랜드를 압도하는 상황은 아니다. 이들 학원은 대치동과 비슷한 커리큘럼을 운영하고 있으며, 홍보 마케팅 면에서 강점이 있기에 장기적으로는 학생들이 더 늘어날 가능성이 있다.

특이한 점은 중계동의 학생들도 목동과 비슷하게 중등 이후부터는 중소형 학원과 공부방 형태의 소규모 팀 수업으로 옮기는 성향이 강하다는 점이다. 주공 5~7단지와 오피스텔 내 수업이 상당히 많다. 그리고 고가의 수학 공부방, 대치동 대형 학원 강사들의 소수정예 수업도 있다.

문과 성향의 학생들을 위한 사탐 학원에도 강자가 있다. SR사회탐구학원이 인지도가 높은데 수시 최저등급을 상대적으로 쉬운 사회탐구 과목으로 맞추려는 학생들의 니즈를 잘 파고들었다. 이처럼 중계동 은행사거리 학원가는 굳이 대치동까지 가지 않더라도 모든 과목을 자체적으로 해결할 수 있는 솔루션이 있다. 그뿐 아니다. 인근 지역과 경기도 의정부와 남양주 등지에서 우수한 자원들이 지속적으로 유입되는 상황이다.

가성비 측면에서 최고의 투자처인 은행사거리 아파트

중계동은 흔히 가성비라는 측면에서 최고의 학군이라는 평가가 지배적이다. 이만한 학군과 학원을 보유하고 30평대 아파트를 10억 원대에 살 수 있는 곳은 서울에서 중계동밖에 없다. 노원구는 서울시 25개구 중에서 아파트 가격으로는 20위 선이다.

노도강은 당연히 분당, 과천 등의 서울급 경기도 신도시보다 가격이 낮아서 서울에 진입하려는 영끌족이 3년 전 아파트 가격이 최고가일 때 집중 매수했던 지역이다. 하지만 금리 인상의 여파로 가장 먼저 가격 하락 국면에 접어든 지역이기도 하다.

다만 중계동의 은행사거리 인근 아파트는 노원구 내에서도 가격 조정을 덜 받는 편이다. 탄탄한 전월세 수요가 가격을 뒷받침해주고 있기 때문이다. 하지만 최고가 대비 3억 원가량 하락한 단지가 있으므로 진입을 고려한다면 지금부터 관심을 가져볼 필요가 있다.

중계동 랜드마크 단지인 청구3차도 가격 하락이 시작됐다

중계동 내에서도 걸어서 은행사거리 학원을 이용할 수 있는 곳에 위치한 단지들의 가격이 더 비싸다. 이 중 31평으로만 구성된 청구3차와 건영3차가 인기 있다. 청구3차의 경우 2021년에는 전세 매물이 제로(0)일 정도로 학부모들이 선호하는 단지다. 최고가는 14억 2,000만 원 선이었는데 최근에는 하락세를 보이고 있다. 그 외 건영3차도 실수요자들이 많이 찾는 아파트다. 2021년에는 13억 9,800만 원까지 치솟았지만 2022년 6월에는 12억 2,500만 원에 거래되면서 마찬가지로 하락세를 보이고 있다.

견고한 상승세를 보였던 청구3차의 가격대도 하락세에 접어들었다. 14억 원을 돌파했다가 2022년 6월에는 12억 원대에 진입했다. 거의 10퍼센트가량 가격 조정이 이루어진 것이다. 이들 아파트는 자사고와 특목고 발표, 대입 후에 매물이 증가하는 경향이 있으므로 이 시기를 노리는 것도 좋은 방법이다. 이 두 아파트의 전세가는 어떨까? 최근에는 아파트 노후화와 층수에 따라 6억 원에서 8억 원까지 다양하다. 다만 전세 시세는 2021년도와 비슷한 점이 특이사항이다. 즉 매매가만 떨어지는 상황이다. 건영3차도 전세 거래는 활발하다. 2021년도에는 8억 5,000만 원까지 올랐던 전세가가 최근에는 하향 안정세를 보이고 있다.

롯데우성은 31평과 35평으로만 구성된 대단지 아파트다. 35평의 경우 15억 원을 돌파한 적이 있지만 2022년에는 약 12억~13억 원 중반으로 거래되었다. 전세가는 8억 원에서 10억 원 선으로 상당히 높다. 롯데우성 35평은 매물 자체가 적어서 전세가도 쉽게 떨어지지 않고 있다.

동진신안아파트도 전용면적 31평과 41평으로 구성된 중대형 아파트 단지다. 2021년도에는 31평이 14억 8,000만 원에 팔렸고, 41평은 18억 원을 돌파했다. 전세가는 31평이 6억 원에서 8억 원대, 41평은 9억 원대로 3분기 이후에는 거래량이 적어서 앞으로 가격은 좀 더 떨어질 가능성이 있다.

중계동 은행사거리가 학군에 비해 아파트 가격대가 낮은 이유는 교통 때문이다. 현재 은행사거리에는 지하철역이 없는데, 경천철 동북선 은행사거리역이 2025년 완공을 목표로 공사 중이다. 왕십리와 상계동을 잇는 동북선의 최대 수혜는 은행사거리 지역이 될 것으로 보인다.

구축 아파트가 많은 하계동과 중계본동 백사마을에 주목하자

하계동은 중계동에 비해 진입이 수월하다. 오래된 아파트가 많기 때문이다. 1988년도에 지은 극동, 건영, 벽산아파트는 25평이 8억 8,000만 원에 거래된 기록이 있다. 같은 평수가 2021년도에는 9억 3,000만 원까지 올랐으니 역시 떨어지는 추세로 봐야 한다. 하계동에서 시세가 가장 비싼 아파트는 우성아파트다. 2022년 3월에는 25평이 11억 9,500만 원에 거래되었는데, 4월에는 거래가가 10억 6,000만 원으로 1억 3,000만 원이나 떨어졌다. 구축은 당연히 전세가가 싼 편으로 25평이 3억 7,000만 원에 거래되었다. 38평은 6억 7,000만 원으로 중대형 공급이 적다 보니 상대적으로 전세가도 비싼 편이다.

노원구에서 핫한 이슈 중 하나는 중계본동에 있는 백사마을 재개발이다. 오세훈 서울시장이 당선되기 전인 2021년 3월, 12년 만에 사업시행 인가가 났다. 그해 12월에는 GS건설이 시공사로 결정됐다. 임대주택 484세대를 포함해 총 2,437세대가 탄생하는 대규모 재개발 사업이다. 물론 둔촌주공아파트(현 올림픽파크포레온)처럼 우여곡절이 발생할 수 있지만 인근 지역인 중계동에는 호재로 작용할 여지가 있다.

노원구는 그야말로 아파트 천국이고 다른 지역에 비해 가격이 비싸지 않기 때문에 대부분 아파트를 선호한다. 빌라나 단독주택의 수요는 거의 없는 편이다. 다만 하계동과 태릉 인근에는 중대형 빌라가 있기 때문에 대진고와 태랑초중학교를 염두에 둔다면 빌라를 고려해볼 수도 있다. 최근에는 거래 실적이 극히 드물지만 2020년도 부동산 버블이 한창일 때 전용면적 25평 빌라가 5억 원 정도에 계약되었다. 매물이 적다 보니 가격 하락폭이 아파트만큼 크지 않아 하계역 근처에 위치한 교통 편한 빌라가 4억 9,500만 원에 거래되기도 했다. 전세는 보증금 3억 원에 월세 15만 원에 계약된 기록이 있다.

학군별 필수 체크 아파트

중계 학군 주요 아파트

아파트명	세대수	입주연도/평단가	배정 예상 학교	매매가-전세가 추이
청구 3차	780 세대	1996년/4,000만 원 이상	• 초 : 을지초 • 중 : 을지중, 불암중, 상명중 • 고 : 서라벌고, 불암고, 상명고	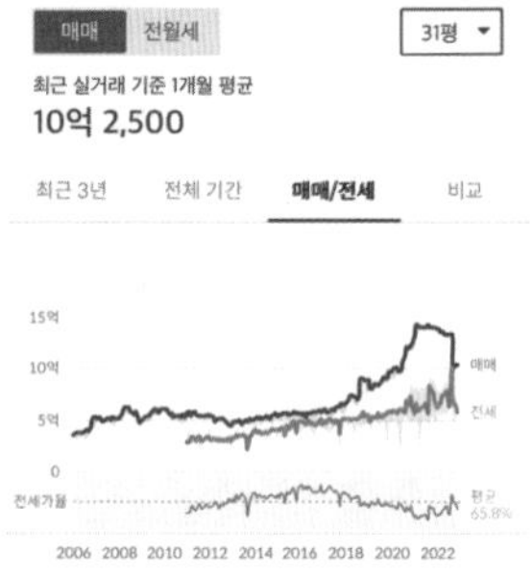 매매 전월세 31평 최근 실거래 기준 1개월 평균 10억 2,500 최근 3년 전체 기간 매매/전세 비교
중계주공 10단지	330 세대	1995년/4,000만 원 이상	• 초 : 을지초 • 중 : 을지중, 불암중, 상명중 • 고 : 서라벌고, 상명고, 대진여고	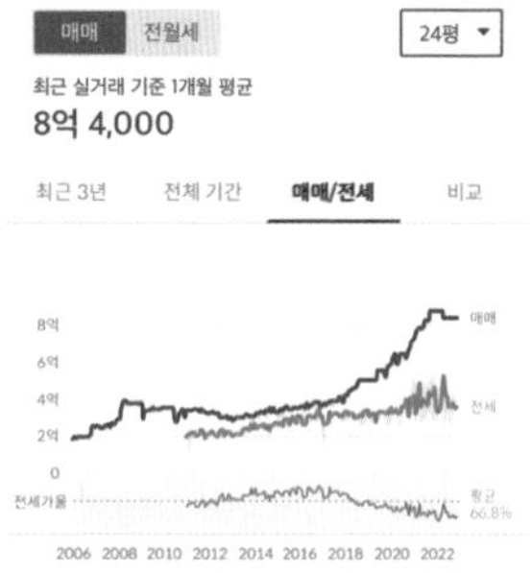 매매 전월세 24평 최근 실거래 기준 1개월 평균 8억 4,000 최근 3년 전체 기간 매매/전세 비교
롯데우성	568 세대	1993년/4,000만 원 이상	• 초 : 을지초 • 중 : 불암중, 을지중, 상명중 • 고 : 서라벌고, 대진여고, 상명고	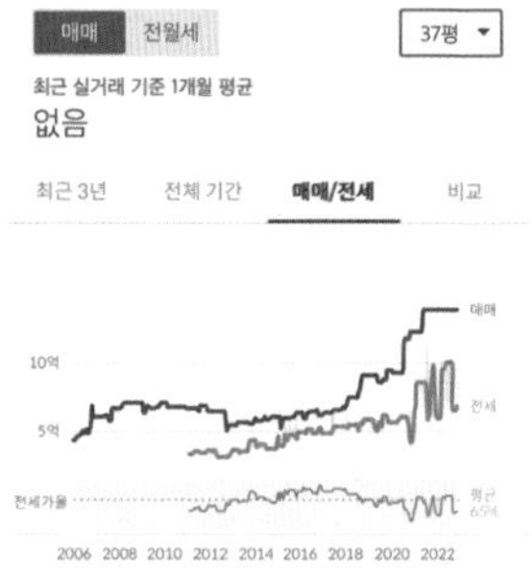 매매 전월세 37평 최근 실거래 기준 1개월 평균 없음 최근 3년 전체 기간 매매/전세 비교

아파트명	세대수	입주연도/ 평단가	배정 예상 학교	매매가-전세가 추이
건영 2차	742 세대	1991년/ 4,000만 원 이하	• 초 : 청계초 • 중 : 상명중, 중원중, 을지중 • 고 : 대진여고, 상명고, 서라벌고	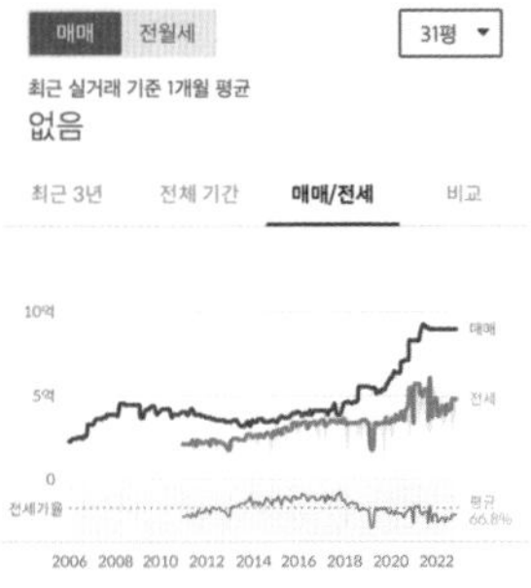 매매 전월세 31평 최근 실거래 기준 1개월 평균 없음 최근 3년 전체 기간 매매/전세 비교
동진신안	468 세대	1993년/ 4,000만 원 이하	• 초 : 불암초 • 중 : 을지중, 불암중, 중계중 • 고 : 불암고, 영신여고, 서라벌고	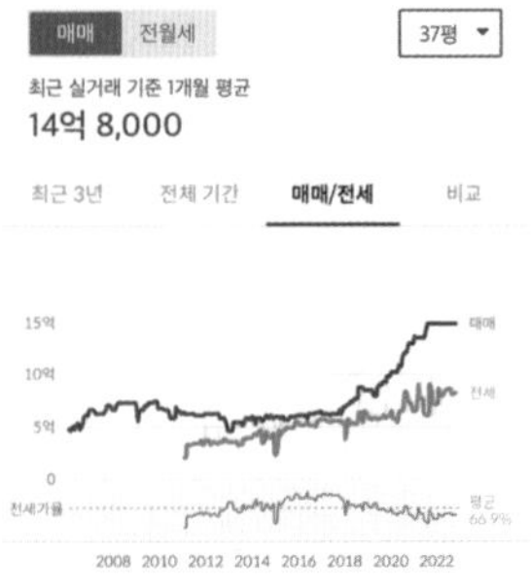 매매 전월세 37평 최근 실거래 기준 1개월 평균 14억 8,000 최근 3년 전체 기간 매매/전세 비교
중앙하이츠	499 세대	1998년/ 3,000만 원 이상	• 초 : 중계초 • 중 : 상계제일중, 재현중, 중계중 • 고 : 상명고, 용화여고, 대진여고	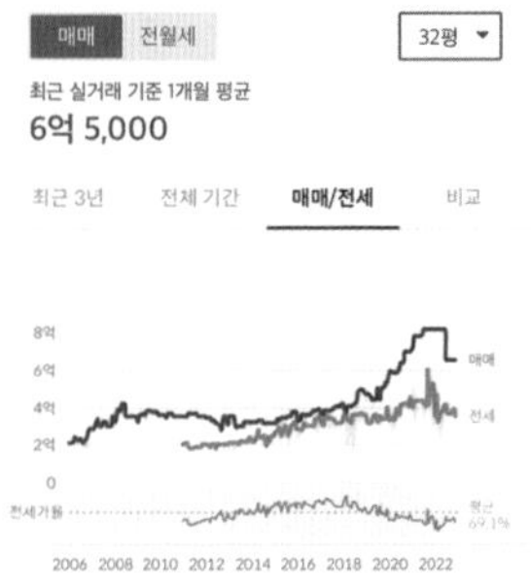 매매 전월세 32평 최근 실거래 기준 1개월 평균 6억 5,000 최근 3년 전체 기간 매매/전세 비교
양지대림2차	652 세대	1999년/ 3,000만 원 이상	• 초 : 원광초 • 중 : 중계중, 을지중, 상명중 • 고 : 상명고, 불암고, 대진여고	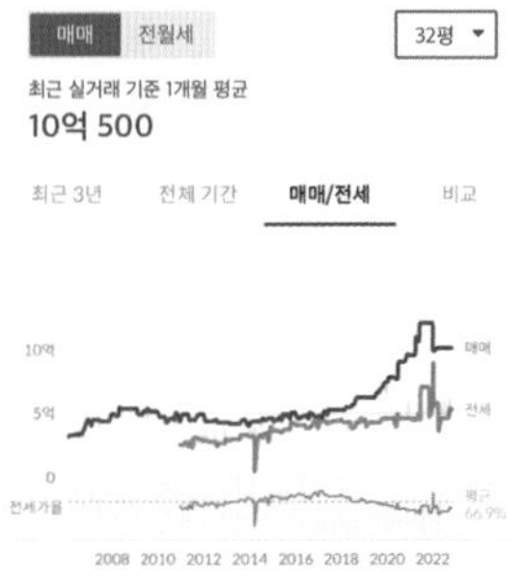 매매 전월세 32평 최근 실거래 기준 1개월 평균 10억 500 최근 3년 전체 기간 매매/전세 비교

아파트명	세대수	입주연도/평단가	배정 예상 학교	매매가-전세가 추이
경남 아너스빌	299 세대	2002년/3,000만 원 이상	• 초 : 중계초 • 중 : 상계제일중, 재현중, 중계중 • 고 : 재현고, 영신여고, 청원고	 매매 전월세 35평 최근 실거래 기준 1개월 평균 없음 최근 3년 전체 기간 매매/전세 비교 6억 4억 2억 매매 전세 전세가율 평균 68.2% 2008 2010 2012 2014 2016 2018 2020 2022
정진 아트리움	19 세대	2008년/2,000만 원 이하	• 초 : 중계초 • 중 : 상계제일중, 재현중, 중계중 • 고 : 재현고, 청원고, 영신여고	 매매 전월세 30평 최근 실거래 기준 1개월 평균 5억 2,000 최근 3년 전체 기간 매매/전세 비교 4억 2억 0 매매 전세 전세가율 평균 80.1% 2010 2012 2014 2016 2018 2020 2022

한강변 최고의 학군지
광진 학군

입지 특징

- 2019년 강북 아파트 중에서 평균매매가 상승률 1위 기록
- 재건축 규제 완화, 동서울터미널 리모델링 호재
- '광진구 뉴 트로이카' 구의동, 자양동, 중곡동 주목

학원가 특징

- 강북권에서 중계동 다음으로 꼽히는 학원 밀집도
- 주중에는 광진구 내, 주말에는 대치동 또는 송파 학원가로 가는 패턴
- 외고 입시에 강한 다양한 영어 학원들

배정 예상 중학교

경수중, 광남중, 광양중, 광장중, 광진중, 구의중, 동대부여중, 신양중, 양진중, 자양중

배정 예상 고등학교

건대부고, 광남고, 광양고, 대원고, 대원여고, 동대부여고, 자양고

깊은생각 광진학원 ①
이은재어학원 광진 분원 ③
늘푸른수학원 ②
생각하는황소 광진점 ④

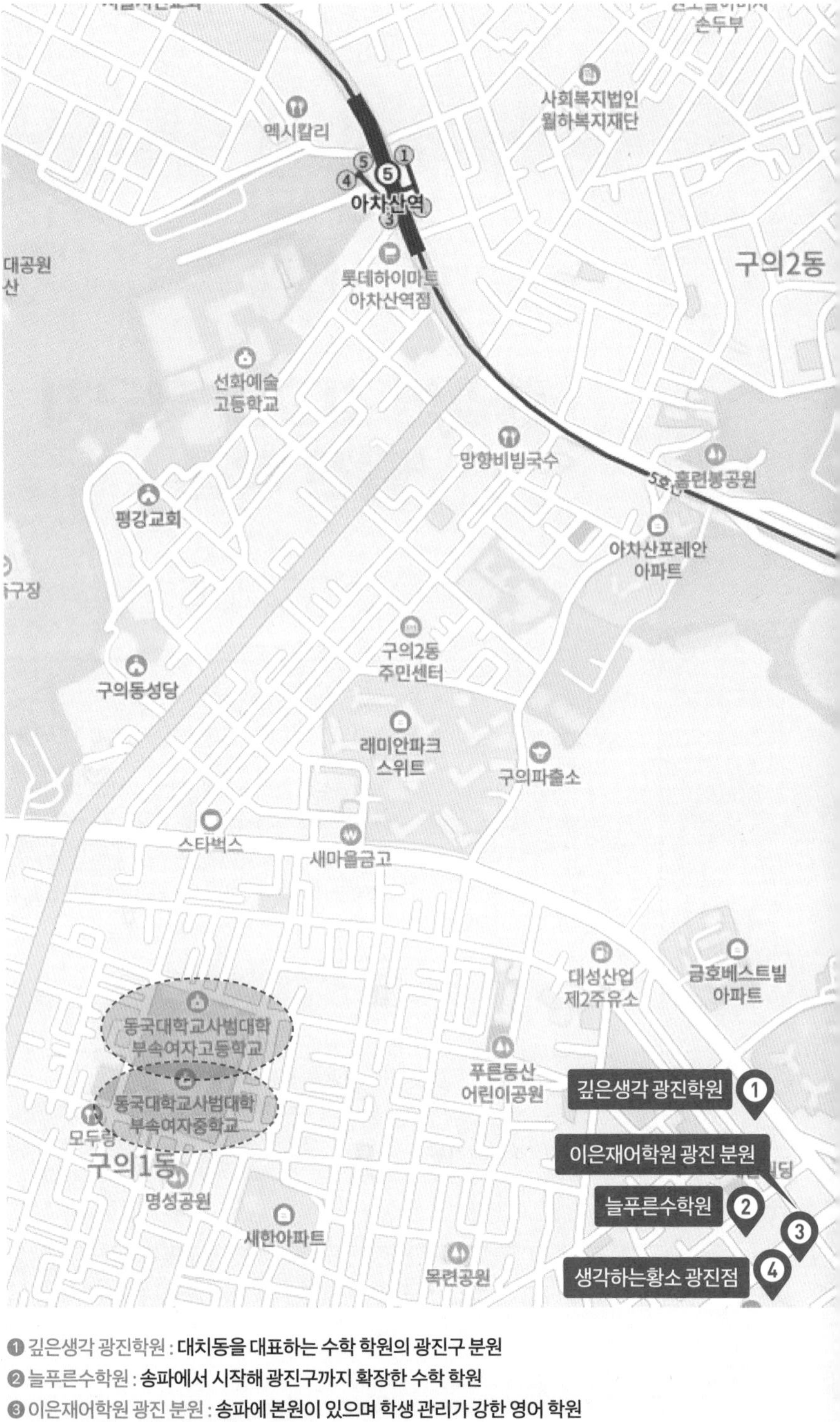

❶ 깊은생각 광진학원 : **대치동을 대표하는 수학 학원의 광진구 분원**

❷ 늘푸른수학원 : **송파에서 시작해 광진구까지 확장한 수학 학원**

❸ 이은재어학원 광진 분원 : **송파에 본원이 있으며 학생 관리가 강한 영어 학원**

출처: 네이버지도(https://map.naver.com), 네이버부동산(https://land.naver.com)

❹ 생각하는황소 광진점 : **대치동에 본원이 있는 수학 내신 관리 학원**

❺ 심슨어학원 광진캠퍼스 : **광진구에서 출발한 전국 규모 프랜차이즈 영어 학원**

❻ 광진크라센영어학원 : **반포 압구정에서 출발한 고급 심화 유학 영어 학원**

광진구 지역의 중학교는 딱 두 학교만 눈여겨보면 된다

광진 학군에서 눈여겨봐야 할 중학교는 딱 두 곳이다. 바로 광진구에 살아야 갈 수 있는 광남중과 서울시 거주 학생이면 누구나 지원할 수 있는 대원국제중이다. 광진구의 일반 인문계 고등학교 중 절대적 강자가 광남고이듯 중학교의 원톱은 광남중이다.

국영수 내신점수는 학교마다 내신시험의 난이도가 다르기 때문에 일률적으로 비교하기는 어렵지만 일단 수치상으로 광남중은 양진중과 함께 평균점수가 가장 높다. 무엇보다 특목고 입시 결과와 내신 경쟁이 광진구 내 중학교와는 차원이 다르기 때문에 광남중으로의 쏠림현상은 사그라들지 않고 있다. 자녀가 중학생 때부터 치열한 경쟁에 적응해 명문 대학과 의대 관문까지 뚫어주길 바라는 광장동의 초등생 학부모들은 자녀를 광남중에 입학시키기 위해 필사적인 노력을 한다고 해도 과언이 아니다.

광진구 주요 중학교의 고등학교 진학 현황과 내신점수

중학교	졸업생	일반고	외고·국제고	영재고·과고	자사고	국어 평균점수	수학 평균점수	영어 평균점수
광남중	426명	267명 (73.2%)	9명 (2.5%)	13명 (3.2%)	64명 (17.5%)	83.1	82.0	81.6
양진중	322명	270명 (83.6%)	4명 (1.2%)	2명 (0.6%)	33명 (10.2%)	83.6	73.1	82.6
광장중	204명	153명 (76.5%)	3명 (1.5%)	2명 (1%)	8명 (4%)	76.5	76.7	76.8
대원국제중	168명	55명 (32.9%)	51명 (30.5%)	8명 (4.8%)	53명 (31.7%)	91.2	90.1	84.0
광양중	163명	134명 (80.7%)	1명 (0.6%)	0명 (0%)	8명 (4.8%)	76.0	72.7	66.2
구의중	148명	102명 (75%)	0명 (0%)	0명 (0%)	2명 (1.5%)	71.0	65.7	73.3

광남중의 독주체제는 계속되고 있다

광진구 출신으로 과고와 영재고에 진학한 학생이 있다면 분명 광남중 출신일 거라고 추측할 정도로 광남중은 학업성취도 평가에서도 탁월한 성과를 냈다. 2016년 이전에 치른 학업성취도 평가에서는 대치동의 대청중과 거의 비슷한 수준(97.6퍼센트)의 결과를 내기도 했다.

광남중 학생들의 대다수는 광남고에 진학한다. 광남고를 포함한 일반고 진학률이 거의 70퍼센트가 넘는다. 물론 특목고와 자사고의 진학률도 낮지 않다. 영재고와 과학고 진학자는 최대 13명으로 추정할 수 있고, 외고와 국제고 진학자도 아홉 명 정도 된다. 이 중 외고 진학자들의 대부분은 대원외고에 간 것으로 보인다. 자사고 진학자는 64명으로 그중 한대부고에 가장 많은 학생이 진학했으며, 송파구에 있는 보인고와 도봉구에 있는 선덕고 등으로도 진학했다. 전과목 A인 전교권 학생들은 하나고와 외대부고 등을 선택했을 것으로 보인다.

광남중은 특이하게도 자유학기제가 실시되는 1학년 때는 전출 학생이 많다가 2학년과 3학년 때는 전입 학생이 더 많아진다. 즉 광진구에서 제대로 입시를 준비하려는 중학생들이 가장 많이 모여 있는 학교가 광남중이라는 의미다.

광진구 상위권 학생들이라면 누구나 고민해보는 대원국제중

대원국제중은 입시 방식이 추첨제로 바뀌면서 앞으로도 면접이나 지필시험이 생길 확률은 대단히 낮다. 다만 국제중과 특목고에 부정적인 견해를 피력해온 조희연 교육감도 새 정부의 교육부와 대립각을 세워 국제중을 폐지하기는 어려울 것으로 보인다. 아마도 향후 5년간은 지금의 방식으로 국제중 입시가 진행될 가능성이 매우 높다.

국제중은 입시 실적만 놓고 생각한다면 충분히 고민해볼 가치가 있다. 국제중 중에서도 대원국제중은 그 존재감이 독보적이다. 그동안 서울 경기권의 다양한 외고 학생들을 상담해왔는데, 개인적으로는 영훈국제중보다 대원국제중 출신 학생들이 좀 더 경쟁력이 있다고 생각한다. 대원국제중의 경우 전교생의 3분의 1이 외고, 그중에서도 절대다수가 대원외고에 진학한다. 반면 영훈국제중 학생들은 외고 진학자의 대부분이 서울외고와 대일외고를 선택한다. 대원외고는 서울외고와 대일외고에 비해 입시 실적과 학업 분위기 등 여러 면에서 앞선다. 서울대 입학 실적도 더 좋고, 수학 과목뿐 아니라 학교 수업 자체가 영어로 진행되기 때문에 학생들의 영어 실력도 대단히 높다.

대원국제중 학생들은 다양한 발표와 보고서 쓰기 연습을 하면서 중학생 때부터 수시전형에 대한 적응력을 키워나간다. 영재고와 과고에서도 대원국제중 학생들의 실력은 결코 밀리지 않는다. 전국 단위 자사고 중 서울대 수시전형에서 가장 많은 합격생을 배출하는 하나고에서도 대원국제중 출신들은 선전하고 있다. 특히 하나고의 자율 스터디 모임인 '집현'이나 과제 연구 등의 알짜배기 프로그램에 대한 적응력이 높다는 평을 받는다.

한 가지 더 고무적인 것은 대원국제중에서 전과목 A를 받는 최상위권 학생들의 외대부고 진학률이 해마다 늘어나고 있다는 점이다. 이는 대원국제중에도 의대 열풍이 일고 있다는 사실의 방증이다.

광진구의 신흥강자, 양진중

양진중은 광남중에 이어 선호도 2위의 중학교다. 특목고, 영재고, 자사고 진학자는 광남중에 비해 밀리지만 최근 들어 학업 분위기와 입시 실적이 점점 좋아지는 추세다. 다만 이과 성향의 상위권 학생보다는 국어와 영어 성적이 뛰어난 문과 성향의 학생들이 좀 더 많은 학교라 할 수 있다.

최근 양진중은 광남중과 경쟁하기 위해 수학 내신시험을 조금 더 어렵게 출제하는 경향이 있다. 광진구의 학원들도 광남중만큼이나 양진중의 수학 내신시험 준비에 열을 올리는 중이다. 학생들의 수학 실력이 좋아지면 그 결과로 영재고와 과고 합격생이 늘어나는 것은 당연지사다.

광남고의 독주체제는 언제까지 지속될 것인가

광진구를 이야기할 때 한강변의 풍경과 함께 빼놓을 수 없는 것은 대한민국 최고의 외고인 대원외고와 절대강자 광남고다. 대원외고는 2011년 영어 구술시험이 사라지고 내신성적으로만 학생을 선발하는 과정에서 잠시 위기를 맞았다. 그러나 서울대 입시에서는 큰 변화 없이 매해 수시에서 30~40명, 정시에서 20명 내외의 합격자를 배출하고 있다. 이과생 합격자 비율이 문과에 비해 1.7배나 높은 서울대 입시에서 문과생만으로 구성된 학교가 이 정도의 입시 실적을 냈다는 것은 정말 대단한 기록이다.

한때 서울대 경영학과에만 20명 가까이 보낸 대원외고

대원외고는 2022학년도 서울대 입시에서도 총 49명의 합격자를 배출했다. 수시로 33명이, 정시로 16명이 합격해 외대부고에 이어 서울대 진학률 2위를 차지했다. 수시 합격생 33명은 자유전공학부를 제외하면 모두 인문계열인 것으로 알려져 있다. 자유전공학부는 인문계와 자연계를 구분하지 않고 학생들을 선발하기 때문에 의치한과 약대, 사범대를 제외한 모든 학과를 자유롭게 선택할 수 있다.

대원외고는 서울대 상위권 학과 합격자도 많이 배출한다. 경영학과의 경우 많을 때는 수시로만 10명, 적을 때는 네 명을 보내는 실적을 자랑한다. 서울대 경영대에서 영어 수업을 들을 때 맨 앞줄에 앉아서 수업을 듣는 학생들은 대원외고 출신이라는 소문도 있다. 물론 대원외고에는 광진구 학생보다는 강남, 서초 지역 학생들이 더 많다. 하지만 광진구에서 외고에 진학하고자 한다면 대원외고가 최선의 선택임은 분명하다. 실제로도 광남중 출신 학생들이 많다.

이제 대원외고의 실적에 이어 광진구의 전통적인 일반고의 경쟁력을 살펴볼 차례다. 솔직히 광진구의 고등학교는 대원외고와 광남고를 제외하면 그다지 매력적이지 않다. 다음 표를 보면 왜 그런지 잘 알 수 있다.

다소 충격적인 결과다. 광진구에서 서울대 정시 합격생은 대원외고를 제외하면 일반고에서는 일곱 명이 전부다. 선화예고도 광진구에 위치하고 있으므로 이 학교의 서울대 정시 합격생 아홉 명을 포함시킬 수도 있다. 하지만 광진구 내 고등학교의 정확한 입시 실적을 살펴보기 위해서는 대원외고와 선화예고의 실적은 포함시키지 않고 봐야 한다.

2016학년도에 수능 만점자가 나오면서 '강북의 강남 학교'라 불리던 광남고가 서울대 수시 합격생을 단 한 명도 배출하지 못한 것을 어떻게 평가해야 할까?

광남고의 충격적인 2022학년도 서울대 입시 결과

광남고의 2022학년도 서울대 입시 결과는 '수시 합격자 영(0) 명'으로 요약

광진구 주요 고등학교 서울대 합격자 수 및 내신점수

고등학교	서울대 합격자 수	졸업생 수	예상 재수생 비율	국어 평균점수	수학 평균점수	영어 평균점수
광남고	7명(수시 0명, 정시 7명)	360명	40.6%	74.6	66.9	69.9
광양고	2명(수시 2명, 정시 0명)	157명	32.1%	62.0	50.1	54.0
대원여고	2명(수시 2명, 정시 0명)	234명	27.5%	74.4	68.7	75.7
대원고(남)	1명(수시 1명, 정시 0명)	252명	32.9%	66.1	72.4	69.5
건대부고	1명(수시 1명, 정시 0명)	329명	45.5%	55.1	64.9	74.0

할 수 있다. 정시에서 일곱 명이나 합격했다고 위안 삼을 수도 있겠지만 원래 광남고가 수시에 약한 학교가 아니었다는 점을 감안하면 위기감을 느낄 수밖에 없다. 2018학년도까지 광남고의 서울대 수시 합격생 수는 정시 합격생보다 많았다. 서울대를 가장 많이 보낸 해인 2014학년도에도 수시 여섯 명, 정시 네 명으로 수시 합격생이 더 많았다. 2020학년도에도 수시로 세 명이 서울대에 입학했다.

그렇다면 2022학년도의 변화는 어디에서 비롯된 것일까? 블라인드 평가로 손해를 본 것일까, 아니면 다른 이유가 있을까? 일단 학교 프로그램 자체에 문제가 생긴 것은 아닌 듯하다. 인문사회 과목에서 저자와의 만남, 실험 수업 등 과정 중심 교육을 잘 수행하고 있다는 평가는 변함이 없다. 그렇다면 6월과 9월의 평가원 모의고사 성적이 잘 나온 최상위권 학생들이 서울대에 지원할 때 과를 상향해서 쓴 게 아닐까 하는 추측을 해볼 수 있다. 예를 들어 치대에 갈 성적의 학생이 의대에 지원하거나, 재료공학과에 갈 성적의 학생이 컴퓨터공학과에 지원하는 식으로 상향 조정했을 수도 있다.

광남고가 정시로만 서울대 합격생을 배출했다는 뜻은 재수생들이 강세를 보였다는 의미로도 해석할 수 있다. 하지만 2021학년도(44.5퍼센트)에 비해 2022학년도(40.6퍼센트)는 재수생이 줄어든 것으로 추산된다. 그렇다면 광남고가 수시형 학교에서 정시형 학교로 탈바꿈하고 있다는 추측이 가능하다. 이에 대한 정확한 분석은 2023학년도 입시 결과를 봐야 제대로 결론 내릴 수 있을 것이다.

광진구에서 다른 고등학교를 선택한다면 결국 수시에서 끝장을 내야 한다는 부담이 생긴다. 그중 광양고의 수시 실적이 돋보인다. 광남고의 절반도 안 되는 인원으로 서울대 수시에서 더 좋은 성적을 냈다는 것은 상당히 의미 있는 성과다. 학교 내신평균이 광남고보다 훨씬 더 낮다는 것은 긍정적으로도 부정적으로도 해석할 수 있다.

일단 최상위권 학생과 하위권 학생이 극명하게 갈리면서 상위권 학생 몇 명이 1등급을 독식한다고 봐야 한다. 다른 학교들보다 표준편차가 훨씬 크다는 점은 학생들의 점수대가 넓게 퍼져 있다는 뜻이다. 즉 중학생 때 선행학습이 어느 정도 되어 있고 수시로 서울대에 가고자 한다면 광양고가 내신 따기에는 아주 수월한 학교라는 의미다. 반면에 그만큼 수업 분위기가 안 좋을 수도 있다. 이는 모의고사 관리를 통해 수능 대비가 원천적으로 어려울 수도 있다는 뜻이므로, 광양고는 내신 관리에 자신이 있는 학생들이라면 고려해볼 만하다.

광진구에서 여고를 선택하라면 단연 대원여고다

광진구 내 여자고등학교 중에서 한 곳을 선택하라면 대원여고를 제안한다. 대원여고는 대원외고와 정보를 교류하면서 다른 학교보다는 학생부 관리에 좀 더 신경을 쓴다고 볼 수 있다. 대원여고 학생들의 진학상담을 몇 차례 해본 결과, 학생들의 학생부는 평균 이상의 수준이었다. 2등급 후반대의 학생이 수시 학종으로 숙명여대에 간다는 것은 서울 내 고등학교 중 평균 이상은 된다는 의미다. 물론 전교생의 학생부를 다 신경 쓰는 대원외고와는 달리 상위권 학생들

위주로 학생부를 챙겨준다는 단점은 분명히 있다.

그렇다면 대원고는 어떨까? 일단 남자학교라서 재수생의 비율이 높고 상대적으로 정시로 대학에 갈 확률이 높다. 확실히 대원고는 정시가 늘면서 재수생의 비율도 함께 늘어나는 추세다. 건대부고는 남녀공학으로 예전에는 명문고로서의 위상을 갖고 있었다. 1980년대 중반에는 서울대 합격생이 지금보다 더 많았는데 최근에는 한두 명 정도 선에 머물고 있다. 예전의 명성을 되찾으려면 학교와 학생, 학부모가 모두 분발해야 하는 상황이다.

그 외에 광진구 학생들이 많이 가는 자사고로 한대부고를 꼽을 수 있다. 성동구에 위치한 한대부고는 광남중 다음으로 입시 실적이 좋은 양진중 학생들이 많이 진학하는 학교다. 수시에서도 강한 경쟁력을 보이며, 2022학년도 입시에서는 서울대 합격자를 일곱 명(수시 다섯 명, 정시 두 명)이나 배출한 광역 자사고다.

신쌤's 컨설팅

대원외고의 놀라운 서울대 면접시험 합격률, 그 비결은 무엇일까

조선일보 칼럼니스트 자격으로 대원외고를 여러 차례 방문한 적이 있다. 이 학교를 방문할 때마다 느끼는 점이지만 학생들이 정말 말을 잘한다. 수업에 참관하면서 '대원외고 학생들은 논리성을 겸비한 면접의 달인들이구나!' 하는 생각을 했다. 2022학년도 서울대 수시 1단계 통과자가 46명인데 최종 합격자는 33명이었다. 즉 합격률이 75퍼센트 정도라는 의미인데, 서울대는 1단계 통과자를 모집 정원의 2배수로 뽑기 때문에 합격률의 평균은 50퍼센트 정도가 일반적이다.

대원외고는 2022학년도에만 이런 성과를 낸 게 아니다. 매년 최종 합격자가 1단계 합격자의 4분의 3 정도에 해당한다니 놀랍다. 그 이유는 대원외고 특유의 수업 문화 때문이다. 학생들은 거의 모든 수업을 발표와 토론 위주로 진행한다. 토론할 때도 자신이 주장하는 것 외에 반대쪽 주장을 택해보는 등 다른 입장에서 생각해보는 연습을 하면서 균형 잡힌 시각을 갖게 된다. 서울대를 비롯해 제시문 면접을 치르는 연세대와 고려대의 경우, 면접자가 어떤 입장을 택하게 될지 알 수 없으므로 이런 훈련은 시험장에서 빠른 대응을 하는 데 도움을 준다.

대원외고 학생들은 상대의 주장에 논리적으로 반박하되 최대한 예우를 갖추는 연습도 하기 때문에 인성교육도 자연스럽게 이루어진다. 서울대 교수에게서 직접 들은 이야기인데, 학교를 블라인드 처리하고 학생들이 교복이 아닌 사복을 입는다 해도 대원외고 학생들은 면접에서 금방 알아볼 수 있다고 한다. 대원외고뿐 아니라 외고가 가진 강점은 학생들을 전반적으로 면접에 강하게 단련시킨다는 점이다. 자녀가 문과 성향이면서 영어에 강점이 있다면 외고에 가는 것이 최선의 선택일 수 있다.

광진구에서 학원은 어디로 보내야 할까

광진구는 광남 학군과 대원외고, 대원국제중을 보유하고 있다는 사실만으로도 주목받을 만한 가치가 충분하다. 게다가 광진구에는 중계동만큼은 아니지만 좋은 학원이 몰려 있는 학원가가 있다. 사실 광진구의 학부모들은 자녀가 상위권일수록 그리고 과고, 영재고와 전국 단위 자사고를 노릴수록 대치동이나 송파구의 학원을 선호한다. 그래도 강북권에서 광진구의 학원 밀집도는 중계동 다음으로 손꼽힌다. 은평구 쪽에서 가장 학원이 많은 지역인 예일여고 근처보다는 50퍼센트 정도 더 많고, 중계동의 절반 정도 수준의 규모다.

고등부 수학이 다소 약한 구의동 학원가

주말에 대치동과 송파 학원가를 이용하는 학생들도 주중에는 광진구 내 학원을 주로 활용한다. 특히 초중학교 학부모들에게 구의동 학원가는 충분한 선택지가 되어주고 있다.

수학 학원의 경우 두드러진 강자 없이 학년별 진도와 선행학습 정도에 맞춰서 다닐 만한 학원들이 모여 있다. 즉 절대강자가 없다는 뜻이다. 초등학생 때는 대치동 브랜드인 생각하는황소 광진점, 올림피아드학원 광진캠퍼스, 그리고 송파구에서 시작했지만 광진구에서 더 유명해진 늘푸른수학원 광진캠퍼스의 선호도가 높다. 중학생들에게는 대치동에서 롱런 중인 깊은생각 브랜치인 깊은생각 광진학원과 구주이배수학 광진 본원 등이 좋은 평가를 얻고 있다.

그러다가 고등학교에 들어가면 대세가 바뀐다. 방이동 청어람수학원으로 이동하는 추세다. 2023년도 입시에서도 서울과고를 비롯해 영재고 합격자를 여섯 명 배출했다. 깊은생각이 고등부까지 장악하지 못했다는 것은 아직 광진구의 고등부 수학 학원은 성장할 파이가 크다는 뜻으로 해석할 수 있다. 이 중에서 늘푸른수학원은 개원한 지 2년 만에 초등 수학의 강자로 올라선 케이스다. 중학교부터는 학교별 내신 대비를 해주면서 초등부터 시작해서 고등까지 이어지는 커리큘럼으로 승부하고 있다.

외고 입시의 강자와 프랜차이즈 어학원까지 다양한 영어 학원

영어 학원은 광진구만의 토종 강자와 전국 단위 프랜차이즈 학원이 섞여 있다. 심슨어학원 광진캠퍼스, 광진크라센어학원, 닥터정이클래스 광진센터, 광장 웨일즈어학원, 이은재어학원 광진 분원, 청담어학원 송파브랜치(광진구 내까지 셔틀버스가 온다), DYB최선어학원 송파캠퍼스, 폴리어학원 광진캠퍼스 등이 광진구 내 학생들이 많이 다니는 학원이다.

이 중에서 선두주자는 심슨어학원이다. 광장동에서 시작한 심슨어학원은 최근 대치동에도 진출했다. 대원외고 등 외고 입시 특화 학원으로 출발한 학원의 특성을 유지하고 있으며, 여전히 원장이 CNN 뉴스를 직접 선별하는 등의 장점이 있다. 중등부 학원 운영을 학년별로 한다는 사실은 그만큼 중등부 자원이 많은 곳이라는 뜻이다. 원어민 선생님과 이중언어 선생님들의 조합도 좋다는 평이다.

다만 중학생 때부터 학교 내신과 수능 영어를 준비하는 것이 대세이기 때문에 대치동이나 서초, 송파 지역 어학원들과 마찬가지로 광진구 영어 학원들도 그런 추세를 따라가고 있다. 사실 입시에 성공하려면 적어도 영어는 중학생 때 대입 수능 영어 실력까지 갖추는 게 보편적이다. 그런 점에서 광장동의 상위권 학생들도 영어 실력이 우수한 편이다. 송파구에서 시작한 이은재어학원은 광진구에서 오히려 더 잘나간다. 이은재어학원은 확실한 관리와 단어 과제 및 평가 등으로 특히 후한 평가를 받고 있다.

다만 구의동 학원가에는 영재고와 과고를 준비하는 학생이 다닐 만한 학원과 과학탐구 영역을 공부하기 좋은 학원은 다소 부족한 편이다. 인근 잠실 쪽 학원가나 대치동을 이용하는 것이 보편적이다.

아파트 가격이 너무 오른 광장동, 가장 현실적인 대안은 중곡동이다

광진구는 한강의 가장 동쪽에 위치해 있으며 한강 프리미엄과 아차산까지 자연환경이 아주 좋은 곳이다. 광진구의 꽃 광장동은 한강의 좋은 기운을 가장 많이 받은 곳으로 유명하다. 게다가 학원가를 포함한 광남 학군의 우수성은 광진구의 아파트 가격을 끌어올려 강동구 다음으로 높은 아파트 시세를 기록하고 있다.

정부가 투기 지역으로 광진구를 지정할 수도 있었지만 그렇게 하지 않은 이유는 무엇일까? 상대적으로 신축 아파트가 적어서 광진구에 투기 수요가 유입되지 않을 것이라고 판단한 듯싶다. 그런데 광진구의 아파트는 2019년에는 서울시 강북의 아파트 중에서 상승률 1위를 기록하기도 했다. 강북의 주도 지역인 마포구, 용산구, 성동구를 앞지른 것이다. 광진구는 앞으로 재건축과 리모델링 이슈가 많아서 아파트 가격은 더 많이 오를 가능성이 있다.

한강변 프리미엄과 초중학교 배정에 따라 아파트 선택이 달라진다

광진구의 신축 랜드마크는 단연 광장힐스테이트다. 2012년에 입주한 비교적 신형 아파트로 453세대로 구성되어 있다. 2020년에도 평단가가 5,000만 원에 근접했던 아파트다. 2022년 5월에는 40평이 33억 원에 매매되면서 평단가가 8,000만 원 수준까지 치솟았다.

하지만 이후로는 단 한 건의 거래도 이루어지지 않은 것으로 보아 이 가격이 최고가였을 가능성이 크다. 그렇다고 송파구 아파트처럼 폭락하고 있다는 뜻은 아니다. 광장힐스테이트는 학군의 매력이 상당하기 때문에 장기 보유할 가능성이 높다. 광장힐스테이트에 입주하면 초등학교는 양진초, 중학교는 양진중과 광남중으로 나뉘어서 배정된다. 광장힐스테이트는 전세가도 비싼 편이다. 40평이 15억 원으로 2021년의 12억 원에 비해 3억 원 가까이 올랐다. 요즘 광진구 고등학교들의 입시 실적을 볼 때 순전히 교육만 고려해서 광진구에 진입하기에는 적잖이 부담되는 액수다.

광장동의 넘버2는 광장현대아파트 단지다. 2022년 상반기에 25평이 17억 원에 거래됐다. 2020년도에는 평단가가 4,000만 원에 못 미쳐서 10억 원 안팎이었는데 거의 70퍼센트 가까이 오른 셈이다. 전세가는 25평이 7억 3,500만 원 선이다. 현대아파트는 단지마다 약간의 차이가 있지만 초등학교는 광남초, 중학교는 광남중으로 가장 많이 배정되고 일부는 양진중에 배정된다,

광장동의 대표적인 구축 아파트로 조만간 재건축이 예정돼 있는 광장극동아파트의 시세는 어떨까? 한강변 초근접 아파트이자 재건축 사업이 본격화되면서 가격이 천정부지로 올라 2022년도에는 25평이 18억 4,000만 원에 거래되었다. 3년 전에는 평단가가 4,000만 원이 안 되었던 점을 고려하면 상당히 많이 올랐음을 알 수 있다. 대신 재건축 대상 아파트이기 때문에 전월세 시세는 저렴하다. 25평이 6억 9,000만 원에서 7억 원 선이다. 역시 광남초와 광남중 배

정이 유력하기 때문에 인기가 높은 편이다.

1978년에 지어진 그 유명한 워커힐아파트의 시세는 어떨까? 대형 평수가 주를 이루는 이 아파트는 2022년 4월에 60평이 35억 원에 매매되었다. 재건축에 대한 기대까지 커지고 있으니 당연히 결과다. 같은 평수의 전세가는 7억 3,500만 원으로 전세가와 매매가의 갭이 상당히 크다. 워커힐아파트는 초등학교의 경우 광장초 배정이지만 거리가 꽤 멀다. 제1 배정 중학교인 광장중과 제2 배정 중학교인 양진중과도 거리가 꽤 되기에 학군지로서의 매력은 다른 아파트보다 조금 부족하다고 볼 수 있다.

광진구의 뉴 트로이카, 구의동·자양동·중곡동에 주목해야 하는 이유

광진구 내에서 광장동 다음으로 주목받고 있는 구의동 아파트의 시세는 어떨까? 이 지역은 단연 래미안파크스위트가 랜드마크다. 2018년에 입주를 시작한 곳으로 신축 중의 신축이다. 2020년도의 가격은 평당 3,700만 원 선이었는데 2022년 6월에는 33평이 21억 4,000만 원에 매매되었다. 평당 가격이 6,600만 원 선으로 올랐다. 신축이기 때문에 전세가도 높은데 30평이 9억 3,000만 원에 육박한다.

광진구 내에서도 성동구에 가장 가까운 자양동으로 눈을 돌려보자. 자양동에서 시세가 제일 높았던 아파트는 2007년에 준공된 이튼타워리버3차였다. 2020년에는 평당 3,700만 원 선이었는데 2022년 7월에는 25평이 16억 6,000만 원에 팔렸다. 평당 가격이 6,600만 원으로 큰 폭의 상승세를 보였다. 전세는 25평이 7억 5,000만 원에 거래되었고 월세는 보증금 2억 원에 300만 원으로 높게 형성되어 있다.

자양동에는 초중고를 품고 있는 아파트인 일명 초품아, 중품아, 고품아가 있다. 바로 자양우성아파트다. 우성4차는 전용면적 25평의 가격이 2022년 8월에 13억 원을 찍었다. 우성3차는 8월에 25평이 12억 5,000만 원에 거래됐으니 평당 5,000만 원 선인 셈이다.

자양동은 오세훈 시장의 당선으로 재개발 이슈가 커진 곳이다. '신통기획' 대상지로 선정되면서 1978년에 지어진 40년이 넘은 24평 노후 빌라가 2022년 10월에 12억 원이 넘는 가격에 거래됐다. 리모델링 사업도 활발하다. 현재 우성1차 아파트의 리모델링이 확정됐다. 롯데백화점도 인근에 있어 호재로 작용할 전망이다.

대원외고가 있는 중곡동은 어떨까? 현재 재건축을 추진 중인 중곡아파트 1단지의 경우 2022년에는 거래가 없었고, 2021년에는 18평이 6억 원에 거래되었다. 재건축을 앞두고 매물이 사라진 것으로 추산되는데 현재는 전세 물량만 구할 수 있다. 현재 18평의 전세가는 1억 5,000만 원 선이다.

그런데 중곡동은 대원외고와 대원국제중의 근접성을 빼면 광장동, 구의동, 자양동에 비해서 학군이나 입지 측면에서 후한 점수를 줄 수 없다. 광남고를 제외한 다른 학교들의 경쟁력이 상승하지 않는다면 중곡동의 아파트 가격이 동반 상승하기에는 다소 무리가 있어 보인다.

광장동 인근 빌라나 다세대주택은 어떨까? 광장동은 아파트 초밀집 지역이라 빌라가 많지 않다. 광장중 인근에 빌라들이 모여 있는데 유천빌라, 미도빌라, 극동빌라 등이 유명하다. 극동빌라와 워커힐빌리지는 대형 빌라인데 2022년 8월에 워커힐빌리지는 38평이 11억 3,000만 원에, 극동빌라는 전용면적 60평이 13억 9,600만 원에 거래되기도 했다. 전용면적 48평인 노블빌리지는 2022년 9월, 15억 5,000만 원에 거래되었다. 20평 이하의 소형 빌라도 3억 원대에 거래되고 있으니 광진구의 빌라는 상당히 비싼 편이다. 이들 빌라에 거주하면 초등학교는 광장초에 배정되고, 중학교는 광장중과 양진중에 배정될 확률이 높다.

광장동의 빌라 가격이 부담스럽다면 구의동의 소형 빌라나 다세대 주택을 노려볼 수 있다. 구의동에서는 20평 미만의 소형 빌라를 1억 원대에 구입할 수 있다. 이 지역 빌라에 거주하면 초등학교는 주로 구의초에 배정되고 중학교는 일부 양진중에 배정될 가능성이 크다. 중곡동은 아파트보다 소형 빌라가 더 많은 곳으로 20평대 빌라가 2억 원대에서 활발하게 거래되고 있다.

2024년에 동서울터미널의 복합개발이 완공될 예정으로 광진구의 교통 여건은 더욱 좋아질 전망이다. 강변역 일대의 발전 가능성이 크므로 학군뿐 아니라 부동산 투자 관점에서도 관심을 가져볼 만한 지역이다.

학군별 필수 체크 아파트

광진 학군 주요 아파트

아파트명	세대수	입주연도/평단가	배정 예상 학교	매매가-전세가 추이
광장극동 2차	898 세대	1989년/7,000만 원 이하	• 초 : 광남초 • 중 : 광장중, 광남중, 양진중 • 고 : 광남고	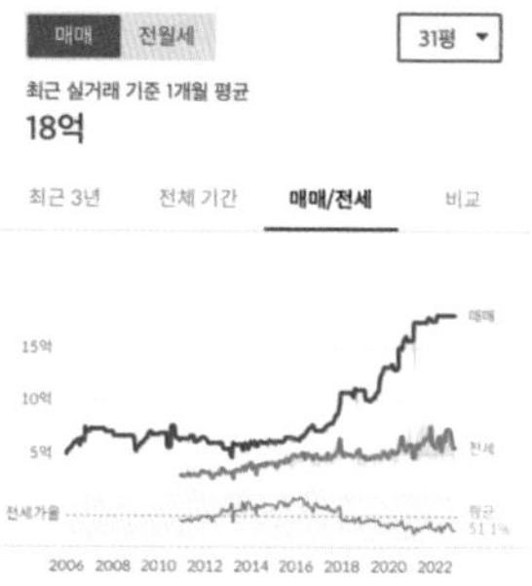 매매 전월세 31평 최근 실거래 기준 1개월 평균 18억 최근 3년 전체 기간 매매/전세 비교
광장 힐스테이트	453 세대	2012년/7,000만 원 이하	• 초 : 양진초 • 중 : 양진중, 광남중, 광진중 • 고 : 광남고, 동대부여고, 건대부고	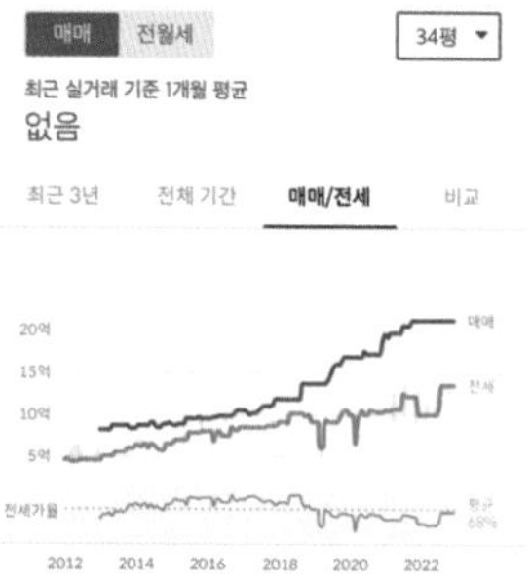 매매 전월세 34평 최근 실거래 기준 1개월 평균 없음 최근 3년 전체 기간 매매/전세 비교
워커힐	576 세대	1978년/7,000만 원 이하	• 초 : 광진초 • 중 : 광장중, 양진중, 광남중 • 고 : 광남고, 대원여고, 대원고	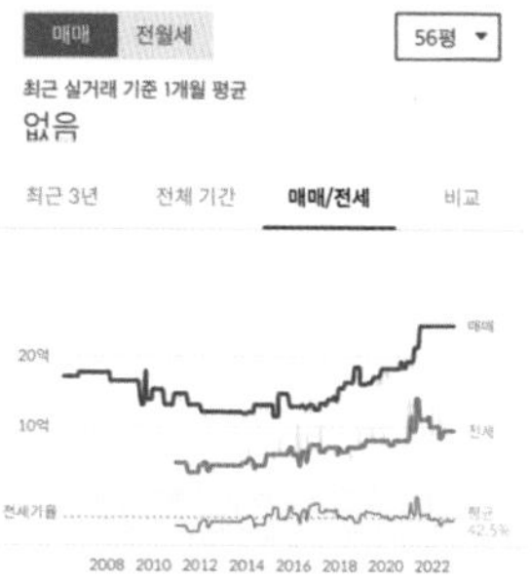 매매 전월세 56평 최근 실거래 기준 1개월 평균 없음 최근 3년 전체 기간 매매/전세 비교

아파트명	세대수	입주연도/평단가	배정 예상 학교	매매가-전세가 추이
광장 현대파크빌 10차	1,170세대	2000년/7,000만 원 이하	• 초 : 광장초, 양진초 • 중 : 양진중, 광장중, 광남중 • 고 : 광남고, 동대부여고, 건대부고	매매 전월세 30평 최근 실거래 기준 1개월 평균 16억 8,500 최근 3년 전체 기간 매매/전세 비교 15억 10억 5억 0 전세가율 매매 전세 평균 63.8% 2006 2008 2010 2012 2014 2016 2018 2020 2022
광장현대 8단지	537세대	1995년/7,000만 원 이하	• 초 : 광남초 • 중 : 광남중, 양진중, 광장중 • 고 : 광남고, 동대부여고, 건대부고	매매 전월세 34평 최근 실거래 기준 1개월 평균 16억 9,000 최근 3년 전체 기간 매매/전세 비교 15억 10억 5억 0 전세가율 매매 전세 평균 62.7% 2006 2008 2010 2012 2014 2016 2018 2020 2022
현대홈타운 11차	159세대	2003년/7,000만 원 이하	• 초 : 양진초 • 중 : 양진중, 광남중, 광장중 • 고 : 광남고, 동대부여고, 건대부고	매매 전월세 33평 최근 실거래 기준 1개월 평균 없음 최근 3년 전체 기간 매매/전세 비교 20억 10억 0 전세가율 매매 전세 평균 66.8% 2008 2010 2012 2014 2016 2018 2020 2022
광장현대 5단지	581세대	1989년/7,000만 원 이하	• 초 : 광남초 • 중 : 광남중, 양진중, 광장중 • 고 : 광남고, 동대부여고, 건대부고	매매 전월세 31평 최근 실거래 기준 1개월 평균 17억 5,000 최근 3년 전체 기간 매매/전세 비교 20억 15억 10억 5억 0 전세가율 매매 전세 평균 56.4% 2006 2008 2010 2012 2014 2016 2018 2020 2022

아파트명	세대수	입주연도/평단가	배정 예상 학교	매매가-전세가 추이
강변 아이파크	83 세대	2005년/5,000만 원 이상	• 초 : 신양초 • 중 : 신양중, 자양중, 경수중 • 고 : 자양고, 건대부고, 광양고	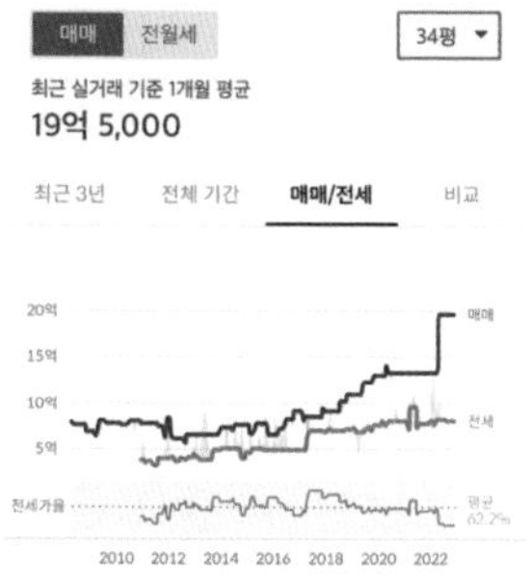 매매 전월세 34평 최근 실거래 기준 1개월 평균 19억 5,000 최근 3년 전체 기간 매매/전세 비교
구의 아크로리버	220 세대	2004년/5,000만 원 이상	• 초 : 구남초 • 중 : 광진중, 동대부여중, 광양중 • 고 : 동대부여고, 광양고, 광남고	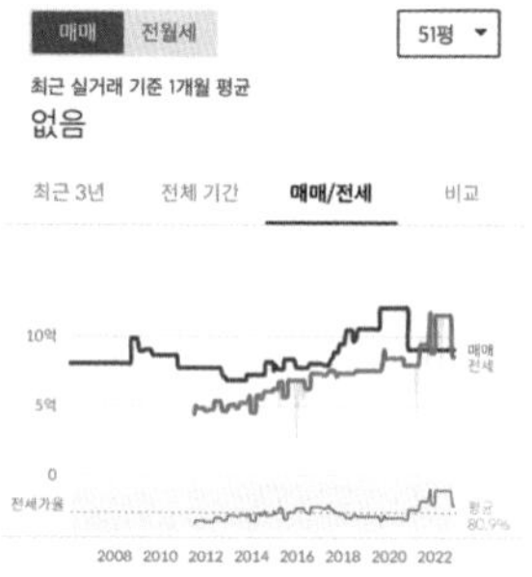 매매 전월세 51평 최근 실거래 기준 1개월 평균 없음 최근 3년 전체 기간 매매/전세 비교

제7장

새로운 도약을 꿈꾸는 강동 학군

입지 특징	• 강동구를 '강남 4구'에 포함시킨 주역, '둔촌동, 고덕동, 명일동' • 5호선, 8호선, 9호선이 지나는 트리플 역세권 • 호재의 연속 : 9호선 4단계 연장(2028년 개통 예정), 고덕비즈밸리, 이케아
학원가 특징	• 고덕역 부근 대형 학원 집중되어 있음 • 내신에 특화된 작지만 경쟁력 있는 동네 학원들 • 올림픽파크포레온 등 랜드마크가 될 대장 아파트 단지와 함께 성장 기대
배정 예상 중학교	강일중, 고덕중, 동북중, 명일중, 배재중, 상일여중, 신암중, 성덕여중, 천일중, 천호중, 한영중
배정 예상 고등학교	강동고, 동북고, 둔촌고, 명일여고, 상일여고, 선사고, 성덕고, 영파여고, 풍문고, 한영고

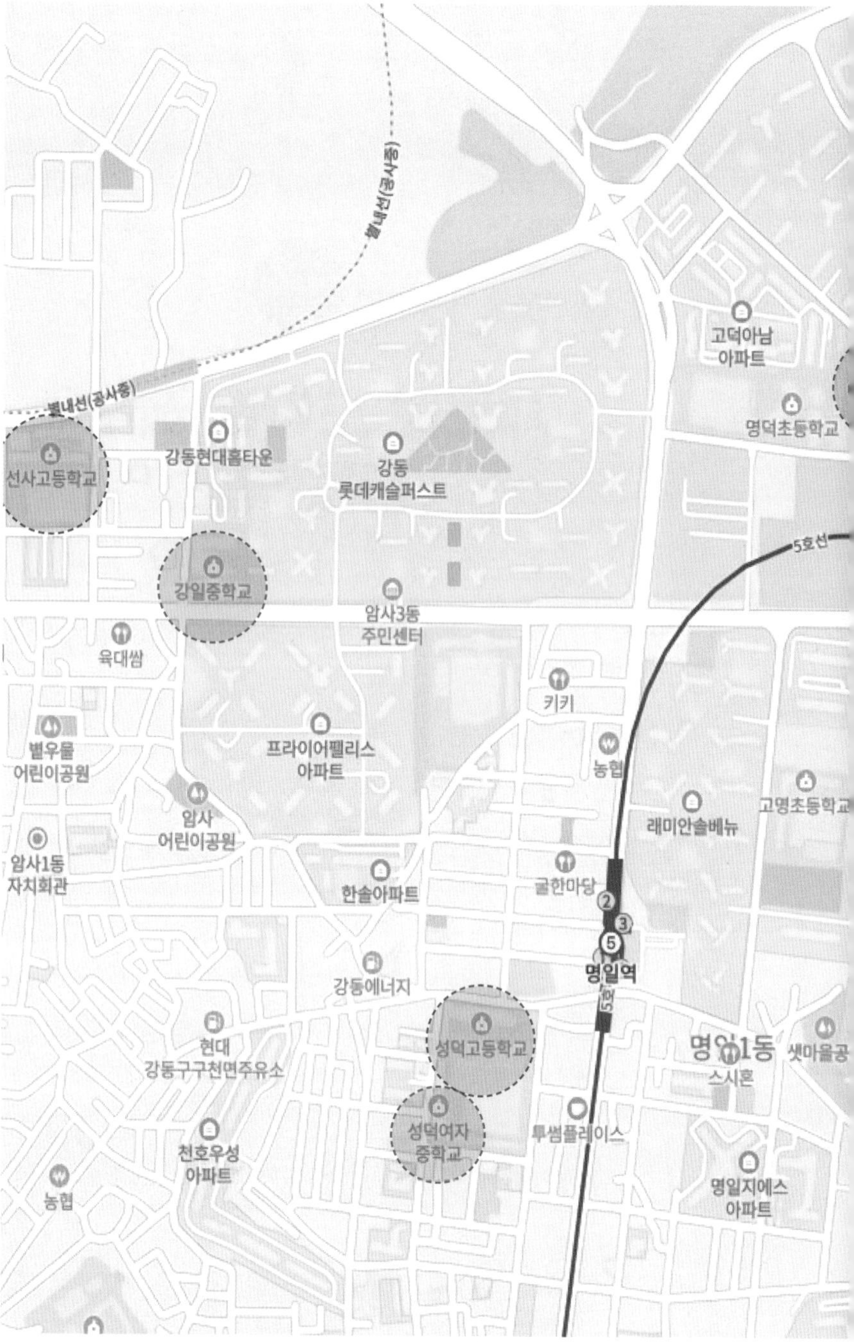

❶ 시너지과학학원 : **강동구를 대표하는 과학 학원**

❷ 구주이배수학 강동 본원 의대관 : **송파구에 본원이 있는 수학 전문 학원**

❸ 서울아카데미학원 : **소수정예 수업으로 유명한 국영수 학원**

학원 중학교 고등학교

출처: 네이버지도(https://map.naver.com), 네이버부동산(https://land.naver.com)

❹ 공부의신학원 : 학생 관리가 강한 국영수 대비 학원
❺ GOS에듀 : 강동구 내신 대비에 강한 단과 학원

고등학교의 유명세에 비해 중학교 경쟁력이 부족한 강동 학군

강동 학군에서 가장 먼저 떠오르는 키워드는 바로 외고의 명가 한영외고다. 강남권에서 거리상으로도 가까워 송파, 대치, 서초 지역의 우수한 인재들이 많이 선택하는 학교다. 대원외고가 노원구 등 강북 지역의 우수한 인재가 몰려 전국구가 되었다면, 한영외고는 그야말로 강남권 외고의 전형이라 할 수 있다.

강동구에는 한영외고 외에도 전통의 명문 자사고인 배재고와 수시에서 강점을 보이는 한영고가 있다. 이처럼 강동 학군 내에는 오랫동안 명성과 경쟁력을 이어오는 고등학교가 있는 반면 경쟁력 있는 중학교는 부족하다.

그렇다면 강동구에는 어떤 중학교들이 있을까? 강동구의 인구는 45만 5,000명(2020년 기준)으로 서울에서 일곱 번째로 많다. 그리고 중학교 입학생의 수도 해마다 늘어나고 있다. 중학교가 20여 곳이나 있지만 강동 학군에서는 다음 표에 나오는 여섯 개 중학교를 중점적으로 보면 된다.

강동구 주요 중학교의 고등학교 진학 현황과 내신점수

중학교	졸업생	일반고	외고·국제고	영재고·과고	자사고	국어 평균점수	수학 평균점수	영어 평균점수
명일중	310명	217명 (70.7%)	7명 (2.3%)	4명 (1.2%)	56명 (18.2%)	82.6	79.0	74.7
배재중	299명	195명 (64.6%)	3명 (1%)	3명 (1%)	83명 (27.5%)	76.8	63.5	67.9
한영중	221명	163명 (74.1%)	16명 (7.3%)	1명 (0.5%)	23명 (10.5%)	84.3	75.0	81.7
성덕여중	192명	159명 (83.2%)	6명 (3.1%)	0명 (0%)	7명 (3.7%)	74.1	62.6	80.3
상일여중	76명	62명 (78.5%)	5명 (6.3%)	0명 (0%)	1명 (1.3%)	84.9	80.5	77.4
동북중(남)	85명	58명 (77.3%)	5명 (6.7%)	1명 (1.3%)	5명 (6.7%)	68.1	65.1	61.4

강동구 내 중학교 1, 2위를 다투는 명일중과 한영중

명일중은 2016년에 실시된 마지막 학업성취도 평가에서 강동구 전체 1등을 차지했다. 국어는 한영중과 공동 2등, 영어와 수학은 단독 1등이다. 이미 7년 전 기록이지만 여전히 강동구에서 공부 잘하는 학생들은 명일중을 선택하고 있다. 외고, 국제고 진학비율과 영재고, 과고 진학비율이 모두 7년 전보다 늘어났다. 이는 문과와 이과 상위권 자원이 갈수록 늘어나고 있음을 보여준다.

자사고는 인근의 배재고를 선택했을 가능성이 크지만 전국 단위 자사고의 비율도 적지 않을 것으로 추정된다. 자사고 진학생 중 여학생이 10명이나 되는데 구내에는 다닐 만한 광역 자사고가 없기 때문에 하나고 혹은 외대부고 등의 전국 단위 자사고로 진학했을 확률이 높다. 국영수 과목의 내신점수도 높은 편이라서 여전히 공부 잘하는 학생들이 남녀를 가리지 않고 많다는 사실을 알 수 있다.

한영중은 학업성취도 평가에서는 아슬아슬하게 명일중에 밀렸지만 적어도 외고 입시만큼은 강동구에서 타의 추종을 불허하는 1등이다. 합격생이 많을 때는 한영외고에 20명 가까이 진학시키기도 했다. 현재도 단일 중학교 중에서는 한영외고에 가장 많이 보내고 있다.

다만 한영중은 영재고와 과고의 합격률이 언제나 1퍼센트 미만이라는 점이 아쉽다. 그래서 이과로 확실하게 방향을 정해 수학과 과학의 선행학습을 많이 한 학생들은 고민할 수밖에 없다. 7년 전에 비해 외고 진학률이 크게 늘었다는 점에서 문과형 학생들이 점점 더 많이 한영중에 진학한다고 볼 수 있다. 재미있는 통계는 2022년 외고에 진학한 학생이 전원 여학생이라는 사실이다. 특히 한영중에서 상위권에 속하는 학생이라면 한영외고를 염두에 두고 있을 가능성이 크다. 강동구 전체에서 한영외고에 보통 30명 정도 보내는데 그중 한영중이 절반 가까이 차지한다고 보면 된다.

이과 최상위권 학생들은 어떤 중학교를 선택할까

성덕여중은 국어가 강한 학교다. 7년 전 학업성취도 평가에서 국어 과목이 93.9퍼센트로 강동구 전체 중학교 중에서 국어 1위를 기록했다. 그런데 이 학교는 영재고와 과고 진학률이 0퍼센트다. 내 딸이 확실한 이과 성향이고 영재고를 목표로 한다면 성덕여중의 진학은 조금 망설여질 수 있다. 자사고 합격자 일곱 명은 전국 단위 자사고로 빠져나간 것으로 추측할 수 있다. 강동구에서 현실적으로 통학 가능한 광역 자사고가 없기 때문이다.

상일여중은 성덕여중보다 외고 진학비율은 더 높다. 반면 이 학교는 자사고 진학 학생이 단 한 명뿐이다. 즉 공부 잘하는 상위권 10퍼센트의 여학생들은 거의 모두 한영외고를 갔으리라 추측할 수 있다.

동북중은 남학교인데 학생 수가 아주 적다. 게다가 영재고와 과고를 가는 최상위권 학생들이 너무 적은데 2016년도에는 1.8퍼센트가 진학했고, 2020학년도부터 2022학년도까지 3년 연속 한 명을 기록했다. 남학교인데도 외고 진학 비율이 높다는 것은 수학을 잘하는 상위권 초등학생들이 동북중이 아닌 다른 중학교로 진학했다고 추측해볼 수 있다. 문제는 동북중의 졸업생이 갈수록 줄고 있다는 사실이다. 2016년도 졸업생은 300명이었으나 2022년 현재 1학년은 그보다 훨씬 적은 63명에 불과하다.

배재중은 입시 실적이 좋은 배재고에 가장 많은 학생을 보내고 있다. 하지만 강동구 중학교 중에서 영재고와 과고, 외고 등의 진학 실적은 높지 않다. 각각 세 명에 그친 수준이다. 한영외고의 영향 때문인지 전반적으로 강동구의 중학교들은 다른 지역보다 문과 성향이 조금 더 강하게 느껴진다. 대치동이나 목동과는 확실히 입시 실적에서 큰 차이를 보인다.

수시에 강한 한영고냐, 정시에 강한 배재고냐

강동구에는 한영외고 수준의 입시 성적을 내는 자사고가 있다. 광역 단위 자사고 중에서는 강남의 휘문고와 중동고, 서초의 세화고 다음으로 서울대를 많이 보내는 학교인 배재고다.

배재고는 역사가 100년이 넘는 명문 중의 명문고로 1980년대에 강북에서 강남으로 이전했다. 배재고는 2022학년도에 서울대에 총 19명을 보냈다(추가 합격자를 포함하면 20명). 그런데 배재고는 원래 수시에 약한 학교가 아니다. 2019학년도에는 수시로만 서울대 의대 합격생을 두 명이나 배출하기도 했다. 수시 합격생의 숫자가 안정적으로 유지되면서 정시 합격생까지 늘어 갈수록 입시 결과가 좋아지고 있는 학교다. 2020년도에는 이과 학생 중 수능 만점자가 나와 서울대 의대에 합격했다.

강동구 주요 고등학교 서울대 합격자 수 및 내신점수

고등학교	서울대 합격자 수	졸업생 수	예상 재수생 비율	국어 평균점수	수학 평균점수	영어 평균점수
한영외고	21명(수시 14명, 정시 7명)	213명	27.8%	85.6	84.7	85.6
배재고(남)	20명(수시 8명, 정시 12명)	406명	42.2%	79.1	82.9	78.1
한영고	10명(수시 8명, 정시 2명)	410명	32.2%	74.5	65.9	72.7
동북고(남)	2명(수시 1명, 정시 1명)	332명	39.2%	73.3	61.7	61.4
둔촌고	2명(수시 2명)	245명	36.7%	70.1	60.1	58.5
상일여고	1명(정시 1명)	184명	20.7%	72.0	68.6	71.1

수시에 강한 배재고, 정시 경쟁력도 강화되고 있다

서울대 의대 수시 일반전형에 지원한 배재고 학생의 학생부를 상담한 적이 있다. 그 학생은 마이크로바이옴부터 뇌과학까지 의학계 핵심 이슈를 학생부에 충실하게 담아냈고, 자율진로 활동은 물론 과목들 세특까지 자신의 관심사를 다양하고 깊이 있게 보여주었다. 당시 이 학생은 전교 4등이었는데 서울대 의대 일반전형에 합격하는 쾌거를 이루어냈다. 그해에 배재고는 서울대 의대 수시 일반전형 합격자를 두 명이나 배출했다.

2022학년도에는 서울대 의대 수시 합격생이 나오지 않았지만 매년 꾸준히 의대 합격생을 배출하고 있다. 의치한에 약대와 수의대까지 포함하면 모두 33명(중복 합격 포함)이 합격했다. 한 학생이 보통 세 군데 정도에 합격한다고 전제하면 한 해 10명 이상은 의학계열에 무난히 합격하는 것으로, 상당히 선전한다고 볼 수 있다. 다만 정시 실적이 좋아지는 이유가 증가하는 재수생(2021학년도 39퍼센트, 2022학년도 42퍼센트)에 있다면 이는 고민의 여지가 있다. 물론 강남권 학생들의 재수 선택이 전반적으로 늘어나고 있다는 점에서 비단 배재고만의 문제는 아니다. 다만 이 학교의 아쉬운 점은 면접 대비력이다. 서울대 심층

면접 1단계 합격자가 23명이나 나왔는데 최종 합격자가 여덟 명이라는 사실은 큰 아쉬움으로 남는다. 보통 1단계 합격자 중 절반 정도가 탈락하는데 배재고는 더 많은 학생이 고배를 마셨다. 학교 차원에서 서울대의 어려운 구술면접 대비를 보다 더 강력하게 지원해줄 필요가 있다.

지역 친화적인 프로그램과 대학 연계로 수시 경쟁력이 돋보이는 한영고

한영고는 배재고보다는 수시 지향적인 학교다. 수시전형으로 서울대에 합격한 한영고 학생들은 매해 일간지 교육 섹션에 소개될 정도로 주목받고 있다. 한영외고와 같은 재단으로 서로 정보를 교류하며 상호 시너지를 낸다고 볼 수 있다.

이 학교가 특별히 수시에서 강점을 보이는 이유는 바로 자기주도학습 때문이다. '해피조인'이라는 학급 특색 프로그램을 실시해서 학급 단위별로 특색 있는 학생부 제출이 가능하도록 이끌고 있다. 지역사회 문제의 해결 방안을 제시하는 등 철저하게 지역 친화적인 학교 프로그램을 운영하는 것으로도 유명하다. 서울대가 지역 공동체에 기여하는 학생들을 강력하게 원하고 있다는 점을 감안하면 한영고의 프로그램은 상당히 경쟁력이 있다. 그 외에도 고교와 대학 연계 프로그램, 그리고 체계적인 수행평가도 한영고의 수시 경쟁력을 높이는 데 일조하고 있다.

이 학교는 특목고나 전국 단위 자사고가 아니라서 상위권 학생들의 비중이 높지는 않다(강남권의 다른 학교와 달리 상당수 학생들이 전문대학에 진학한다). 그래서 오히려 최상위권 학생들을 위한 학교의 지원과 관리는 강동구 내 어느 학교보다 낫다고 할 수 있다. 특히 현실적으로 한영외고 외에는 여학생들이 선택할 만한 경쟁력 있는 학교가 없는 상황에서 한영고의 수시 선전은 무척 의미 있는 결과다.

수시에 강한 한영외고가 2022학년도에 유독 약세를 보인 이유는?

한영외고는 대원외고, 명덕외고, 대일외고에 비해 학생 수가 약간 적으며 전통적으로 수시 프로그램이 좋은 곳으로 유명하다. 학교가 학생들의 진로를 정확히 파악해서 진로가 비슷한 학생들끼리 자율 스터디를 운영하도록 장려하고 있으며, 이를 바탕으로 진로 심화 스터디를 운영한다. 학생들은 자신의 관심사에 맞춰 친구들과 조를 짜서 스터디하고 이 내용을 발표하고 토론한 뒤 최종적으로 보고서를 제출한다. 블라인드 처리된 학생부에서 진로 활동만 보고도 한영외고 학생이라는 것을 알 정도로 알짜배기 프로그램이다.

그런데 2022학년도 서울대 입시에서는 평소보다 수시 실적이 의외로 부진했다. 전년도에는 서울대에 수시전형으로 총 21명이 합격하고 정시로는 단 두 명이 합격했다. 반면 2022학년도에는 수시로 14명, 정시로 일곱 명이 합격했다. 정시 합격자 수는 국내 외고 중 2위의 실적으로 대일외고나 명덕외고보다는 많고 대원외고보다는 적다. 블라인드 평가가 시작된 2021학년도에는 전년도와 비슷한 합격자 수치를 보였다가 2022학년도 들어서 급격히 하락한 이유는 무엇일까? 일단 두 가지 이유를 꼽을 수 있다.

첫째는 서울대 심층면접시험 합격률이 갑자기 떨어졌다는 점이다. 2021학년도에는 33명이 1단계를 통과하고 그중 22명이 최종 합격해서 '3분의 2'라는 합격률을 보였다. 하지만 2022학년도에는 27명이 1단계를 통과하고 총 14명이 합격했다. 합격률이 절반으로 뚝 떨어진 것이다. 학교의 면접 대비 준비가 부족했거나 학생들의 실력이 전년 대비 갑자기 떨어졌을 리는 없다. 추측건대 2022학년도에는 상위권 학생들이 2등급대에 몰리면서 일종의 제 살 깎아 먹기 경쟁을 한 게 아닐까 싶다. 서울대에 갈 수 있는 우수한 자원들은 여전히 변함없지만, 내신 경쟁에서 우위를 점할 최상위권의 내신평균 등급이 전보다 하락했을 수도 있다.

또 다른 이유는 지방 외고의 서울대 합격률이 높아진 것과 상관관계가 있을 수도 있다. 부산외고가 13명(정시 한 명), 전북외고가 세 명(정시 0명)의 합격자를 내면서 예년에 비해 지방 외고들의 합격률이 높아졌는데 이는 당연히 서울권 외고에 영향을 미칠 수밖에 없다.

하지만 한영외고는 서울대 수시에서 상위권 학과인 경제·경영·정외·자유전공학부 합격자가 많고, 서울대 정시 합격자도 많다. 그리고 상위권 학생들은 학술제와 교과 연계 독서를 통해 학생부에 독서 활동을 우회적으로 녹여내고 있다는 점에서 앞으로의 선전이 기대된다.

강동 학군의 일반고는 어떤 경쟁력이 있을까

강동구 내 고등학교 진학을 생각하는 학부모들이라면 배재고와 한영고 외에 다른 학교는 눈에 차지 않을 것이다. 실제로도 나머지 학교들은 강북의 일반고와 별 차이가 없다. 동북고의 2022학년도 서울대 입시 결과를 보면 수시 한 명, 정시 한 명에 그쳤다. 그래도 전체 졸업생 중 대학 진학자의 학과 선택을 보면 경제경영 계열(34퍼센트)과 컴퓨터공학(24퍼센트) 등의 진학비율이 높은데, 이 점을 위안 삼을 수 있다. 그리고 고교학점제 연구학교로 학생들에게 다양한 선택지를 제공한다는 점과 지난 3년 동안 카이스트 합격생을 10명이나 배출한 점은 특장점이다.

둔촌 올림픽파크포레온(전 둔촌주공아파트)에서 가장 가까운 둔촌고는 남녀공학의 특성상 정시보다는 수시에 좀 더 치중한 학교다. 지역사회의 다양하고 전문적인 인적·물적 자원을 활용한 창의적 체험 활동 및 교육 활동을 추진하고 있다. 또한 문이과 융합이라는 대세에 맞춰 블렌디드 수업에 적합한 수업과 평가에 대한 계획을 학년 초에 계획해 실시하고 있다. 블렌디드 수업은 온라인으로 자료를 미리 읽고 오프라인에서 실습하는 등 읽기와 실험이 결합된 수업을 뜻한다. 그밖에 고교학점제에 대비해 다양한 교과 교실 운영 등을 준비하고 있어서 앞으로 수시에서 좀 더 좋은 성적을 낼 가능성이 있다.

마지막으로 지역의 명문 여고로 꼽혔던 상일여고를 살펴보자. 상일여고는 입학사정관제 초기부터 학교를 수시체제로 바꾸면서 언론에 많이 홍보되었다. 고교학점제 선도학교로서 심화독서 프로그램 등 수시 학종 대비 프로그램에 특장점이 있는 학교였다. 요즘은 논술전형, 정시전형, 학생부 교과 등 다른 전형에서 더 두각을 나타내고 있다. 하지만 아쉽게도 2022학년도 서울대 합격생은 한 명에 그쳤다.

전체 재학생 중 15퍼센트가 서울의 주요 15개 대학에 들어간다는 점에서 일단 서울 지역 고등학교의 평균을 넘어서기는 하지만 그래도 전교 1등이 서울대 수시전형에 불합격했다는 사실은 대단한 불명예가 아닐 수 없다. 더군다나 서울대는 지난 2년 동안 코로나19 때문에 한시적으로 지균 지원 시 충족해야 할 수능 최저등급을 '세 개 영역 이상 2등급 이내에서 3등급 이내'로 완화했다(2등급은 상위 11퍼센트까지, 3등급은 22퍼센트까지다). 이 점을 고려하면 수능 점수가 아닌 다른 이유로 서울대 입시에서 고배를 마셨을 가능성이 높다. 서울대 입학을 목표로 하는 학생이 상일여고를 선택하기란 쉽지 않을 듯하다.

신쌤's 컨설팅

서울대 의대는 '이런' 학생부를 원한다

앞서 언급한 배재고 학생처럼 내신등급의 열세를 딛고 서울대 의대에 수시 학종으로 합격하려면 어떻게 해야 할까? 무조건 학생부에서 경쟁력을 확보해야 한다. 일단 동아리 활동 부문에는 자신의 관심사와 희망하는 학과의 전공 교수들이 관심을 가질 만한 주제를 장기적으로 탐구해왔다는 내용이 기술되어야 한다.

특정 질병에 대한 관심으로 시작해서 자신의 지식을 확장시켜나간 과정을 쓰는 것이 좋다. 이 과정에서 어떤 읽기 자료를 활용했는지에 대해 쓸 수 있다. 이는 2024학년도 대입에서부터 사라지는 '독서 활동'과 '자소서'를 대신한다는 점에서도 의미 있다. 자율 활동의 경우 학교에 개설된 과학 관련 행사나 캠프 등에 참여하는 것이 중요하다. 이를 통해 자신이 얼마나 과학에 관심이 많고 학교생활에 충실한지를 보여줄 수 있다.

2학년 학생부 동아리 활동에서는 1학년 때 보인 관심 분야와 관련해 고등학생 수준에서 할 수 있는 실험 및 탐구를 하는 것이 중요하다. 배재고 학생은 항균 작용에 관심이 생겨 우리나라 사람들이 가장 많이 먹는 김치의 항세균 작용에 관한 실험 활동을 했다. 3학년 때는 1학년 때부터 이어온 자신의 관심사를 전공과 연결시키는 것이 중요하다.

서울대 의대 진학을 목표로 하는 학생이라면 어릴 때부터 건강과 의학 전반에 관심을 가져야 한다. 각종 매체에 소개되는 의학 관련 이슈를 꾸준히 공부하면서 자신만의 관심사를 좁혀나갈 필요가 있다.

강동구의 학원가,
과연 경쟁력이 있는가

강동구에도 학원가는 있다. 대표적인 학원가는 고덕역 근처로 이곳에는 대형 학원들이 모여 있다. 그 외에 명일한양아파트와 고덕주공아파트, 새로 입주한 고덕그라시움 등 아파트 단지별로 중소형 학원들이 포진해 있다. 강동구에는 광진구의 심슨어학원처럼 강동구에서 성장해 대치동에 진출한 전국적인 브랜드가 없다. 배재고, 한영외고, 한영고 학생들은 대치동까지 가서 수능 및 내신 대비를 하는 경향이 있다. 오히려 강동구의 학원에는 위례나 하남신도시에서 오는 경기도 학생들이 적잖게 다니는 편이다.

다만 대치동에 인접한 지역의 학원가들이 그렇듯 강동 지역 학원가도 수요가 한정적이어서 목동과 중계동만큼 경쟁력 있는 학원가를 형성하고 있지는 않다. 강동구를 대표하는 절대강자는 없지만 나름의 경쟁력을 지닌 학원들은 있다.

지역 내 학교 시험에 특화된 학원들

서울아카데미학원은 중등부와 고등부를 함께 운영하는 규모가 큰 학원이다. 본관 외에도 국어 전문관과 수학 전문관을 별도로 운영할 정도로 수요가 탄탄하다. 강동구에서만 15년 넘게 학원을 운영하면서 지역 학교들의 각종 데이터와 다양한 정보를 빠르게 입수해서 수업과 진학지도에 반영하고 있다. 동네 학원들의 경쟁력은 우수한 전임강사를 얼마나 많이 보유했느냐에 따라 달라진다.

서울아카데미학원은 국영수 주요 과목뿐 아니라 과학까지 다수의 전임강사를 확보하고 있다. 그리고 수업과 클리닉을 결합시키는 철저한 관리로도 인정받고 있다. 수학은 학생들이 제대로 이해하지 못하는 부분을 잘 파악해서 반복적이고 체계적으로 설명하는 것이 중요한데, 이 학원의 강사들은 이 부분에 특장점을 지녔다는 평가를 받는다. 그뿐만 아니라 정기적으로 학년별 설명회를 열어서 각종 입시 정보를 공유하는 등 지역 대표 학원의 역할을 담당하고 있다.

송파의 자존심이라 불리는 구주이배수학학원도 강동구에 분관을 세 개나 운영하고 있다. 구주이배수학학원은 송파구 다음으로 강동구에 공을 들이는 중이다. 카이스트관, 의대관, 일반대학 입시관을 운영하면서 학생들의 실력에 맞는 프로그램을 각기 운영하고 있다. 학생들의 수강 기간이 평균 24개월을 넘길 정도로 안정적인데 그 이유 중 하나는 학생 개개인의 강점과 약점을 잘 파악해서 철저히 관리하는 운영원칙에 있다. 프랜차이즈 수학 학원인 수학의힘 강동 분원도 새로운 강자다. 1층부터 13층까지 한 건물의 모든 교실을 수업용으로 쓰고 있을 정도로 규모가 크다.

한터학원은 강동 학군을 대표하는 한영고, 한영외고, 배재고 학생들의 내신 전문 학원을 지향한다. 즉 상위권 학생들을 위한 학원이라 할 수 있다. 한터학원은 수능 국어 부동의 일타강사였던 이근갑 선생님이 몸담았던 곳으로도 유명하다. 인강 최고의 수능 강사로 유명세를 떨친 만큼 학교 내신 강의에도 그만의 비법은 있을 것이다. 수학은 이투스의 스타강사였던 전준홍 선생님, 영어는 메가스터디 인강 강사였던 김태형 선생님이 대표 강사다.

수능과 내신은 전혀 다른 시험으로 별개의 능력을 요구하는 측면이 있다. 내신 전문 강사가 수능 강사로 변신하기는 어렵지만, 수능 강사가 내신 전문 강사로 분야를 바꾸는 것은 가능하다. 명문고일수록 학교 시험을 수능 형태로 출제하려는 경향이 강하기 때문에 수능시험의 원리를 잘 아는 강사들이 학교 내신 대비에도 강점을 보일 가능성이 크다.

영어 학원은 원장이 직접 가르치는 공부의신학원, 과학 학원은 시너지과학학원과 GOS에듀 강동캠퍼스가 좋은 평가를 받고 있다.

강동 학군, 학원가의 경쟁력이 아쉽다

강동구의 학원가는 다양성이나 질적인 측면에서 아직은 경쟁력이 부족하다. 중심 학원가가 부재하기 때문에 학원 이용을 위해 강동구에 진입하는 것은 권하고 싶지 않다. 다만 앞으로 강동구의 재건축 및 각종 개발 호재들이 현실화된다면 학원가 역시 대규모 신규 수요에 힘입어 새로운 도약의 계기를 마련할 수 있을 것이다.

특히 올림픽파크포레온이 기나긴 여정을 마무리하고 강동구의 새로운 랜드마크가 되면 자연스럽게 학원 수요가 늘어나 다양한 학원과 경쟁력 있는 강사들이 강동구 학원가로 몰려들 가능성이 있다. 그때까지는 강동구 학원의 미래에 대해서 보수적인 생각을 갖고 진입을 신중하게 고려할 필요가 있다.

강동구 진입을 노리면 이런 아파트를 눈여겨봐라

강남의 동쪽이라는 의미를 지니고 있는 강동구가 강남구에서 분리된 것은 1979년도의 일이다. 그런데 강동구는 다시 '강남 4구'라는 신조어에 포함되었다. 그 이유 중 하나는 올림픽파크포레온에 있다. 강동구에서 아파트 가격이 높은 동네를 순서대로 나열하자면 둔촌동, 고덕동, 명일동 순이다. 사실 1980년대까지 강동구에서 제일 유명한 동네는 천호동이었으나 현재 천호동은 성내동과 함께 강동구에서 아파트 시세가 가장 낮은 동네다.

이 책을 읽는 독자들은 강동구의 매력이 한영고, 한영외고, 배재고에 있음을 간파했을 것이다. 이들 학교에 통학하기 쉬운 동네에 진입하고자 한다면 배재중과 배재고를 함께 노려서 고덕동 배재현대아파트를 선택하면 된다. 18평과 25평 소형 평수만 있는 네 동짜리 작은 아파트다. 명일동은 한영고와 한영외고 그리고 한영중까지 생각해서 진입하는 경우가 적지 않다. 한영외고 재학생 중에는 등하교 시간을 줄이기 위해 아예 학교 근처로 이사하는 경우도 있다.

2022년 강동구의 랜드마크는 고덕래미안힐스테이트

올림픽파크포레온을 제외하면 강동구 내에서 가장 비싼 아파트는 고덕래미안힐스테이트다. 2016년에 지어진 신축 아파트로, 2020년 시세는 평당 4,600만 원 선이었다. 2022년 시세는 25평이 14억 8,500만 원에서 16억 원 선이었다. 평당 6,400만 원에 해당한다. 최근 올림픽파크포레온 재건축을 둘러싼 각종 부정적 잡음이 언론에 보도되면서 인근 지역 아파트들의 인기도 꺾인 측면이 있다.

고덕래미안힐스테이트는 2021년에도 전용면적 25평이 15억 5,000만 원에 거래되었고 전세가는 25평이 7억 5,000만 원 선이다. 2022년 8월에는 25평이 15억 원대에 매매됐으니 다른 지역에 비해 낙폭이 크지 않은 셈이다. 신축일수록 전세가격이 높고 구축일수록 매매가와 전세가 차이가 크다는 특징이 그대로 반영되었다.

강동구의 2인자는 명일동의 삼익그린맨션2차다. 이 아파트는 1983년도에 건축된 아파트라 재건축에 대한 기대감에 시세가 크게 올랐다. 2022년에 35평이 14억 6,000만 원에 거래되었는데 재건축 대상이라 전세가는 저렴한 편이다. 25평은 2022년 8월에 4억 8,000만 원에 계약되기도 했다.

상일동의 랜드마크는 고덕숲아이파크다. 2017년에 입주를 시작한 신축 아파트이며 2022년에는 25평이 16억 원, 18평이 12억 5,000만 원에 팔렸다. 평당 6,400만 원 선으로 고덕래미안힐스테이트와 달리 시세가 오르고 있다. 2020년도에는 시세가 평당 4,000만 원 선이었다. 다만 전세가는 매매가 대비 높지 않은 편으로 25평이 5억 7,000만 원에 거래되었다.

둔촌동은 현재 올림픽파크포레온 거래가 멈추었기 때문에 둔촌푸르지오가 대장 역할을 하고 있다. 2020년에 평당 3,700만 원 선에 거래되었으나 2022년에는 평당 5,300만 원대에 거래되고 있다. 둔촌동 진입을 고려하고 있는데 올림픽파크포레온(전 둔촌주공아파트)은 변수가 많아 고민스럽다면 그 대안은 단연 둔촌푸르지오다. 2022년 기준 25평의 매매가는 10억 원 선이고 전세가는 6억 4,000만 원 선이다.

천호동의 래미안강동팰리스, 매매가의 수상한 변화

천호동을 대표하는 아파트는 주상복합단지인 래미안강동팰리스다. 그런데 2022년 들어 이곳의 매매가에 변화가 일어났다. 25평 아파트가 세 건 거래되었는데 12억 4,600만 원에서 17억 3,000만 원까지 가격의 차가 너무 크다는 점이다. 그것도 4월과 5월에 연달아 성사된 거래였기에 더욱 의아스럽다. 12억 4,600만 원에 팔린 매물은 급매물이었을 가능성이 크다. 특히 대선을 앞두고 모든 거래가 잠정적으로 멈춘 시기에 이루어진 거래라 직거래였을 가능성도 높다. 따라서 래미안강동팰리스는 8월 이후에 거래된 가격이 중요하다. 매매가가 12억 원에 가까운지 17억 원에 가까운지에 따라 현재가의 기준이 달라지기 때문이다.

전세가는 8억 1,900만 원으로 상당히 비싼 편이다. 월세를 선택할 경우 25평이 보증금 3억 원에 월세 160만 원으로 만만치 않다. 이 정도의 주거 비용을 감당할 만큼 천호동의 학군은 그다지 매력적이지 않다.

강동구, 미래가 더 기대되는 학군지이자 투자처

강동구는 지하철이 세 개(5호선, 8호선, 9호선)나 지나는 교통의 요지다. 그리고 향후 노선이 더 연장될 가능성도 있다. 송파구와 시너지를 낼 수 있는 요소도 충분하다. 무엇보다 배재고가 수시와 함께 정시에서도 지금의 위력을 발휘하고, 한영고와 한영외고 두 학교가 여전히 강자로 남는다면 초등 고학년 학부모들에게 강동구는 충분히 고려해볼 만한 학군지이자 투자처다.

강동구에는 빌라도 다양하게 있다. 둔촌동의 경우 10평대의 작은 빌라가 3억 5,000만 원에 거래되고 있지만 거래 자체가 활발하지는 않다. 전세의 경우 16평 소형 빌라가 3억 4,650만 원에 계약된 사례가 있다. 고덕동의 빌라는 12평이 2억 2,000만 원에 거래되었다. 월세로 전환할 경우는 보증금 1억 원에 월세는 40만 원 선이다.

현재 강동구에서 가장 주목받고 있는 아파트는 단연 올림픽파크포레온이다. 사상 초유의 재건축 중단 사태를 몰고 온 이곳은 공사비만 3조 원이 투입된 대한민국 사상 최대의 재건축 단지다. 무려 1만 2,000가구 규모의 매머드 단지로 일반 분양가도 4,000만 원 선에 이른다. 2019년 철거 후 그해 12월 공사에 들어가자 프리미엄은 엄청났다. 주공1단지의 평단가가 2020년 1억 5,000만 원까지 치솟으면서 강남을 누를 정도였다. 하지만 당시 매수한 사람들은 지금 엄청난 고통 속에서 하루하루를 보내고 있을 것이다. 당초 재건축 조합과 시공사 간 갈등으로 중단됐던 공사를 2022년 10월, 약 6개월 만에 재개하고 일반분양도 진행되었으나, 한 달 만에 화물연대 파업으로 공사가 또 중단되었다가 재개되기도 했다. 또한 PF(프로젝트 파이낸싱) 대출금 7,231억의 만기가 올해 1월 19일로 임박함에 따라 정당계약률이 80퍼센트를 밑돌 경우 상환에 차질이 생길 수도 있다. 물론 조합에서도 이를 대비하고 있겠지만 사업의 속도와 완공까지 순항할지는 계속 지켜봐야 할 것이다.

학군별 필수 체크 아파트

강동 학군 주요 아파트

아파트명	세대수	입주연도/ 평단가	배정 예상 학교	매매가-전세가 추이
고덕 아이파크	1,142 세대	2011년/ 5,000만 원 이상	• 초: 모곡초 • 중: 고덕중, 배재중, 명일중 • 고: 풍문고, 강동고, 명일여고	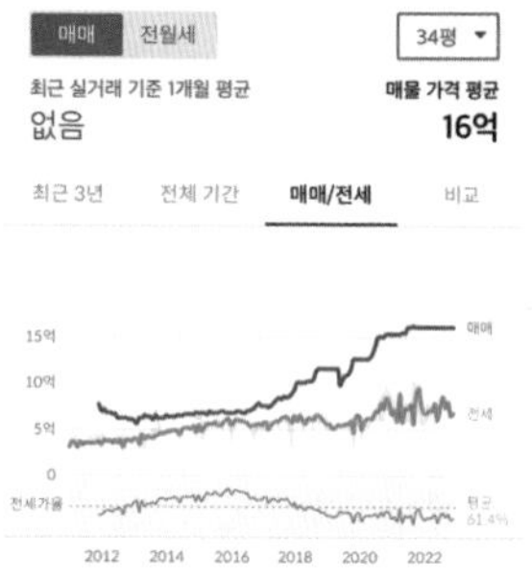 매매 전월세 34평 최근 실거래 기준 1개월 평균 없음 매물 가격 평균 16억 최근 3년 전체 기간 매매/전세 비교
래미안 솔베뉴	1,900 세대	2019년/ 5,000만 원 이상	• 초: 고명초 • 중: 배재중, 명일중, 창덕여중 • 고: 성덕고, 명일여고, 선사고	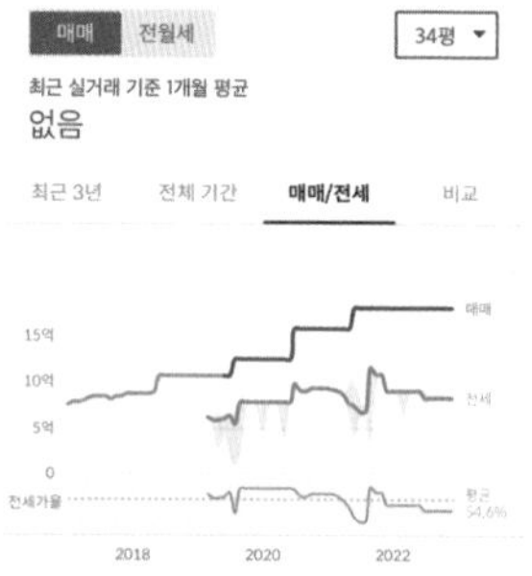 매매 전월세 34평 최근 실거래 기준 1개월 평균 없음 최근 3년 전체 기간 매매/전세 비교
힐스테이트 강동리버뷰	460 세대	2019년/ 5,000만 원 이상	• 초: 신암초 • 중: 천일중, 신암중, 천호중 • 고: 선사고, 성덕고, 영파여고	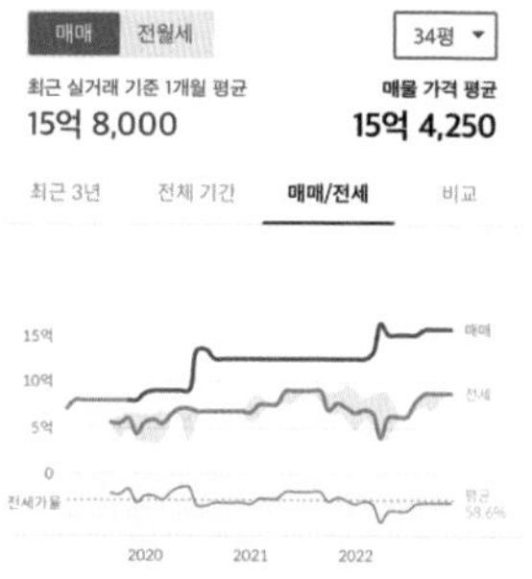 매매 전월세 34평 최근 실거래 기준 1개월 평균 15억 8,000 매물 가격 평균 15억 4,250 최근 3년 전체 기간 매매/전세 비교

아파트명	세대수	입주연도/ 평단가	배정 예상 학교	매매가-전세가 추이
고덕래미안 힐스테이트	3,658 세대	2016년/ 5,000만 원 이하	• 초 : 영덕초, 묘곡초 • 중 : 명일중, 배재중, 강일중 • 고 : 풍문고, 명일여고, 성덕고	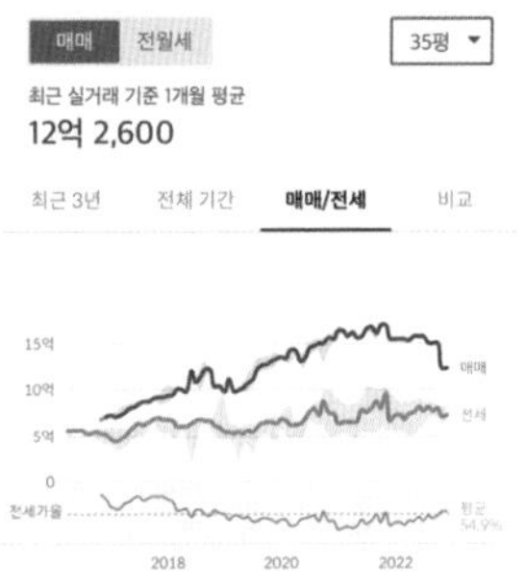 매매 전월세 35평 최근 실거래 기준 1개월 평균 12억 2,600 최근 3년 전체 기간 매매/전세 비교
선사현대	2,938 세대	2000년/ 5,000만 원 이하	• 초 : 선사초, 신암초 • 중 : 신암중, 천일중, 강일중 • 고 : 선사고, 성덕고, 명일여고	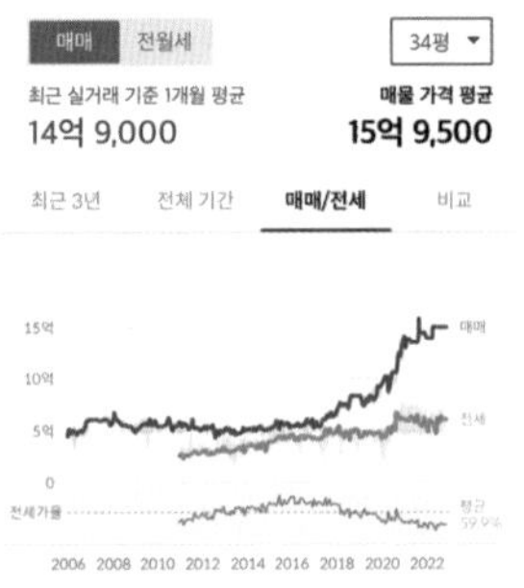 매매 전월세 34평 최근 실거래 기준 1개월 평균 14억 9,000 매물 가격 평균 **15억 9,500** 최근 3년 전체 기간 매매/전세 비교
강동 롯데캐슬 퍼스트	3,226 세대	2008년/ 3,000만 원 이상	• 초 : 명덕초 • 중 : 명일중, 강일중, 신암중 • 고 : 선사고, 성덕고, 명일여고	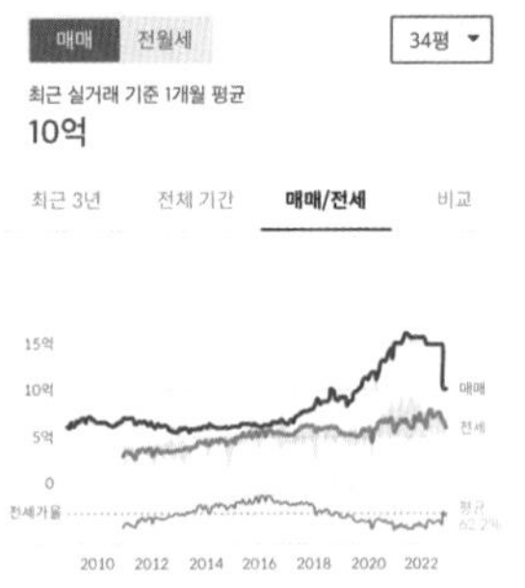 매매 전월세 34평 최근 실거래 기준 1개월 평균 10억 최근 3년 전체 기간 매매/전세 비교
삼익그린 맨션2차	2,400 세대	1983년/ 3,000만 원 이상	• 초 : 고명초 • 중 : 배재중, 명일중, 성덕여중 • 고 : 명일여고, 성덕고, 한영고	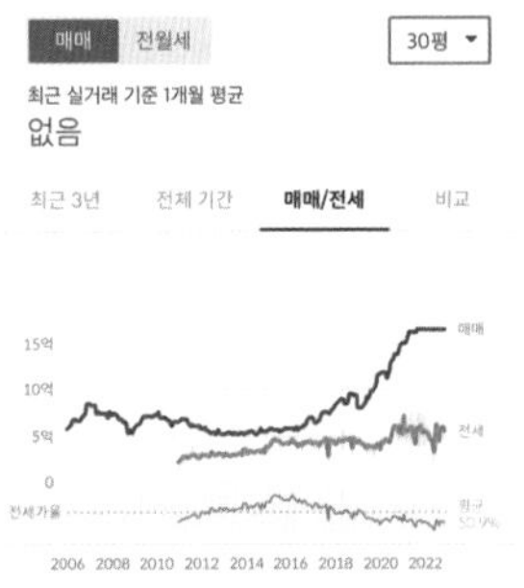 매매 전월세 30평 최근 실거래 기준 1개월 평균 없음 최근 3년 전체 기간 매매/전세 비교

아파트명	세대수	입주연도/ 평단가	배정 예상 학교	매매가-전세가 추이
청호 뜨레피움 퍼스트	40 세대	2016년/ 3,000만 원 이상	• 초 : 선린초 • 중 : 둔촌중, 한산중, 신명중 • 고 : 한영고, 강동고, 선사고	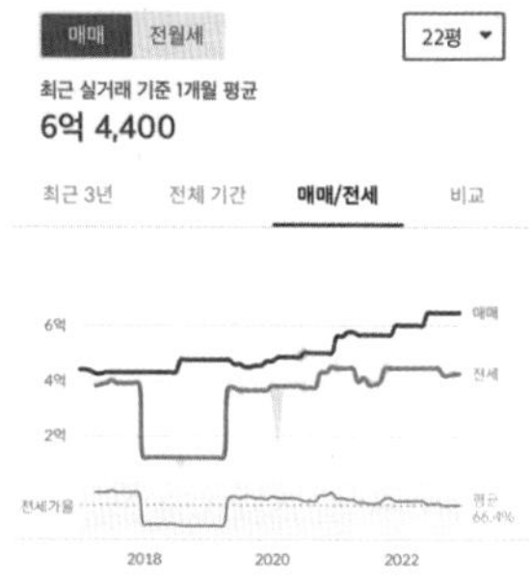매매 전월세 22평 최근 실거래 기준 1개월 평균 6억 4,400 최근 3년 전체 기간 매매/전세 비교 6억 4억 2억 매매 전세 전세가율 2018 2020 2022
새롬트윈스A	24 세대	2003년/ 3,000만 원 이하	• 초 : 천호초 • 중 : 천호중, 성덕여중, 천일중 • 고 : 성덕고, 명일여고, 선사고	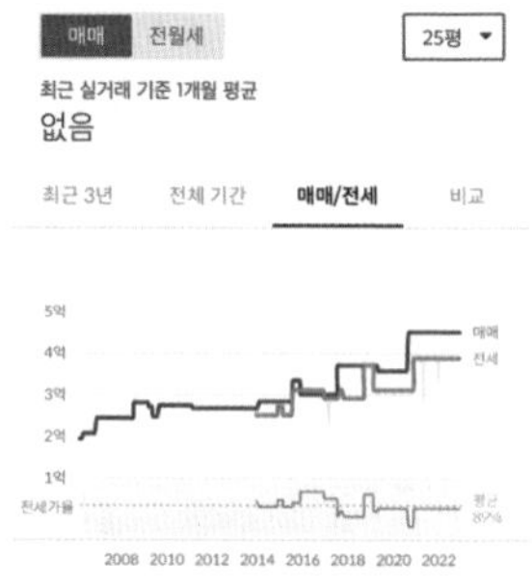매매 전월세 25평 최근 실거래 기준 1개월 평균 없음 최근 3년 전체 기간 매매/전세 비교 5억 4억 3억 2억 1억 매매 전세 전세가율 2008 2010 2012 2014 2016 2018 2020 2022

수도권 명문학군 입지지도

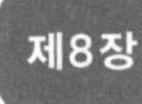

제8장

대치동을 넘보는 유일한 강자 분당 판교 학군

입지 특징

- 날로 높아지는 '판교'의 위상과 재건축 이슈에 따른 서현동 시범단지의 상승 여력
- 정자동 주상복합아파트, 운중동의 고급 단독주택이 유명
- 중등부 유명 학원 몰린 수내동 대장 아파트 가격에 주목할 것

학원가 특징

- 비 강남권에서 유일하게 대치동을 넘볼 수 있는 곳
- 내신에 특화된 토종 학원과 대치동 유명 학원의 분원으로 이분화
- 뜨거운 교육열 만큼 열성적인 수학, 영어 학원들

배정 예상 중학교

구미중, 낙원중, 내정중, 보평중, 분당중, 백현중, 삼평중, 서현중, 수내중, 샛별중, 신백현중, 운중중, 양영중, 이매중, 정자중, 판교중

배정 예상 고등학교

낙생고, 늘푸른고, 보평고, 분당고, 분당대진고, 분당영덕여고, 분당중앙고, 서현고, 송림고, 수내고, 야탑고, 운중고, 이매고, 태원고, 판교고, 한솔고

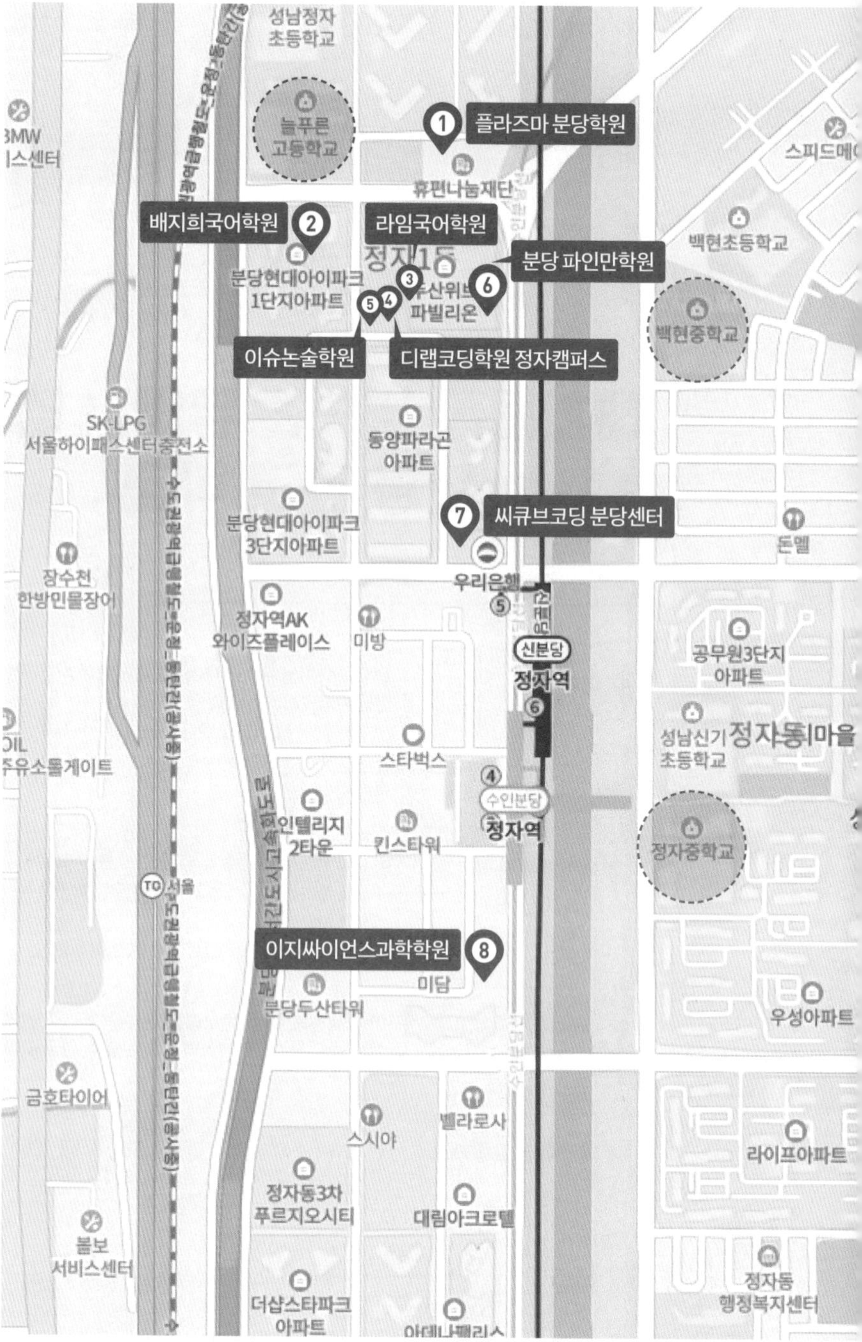

❶ 플라즈마 분당학원 : 대치동에 본원이 있는 영재고 대비 과학 학원
❷ 배지희국어학원 All Pass관 : 내신과 수능 국어를 대비해주는 학원
❸ 라임국어학원 : 분당 지역 내신을 잘 챙겨주는 국어 학원
❹ 디랩코딩학원 정자캠퍼스 : 코딩과 과학 실험 등을 준비해주는 학원
❺ 이슈논술학원 : 대입 논술과 독서 토론 및 중등 논술을 준비하는 학원

출처: 네이버지도(https://map.naver.com), 네이버부동산(https://land.naver.com)

❻ 분당 파인만학원 : 영재고, 자사고 준비를 돕는 과학 전문 학원
❼ 씨큐브코딩 분당센터 : 코딩과 이과 진로 프로그램을 갖춘 학원
❽ 이지싸이언스과학학원 : 분당에서 인기 있는 과학 전문 학원
❾ 생각하는황소 분당학원 : 대치동에 본원이 있는 수학 프랜차이즈 학원
❿ 아카데미창논술학원 분당직영센터 : 초등 책 읽기와 글쓰기 능력 향상에 중점을 둔 학원

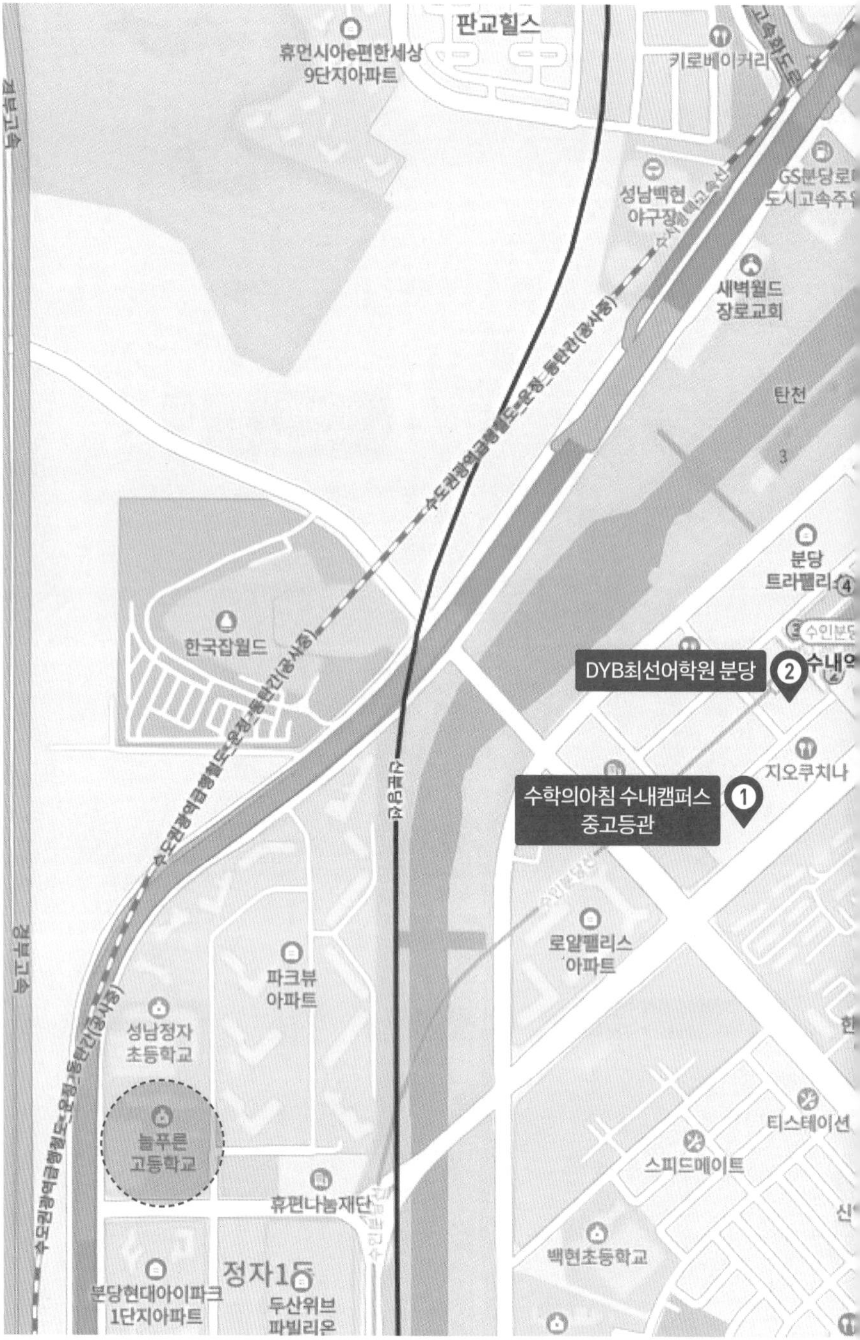

❶ 수학의아침 수내캠퍼스 중고등관 : **분당에서 가장 수강생이 많은 수학 학원**

❷ DYB최선어학원 분당 : **분당에서 내신을 가장 잘 잡아주는 영어 학원**

❸ KDF어학원 : **디베이트가 강한 분당의 어학원**

출처: 네이버지도(https://map.naver.com), 네이버부동산(https://land.naver.com)

분당은 대치동을 뛰어넘어 대한민국 1등이 될 수 있을까

대한민국 부동산에서 최고의 클리셰는 '천당 아래 분당'이다. 분당의 아파트 가격이 워낙 비싼 탓도 있지만 이 지역 학군이 경기도에 있음에도 대치동 못지않은 강력한 파워를 발휘하기 때문이다. 판교의 가치가 치솟자 인접한 분당의 위상이 올라가며 '천당 위에 분당'이라는 표현도 자주 쓰인다. 분당은 '성남시' 꼬리를 떼고 판교와 함께 묶이고 싶어 하는데, 판교는 또 분당과 묶여서 '분당구'로 분류되기는 싫은 모양이다. 여하튼 교통, 직장, 학군이 모두 받쳐주는 분당은 판교 테크노밸리가 생기면서 더욱 가치가 올라가고 있다.

천당 아래 분당인가, 천당 위에 분당인가

흔히 분당을 1989년에 일산, 평촌과 함께 정책자들이 구상한 신도시라고 생각하지만 실제는 그렇지 않다. 분당은 일제 강점기 때부터 존재했다. 분당을 한

자로 표현하면 '동이 분'盆과 '당나라 당'唐이다. 옹기를 구워 당나라, 즉 중국에 팔던 곳이라는 뜻에서 분당리라고 불렸다. 그러다 1989년 분당이 신도시로 승격하면서 오늘날의 위세를 갖게 된 것이다.

분당의 학부모들은 '맹모'라는 단어에 걸맞게 자녀교육에 대단히 열성적이다. 대치동의 경우 고등학교 진학 후 1학년 1학기 내신만 보거나 빠르면 중간고사 결과만 본 뒤 수시를 포기하고 정시를 택하는 학생들이 속출한다. 그에 비해 분당은 수시와 정시를 고르게 신경 쓰는 분위기다. 하지만 분당도 수시보다는 정시에 더 강한 지역이다. 일단 학교마다 수시와 정시 우위가 극명하게 엇갈리는 상황이니 고등학교 선택 시 신중할 필요가 있다.

분당 지역은 대다수의 중고등학교가 남녀공학이기 때문에 학생들도 다소 자유로운 분위기다. 중학교는 모두 남녀공학이고 고등학교의 경우 여고는 딱 하나밖에 없다. 이는 대치동이 고등학교에서부터 남고와 여고로 분리하는 것과 다른 점이다. 남학생의 경우 남녀공학 학교에서 내신 관리에 강점이 있는 여학생들과 경쟁해야 하는데 결코 만만치 않다.

분당 학군의 또 다른 특징은 대치동이 최상위권도 많고 하위권도 많은데 반해, 최상위권은 대치동보다 약간 부족하지만 전체적으로 학업을 포기한 학생들이 적다는 점이다. 그래서 중학교까지의 평균 성적은 분당이 대치동을 앞설 수도 있다는 말은 설득력이 있다.

아직은 체급에서 강남권에 밀리는 분당

"과연 분당이 대치동을 뛰어넘을 수 있을까?" 이 질문에 대한 답은 "아직은 아니다."이다. 분당은 강남, 서초 다음 레벨은 일단 유지하겠지만 3등에서 1등으로 치고 올라가기에는 현실적으로 쉽지 않다. 고등학교 입시 실적을 보면 알 수 있듯이 아직은 체급에서 강남권에 밀린다. 대입 실적을 판단하는 기준은 1차적으로 서울대 합격자 수, 그다음은 서울대 의대 합격자 수다. 강남구와 분당구는 인구 대비로 따지면 둘 다 50만 명대로 비슷하다. 하지만 서울대 합격 실적과 서울대 의대 합격 실적은 아직 분당이 강남의 절반 수준이다.

그렇다고 해서 분당이 대치동을 뛰어넘을 가능성이 아예 없는 것은 아니다. 지금의 교육 열기에 비춰본다면 비 대치권에서 대치권을 넘볼 수 있는 유일한 곳이 분당인 것은 분명하다. 또한 분당의 재건축이 본격화되면 아파트도 지금보다 더 높은 가격대를 형성하면서 거주환경도 더욱 좋아질 것이다.

아파트 가격 상승의 비중으로 보자면 '재건축 확정〉신축〉학군' 순으로 결정된다. 아파트 가격 상승에 있어 학군은 신축을 못 당하고 신축은 언젠가는 구축이 될 것이기에 재건축 확정을 절대 이길 수 없다. 그런데 재건축 여부는 우선 건축 연한 30년을 채워야 한다. 1992년에 입주를 시작한 신도시 분당의 재개발 자격은 2022년부터 부여된다. 그것을 허용하는 주체가 윤석열 정부일지 아니면 차기 정부일지에 대한 논란이 거셌으나 결국 차기 정부가 될 가능성이 커졌다. 하지만 아파트 가격은 재건축이 확정되는 순간부터 오르는 게 아니라 대체로 재건축이 기대되는 시점부터 치솟는다. 따라서 4년 뒤 분당 아파트들은 재건축 이슈와 맞물려 큰 폭으로 상승할 가능성이 있다.

분당은 판교와 함께 지속적인 지역 발전을 거듭할 것이다. 당연히 학군과 학원가의 경쟁력도 강화되면서 대치 학군을 넘보는 지역 중에서는 체급이 한 단계 더 높아질 것으로 보인다.

특목고보다 일반고를 더 선호하는 분당과 판교의 맹모들

"분당, 판교 지역은 특목고보다 일반고를 선호한다." 학원가에는 이런 소문이 널리 퍼져 있다. 분당의 중학교는 강남권 학교에 견줄 만한 실력을 갖고 있지만 고등학교는 확연히 밀리는 이유가 여기에 있다는 것이다. 2023년부터 부활할 가능성이 있는 학업성취도 평가 결과를 봐야 알 수 있겠지만 지금으로서는 2022학년도의 특목고, 자사고 진학률을 바탕으로 추론할 수밖에 없다. 즉 마지막으로 공개된 2016년 학업성취도 평가 데이터와 최근의 특목고, 자사고 진학률을 비교한 뒤, 5년 동안 어떤 변화가 있었는지 읽어내고 앞으로의 변화 양상도 전망해야 한다.

2016년 학업성취도 평가에서 분당 학군은 '보통 이상의 학력'을 가진 학생의 비율이 90퍼센트를 넘은 학교 수(전체 24개 중학교 중 17개)에서 강남(23개 중학교 중 13개)을 압도했다. 숫자와 비율 모두 앞섰다. '학업성취도 평가에서 순위가 높다'는 것은 '공부를 못하는 학생 수가 적다'는 의미가 맞다. 하지만

'공부 잘하는 학생이 얼마나 많은지 또 그들이 어느 정도의 수준인지'를 설명해주지는 않는다.

학업성취도 평가는 1등부터 꼴등까지 줄 세우는 시험이 아니라 학습능력 미달자가 얼마나 많은지를 보여주는 객관적 지표에 불과하다. 그래서 학교 내신 시험점수 같은 보조지표도 함께 비교해봐야 한다. 일단 학교에서 치르는 내신 시험의 평균이 높으면 그 학교에는 '전국 단위 자사고에 갈 수 있는 자원'이 많다는 뜻이다. 즉 상위권의 우수 자원이 많다고 추정할 수 있다.

분당의 용호상박, 수내중과 내정중

분당의 양대 명문 중학교로 선호도가 높은 두 학교가 있다. 바로 수내중과 내정중이다. 2016년도 학업성취도 평가에서도 나란히 분당구에서 1등과 2등을 차지했다. 수내중이 96.27퍼센트로 1등, 내정중이 96.20퍼센트로 2등이었다. 차이는 매우 근소하다. 당시 내정중은 국어와 영어는 앞섰지만 수학에서 수내중에 밀렸다. 그리고 그다음 해 고등학교 진학률을 보면 영재고와 과고 실적은 수내중이, 외고와 국제고 실적은 내정중이 앞섰다. 내정중은 문과 상위권, 수내중은 이과 상위권이 좀 더 많은 것으로 추측해볼 수 있다.

2022년의 상황은 어떨까? 일단 수내중을 보면 두 가지 놀라운 사실을 발견할 수 있다. 지금까지 살펴본 서울의 중학교와 달리 분당의 1등 중학교에서는 압도적인 다수가 일반고를 선택한다는 사실이다. 수내중의 일반고 진학비율은 2년 전에는 91.5퍼센트, 3년 전에는 89.8퍼센트였다. 즉 분당은 해마다 특목고와 자사고 진학률이 떨어진다는 것을 알 수 있다. 그 이유는 두 가지다. 첫째 지난 정부에서 결정했던 외고, 국제고, 자사고 폐지가 예정대로 진행될 것이라는 믿음이 서울보다 더 강했을 수 있다. 둘째는 입시에서 중요한 것은 내신이라는

분당구 주요 중학교의 고등학교 진학 현황과 내신점수

중학교	졸업생	일반고	외고·국제고	영재고·과고	자사고	국어 평균점수	수학 평균점수	영어 평균점수
수내중	437명	406명 (93.1%)	9명 (2.1%)	7명 (1.6%)	8명 (1.8%)	69.2	74.9	73.5
서현중	395명	358명 (89.9%)	15명 (3.8%)	10명 (2.5%)	8명 (2%)	83.2	80.7	87.7
이매중	346명	305명 (90.8%)	5명 (1.5%)	4명 (1.2%)	9명 (2.7%)	84.6	83.7	78.0
내정중	345명	307명 (90.8%)	12명 (3.6%)	6명 (1.8%)	3명 (0.9%)	79.9	79.2	83.0
백현중	234명	197명 (84.5%)	11명 (4.7%)	5명 (2.1%)	7명 (3%)	78.9	74.8	79.1
양영중	216명	202명 (93.5%)	3명 (1.4%)	0명 (0%)	3명 (1.4%)	77.5	80.1	79.4
낙원중	150명	134명 (91.2%)	4명 (2.7%)	0명 (0%)	2명 (1.4%)	80.1	79.5	80.3
구미중	149명	137명 (93.8%)	2명 (1.4%)	0명 (0%)	0명 (0%)	81.6	73.8	77.3
분당중	124명	118명 (92.9%)	2명 (1.6%)	2명 (1.6%)	0명 (0%)	79.0	74.9	72.2

믿음이 다른 지역보다 강하다는 점이다. '신 중의 신은 내신'이라는 믿음이 분당 중학교 학부모들 사이에는 더 공고하며 갈수록 내신이 더 중요해진다는 데 배팅하고 있다는 의미다.

사실 고등학교 입시의 끝판왕은 민사고 입시다. 민사고는 원래 국·영·수·탐(사회, 과학 중에 택1) 교과 지식을 묻는 심층 면접을 실시했다가 문재인 정부 때는 다른 전국 단위 자사고처럼 자기주도학습 전형 면접(교과 지식이 아닌 지원동기 및 인성을 묻는)으로 전환했다. 이후 정권이 바뀌자 2022학년도에는 5개 영역의 면접을 20분씩 치르는 심층 면접으로 전환했다. 일반고로 전환할 바에는 폐교를 하겠다고 선언한 학교인만큼 윤석열 정부 기간 동안 민사고 입시는 내신은 사실상 무력하고 면접이 당락을 결정하는 방식으로 갈 가능성이 크다. 이 때문인지 아니면 분당 학부모들의 맹렬한 일반고 돌진 때문인지 확실히 알 수는 없지만 2022학년도 민사고 합격생 중 분당 출신은 예년보다 적었다. 민사고 정원은 총 143명인데 이 중 분당구 중학교 출신은 모두 12명인 것으로 파악됐다. 한때 민사고에 20명이나 보낸 적도 있으니 확실히 줄어든 수치다. 원래 분당 지역 학생과 학부모들의 민사고 사랑은 유난했다. 몇 년 전에 민사고 사상 처음으로 한 학기에 단 한 과목을 제외한 전 과목 1등급을 받은 학생이 나온 적이 있는데, 그 학생이 바로 분당의 중학교 출신이었다.

분당의 중학교에서 자사고 진학률이 압도적으로 적은 이유

또 한 가지 특이한 사실은 수내중뿐 아니라 분당의 모든 중학교에서 자사고 진학자가 서울보다 압도적으로 적다는 점이다. 다만 분당 지역에서 자사고 진학 실적은 전국 단위 자사고로 봐야 한다. 일단 경기도에서 유일한 광역 자사고는 안산동산고인데 이 학교를 지망하는 학생들은 거의 없다고 보면 된다. 안산동산고는 정부와 자사고 취소 분쟁에서 승소했지만 잃은 것이 너무 많다. 2022학년도 경쟁률이 거의 1 대 1이었다. 그리고 편입생을 많이 뽑는데 이는 학기 중에 전학 가는 학생들이 많다는 증거다.

분당에서는 안산동산고보다는 분당에 자리 잡고 있는 대안학교의 대명사 이우학교(지금은 특성화고등학교이자 혁신학교인 이우고등학교가 되었다)와 독수리학교로 진학하는 경우가 더 많다. 그래서 분당의 중학교에서 '기타' 진학자에는 대안학교 진학자까지 포함해야 한다. 정부가 영재고 진학자와 대안학교 진학자를 기타로 묶어서 발표하기 때문이다. 이에 따라 영재고와 과고 진학자 수는 예상치보다 조금 줄어들 수 있다. 대치동, 목동, 중계동의 기타는 대부분 영재고 진학자지만 분당은 대안학교 등이 있어서 사정이 조금 다를 수 있다. 일단 수내중은 외고와 국제고 진학자도 '13명→10명→아홉 명'으로 갈수록 줄어는 추세다. 대원외고, 한영외고, 대일외고, 명덕외고가 버티고 있는 서울에 비해 성남외고나 기숙사가 있는 경기권 외고의 최강자인 경기외고의 메리트가 그만큼 떨어진다는 증거다.

수내중의 경우 내신성적에서 국어 점수가 유난히 낮다. 그렇다고 해서 수내중 학생들이 국어에 약하다고 단정 지을 수는 없다. 2021학년에도 2학년 1학기 시험문제를 어렵게 출제하고 2학기에는 난이도가 조금 낮아졌지만 여전히 어렵게 출제한 편이다. 자사고로 진학하는 학생들이 줄어들고 있으므로 학교 차원에서 시험의 난이도를 낮춰 전 과목 A를 많이 양산해낼 이유가 없다고 판단한 것으로 볼 수 있다.

분당 판교

분당 지역 중학교의 일반고 진학자 증가가 말해주는 것들

수내중과 막상막하의 실력을 겨루는 내정중도 전반적으로 일반고 진학률이 압도적으로 높다. 반면 특목고와 자사고 진학률은 극히 낮다. 영재고, 과고, 외고, 국제고 진학비율은 최근 몇 년간 비슷하지만 전체적으로 약간씩 줄어드는 추세다. 다만 자사고 진학비율은 2020학년도 13명, 2021학년도와 2022학년도에는 세 명으로 큰 폭으로 줄어들었다. 즉 최상위권 학생들은 전국 단위 자사고 진학 대신 영재고와 과고로 선회하고 있다고 해석할 수 있다.

흥미로운 사실은 2022년 3학년 학생들이 2021학년도에 치른 1학기 성적이 전체적으로 수내중보다 높다는 점이다. 이는 2022학년도 전국 단위 자사고 입시 결과가 저조했음을 고려해 2023학년도 자사고 입시를 치르는 학생들에게는 문제를 조금 쉽게 출제한 것으로 추정된다. 그러므로 내년에는 자사고 합격자 수가 조금 더 늘어날 가능성이 있다.

구미중은 분당의 유일한 혁신학교다. 혁신학교는 평가가 극단적으로 엇갈리는데 고등학교에 비해서 중학교는 사정이 조금 다르다. 일단 구미중은 2016학년도 마지막 학업성취도 평가에서 분당 3위를 기록했다. 그때보다 지금 학력이 더 떨어졌을 수도 있고 그 반대일 수도 있다. 단지 특목고와 자사고 진학자가 거의 없다는 점을 두고 학력 저하를 의심할 수는 없다. 이곳은 자기 아이를 경쟁교육에 덜 노출시키고 자유롭게 키우고 싶은 학부모들이 자녀를 보내는 학교이기 때문에 상대적으로 특목고와 자사고 진학 열기가 점점 더 낮아지고 있다.

물론 2016학년도에는 지금보다 더 많은 학생을 특목고와 자사고에 보냈다. 그때는 전국적으로 지금보다 특목고와 자사고 인기가 더 높았을 때라 그런 분위기의 영향도 있었을 것이다. 게다가 당시에는 아무도 외고, 국제고, 자사고 폐지를 생각하지 않았다. 따라서 최근의 특목고와 자사고 진학률만으로 구미중의 학력이 떨어지고 있다고 단정 지을 수는 없다.

오히려 특목고와 자사고 합격자 수가 증가하고 있는 서현중

서현중은 분당 학군이 비평준화였을 때 최고의 명문이었던 서현고와 같은 이름을 쓰는 서현동에 위치한 공립중학교다. 이 학교는 특목고와 자사고 실적만으로도 2016년에 비해 학력이 더 올라갔을 가능성이 높다. 앞서 언급한 세 중학교보다 외고, 국제고, 영재고, 과고 진학률이 높고 해마다 특목고와 자사고 진학자 수도 조금씩 늘어나고 있다. 학생 수에 비해 자사고도 더 많이 보내는 편이다.

만약 지금 학업성취도 평가를 치른다면 분당의 1등이 바뀔 수도 있다. 학교 내신도 평균 점수가 아주 높다. 물론 난이도가 해마다 달라질 수는 있지만 어쨌든 그만큼 전국 단위 자사고에 갈 자원들이 많다는 뜻이다. 중학생 때부터 자녀가 경쟁적인 학업 분위기에서 공부하기를 희망하는 학부모에게는 서현중이 매력적인 대안이 될 수 있다.

이매중은 분당구의 대표적인 부촌 중 하나인 이매동에 있다. 7년 전까지만 해도 분당구에서 외고와 국제고에 가장 많이 보낸 학교다. 지금은 예전에 비해 그 수가 줄어들었다. 2022학년도 영재고와 과고 진학생들은 모두 남학생이고, 외고와 국제고 진학생들은 모두 여학생이었다.

그런데 이는 이 학교만의 특징은 아니다. 물론 영재고, 과고 진학생 중 여학생들의 비율이 점차 늘어나는 추세이긴 하지만 아직은 남녀 성비가 큰 차이를 보인다. 이매중의 최상위권 여학생들은 영재고와 과고가 아닌 전국 단위 자사고를 노린다고 해석할 수 있다.

백현중은 문과가 적성에 맞는 상위권 여학생들에게 매력적인 학교다. 분당의 중학교 중에서 외고와 국제고를 가장 많이 보내는 학교이기 때문이다. 그런데 이과 상위권 대학과 '의대·치대·한의대·약대·수의대'(이하 '의치한약수')를 노리는 학생들도 관심을 가질 필요가 있다. 2016년에는 영재고와 과고 진학자가 단 한 명도 나오지 않았지만 2022학년도에는 다섯 명으로 늘었기 때문이다. 2021학년도에는 외고와 국제고 합격자가 다섯 명이었는데 2022학년도에는 두 배 이상 늘었다. 그뿐 아니다. 영재고와 과고 합격자도 한 명에서 다섯 명으로 늘어나며 큰 폭의 상승을 했다.

개인적으로 분당의 중학교 가운데 가장 관심 있게 지켜보고 있는 학교는 백현중이다. 분당 지역 학생들이 안산동산고에 진학하지 않는 현실을 고려하면, 2022학년도 자사고 진학생 일곱 명은 전국 단위 자사고에 갔을 확률이 높기 때문이다. 이는 2021학년도 세 명과 비교하면 네 명이나 늘어난 수치다.

특목고와 자사고 진학 열기가 적은 낙원중

낙원중은 서판교에 자리하고 있는데 요즘 분당보다 더 주목받는 학교다. 분당이 성남과 묶이기 싫어하고 판교가 분당과 엮이기를 꺼리는 것처럼 요즘은 서판교가 동판교와 엮이는 걸 달가워하지 않는 분위기다. 그만큼 서판교의 위상이 높아지고 있다는 의미다.

낙원중의 학생 수는 학년별로 150명 내외로 단출하다. 이 학교는 몇 년 동안 영재고 합격생이 나오지 않고 있으며 자사고, 외고, 국제고 등의 진학자 수도 다른 학교에 비해 크게 떨어진다. 이런 사실로 보건대 아직 판교 학군은 특목고와 자사고 열기가 높지 않다고 볼 수 있다. 다만 이 학교 상위권 학생들은 인근의 낙생고에서 치열하게 경쟁하며 SKY 의치한을 노리는 것이 더 낫다는 전략을 선택했을 가능성이 높다.

양영중은 분당에서 가장 역사가 오래된 중학교다. 대한민국 정부가 세워진 다음 해인 1949년에 설립되었다. 그러나 영재고와 과고 합격생은 몇 년째 없는 상태이며 외고와 자사고 합격생도 그리 많지 않다는 점이 아쉽다. 양영중과 함께 분당 내에 입지가 비슷한 중학교로는 분당중을 꼽을 수 있다. 분당 지역 최고 학원가인 정자동에 위치한 분당중도 자사고뿐 아니라 외고, 영재고 합격자 수가 적은 학교다. 따라서 교육열이 높은 분당 맹모들의 적극적인 관심의 대상은 아닐 거라고 예상할 수 있다.

신쌤's 컨설팅

최초로 공개된 독수리학교의 놀라운 입시 실적

분당과 일부 강남 학부모들 사이에서 소리 소문 없이 인기를 끌고 있는 대안학교가 있다. 그동안 대안학교의 대명사였던 이우학교는 더 이상 대안학교가 아니다. 그리고 그 자리를 '독수리학교'라는 별칭으로 더 유명한 '독수리교육공동체'가 차지했다.

중등부와 고등부 모두 학년당 40명이 안 되는 소수정예 학급으로 구성되어 있는데, 수능성적으로 모든 게 결정되는 대입 정시전형에서 압도적인 실적을 내고 있다. 물론 이 학교는 공동체 교육을 무엇보다 중시한다. 하지만 세간의 평에 따르면 실제로는 중학생 때부터 강도 높게 입시교육을 실시하는 일종의 스파르타 기숙학원을 미리 체험하는 곳으로 알려져 있다.

일단 서울대 합격률이 재학생의 5퍼센트가 넘는다. 지난해에는 서울대 경제학과와 시각디자인학과 합격자가 나왔다. 이 학교 학생들은 검정고시를 치러야 하기 때문에 어쩔 수 없이 정시전형에 올인할 수밖에 없다. 그리고 중복 합격을 제외하면 연세대 합격자도 두 명이며 고려대, 서강대, 한양대, 중앙대 등 서울 주요 대학 합격자가 최소 한 명 이상이다. 해마다 차이는 있지만 재학생 중 한두 명을 빼고는 전원 '인서울'에 성공한다.

이 학교 학생들은 미대나 음대를 준비하는 학생들 외엔 사교육을 하지 않는 것으로 알려져 있다. '수능=사교육'이라는 공식으로 볼 때 적어도 학교에서 수능 대비만큼은 철저하게 시켜주기 때문에 따로 사교육을 받는 경우가 거의 없다고 봐야 한다. 독수리학교는 수시전형이 늘어나는 추세에서 인기가 조금 꺾이기도 했지만, 앞으로는 정시 비중이 늘어날 예정이라 더욱 주목받을 전망이다.

"자녀를 좋은 대학에 보내고 싶으신가요? 저희는 오직 그것만 신경 씁니다." 사실 고등학생을 둔 학부모들이 고등학교로부터 가장 듣고 싶은 말일 것이다. 독수리학교는 그 대답을 실제 결과로 보여주고 있다.

분당 지역 일반고의 놀라운 서울대 의대 진학률

요즘 학부모들에게는 서울대 입시 못지않게 서울대 의대 입시가 초미의 관심사다. 그런데 서울대 의대는 수시전형을 선호하는 경향이 강하다. 서울대는 국립대 수장으로서 정시전형 40퍼센트라는 전 정부 가이드라인(현 정부에도 해당됨)을 지킬 수밖에 없다. 하지만 이런 상황에서도 여전히 70퍼센트가 넘는 인원을 수시전형에서 뽑고 있다. 해당 가이드라인은 서울대 전체를 정시 40퍼센트에 맞추라는 의미로, 의대 등 특정학과에 국한시킨 게 아니기 때문에 가능한 일이다.

서울대 의대는 특히 지균으로 일반고 합격생을 많이 뽑고 있다. 지균 선발자는 42명이고 일반전형은 53명으로 그 차이가 크지 않다. 이는 서울대가 의대에 진학한 학생들의 학업능력 등을 살펴본 결과, 일반고 전교 1등이 전국 단위 자사고 전교 3~4등, 서울과고를 제외한 나머지 영재고나 과고의 전교 1등보다 낫다고 판단한 결과가 아닐까 싶다.

서울대 의대 입시의 전주곡, '민사고 입시'에 주목해야 하는 이유

2022학년도 수시전형에서 서울대 의대를 가장 많이 보낸 지역은 어디일까? 놀랍게도 강남구가 아니다. 강남구는 총 아홉 명으로 2위에 머물렀으며 1위는 대구 수성구로 모두 12명의 수시 합격자를 배출했다. 대구 전체 합격자 수가 바로 수성구 합격자인 셈이다. 이 결과는 고교 블라인드 평가를 한다지만 대학들은 수시전형에서 이미 학생들이 어느 학교 출신인지 대략 알고 있다는 의미로 해석할 수 있다. 또 한 가지는 수성구의 일반계 고등학교 학생부가 다른 지역 일반고는 물론이거니와 자사고, 영재고, 과고를 압도한다고도 볼 수 있다. 하지만 개인적으로 후자는 아니라고 확신한다. 대구 수성구는 철저하게 수능만 생각하는 정시형 학교들이 압도적으로 많은 곳이기 때문이다. 분명한 건 서울대 의대가 선호하는 지역이 존재한다는 사실이다.

서울대 의대 수시전형은 정원이 비슷한 민사고 입시 패턴과 아주 흡사하다. 민사고는 서울대 의대의 축소판이라 해도 과언이 아니다. 특별한 예외(성적만 좋고 의대 쪽 비교과 활동이 전무한 경우)가 없으면 민사고의 경우 전교 1등부터 4등까지 서울대 의대에 합격한다. 2021학년도에는 네 명으로 전국 최다 수시 합격자를 배출했는데, 이는 세 명을 배출한 서울과고보다도 많은 숫자다.

민사고가 신입생을 뽑는 성향은 서울대 의대와 비슷하다. 우선 교육특구에 대한 사랑이 대단하다. 민사고 합격생을 살펴보면 대구 수성구나 분당 출신은 20명 내외고 대치동과 중계동, 목동을 합치면 아마 절반은 교육특구 출신이 차지할 것이다. 물론 학교의 공식적인 발표가 아닌 개인적인 추정이다. 하지만 내가 만난 수많은 학생의 경우, 교육특구의 민사고 합격생이 다른 자사고보다 월등히 많았다. 민사고가 국영수 과목 심층면접을 실시할 때는 합격생의 80퍼센트 정도가 교육특구 출신이다. 하지만 자기주도학습전형으로 바뀐 최근에는 전국에서 골고루 배출되는 추세였다. 2023년부터 다시 국영수 교과 심층면접

분당, 판교 지역 주요 고등학교 서울대 합격자 수 및 내신점수

고등학교	서울대 합격자 수	졸업생 수	예상 재수생 비율	국어 평균점수	수학 평균점수	영어 평균점수
낙생고	27명(수시 2명, 정시 25명)	286명	50.9%	74.8	64.4	61.7
분당중앙고	14명(수시 5명, 정시 9명)	285명	42.5%	64.8	61.3	60.8
분당대진고	11명(수시 4명, 정시 7명)	331명	44.2%	76.4	64.6	60.8
서현고	6명(수시 5명, 정시 1명)	293명	39.4%	63.8	60.7	65.7
야탑고	5명(수시 5명)	251명	32.8%	71.3	53.2	50.6
분당영덕여고	5명(수시 3명, 정시 2명)	247명	33.6%	69.1	62.2	63.8
태원고	5명(수시 4명, 정시 1명)	338명	35.7%	64.8	60.2	54.6
늘푸른고	5명(수시 2명, 정시 3명)	256명	37.9%	71.3	63.6	67.4

을 실시하므로 이후 교육특구의 합격자 비율은 늘 전망이다.

지금부터는 서울대 의대 진학률이 세 번째로 높은 지역에 대해 살펴보자. 대부분 서초구라고 생각할 수 있겠지만 사실 분당구다. 분당구에서는 2022학년도에 모두 다섯 명의 수시 합격생을 배출했다. 경기도 전체에서 12명(외대부고 두 명)이 나왔고 그중 일반고 출신 합격생이 10명이다. 절반에 해당하는 합격생이 분당에서 나온 셈이다. 이는 자사고와 특목고 하나 없이 오직 일반고로만 이룬 실적이기에 더욱 가치가 있다.

몇 년 전 분당구는 물론 경기도 전체에서 외대부고를 제외하면 서울대 의대 수시 합격생이 단 한 명도 나오지 않은 적이 있다. 그 소문이 분당에 퍼져서 그 다음 해에는 서울대 의대에 갈 우수 자원들이 지원을 기피하기도 했다. 물론 분당에서 서울대 의대 수시 합격생이 안 나온 해는 딱 그 한 해에만 그쳤다. 전통적으로 서울대 의대 합격생 수는 경기도의 경우 분당에서 늘 압도적으로 많았다. 결국 경기도 전체의 서울대 의대 및 서울대 입시 실적은 분당이 리드했다고 해도 과언이 아니다.

2023년이 더 기대되는 낙생고의 막강한 서울대 실적

낙생고의 2022학년도 입시 실적은 눈부심 그 자체다. 일단 재수생을 포함해서 전교생의 10퍼센트가 서울대에 합격한다는 것은 대단한 일이다. 낙생고는 강남권 3대 자사고인 휘문고, 중동고, 세화고를 제외하고는 전국 1위의 실적을 올렸다. 분당구의 1위 일반고가 전국 1위 일반고인 셈이다.

낙생고는 서울대 입시에서 정시전형 인원이 30퍼센트로 확대되자마자 실적이 올랐다. 서울대 합격생이 13명 내외였는데 2021학년도에는 18명으로 대폭 늘었다. 다만 수시전형 합격생은 세 명에서 두 명으로 줄었다. 낙생고는 이과에 강한 학교로 두 반을 제외한 나머지 전체가 이과반일 때도 있다. 이런 이유로 통합형 수능에서 강할 수밖에 없다. 특히 2022학년도는 서울대 정시전형에서 이과생들이 정치외교학과, 인문광역(서울대 인문대는 정시전형에서 학과별로 신입생을 선발하지 않고 '인문광역'으로 뽑고 있다) 등 문과 쪽으로 교차지원해서 서울대 합격자 수를 더욱 늘린 듯하다. 낙생고의 2023학년도 서울대 합격생은 최소 30명을 넘길 전망이다. 2022년 재수생 숫자가 지난해보다 14퍼센트나 증가했고 반수생까지 고려한다면 이번 수능에서도 무시무시한 결과를 낼 것으로 보인다. 일례로 2021학년도 정시전형에서 국민대에 합격하고도 재수를 선택한 학생은 6월 모의고사에서는 전 영역 1등급, 그것도 백분위가 99점이 넘는 등급을 받았다. 그만큼 낙생고 재수생들의 실력은 막강하다.

낙생고는 학교 내신도 치열하지만 교육청 모의고사에서는 단 한 문제만 틀려도 반에서 6~7등이 내려갈 정도로 수능에 최적화된 학생으로 가득 차 있다. 다만 낙생고도 해결해야 할 과제는 있다. 2015학년도에 여덟 명이었던 서울대 수시 합격생 숫자가 계속해서 줄고 있다는 점이다. 이처럼 정시형 학교로만 분류되면 얻는 것도 있고 잃는 것도 있다. 낙생고는 서울대가 강조하는 자기주도 학습능력을 학생부에서 강조하기 위해 노력하는 편이다. 하지만 서울대 측은 조금 다른 생각을 하는 듯하다.

또 다른 옥의 티를 찾자면 생각보다 수시전형에서 서울대 의대 합격자가 많이 나오지 않는다는 점이다. 2022학년도에는 서울대 의대 합격자가 아예 없었고 정시전형으로 치의예과에 간 학생만 있었다. 과거에도 수시전형으로 서울대 의대에 간 사례가 많지는 않았다. 그러다 2023년도 수시 일반전형에서 서울대 의대 합격자가 나왔다. 서울대 의대 정시 합격자는 수능성적이 전국 50등 안에 들어야 하는 등 극상위권에 속한다. 2022년처럼 통합형 수능에서 영재고 학생들이 초강세를 보이면, 일반고 학생이 정시전형으로 서울대 의대에 간다는 것은 거의 기적에 가까운 일이다.

분당구의 차선은 분당중앙고와 분당대진고인가, 아니면 서현고인가

분당의 2위 학교는 서현고에서 분당중앙고로 바뀌었다. 전통적으로 서현고가 강세를 보이다가 2020년부터 분당중앙고가 앞서나가기 시작했다. 과학중점학교인 분당중앙고는 수시와 정시 모두 적절히 강한 학교라는 장점이 있다. 2022학년도 수시전형에서 서울대 의대와 서울대 치의예과 합격생이 각각 한 명씩 나왔고, 서울대 정시 합격자도 한 명 나왔다. 분당의 일반고 중 서울대 의대 정시 합격자를 배출한 곳은 분당중앙고가 유일하다.

최근 몇 년간 분당중앙고는 서울대 의대 수시 합격생을 지속적으로 배출하고 있다. 서울대가 믿고 뽑아주는 학교라는 증거다. 그동안에는 수시와 정시 모두 강했는데 2022학년도에는 정시전형에서 더 많은 합격자를 배출했다. 다만 이 학교를 선택하기 전에 알아야 할 점은 내신 경쟁이 치열하다는 점이다.

분당의 3위는 분당대진고다. 일산의 대진고 그리고 중계동의 대진고와 대진여고까지 이들 학교의 공통점은 같은 재단의 학교이면서 학업성적이 우수하다는 점이다. 분당대진고의 경우 2020년 이전까지는 수시가 강세였으나 최근에는 정시 쪽으로 무게 중심이 이동하고 있다. 2022학년도에는 서울대 의대 수시 합격생을 배출했으며 문과 전교 1등이 수시전형으로 서울대 정치외교학과에 합격했다.

정원이 많은 이과에서는 연세대 의대를 비롯해서 가톨릭대 의대, 가천대 의대, 경희대 의대 등 상위권 의대 합격생이 많이 나왔다. 의치한약 합격자 수는 총 42명으로 중복 합격자를 고려하더라도 한 학년에 15명 정도가 의학계열에 진학한다는 건 쉽지 않은 일이다.

이 학교의 특징은 외고가 아닌데도 유학반이 따로 있어서 20명 이상 꾸준히 미국과 일본의 명문 대학에 합격한다는 사실이다. 2004년에 외국어 특성화 학교로 지정되면서 글로벌 역량을 갖춘 인재를 교육시킬 여건이 마련되었기 때문이다. 그래서 분당의 문과 상위권 학생 중에는 외고 대신 분당대진고를 선택한 이들이 꽤 있을 것이다. 하지만 2022년부터는 유학반을 운영하지 않고 있다.

분당구 내 수시전형의 절대강자인 서현고는 평준화 이전에는 일산의 백석고와 함께 서울대 입시에서 경기도를 이끌던 쌍두마차였다. 2022학년도에도 서울대 의대 합격자를 예년 수준으로 배출했다. 다만 2018학년도까지는 서울대 합격자 수가 11명으로 10명을 넘었지만 2020학년도부터는 그 숫자가 줄면서 분당구 내 4위로 주저앉았다.

서현고는 분당의 IT중점고등학교로 이과가 강한 학교로 알려져 있다. 연세대 의대에 합격한 학생이 서울대 수리과학부를 선택하기도 했다. 문과 1등은 당연히 경영학과에 합격했다. 서울대 수시 합격 실적이 좋은 고등학교의 경우 문과 1등은 경영학과, 이과 1등은 서울대 의대에 간다고 보면 된다. 다만 상대적으로 수능에 강점이 있는 학생들이 낙생고나 분당중앙고 등으로 몰리면서 정시 경쟁력이 점점 약해질 수 있다.

서울대 수시 합격생을 꾸준히 배출하는 학교의 경쟁력 보는 방법

야탑고는 분당구 5위의 학교로 서울대 합격생을 모두 수시전형으로 보낸 대표적인 수시형 학교다. 지균으로는 컴퓨터공학과에 합격자를 배출했다. 지균 두 명과 일반전형 세 명까지 모두 수시 합격자라는 점에서 야탑고는 학생부에 강점이 있으며, 학교 프로그램으로 수학과 과학의 심층면접 대비도 가능하다고 볼 수 있다.

야탑고가 면접에 강한 학교라고 생각하는 데는 이유가 있다. 서울대 일반전형 1차 합격자가 세 명이었는데 최종적으로 세 명 모두 합격했다는 점 때문이다. 물론 이들이 사교육의 도움을 받았을 수도 있다. 하지만 면접 특히 서울대 심층면접을 학교 수업과 프로그램에서 쌓은 기초 실력 없이 단기간에 대비하기란 불가능하다. 또 다른 장점으로는 진로 탐색 프로그램이 좋고 1인 2기를 통해 인성 및 예체능교육에도 신경을 쓰고 있다는 점이다.

그리고 주로 외고에서 진행하는 방식인데, 전공이 비슷한 학생들끼리 모여 관련 학과에 맞는 주제를 탐구하도록 돕는 활동도 있다. 다만 정시가 좀 더 강화되는 추세에 맞춰 정시 경쟁력을 어떻게 높일지는 숙제로 남아 있다. 수능 수학의 중요성이 갈수록 커지는 상황에서 수학 내신성적이 유달리 낮은 것도 고민된다. 정시까지 생각하는 이과형 학생들에게는 다소 아쉬운 점이다.

분당영덕여고는 분당 지역의 유일한 여고다. 매해 서울대 합격생을 다섯 명 내외로 배출하고 있다. 어떤 해에는 서울대 의대 합격자가 나오기도 했다. 남녀공학이 대부분인 분당에서 여학교를 선택하는 이유는 무엇일까? 일단 이과 상위권 남학생들이 없기 때문에 수학이 중요한 이과에서 경쟁력을 확보하기 쉽다. 그런데 분당영덕여고는 서울대 합격자 전원이 문과 그리고 예체능 및 자유전공학부에 국한되어 있고 이과생은 합격자가 나오지 않았다. 그렇다고 해서 이과 최상위권이 약하다고 단정 지을 수는 없다. 서울대 의대 합격자는 없지만 수시전형으로 연세대 의대에 합격한 여학생이 있다. 정시전형에서는 가톨릭대 의대 합격자도 나왔다. 다만 문과와 예체능 쪽 진학을 고려하는 여학생들이 분당영덕여고를 선택하는 경향이 강하다.

태원고도 수시에 강한 학교다. 서울대 경영학과 수시 합격자를 배출했다. 태원고 최상위권 문과 학생들을 많이 상담했는데 학교 내신을 보면 영어점수가 특히 낮았다. 심지어 3학년 때 하는 진로 선택과목인 '영어권 문화'도 성취도 A가 15퍼센트밖에 안 된다. 유달리 영어가 약하거나 반대로 영어시험을 유달리 어렵게 출제하거나 둘 중 하나에 해당한다. 또 한 가지 특기할 만한 사실은 '인서울 대학' 지원자들의 학생부도 세세하게 챙겨준다는 점이다. 학년별로 창의반 20명, 융합반 20명, 미래반 20명 총 60명을 잘 관리하고 있다.

늘푸른고는 수시보다 정시에 좀 더 강한 학교다. 이는 문과보다는 이과가 조금 더 강한 학교라는 의미다. 학교 동아리 숫자에서도 다른 학교와 달리 이과 동아리가 문과 동아리보다 조금 더 많다. 그리고 IT 관련 동아리만 아홉 개나 된다는 점을 보면 이과에 조금 더 비중을 둔 학교라는 추측이 가능하다. 늘푸른고의 학생부를 보면 과학 과목은 실험 내용을, 사회 과목은 각종 리서치 내용을 중심으로 채워나가면서 학생들이 탐구형 인재임을 적극적으로 드러내고 있다.

분당구 톱 8에는 들지 못했지만 불곡고에서도 서울대 의대 수시 합격생이 나왔다. 그런데 수시와 정시 모두 합쳐서 서울대 합격생이 단 한 명이고 유일한 한 명이 서울대 의대에 갔다는 것은 무슨 뜻일까? 그 학교 프로그램이 수시전형에 강한 것이 아니라 그 학생이 유독 뛰어나서일 가능성이 높다. 학교를 불문하고 독보적인 학생은 나오게 마련이다. 다만 불곡고는 2020학년도에는 서울대 합격생을 다섯 명 배출했으며 이로 짐작컨대 여전히 저력은 충분하다.

용인 수지고의 정시 초강세, 보정고의 서울대 의대 합격자 배출

분당 쪽에 진입하고 싶지만 아파트 가격 때문에 차선책을 고민 중이라면 용인시도 고려해볼 만하다. 외대부고가 있는 곳인데 이 학교 말고도 막강한 일반고인 수지고가 있다. 비평준화 시절 용인 지역의 차상위권(최상위권은 지역전형으로 외대부고에 갔다)을 독식하던 학교였다. 수지고는 2022학년도 서울대 합격자를 총 13명(수시 두 명, 정시 11명)이나 배출했다. 이는 강남 3구를 제외한 웬만한 서울의 최상위권 고등학교보다 많은 숫자다. 그런데 최근 몇 년간의 통계에서 드러나듯이 수지고는 완벽한 정시형 학교다. 전교생의 47퍼센트가 반수가 아닌 순수한 재수를 선택하는 것을 보면 수지고의 선전에는 재수를 통한 사교육의 도움도 분명히 존재한다.

보정고도 2022학년도에 수시전형으로 서울대 의대 합격생을 배출했다. 그런데 이 학생이 보정고의 유일한 서울대 합격자다. 원래 보정고는 서울대나 서울대 의대 합격자가 거의 없었다. 이런 학교에서 수시전형으로 합격자가 나왔다는 것을 놓고 보면, 전 과목 1등급을 받은 학생일 거라는 추측이 가능하다. 그런데 놀랍게도 이 학생은 1학년 때 한두 과목에서 2등급을 받았다고 한다. 얼마나 대단한 역량을 가진 학생이기에 서울대 의대 수시전형에서 합격했는지 궁금할 정도다. 이 학생의 쾌거가 개인적 역량으로 끝날지 보정고의 환골탈태로 이어질지는 조금 더 지켜봐야 한다.

용인 수지에서 수지고가 아닌 다른 일반고에서 서울대 의대 수시 합격자가 나오는 경향은 2023학년도에 이어져 이번에는 현암고에서 합격자가 나왔다.

신쌤's 컨설팅

낙생고보다 서울대 수시 합격생이 많은 분당중앙고 학생부의 비결

분당의 절대강자 낙생고보다 서울대 수시 합격자 실적이 좋은 학교는 분당중앙고다. 도대체 그 비결은 무엇일까? 최상위권 학생의 학생부를 비교 분석해보자. 우선 낙생고에 비해 분당중앙고 학생들의 학생부는 분량이 더 많다. 통상적으로 2학년 때까지 17장, 3학년 때는 학생부가 22장 정도 나온다. 그만큼 분량을 꽉꽉 채워가며 선생님들이 헌신적으로 써준다는 의미다.

자율 활동 부분은 모든 학생에게 동일한 내용인 학교 행사나 간부(학급회장 등) 활동이 아닌 3D프린팅 아카데미, STEAM 창의체험 활동, 수학문화 축제 등 이과 공부와 관련된 내용이 대부분이다. 동아리는 전공심화 동아리와 융합 동아리 그리고 시사이슈에서 과학적 이론을 찾는 동아리까지 수준에 맞게 선택할 수 있다.

진로 활동은 대학 연계 활동, 탐구 주제 발표, 전공 관련 온라인 교육 등을 통해 전공적합성을 충실히 보여준다. 물리학 등의 주요 과목의 경우 어떤 부분을 특히 잘하고 어떤 부분에 관심이 있는지 등 학생의 구체적인 학업 역량과 인성을 동시에 보여주려 했다.

의대 진학을 희망하는 학생을 예로 들면 '생명과학I'과 '생명과학II' 수업에서 학생이 희귀유전병에 대해 어느 정도 파고들었는지 잘 드러나 있다. 이처럼 학생들의 진로를 섬세하게 파악해서 교과목 공부 내용과 학생부 전반을 연계시켰다. 또한 인성의 장점까지 담아내려 노력한 흔적이 여실히 드러난다.

대치동 학원가의 분당화인가,
분당 학원가의 대치동화인가

분당은 정자역이 있는 정자동이 핵심 학원가다. 그다음은 수내역, 서현역, 이매역 순이다. 분당의 모든 지역은 지하철로 연결되기 때문에 학생들은 학교에서 학원으로 쉽게 이동할 수 있다. 그리고 분당의 교육 열기가 뜨거워질수록 정자역을 중심으로 하는 학원가도 점차 변모하는 중이다. 대치동 학원들의 분원이 분당에 점점 더 많이 생기면서 이른바 분당의 대치동화가 본격적으로 진행되고 있다.

사교육의 핵심 메커니즘은 단 하나다. 바로 돈이 되는 곳에 학원이 몰린다는 것이다. 분당의 아파트 가격이 오르고 자녀를 명문대에 보내겠다는 학부모들의 의지가 갈수록 강해지는데 대치동 사교육이 분당을 모른 척할 이유가 없다. 대치동에서 뜨는 학원의 다음 목적지는 분당이다.

분당에서도 일타가 되어가는 최선어학원

앞서 분당의 학생과 학부모들은 특목고와 자사고가 아닌 일반고로 관심이 쏠리고 있다고 언급했다. 당연히 그들의 첫 번째 관심사는 내신점수다. 분당의 학원들도 중등부에서 고등부 1학년까지는 철저하게 내신 중심으로 돌아가고, 2학년 때부터 수능 위주로 전환될 수밖에 없다.

분당에서도 영어 학원의 규모로는 DYB최선어학원 분당이 톱이라는 게 중론이다. DYB최선어학원 분당이 기존 어학원과 차별화된 점은 바로 내신 대비다. 외고 입시가 영어 듣기에서 영어 내신으로 바뀌면서 대치동에서 가장 확장세를 보이는 학원이 바로 DYB최선어학원 분당이다. 중학생 때부터 시험 기간에는 학교별로 따로 반을 편성해서 대비시키기 때문에 학생들 입장에서는 DYB최선어학원 만한 시스템을 갖춘 곳이 없다는 평가다. DYB최선어학원 분당은 정자역이 아닌 수내역 근처에 있다.

분당 학생들 중 '디베이트' 등의 표현 영어를 중시하고 외국 대학이 목표인 경우는 청담어학원 분당브랜치 등의 전국구 프랜차이즈보다는 토종 브랜드를 조금 더 선호한다. 이와 관련해서는 분당에 본원이 있는 KDF어학원을 들 수 있다. 해외 생활을 한 학생들의 만족도가 가장 높은 학원으로 소수정예로 반을 운영하는 강점이 있다. 비콘힐어학원은 규모는 다소 떨어지지만 다양한 배경지식을 키워주는 영어 독서로 나름의 니치 마켓을 개척 중인 곳이다.

내 자녀의 목표와 레벨에 맞는 수학 학원, 분당에는 다 있다

입시의 꽃이자 사교육의 핵심은 바로 수학이다. 분당 수학 학원의 최강자는 어디일까? 바로 수학의아침 수내캠퍼스다. 대치동의 깊은생각과 같은 분당의 슈퍼스타라고 보면 된다. 수학의아침 사이언스카이 수내캠퍼스 영재관에 입학하기 위해 학생들은 레벨 테스트 준비를 해주는 별도의 사교육을 받을 정도다. 과제량이 많고 선행학습 속도가 빨라서 최상위권을 넘어 극상위권에게 적합하다는 평도 있다. 요즘은 초등 고학년생 중에도 미적분을 공부하는 학생이 흔하다 보니 수학의아침 수내캠퍼스는 아침부터 밤늦게까지 문전성시를 이루는 학원이 되었다.

수학에 약하거나 선행학습이 부담되는 학생들은 짱솔학원 분당점을 선호하는 분위기다. 관리 능력이 좋고 학원 선생님과 학생들의 소통이 원활하다는 평가가 지배적이다. 대치동에 본원이 있는 생각하는황소 분당학원은 지역의 차이가 거의 없다는 평이다. 초등학생은 학교 시험이 없기 때문에 각종 경시와 영재원 준비에 더 관심이 많다. 생각하는황소 분당학원은 이러한 니즈를 잘 파고들었다. 특히 영재고와 과고를 목표로 하는 학생들이 미리 심화과정에 적응하자는 취지에서 다니는 학원으로 알려져 있다. 이밖에 좀 더 세세한 관리를 원할 경우에는 더원학원 분당점이나 수학하다학원을 추천하기도 한다.

수학 학원을 선택할 때는 '무엇을 중시할 것인가'가 관건이다. 소수정예에 맞는지 대형 강의에 맞는지를 따져야 한다. 그리고 학생의 실력을 냉정하게 평가해서 개념학습, 심화학습, 선행학습 중 어느 레벨의 공부를 해야 하는지 파악한 후 선택하는 것이 중요하다. 분당은 이 가운데 그 어떤 기준을 적용해도 학생에게 가장 적합한 학원을 찾을 수 있을 정도로 질적으로나 양적으로나 괜찮은 수학 학원을 많이 보유하고 있다. 이런 이유로 경기도 대장이라는 평을 받는다.

내신과 수능 준비 두 마리 토끼를 다 잡을 수 있는 국어 학원

분당 학원가에는 국어 학원도 다양하다. 그중에서 분당 토종 브랜드인 라임

국어학원이 유명하다. 낙생고 등 학교별로 내신을 잘 챙겨주면서 수능에서 갈수록 중요해지는 국어를 분당 내에서 해결할 수 있도록 시장을 구축한 선두주자다. 각 학교별 출제 경향과 선생님의 스타일을 빨리 파악해 이른바 족보에 기반한 수업을 진행한다. 나아가 모의고사 스타일로 문제를 출제하면서 교과서 외부 지문에 대한 경쟁력을 동시에 키워준다는 평가를 받고 있다.

분당 아라국어전문학원도 유명하다. 이곳은 과제물을 꼼꼼히 체크하면서 학생들의 실력이 제대로 늘고 있는지 철저히 점검하는 곳으로도 정평이 나 있다. 배지희국어학원도 이 두 학원만큼이나 잘 알려져 있으며 역시나 클리닉이 유명하다. 대부분의 학생이 모의고사와 내신 국어시험에서 성적이 오를 정도로 성과가 좋은데, 학생들과의 소통에는 부족함이 있다고 알려져 있다.

그렇다면 과학 학원은 어디가 좋을까? 전통의 강자는 압구정동에서 시작해 강남 최고의 중등 과학 학원이 된 분당 파인만학원인데, 근래 들어 분당에서는 선호도가 떨어지는 추세다. 최근에는 이지싸이언스과학학원과 대치동에 본원이 있는 플라즈마 분당학원이 선호도가 높다. 초등 고학년부터 수업을 하는 알지과학전문학원도 학부모들의 입소문을 타고 있다.

그 외에 IT나 소프트웨어 분야로 진로를 지망하거나 정보 올림피아드를 준비하는 학생들은 초등학생 때부터 코딩 학원을 다니는데 분당이라고 예외는 아니다. 분당에서 가장 인기 있는 코딩 학원은 씨큐브코딩 분당센터다. 단순한 컴퓨터언어뿐 아니라 수학적 사고력과 표현 능력을 같이 키워주기 때문에 융합교육을 강조하는 현행 교육 시스템과도 잘 연결된다는 평가를 받고 있다. 그 외에 판교에 있는 디랩코딩학원 판교캠퍼스를 선택하는 학부모들도 많다.

분당 학원가가 대치동에 비해 아쉬운 점은 믿을 만한 사회탐구 학원이 별로 없다는 점이다. 사회탐구 수업은 고3 방학 특강 정도로만 편하되고 있는 분위기다. 낙생고를 필두로 분당중앙고 등 상위권 고등학교들이 대부분 이과 지향적이라 사회탐구의 수요가 많지 않아서다. 그러나 논술 학원은 분당에도 강자가 있다. 아카데미창논술학원 분당직영센터는 초등학생들이 책 읽기와 글쓰기 능력을 키우기 위해 가는 곳이다. 이슈논술학원은 분당 지역에서 논술 전형 합격생을 가장 많이 배출하는 전통 있는 학원이다. 물론 대입에서 논술의 중요성이 갈수록 줄어들고 있어 논술학원의 입지도 좁아지는 추세다.

분당 학원가는 크게 보면 지역 학교에 특화된 내신에 강한 토종 학원들과 대치동 유명 학원의 A급 강사들이 포진해 있는 분원으로 나뉘어져 있다. 선택은 학부모와 학생의 니즈에 달려 있다. 내신에 조금 더 비중을 두면서 중학교와 고등학교 생활을 할 것인가, 아니면 수능을 조금 더 일찍 준비할 것인가에 따라 학원 선택도 달라진다.

분당 아파트 이름에 '판교'를 붙이는 이유

코로나19 팬데믹 이후 풍부한 유동성으로 아파트 가격이 치솟기 전, 분당 지역 최고가 아파트는 백현마을1단지에 있는 판교푸르지오그랑블이었다. 당시 평단가가 4,950만 원 선이었다. 기존의 분당 지역 아파트와 달리 2011년 입주를 시작한 비교적 신축 아파트로, 2022년 4월에 31평이 27억 3,000만 원에 거래된 기록이 있다. 평당 거의 9,000만 원 선이니 서초구와 강남구 아파트의 뒤를 잇는 가격이라 할 수 있다. 그만큼 지난 2년 동안 분당의 랜드마크 아파트들의 가격이 정말 많이 올랐다.

반면 높은 매매가에 비해 전세가는 상대적으로 저렴해 보인다. 2022년 9월에 30평 아파트가 10억 5,000만 원에 계약되었고, 월세 선호 현상에 힘입어 2022년 10월에는 보증금 3억 원에 월세 150만 원에 계약된 기록도 있다. 한국은행이 공식적으로 정한 보증금 전환율은 2.5퍼센트다. 전세가로 환산하면 12억 원 정도니 대략 10억 원에서 12억 원 사이로 생각하면 된다.

그런데 한 가지 흥미로운 점은 분당구 백현동에 있는 아파트에 '판교'라는 이름을 붙인다는 점이다. 왜 '천당 아래 분당'이 판교라는 이름을 빌려 쓸까? 분당은 좋은 학교와 아파트, 각종 IT 기업이 있는 자족도시로 인정받았지만 최근에는 베드타운 이미지가 강했다. 게다가 분당의 아파트가 노후화되면 될수록 판교의 위상이 분당을 앞지른다. 이런 분위기 속에서 분당 지역 신축 아파트들은 판교의 후광을 입기 위해 아파트 이름에 '판교'를 넣는 것이다.

백현동에 있는 판교알파리움2단지는 2015년 입주를 시작한 신축으로 당시 평당 가격은 4,451만 원이었고 최근에는 29평이 22억 원에 거래되면서 평당 7,000만 원을 넘겼다. 백현7단지휴먼시아는 과거 분당에서 시세가 8위 정도였으나, 2022년 5월에 25평이 19억 1,000만 원에 매매되면서 평단가 8,000만 원으로 분당 내 2위로 올라섰다. 전세가를 비교해보면 2022년 7월 기준으로 백현7단지휴먼시아 25평이 9억 3,000만 원, 판교알파리움2단지는 29평 전세가가 11억 5,000만 원을 기록했다.

분당의 강남이 정자동이란 말은 이제 옛말

사실 분당의 강남은 정자동이었다. 아파트 가격은 판교와 가까울수록 더 높아지는 '판교효과'가 분명히 존재한다. 그래서 분당구에서는 백현동 다음으로 삼평동이 주목받고 있다. 2020년까지 삼평동은 봇들8단지휴먼시아와 봇들7단지엔파트가 분당의 2위, 3위를 기록했다. 2022년 거래 기준으로 보면 두 단지는 분당 내 4~5위에 해당한다. 봇들8단지휴먼시아는 2022년 4월, 33평이 24억 원에 매매된 기록이 있고 5~7월 사이에는 거래가 없다. 갑자기 매물이 사라졌을 리는 없고 금리 인상으로 거래가 끊겼을 가능성이 크다. 따라서 2022년 4월 이 지역에 진입했다면 상투를 잡았을 가능성이 높다.

삼평동 내 아파트의 전세가도 만만치 않다. 2022년 6월에 봇들8단지휴먼시아 33평이 11억 5,000만 원에 계약됐으니 전세가가 대부분 10억 원 이하인 분당 내 다른 지역보다 유달리 전세가가 높다. 봇들7단지엔파트는 6월에 33평이 23억 5,000만 원에 매매되었고 전세가는 13억 원이다. 이 가격이면 서울 강남권을 비롯한 핵심 지역을 제외한 나머지 지역에서는 33평 구축 아파트를 충분히 살 수 있는 가격이다. 그런데도 10억 원이 넘는 전세가를 지불하는 이유는 무엇일까? 분당이 그만큼 학군, 교통, 직주근접 등 좋은 거주 요건을 두루 갖추고 있기 때문이다. 경기도 지역 중 거주 욕망을 채워주는 곳은 분당 그리고 서울과 같은 전화번호 국번을 쓰는 과천시 정도라 할 수 있다.

판교동에서는 판교원3단지푸르지오와 판교원5단지푸르지오의 시세가 가장 높다. 분당에 진입해서 낙생고를 가기 위한 전략으로 아파트를 고를 경우 가장 가성비가 좋은 아파트들은 판교동에 있다. 두 단지 모두 매매가는 비슷하다. 3단지는 30평이 17억 6,000만 원이었고, 전세가는 25평이 7억 9,000만 원으로 조금 저렴하다. 5단지는 30평이 16억 8,000만 원으로 25평의 가격(16억 3,500만 원)과 큰 차이가 나지 않는다. 즉 25평이 더 인기 있다는 의미다. 30평의 전세가는 6억 9,000만 원에서 7억 8,000만 원 사이이다.

운중동의 단독주택은 넘사벽이다

운중동은 유명인들이 많이 사는 곳으로 소위 서판교로 불리는 분당의 신흥 부촌이다. 이매동처럼 단독주택도 많은데 사실 일반인들이 거주하기에는 가격대가 너무 높다. 연면적 177평의 단독주택 가격이 55억 원대니 넘사벽이다. 운중동에 진입하려면 결국 아파트를 공략해야 한다. 이곳은 소형 평수인 18평이 많은 산운10단지로제비앙이 가장 인기가 높다. 2021년에는 13억 7,000만 원에 거래되었다. 평당 7,800만 원 선이니 대단히 높다. 서판교는 확실히 동판교보다 가격대가 높다. 산운9단지노블랜드의 25평의 최고가는 14억 9,000만 원(2022년 5월)이다. 전세가는 25평이 6억 4,000만 원으로 매매가 대비 낮은 편이다. 2022년 5월 산운10단지로제비앙 18평의 최고가는 6억 7,000만 원이다. 전세가만 보면 평수가 더 큰 24평이 6억 1,000만 원에 나가기도 했으니, 전세는 시점에 따라 가격 차이가 크다는 사실을 알 수 있다.

분당의 강남으로 불리는 정자동은 주상복합아파트가 유명하다. 그런데 파크뷰와 아데나팰리스는 분당 내 다른 지역의 아파트에 비해 평단가가 높지는 않으며 상승 폭이 조금 둔화되고 있다. 정자동의 랜드마크인 파크뷰는 2020년에 평당 3,729만 원이었는데 2022년에는 7월에 42평이 26억 5,000만 원에 매매된 기록이 있다. 물론 많이 오르긴 했지만 분당의 다른 지역에 비해서는 상승폭이 작다. 전세가도 같은 평수가 11억 6,000만 원 선이다. 아데나팰리스는 대형 평수가 더 많은데 50평이 2021년에 22억 5,000만 원에 거래된 적이 있다. 대형 평수일수록 가격 상승 폭이 둔화되는 경향이 있다.

입시를 앞둔 3~4인 가족에게 정자동 진입은 좋은 선택이다. 정자동에는 유명한 고등부 학원이 몰려 있으며, 문과 지망 여학생들을 위한 성남외고와 갈수록 경쟁력이 높아지는 늘푸른고도 있다. 다만 주상복합아파트에 거주할 여력이 안 된다면 상록마을 임광보성아파트 25평 내외의 소형 평수도 대안이 될 수 있다. 2022년 3월에 26평이 12억 8,000만 원에 거래되었다. 전세가는 20평이 4억 원대 초반인데 거래 현황을 보면 정자동은 월세를 조금 더 선호하는 것으로 보인다.

분당 하면 가장 먼저 떠오르는 서현동의 시세는 어떨까? 판교 개발 이전에 서현동은 분당의 입구로, 이곳 로데오거리는 분당 최고의 번화가였다. 서현동을 대표하는 아파트 단지는 시범단지로 삼성한신, 한양, 우성을 꼽을 수 있다.

2022년에 시범단지한신은 25평이 16억 4,000만 원, 시범단지한양은 45평이 18억 원, 시범단지우성은 40평이 19억 원에 매매되었다. 분당의 재건축이 조만간 확정되면 서현동의 아파트 가격대는 지금보다 더 많이 올라갈 것으로 예상된다.

분당 내 교육열이 가장 높은 수내동의 아파트 가격 변화에 주목하라

수내동은 분당의 맹모들이 모인 가장 교육열이 높은 곳이다. 분당의 중등부 유명 학원은 정자동보다 수내동에 더 많이 있으며 중산층이 많이 모여 산다. 각종 편의시설과 녹지 공원도 많아 삶의 질이 갈수록 높아지는 지역이다. 수내동의 대장아파트는 양지마을 3단지 금호아파트로 40평이 20억 1,000만 원이니 평당 5,000만 원 선이다. 전세가는 30평이 8억 1,000만 원에서 9억 원 사이다. 파크타운대림은 2022년 6월에 40평이 18억 원에 거래되었다. 이 가격은 한 달 만에 3억 원이나 떨어진 것으로 이 아파트는 가격대가 더 급하게 낮아질 우려도 있다.

가격이 폭락하면 사려는 사람은 더 싸질 때까지 기다린다. 부동산 역시 철저하게 수요와 공급의 차로 가격이 결정되기 때문이다. 현재 분당의 삼총사(정자동, 수내동, 서현동)를 제외하면 다른 지역은 구매자가 갑으로 바뀌고 있다. 전세는 매매보다 거래가 활발한데 2022년 7월에 40평은 10억 원에 계약되었다.

분당 역시 아파트 천국이지만 운중동과 이매동에는 단독주택도 많다. 특히 이매동은 분당의 한남동으로, 단독주택에는 기업인들이 많이 산다. 단독주택은 50평이 12억 7,000만 원이고 160평은 23억 원 정도라 그보다 훨씬 적은 평수의 분당 아파트보다는 싸다. 이매동의 이매삼성 42평이 2022년 6월에 15억 5,000만 원에 거래됐으니 이매동의 아파트 가격도 분당 내 다른 지역과 비교해

보았을 때 높은 편은 아니다.

분당에도 빌라와 다세대주택은 있다. 분당에서 제일 비싼 백현동의 빌라 18평의 매매가가 2억 2,500만 원이다. 빌라는 소유 가치가 떨어지니 매매가보다 전세가가 높은 이른바 역전세가 많다. 같은 평수의 빌라 전세가는 3억 원이 넘는다. 학군과 직장 때문에 분당에 살고 싶지만 아파트에 진입하기 어려운 이들은 빌라나 다세대주택을 고려해볼 수도 있다. 다만 매매가보다 전세가가 높은 빌라는 유의해야 한다.

분당은 앞으로 더욱 발전할 것이다. 제2의 테크노밸리가 생기면서 일자리도 늘어나 더 많은 젊은 인력을 흡수할 것으로 예상된다. 분당선과 신분당선을 비롯해서 GTX A노선이 파주에서 분당을 거쳐 동탄까지 이어진다. 위례신도시로는 경전철로 연결되고 월곶역에서 판교역을 잇는 수도권 본선 전철도 생긴다. 신분당선이 시흥을 통과하며 월곶역이 환승역이 되면서 송도국제도시와의 연결성도 좋아진다. 분당은 교통, 일자리, 학군 등 좋은 주거요건을 모두 갖추고 있어 앞으로의 성장 가능성이 더 기대되는 지역이다.

학군별 필수 체크 아파트

분당 판교 학군 주요 아파트

아파트명	세대수	입주연도/ 평단가	배정 예상 학교	매매가-전세가 추이
판교 푸르지오 그랑블	948 세대	2011년/ 7,000만 원 이상	• 초 : 보평초 • 중 : 보평중, 삼평중, 신백현중 • 고 : 보평고, 이매고, 판교고	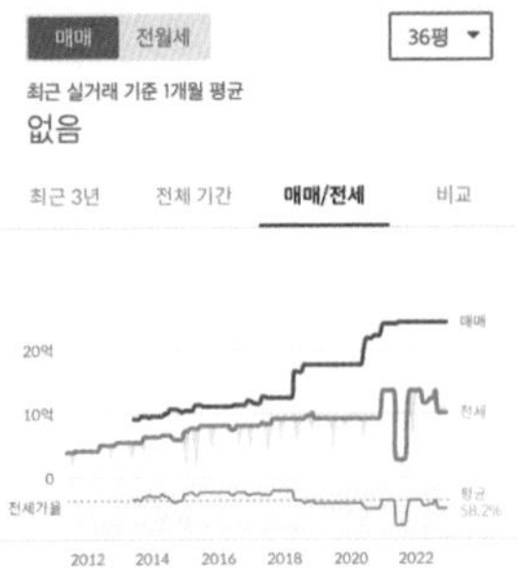 매매 전월세 36평 최근 실거래 기준 1개월 평균 없음 최근 3년 전체 기간 매매/전세 비교
백현마을 7단지 휴먼시아	464 세대	2009년/ 7,000만 원 이상	• 초 : 신백현초 • 중 : 신백현중, 보평중, 삼평중 • 고 : 낙생고, 보평고, 이매고	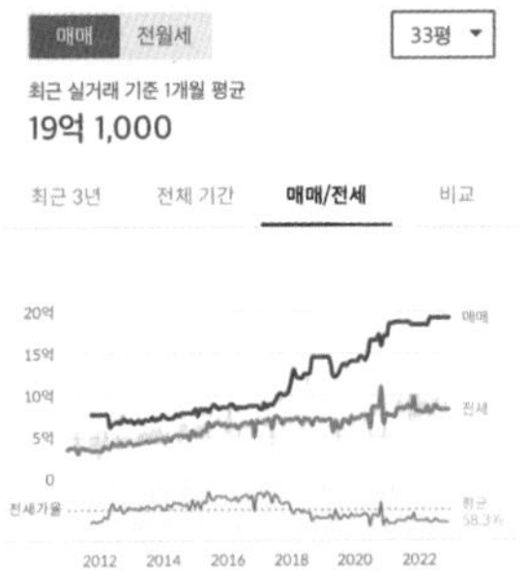 매매 전월세 33평 최근 실거래 기준 1개월 평균 19억 1,000 최근 3년 전체 기간 매매/전세 비교
봇들8단지 휴먼시아	447 세대	2009년/ 5,000만 원 이상	• 초 : 보평초 • 중 : 삼평중, 부평중, 낙원중 • 고 : 판교고, 부평고, 이매고	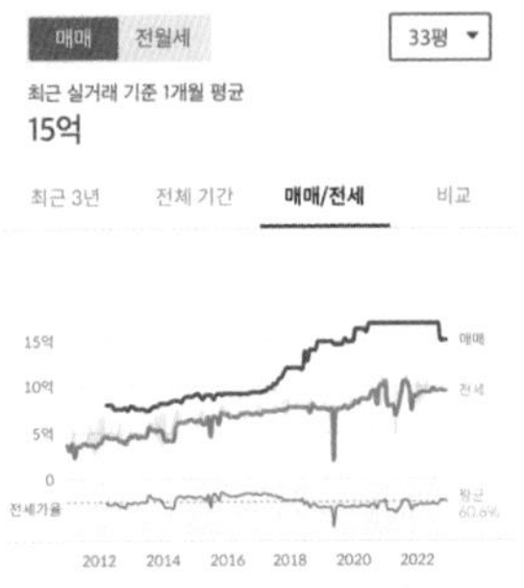 매매 전월세 33평 최근 실거래 기준 1개월 평균 15억 최근 3년 전체 기간 매매/전세 비교

아파트명	세대수	입주연도/평단가	배정 예상 학교	매매가-전세가 추이
판교원마을 5단지 푸르지오	567 세대	2009년/5,000만 원 이상	• 초 : 판교초 • 중 : 판교중, 운중중, 낙원중 • 고 : 운중고, 낙생고, 늘푸른고	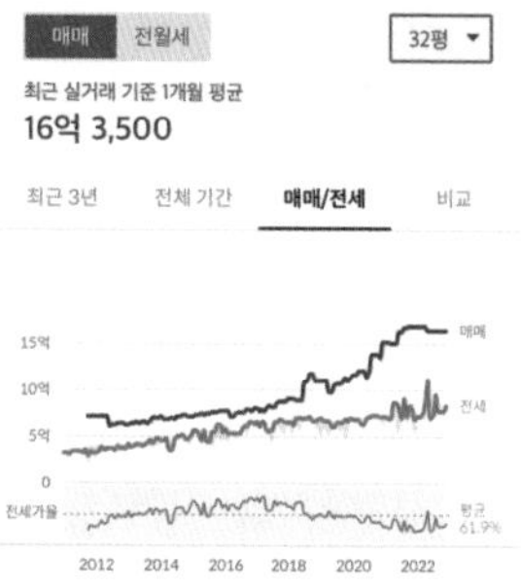 매매 전월세 32평 최근 실거래 기준 1개월 평균 16억 3,500 최근 3년 전체 기간 매매/전세 비교 15억 10억 5억 0 전세가율 매매 전세 평균 61.9% 2012 2014 2016 2018 2020 2022
파크뷰	1,829 세대	2004년/5,000만 원 이상	• 초 : 성남정자초 • 중 : 백현중, 정자중, 내정중 • 고 : 늘푸른고, 분당고, 한솔고	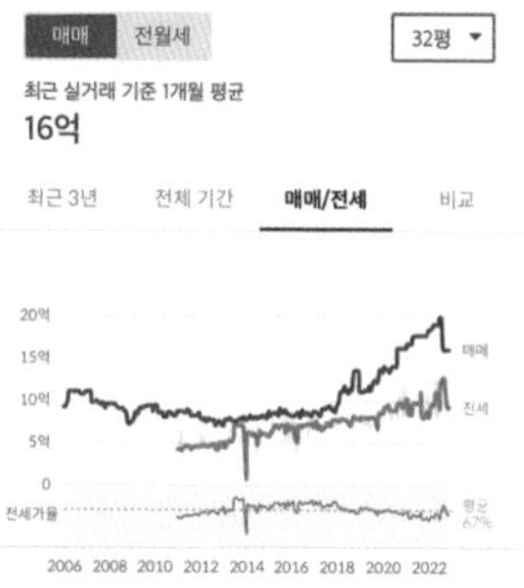 매매 전월세 32평 최근 실거래 기준 1개월 평균 16억 최근 3년 전체 기간 매매/전세 비교 20억 15억 10억 5억 0 전세가율 매매 전세 평균 67% 2006 2008 2010 2012 2014 2016 2018 2020 2022
시범단지 우성	1,874 세대	1991년/5,000만 원 이하	• 초 : 분당초 • 중 : 서현중, 양영중, 수내중 • 고 : 서현고, 분당대진고, 송림고	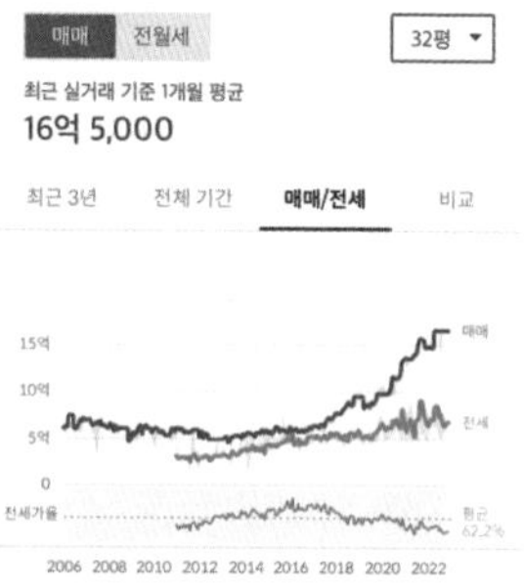 매매 전월세 32평 최근 실거래 기준 1개월 평균 16억 5,000 최근 3년 전체 기간 매매/전세 비교 15억 10억 5억 0 전세가율 매매 전세 평균 62.2% 2006 2008 2010 2012 2014 2016 2018 2020 2022

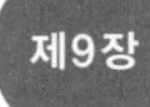

경기 남부 최고의 학원가 평촌 학군

☑ 입지 특징

- 공업도시에서 교육도시로의 변화
- 전체 인구는 줄고 있어서 앞으로의 인구변동 유의
- 평촌보다 더 오른 인덕원 아파트는 가격 하락세

☑ 학원가 특징

- 일산을 뛰어넘는 학원가와 학군 경쟁력
- 지역 자체 학원과 대치동 분원들이 혼재
- 영재고, 과고, 국제고 입시생 대상 학원들 호평

☑ 배정 예상 중학교

근영중, 귀인중, 대안중, 대안여중, 범계중, 신기중, 안양부흥중, 평촌중, 호계중

☑ 배정 예상 고등학교

동안고, 부흥고, 범계고, 백영고, 신성고, 안양여고, 양명여고, 평촌고

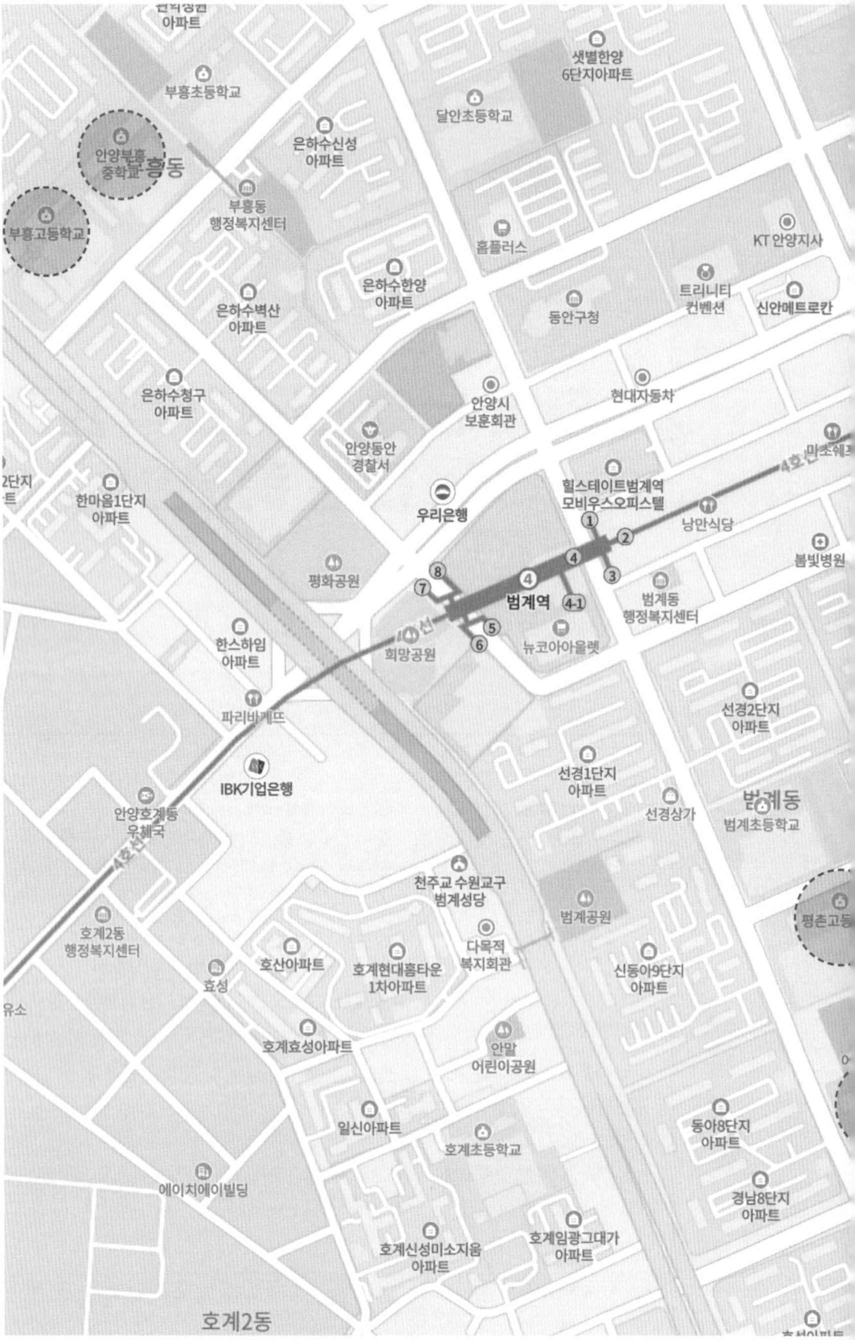

❶ 평촌이플러스어학원 : **평촌을 대표하는 초등 영어 학원**
❷ 청솔학원 평촌지점 : **고등부 단과 및 재수 종합 학원**
❸ 뿌리깊은나무학원 나무관 : **평촌을 대표하는 국어 학원**

출처: 네이버지도(https://map.naver.com), 네이버부동산(https://land.naver.com)

④ 과학의정석과학학원 : **평촌의 1타 과학 학원**

⑤ CMS 평촌영재교육센터 : **평촌 영재원 입학 일타 학원**

평촌은 어떻게 일산을 제치고 경기도 2위 학군이 되었나

1992년에 시작된 대한민국 1기 신도시 개발은 분당과 일산을 시작으로 평촌과 중동으로 이어졌다. 현재 아파트 가격으로는 분당이 압도적 1위다. 그런데 2위는 일산이 아닌 안양시 평촌으로 일산과의 위상이 바뀌었다. 이렇게 된 주요 요인은 학원가와 학군 경쟁력이다.

안양에는 2022학년도 서울대 자연계 수석을 배출한 신성고를 포함해서 경기권 외고의 대표 학교인 경기외고와 안양외고가 있다. 그리고 서울대 수시 합격생이 많이 나오는 과천외고도 있다. 일산은 고양외고와 고양국제고로 문과 상위권 학생들은 확보할 수는 있으나 이과 상위권 인재는 품기 어렵다. 반면 안양은 문이과 상위권 학생이 모두 지원할 만한 고등학교가 있다는 점에서 일산과 확연히 다른 길을 가고 있다.

공업도시 안양을 교육도시로 바꾼 평촌 학원가의 힘

평촌은 행정구역상 안양시에 속해 있지만 어느새 별개의 지역으로 여겨질 정도로 유명해졌다. 사람들은 이제 안양시 속 평촌이 아닌 '경기권 대표 학원가 평촌'을 먼저 떠올린다. 평촌 학원가의 위상이 날로 높아지면서 지역 내 거주자보다 인근 지역에서 학원을 이용하는 외부자들의 비중이 점점 더 커지는 추세다.

대치동 학원가에는 다른 용도의 상업시설도 있다. 하지만 평촌 학원가에는 학원가 시작 지점부터 끝나는 지점까지 전부 학원만 있다고 해도 과언이 아니다. 물론 커피숍과 식당이 있긴 하지만 이렇게까지 학원만 모인 지역은 드문 편이다. 평촌 학원가의 터줏대감이라 불리는 사람이 민선 안양시장을 맡을 정도로 안양시 내에서 평촌 학원가의 위상은 높다. 동네 학원장이 시장이나 국회의원이 될 정도의 영향력을 갖고 있다는 의미다.

물론 일산에도 후곡마을이라는 학원가가 있고 대표적인 명문학원 G1230이 있다. 하지만 그 명성이 예전 같지 않을뿐더러 일산의 학원가는 양과 질 모든 측면에서 분당은 물론 평촌에도 밀린 지 꽤 되었다. 특목고의 대결에서뿐 아니라 일반고에서도 일산은 평촌에 뒤처지는 상황이다. 서울대 합격자 수도 고양국제고를 제외하면 10명은커녕 다섯 명인 학교도 없는 게 일산의 현주소다. 서울대 합격생을 20명씩 배출하던 백석고의 전설도 어느새 옛날 이야기가 되어버렸다.

일산 학군이 주춤하는 사이 평촌은 오히려 상승했다. 신성고는 서울대 합격생을 해마다 11명에서 많게는 17명까지 꾸준히 배출하고 있다. 수능 자연계 표준점수가 가장 높은 학생이 서울대 의대 수시전형으로 합격한 학교다. 평촌이 이렇게 일산 학군을 따라잡은 원동력은 무엇일까? 개인적으로는 평촌 엄마들이 자녀교육에 좀 더 적극적이기 때문이라고 생각한다. 분당 맹모들의 열기가 대치동과 견줄 만한 학원가를 만들어냈듯이 평촌 엄마들의 뜨거운 교육열이 학원들을 불러들였다. 더불어 학교의 수준도 높이면서 오늘날의 평촌 학군을 일궈낸 것이다.

평촌은 인구가 줄어들고 있다는 점이 가장 큰 걱정거리다

평촌에도 고민거리는 있다. 안양시 전체 인구가 줄고 있다는 점이다. 안양시의 인구는 2010년 62만 8,000명을 정점으로 줄기 시작해서 2022년에는 55만 명 수준이다. 10년 사이에 10퍼센트 이상 줄어든 셈이다. 당연히 평촌의 인구도 줄어들 수밖에 없다. 이는 평촌만의 문제가 아니다. 안양이 경기도 넘버투 도시가 되기 위해서는 반드시 해결해야 할 문제다.

지금까지 안양에는 두 번의 큰 변혁이 있었고 그 시기마다 새로운 기회를 만들어왔다. 1973년 도시로 승격된 이후에는 효성그룹과 LG그룹 등 대기업의 주 공장을 유치하면서 경기도 최고의 공업도시가 되었다. 1992년에는 노태우 정권이 200만 호 건설을 약속하며 도시 일부가 신도시로 지정되어 교육도시로 자리매김했다. 이처럼 안양은 늘 기회를 놓치지 않고 발전을 거듭해온 곳이다. 그런 만큼 재건축 사업이 본격화되면 다시 인구가 모여들 가능성이 있다. 아울러 평촌의 세 번째 도약도 기대해볼 만하다.

평촌 학군의 중학교 경쟁력은 어느 정도 수준일까

앞서 평촌과 일산 지역의 고등학교 실적 비교에서 보았듯이 두 지역의 위상은 이미 역전되었다. 중학교 실적도 예외는 아니다. 2016년 학업성취도 평가에서 평촌은 '보통 이상'의 학력을 갖춘 학생이 90퍼센트가 넘는 학교(공부를 잘하는 학교라기보다는 학업 분위기가 좋다는 의미)가 다섯 곳이었다. 이에 반해 일산은 단 한 곳에 불과했다.

학업성취도 평가 결과는 '보통 이상 학력'과 '기초 학력 미달' 학생의 비율이 지역별, 학교별로 공개되었는데 문재인 정부 때는 이를 금지했다. 하지만 새 정부에서 이주호 교육부장관이 임명되면서 다시 공개하는 방향으로 가닥을 잡았다. 학업성취도 평가가 시행된다면 평촌 지역 중학생들의 학업능력은 어느 정도 수준일까? 지금 평촌의 위상과 특목고 및 자사고 열기를 감안하면 2016년도보다는 높은 결과가 나올 가능성이 크다.

평촌 지역 주요 중학교의 고등학교 진학 현황과 내신점수

중학교	졸업생	일반고	외고·국제고	영재고·과고	자사고	국어 평균점수	수학 평균점수	영어 평균점수
귀인중	403명	309명 (78.4%)	36명 (9.1%)	14명 (3.6%)	18명 (4.4%)	85.6	84.9	84.9
평촌중	402명	338명 (84.7%)	27명 (6.8%)	5명 (1.1%)	5명 (1.4%)	81.1	74.5	71.3
범계중	303명	282명 (91.6%)	11명 (3.6%)	3명 (0.9%)	6명 (1.9%)	78.1	77.6	82.1
대안중(남)	185명	154명 (84.2%)	8명 (4.4%)	8명 (4.4%)	5명 (2.7%)	77.9	82.0	83.0
대안여중	166명	143명 (77.6%)	33명 (18%)	0명 (0%)	0명 (0%)	80.3	86.2	87.8

외고·국제고 진학에 강한 대안여중과 영재고·과고 진학 1위의 귀인중

대안여중은 2016년도 학업성취도 평가에서 평촌 지역 1위였다. 전교생의 총 96.20퍼센트가 '보통 이상'의 학력을 보유한 것으로 알려진 학교다. 평촌 지역에서 외고를 지망하는 여학생들이 일순위로 생각하는 중학교라 해도 과언이 아니다. 전교생의 18퍼센트가 외고와 국제고로 진학하는 중학교는 안양 내에서는 대안여중밖에 없다. 외고는 안양외고와 조금 거리가 멀지만 기숙사가 있는 경기외고로 양분된다. 안양외고는 기숙사가 없기 때문에 주로 안양시에 거주하는 학생들이 많이 다닌다.

대안여중 학생들의 내신성적을 보면 학업 수준이 전반적으로 높은 편이고 그중 영어 과목 점수가 가장 높다. 외고와 국제고 진학이 많은 이유도 여기에 있다. 다만 6년 전까지는 그래도 한두 명 정도는 영재고와 과고에 진학했는데 최근에는 아예 실적이 없다. 문과 성향이 확실한 여학생의 경우 대안여중 이상의 대안은 없겠지만, 문과인지 이과인지 모호한 성향을 가진 여학생이거나 확실한 이과 지망생에게 이 학교는 최선의 대안이 아닐 수 있다.

귀인중은 영재고와 과고를 꿈꾸는 이과 지향의 학생들에게 가장 사랑받는 학교다. 뿐만 아니라 외고와 국제고는 물론이거니와 자사고까지 상위권 고등학교 진학률이 높다. 다만 이 학교의 자사고 진학률을 살펴보면 전국 단위 자사고의 비율이 압도적일 것으로 예상되는 분당의 중학교와는 달리 안산동산고가 일부 포함되어 있다. 이처럼 평촌에서는 안산동산고에 진학하는 학생이 꽤 많다. 안산동산고는 2022학년도 서울대 입시에서 총 10명(수시 다섯 명, 정시 다섯 명)의 합격자를 배출했는데, 예전에는 해마다 서울대 수시 일반전형으로 의대 합격생을 배출하기도 했다.

귀인중의 최상위권 학생들이 목표로 하는 고등학교 중 일순위는 영재고와 과고, 2순위는 전국 단위 자사고, 3순위는 외고와 국제고라 할 수 있다. 이 중 귀인중의 문과 상위권 학생들은 대부분 안양외고와 경기외고 그리고 화성에 있는 동탄국제고 등을 선택한다.

수학에 강점이 있는 학생들이라면 평촌중보다 범계중이 낫다

범계중은 2016년까지는 평촌 지역 3위권을 유지하면서 외고와 국제고 합격률에서는 단연 최고였다. 하지만 지금은 대안여중과 귀인중에 비해 외고와 국제고 진학률이 뒤지고 있으며, 영재고, 과고, 자사고 진학률에서는 귀인중과 상당한 격차가 벌어졌다. 만약 지금 학업성취도 평가를 치른다면 범계중과 귀인중의 격차는 조금 더 벌어질 수도 있다. 범계중은 평촌의 다른 중학교보다 일반고인 신성고를 희망하는 학생이 좀 더 많은 학교다.

평촌중은 2016년 학업성취도 평가를 보면 수학이 조금 취약함을 알 수 있다. 수학 내신점수도 평촌 내 중학교 중에서는 제일 낮다. 그래서 이과 성향의 상위권 학생들이라면 조금은 망설여지는 학교다. 다만 최근 들어 외고와 국제고, 영재고와 과고의 합격률이 모두 상승하는 추세라 미래가 좀 더 기대되는 학교임에는 틀림없다.

대안중은 남학교인데도 영재고와 과고뿐 아니라 외고와 국제고에도 각각 여덟 명씩 보낸 학교다. 영재고와 과고 진학률이 예년보다 상승했지만 영재고보다는 과고 진학생이 더 많다. 이 점을 감안한다면 이과 극상위권 학생들이 많은 학교는 아니라고 봐야 한다.

일반고가 된 신성고, 여전히 신성하다

평촌을 필두로 한 안양의 문과 상위권 학생들은 안양외고, 이과 상위권 학생들은 일반고인 신성고를 선택하는 경향이 강하다. 이 지역 중학생들에게는 최선의 선택인 셈이다. 그런데 평촌 학군은 학원가나 중학교의 경쟁력에 비해 고등학교 입시 실적은 부진한 편이다. 특히 백영고와 양명여고의 입시 실적이 안양외고와 신성고에 크게 못미치고 있으며, 이들 학교와의 격차는 갈수록 벌어지고 있다.

개인적으로 해당 학교에 일일이 전화를 걸어 취재해본 결과, 다른 지역과는 달리 서울대 진학률을 물어보면 '잘 모르겠다', '잘 못 갔다'는 식으로 애매하고 모호한 답변만 반복하는 경우가 많았다. 대입의 우열은 서울대 실적으로 갈릴 수밖에 없다는 점에서 평촌 지역 고등학교의 선택지는 그다지 다양하다고 보기 어렵다.

평촌 지역 주요 고등학교 서울대 합격자 수 및 내신점수

고등학교	서울대 합격자 수	졸업생 수	예상 재수생 비율	국어 평균점수	수학 평균점수	영어 평균점수
신성고	13명 (수시 5명, 정시 8명)	301명	44.5%	77.8	67.7	77.4
안양외고	10명(수시 9명, 정시 1명)	235명	26.9%	94.0	81.1	95.1
백영고	3명(수시 1명, 정시 2명)	333명	31.2%	85.0	75.8	68.3
양명여고	1명 (수시)	352명	6%	69.8	54.8	59.8

부동의 평촌 지역 1위, 신성고

신성고는 2022학년도 수능시험에서 서울대 자연계 수석 합격자가 나온 학교다. 이 학생은 재수생이 아닌 고3 학생이다. 전교 1등을 유지하는 탁월한 학업능력과 운동 실력, 3년 내내 반장을 할 정도의 리더십 등을 갖추며 서울대가 원하는 인재상으로 성장해왔다. 평촌 지역에서는 서울대 의대 수시전형에 합격한 유일한 학생이어서 당시 큰 주목을 받았다.

2022학년도에는 서울대 합격생을 13명 배출했는데 정시전형에 강하다는 점으로 미루어보건대 재수생들의 합격률이 높았을 가능성이 크다. 다만 수시전형에서도 나름의 경쟁력을 인정받고 있어 평촌 지역 1위 고등학교로 손색이 없다. 그리고 공부만 잘하는 학교가 아니라 인성교육부터 예체능교육, 독서 활동, 문화예술 동아리, 봉사 활동 등 다양한 프로그램들이 전인적 성장을 뒷받침하고 있다는 평을 받는다. 자사고처럼 1인 3기를 지향하면서 골프 수업을 위해 프로 골퍼를 초청하는 등 차별화된 비교과 활동이 인상적이다.

학교 측에서는 정시뿐 아니라 수시 경쟁력도 점점 더 높아지고 있다는 자신감을 내보였다. 2022학년도에는 서울대 외에 경찰대 합격생도 한 명 나왔으며, 연세대보다는 고려대 진학률이 높다는 특징이 있다.

안양외고가 서울대 의대 수시 합격생을 배출한 이유

안양외고는 원래 이과 성향이 강한 학교였다. 수학은 잘하는데 영어성적은 좋지 않고 다른 일반고는 가고 싶지 않은 학생들에게 안양외고는 차선의 대안이었다. 외고의 광역화가 이루어지기 전에는 목동의 중학생들도 안양외고에 진학했다.

이과반을 개설해 방과후학교에서 화학과 생명과학II까지 수업하면서 2010년대 초반에는 전교 1등이 서울대 의대 수시전형에 합격하기도 했다. 그때는 방과후학교도 학생부와 자소서에 적을 수 있었기 때문에 외고 이과반이 서울대 의대에 수시전형으로 합격하는 길이 있었다. 지금은 불가능해졌지만 미국 대학 진학을 위한 AP 과목(화학이나 생명과학)을 준비한 과정도 학생부에 적을 수 있었고, 자소서에 그 과정을 자세하게 쓸 수 있었다. 그러나 문재인 정부 때부터 경기권 외고의 이과반 운영이 전면 금지되면서 이과 전공을 목표로 하는 학생들은 아예 안양외고에 지원하지 않았다. 그러면서 안양외고의 경쟁률도 크게 낮아졌다.

안양외고는 이과반 학생이 고3이었던 2018학년도 서울대 입시 결과에서 최고 실적(총 19명)을 냈고, 그 이후는 하향곡선을 그리고 있다. 이런 추세라면 안양외고의 서울대 합격자 수는 앞으로도 큰 상승 없이 10명 내외를 유지할 것으로 보인다. 안양외고에 입학해서 서울대를 비롯한 명문대 진학을 원한다면 전교 20등 안에 진입하는 것을 목표로 삼고 내신 관리를 해야 한다.

백영고는 전통적으로 수시전형보다는 정시전형에 강하며, 수시전형에서는 학종보다는 논술에 강한 학교였다. 진로가 비슷한 학생들끼리 모여서 과제를 탐구하고 발표한 뒤 보고서를 쓰는 프로그램을 강화하면서 수시 실적도 갈수록 좋아지는 추세다. 민사고에서 시작한 '사제동행독서프로그램'도 실시하고 있다. 이 프로그램은 선생님이 학생 개개인의 성향에 맞게 책을 선정한 뒤 함께 읽고 토론한 내용을 학생부에 써주는 것으로 상당한 내공과 경험이 필요하다. 다만 백영고의 서울대 입시 실적은 최고의 성과를 냈던 2018학년도(다섯 명)에 비해 약간 주춤한 상황이다. 그럼에도 평촌 지역 남학생들에게는 신성고 다음으로 백영고 선택이 차선이 될 것이다.

평촌에는 믿고 선택할 만한 여학교가 적다는 문제점이 있다. 그래서 상위권 중학생들 중 여학생들은 외고를 선호하는 경향이 높다. 여고는 양명여고뿐인데 서울대 입시 실적이 좋지 않고 재수생 비율이 극히 낮다. 이런 점으로 볼 때 수시전형은 물론 정시전형에서도 그리 좋은 실적을 내지는 못할 것으로 보인다. 평촌 지역 여학생들은 외고에 떨어지면 차선이 아닌 차악을 선택해야 한다는 점에서 고민이 깊을 수밖에 없다.

평촌 학원가, 무엇이 있고 무엇이 없을까

평촌 역시 분당 학원가처럼 자체 브랜드와 대치동 학원의 분원들이 혼재해 있다. 다만 고등부 학원보다는 중등부 학원이 좀 더 경쟁력이 있다. 평촌 학원가의 면면을 살펴보면 교과목 학원은 다양한 반면 예체능 학원은 생각보다 적다. 그만큼 평촌 지역 학생들은 대학 진학 시 미대나 체대보다는 일반 학과를 선택하는 경향이 강함을 알 수 있다. 그리고 유독 대입 컨설팅 전문 학원이 별로 눈에 띄지 않는다. 하지만 학원가 규모가 커지고 유입 인구가 더 늘어나면 입시 전략과 코디네이팅에 대한 자체 수요가 자연스럽게 커져서 관련 학원들도 늘어날 것으로 예상된다.

영재고·과고·국제고 준비생들이 가장 선호하는 학원은 어디일까?

전통적으로 평촌을 대표하는 학원은 종합반을 운영하면서 재수생까지 도맡

았던 필탑학원이었고(현재는 운영 종료), 수학 학원 브랜드는 다수인이었다. 다수인은 평촌을 장악한 뒤 강남대성학원에 인수되면서 전국적인 브랜드로 성장한 케이스다. 예전에는 꼼꼼한 지도가 인기의 요인이었는데 프랜차이즈가 되면서 그 장점이 사라졌다는 지적도 있다. 반면 전국구 학원으로는 CMS 평촌센터가 좋은 평을 받고 있다. 특히 이 학원은 평촌 지역에서 영재고와 과고를 준비하는 우수한 자원을 모두 흡수할 정도로 성과가 좋다.

뿌리깊은나무학원도 평촌의 인기 수학 학원이다. 관리가 아주 꼼꼼하지만 한 반의 정원은 다소 많은 편이다. 경시 준비를 하는 최상위권 학생들의 니즈를 잘 반영하고 있다는 평이다. 인재와고수도 신흥강자로 떠오르는 학원이다. 이 학원에서 공부한 학생 중에서 수학 과목 내신등급이 상승한 케이스가 많다. 그리고 중학교 1학년부터 고등수학 I 수업을 들을 수 있는 프리미엄 강좌를 오픈해 좋은 반응을 얻고 있다.

평촌의 일타 영어 학원은 에스클래스영어학원이다. 소수정예로 내신 관리를 타이트하게 하면서 어휘와 문법, 영작과 독해 등 다양한 커리큘럼을 운영하고 있다. 평촌은 초등학생 대상 수업부터 대형 강좌보다는 소규모 수업의 인기가 높다. 에스클래스영어학원은 그런 니즈를 적절하게 파고든 케이스다. 평촌이플러스어학원은 학생의 수준에 맞춰 체계적인 수업을 하는 곳으로 유명하다.

그렇다면 평촌에서 외고와 국제고를 준비하는 학생들은 주로 어떤 영어 학원을 선택할까? 바로 이지어학원이다. 국제고를 많이 보내는 평촌의 전통 강자로, 문과 상위권 학생들이 많이 다니는 학원으로 유명하다. 내신 및 학생별 맞춤 관리를 잘해준다는 평을 받고 있다.

국어와 과학 학원의 경쟁력도 점점 좋아지고 있다

국어 학원은 청솔학원 평촌지점의 평가가 가장 좋다. 이곳은 종합 학원인데 국어 과목에 특히 강점을 보인다. 학원 내에서는 선생님과 학생의 대화만 허용하고 학생들끼리의 대화는 금지할 정도로 관리가 철저하다.

국어 전문 학원으로는 대시나루국어학원이 유명하다. 중고등부만 운영하는 대형 학원으로 수능과 내신시험을 동시 대비할 수 있는 강점이 있다. 학습과 관련한 궁금증을 바로바로 해결할 수 있도록 상시 상담을 해주고 있다. 고1 때부터 수능 국어 유형에 적응할 수 있도록 설계된 커리큘럼을 운영한다. 정동민국어논술학원도 평촌의 대표적인 국어 학원이다. 1,000여 명의 학부모가 모이는 대규모 설명회를 자체적으로 소화할 정도로 평촌 지역 내 장악력이 높다. 초등부와 중등부는 독서와 논술 수업을 포함한 국어 수업을 해주고 고등부에서는 수능과 내신 대비를 동시에 해준다.

과학 학원은 과학의정석과학학원이 가장 좋은 평을 받고 있다. 복습을 통해 내용을 확실히 이해시킨 후 다음 단계 진도를 나가고, 학생 개개인의 장단점을 잘 분석해 그에 맞는 학습 로드맵을 제시하는 것으로 유명하다. 이과는 과학 과목의 학업 역량에 따라 진로가 바뀔 정도로 전공적합성과 긴밀히 연결되어 있다. 그래서 과학 과목은 강사의 강의력 못지않게 중요한 것이 학생 관리력이다. 이안과학 학원은 영재고와 과고 준비생을 위한 수업과 고등부를 위한 심층면접 및 수리과학논술 대비반을 운영하고 있다.

이외에 교과목 학원은 아니지만 관리형 독서실을 지향하는 에듀플렉스 평촌점도 좋은 평가를 받는다. 명문대 재학생들이 일대일로 멘토링해주면서 학습 클리닉과 동기부여를 동시에 하고 있다.

평촌과 함께 뛴 인덕원, 아파트 값의 고공행진은 이어질까

평촌 지역은 특목고와 자사고 인기가 분당보다 높다. 어쨌든 명문 중학교에 인접한 아파트의 가격은 다른 지역보다 비쌀 수밖에 없다. 그래서 평촌 내 아파트 중에서는 귀인중, 대안중, 대안여중 인근의 아파트가 가장 비싸다. 내가 원하는 아파트는 남들도 원하게 마련이고, 수요의 증가는 당연히 가격 상승을 이끈다. 아파트처럼 무한히 찍어낼 수 없는 상품은 무조건 수요가 가격을 끌어올리게 되어 있다.

평촌에서 가장 인기 좋은 아파트는 귀인마을현대홈타운

귀인마을현대홈타운은 평촌에서 가장 인기 있는 아파트다. 2019년 집값이 뛰기 전에는 23평의 시세가 7억 3,000만 원 정도였다. 지금은 12억 6,500만 원으로 거의 5억 원 가까이 올랐다. 2022년 5월 이후에 거래가 없기 때문에 앞으로 급매물이 나올 가능성이 높다. 동일 평의 전세가는 5억 원에서 6억 원대 중반으로 크게 오르지는 않았다. 이 아파트는 사용 가치보다 소유 가치가 더 높다고 볼 수 있다.

꿈마을금호아파트는 2019년에 30평이 7억 6,000만 원에 거래되었다. 2022년 4월에는 13억 6,000만 원까지 올랐는데 5월에는 더 큰 평수인 40평이 12억 원에 거래되었다. 대형 평수의 가격이 더 낮게 형성되어 있음을 알 수 있다. 이 아파트의 30평대도 거래절벽 상황에서 가격이 떨어지겠지만 대형 평수만큼 심하지는 않을 전망이다. 전세가는 30평이 5억 2,000만 원에서 현재 9억 8,000만 원까지 상승했다. 전세가가 더 많이 상승하는 것은 학군의 효과라고 볼 수 있다.

대안여중과 대안중 근처에는 어떤 아파트가 유명할까? 호계동에서는 샘마을우방아파트와 샘마을쌍용아파트가 2019년까지 가장 가격대가 높았다. 샘마을우방아파트는 당시 6억 1,000만 원이었던 30평대가 지금은 10억 3,000만 원으로 많이 올랐다. 전세가는 4억 6,000만 원에서 5억 5,000만 원 정도로 상승 폭이 크지 않다. 이 아파트는 소유 가치가 사용 가치보다 높다는 의미다. 샘마을쌍용아파트도 30평이 10억 3,000만 원에 거래되었다. 4년 전 시세보다 3,000만 원이 올랐다. 전세가는 30평이 4억 6,250만 원으로 샘마을우방아파트보다는 낮으며, 4년 전 시세와 거의 비슷하다. 둘 다 1992년 신도시 입주 때 지은 건물로 재건축 시점도 비슷할 텐데 전세가에서 큰 차이를 보이는 것은 학군 외에 다른 조건들에서 차이가 있기 때문이다.

평촌

평촌동 아파트도 가격 조정은 피할 수 없다

최근 특목고와 자사고 실적이 더 좋아진 평촌중 인근의 아파트 가격 동향은 어떨까? 향촌롯데는 2019년도에 25평의 가격이 8억 원 정도였다. 2021년에는

12억 8,000만 원까지 가격이 치솟았는데 2022년은 매매 기록이 없다. 지금 매매가 끊긴 이유는 무엇일까? 아파트 가격이 더 낮아질 거라고 예측하는 수요자와 지금 가격 이하로는 팔지 않겠다는 매도자 사이의 간극 때문이다. 3년 전 전세가는 5억 3,000만 원 정도였는데 지금은 6억 5,000만 원 선이다.

향촌현대4차는 2019년 25평의 가격이 6억 7,000만 원 정도였는데 가장 최근인 2022년 6월에는 10억 9,000만 원에 팔렸다. 가격이 4억 원 이상 올랐다. 전세가는 당시 5억 3,000만 원 정도였는데 지금은 6억 5,000만 원으로 1억 2,000만 원 정도 올랐다. 즉 평촌의 아파트들은 시세차익을 노리고 들어오는 사람들이 갈수록 늘어나고 있다는 사실을 알 수 있다.

아파트 가격이 아주 비싸지는 않지만 그럼에도 10억 원대 초반 정도로 형성되어 있어서 대출 없이 사기는 부담스럽다. 만약 아파트가 아닌 빌라에 거주하기를 원한다면 호계동 소재 10평대 소형 빌라를 구매하는 것도 고려해볼 만하다. 현재 1억 원대로 구입이 가능하다. 48평 중대형 빌라도 3억 9,000만 원 정도면 구입이 가능하다. 그러나 빌라나 다세대주택은 소유 가치가 그만큼 낮아 가격이 오르는 데는 한계가 있다. 따라서 고등학교까지 마치고 다른 지역으로 이사 갈 때 시세차익을 얻기 어렵다는 점은 감안해야 한다.

평촌의 옆 동네인 인덕원도 지난해까지 덩달아 집값이 많이 오른 곳이다. 인덕원은 의왕시와 안양시 동안구 관양동에 걸쳐 자리하고 있다. 관양동의 인덕원마을삼성의 경우 18평 아파트가 2022년 3월에 8억 5,500만 원에 거래되어 화제가 되었다. 지금은 수요가 급감해서 거래 자체가 없다. 2022년 10월, 같은 평수가 5억 8,000만 원에 팔렸는데 반년 사이 시세가 25퍼센트나 하락한 셈이다. 2022년 10월 현재 18평의 전세가는 4억 2,000만 원, 25평은 5억 2,000만 원 정도다. 인덕원 아파트의 가격은 평촌 아파트의 가격 상승에 힘입어 올랐기 때문에 현재 상황에서는 같이 떨어질 확률이 높다.

학군별 필수 체크 아파트

평촌 학군 주요 아파트

아파트명	세대수	입주연도/평단가	배정 예상 학교	매매가-전세가 추이
귀인마을 현대홈타운	967세대	2002년/4,000만원 이상	• 초 : 귀인초, 평촌초 • 중 : 귀인중, 평촌중, 범계중 • 고 : 백영고, 동안고, 평촌고	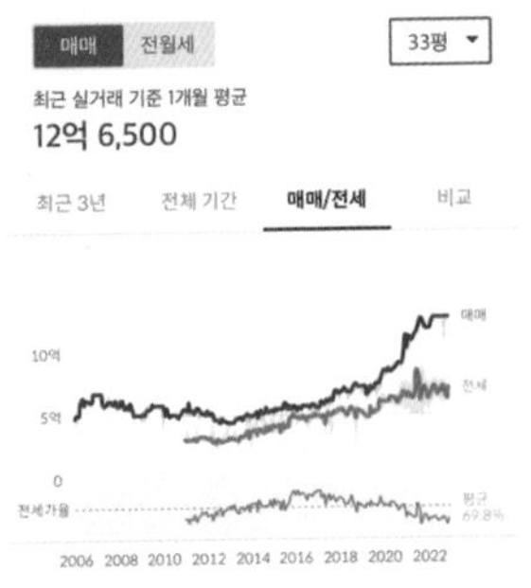 매매 전월세 33평 최근 실거래 기준 1개월 평균 12억 6,500 최근 3년 전체 기간 매매/전세 비교
꿈마을 금호	250세대	1993년/2,000만원 이상	• 초 : 귀인초 • 중 : 귀인중, 평촌중, 대안중 • 고 : 백영고, 동안고, 평촌고	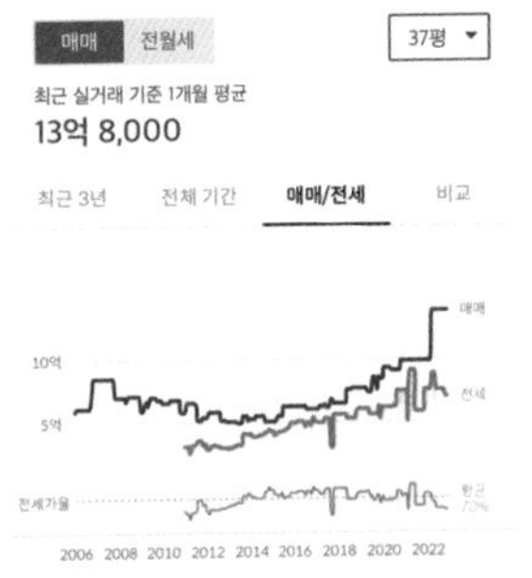 매매 전월세 37평 최근 실거래 기준 1개월 평균 13억 8,000 최근 3년 전체 기간 매매/전세 비교
샘마을 우방	488세대	1992년/2,000만원 이상	• 초 : 안양남초 • 중 : 대안중, 대안여중, 귀인중 • 고 : 백영고, 동안고, 평촌고	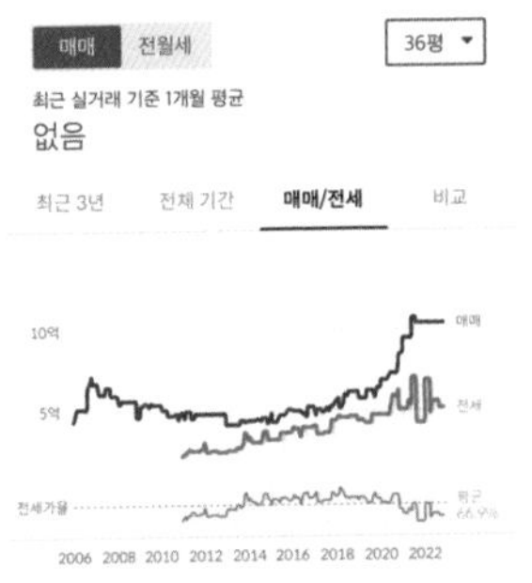 매매 전월세 36평 최근 실거래 기준 1개월 평균 없음 최근 3년 전체 기간 매매/전세 비교

아파트명	세대수	입주연도/ 평단가	배정 예상 학교	매매가-전세가 추이
샘마을 쌍용	384 세대	1992년/ 2,000만 원 이상	• 초 : 안양남초 • 중 : 대안중, 대안여중, 신기중 • 고 : 백영고, 동안고, 평촌고	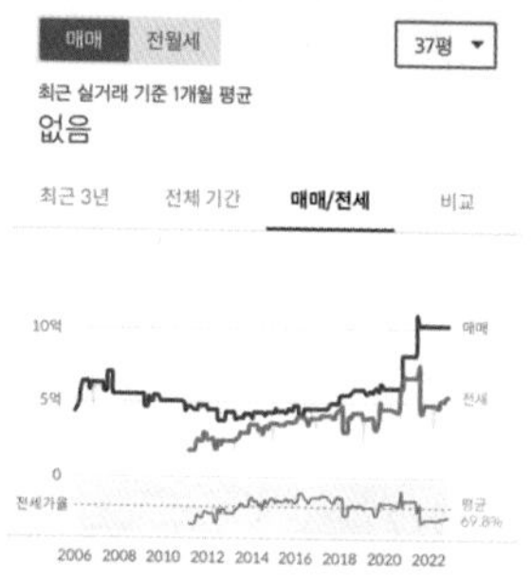 매매 전월세 37평 최근 실거래 기준 1개월 평균 없음 최근 3년 전체 기간 매매/전세 비교
향촌롯데	530 세대	1993년/ 2,000만 원 이상	• 초 : 평촌초 • 중 : 평촌중, 범계중, 귀인중 • 고 : 평촌고, 범계고, 안양여고	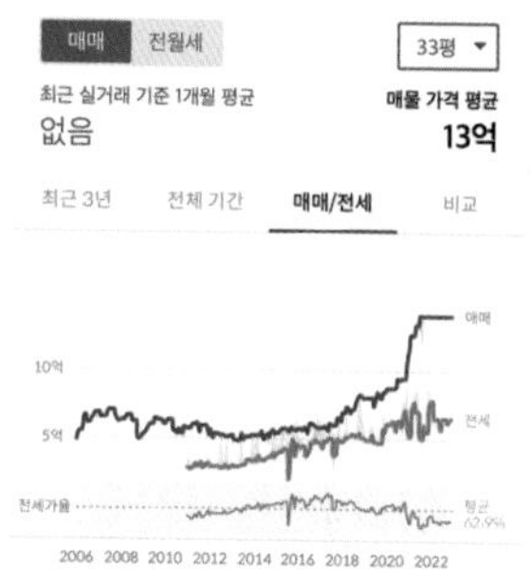 매매 전월세 33평 최근 실거래 기준 1개월 평균 없음 매물 가격 평균 13억 최근 3년 전체 기간 매매/전세 비교

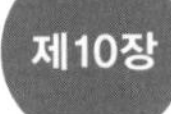

국제교육도시의 위엄
인천 송도 학군

☑ 입지 특징

- 송도-마석 간 GTX-B 노선 예정, 서울 강북권과의 접근성 향상
- 국제도시 성격에 걸맞은 세계 명문 대학들의 글로벌캠퍼스 개교
- 인구 유입, 입주 예정 물량이 동시에 증가세

☑ 학원가 특징

- 일산을 뛰어넘게 한 학원가와 학군 경쟁력
- 국내 대입에 초점을 맞춘 대치동 유명 수학, 과학 학원 입점
- 스타강사 직강, 스파르타식의 꼼꼼한 관리

☑ 배정 예상 중학교

능허대중, 박문중, 신송중, 신현여중, 연성중, 예송중, 인천신정중, 인천여중, 인천청라중, 인천청람중, 인천천호중, 인천초은중, 인천현송중, 인천해송중

☑ 배정 예상 고등학교

박문여고, 송도고, 신송고, 연송고, 인천남동고, 인천논현고, 인천신현고, 인천청라고, 인천청람고, 인천초은고, 인천해송고, 인천해원고, 학익고

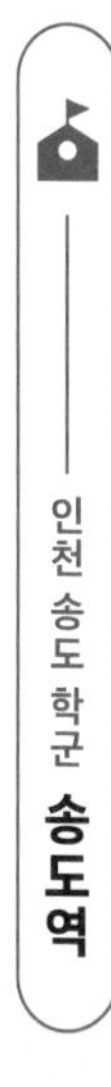

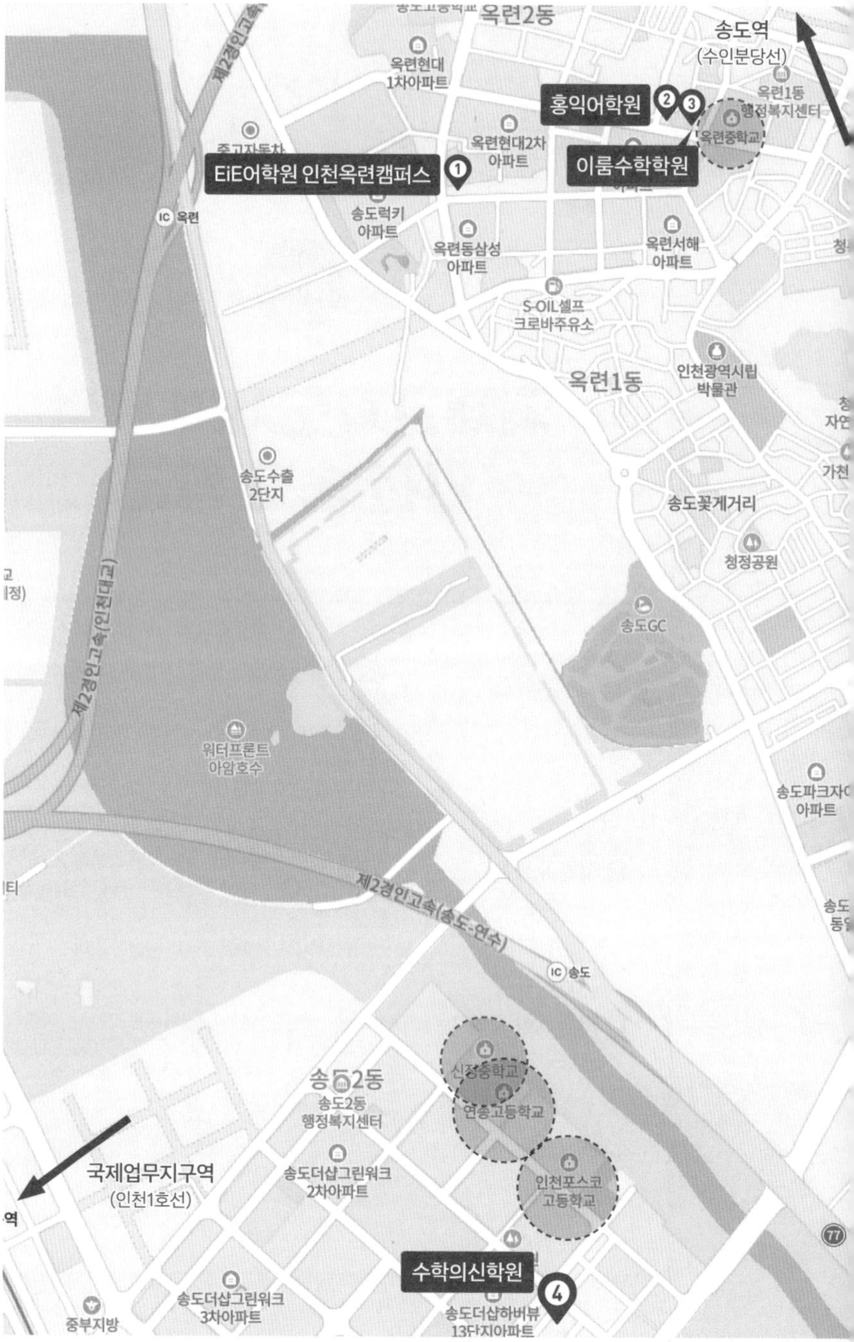

❶ EiE어학원 인천옥련캠퍼스 : 고려대에서 운영하는 영어 학원
❷ 홍익어학원 : 원어민 강사들이 유아 초등 영어를 표현 중심으로 잡아주는 학원
❸ 이룸수학학원 : 소수정예 밀착 관리가 유명한 수학 학원
❹ 수학의신학원 : 철저한 과제 관리, 성적 관리로 입소문난 학원

학원 중학교 고등학교

출처: 네이버지도(https://map.naver.com), 네이버부동산(https://land.naver.com)

송도에는 왜 세계의 대학들이 몰려들고 있는가

송도는 더 이상 인천의 송도가 아니다. '송도의 인천'이라 불릴 만큼 국제도시 송도의 위상은 나날이 높아지는 추세다. 전 세계 유수의 대학들이 송도의 인천글로벌캠퍼스로 몰려들고 있으며, 연세대와 고려대 등 국내 명문 대학의 글로벌캠퍼스도 입성을 완료했다. 이처럼 송도에 대학들이 몰려드는 이유는 무엇일까?

송도를 동북아 지역의 허브로 키우기 위한 노력은 이명박 정부 때부터 시작되었다. 중국과 가장 가까운 항구도시인 송도는 미국이나 유럽의 대학들이 중국 시장 진출을 위한 교두보로 선택할 만했고, 정부의 지원도 유효했다. 송도는 애초에 외국계 기업들을 위한 국제도시 성격으로 개발되었기 때문에 대학들은 산학연구에 꼭 필요한 이공계 인재를 키운다는 목적으로 뛰어들었다. 실리콘밸리의 형성이 스탠퍼드대 없이 불가능했던 것처럼 송도 바이오클러스터의 위상은 세계적인 명문 대학들의 유입을 이끌고 있다.

연세대와 고려대 글로벌캠퍼스에서 세계 명문대 분교까지

송도에는 어떤 대학들이 들어와 있을까? 일단 연세대 송도캠퍼스에는 연세대 본교 캠퍼스의 1학년 전교생과 약대 그리고 인문사회융합학부$_{\text{HASS}}$라고 불리는 국제학부$_{\text{UD}}$와 융합과학공학부$_{\text{ISE}}$, 아시아학부가 자리 잡고 있다. HASS는 4년 내내 안암캠퍼스에서 공부하는 고려대 국제학부$_{\text{CoIS}}$와 달리 4년 내내 송도에서 보내야 한다. 한때 연세대 HASS는 비인기 학과로 경쟁률도 저조해서 모든 교육 과정이 안암캠퍼스에서 이루어지는 고려대와 동시 합격하면 고려대를 선택하는 학생이 많았다. 최근에는 연세대 HASS를 선택하는 학생들이 늘어나고 있다.

그 외 세계적인 명문대의 분교도 송도에 들어왔다. 미국의 뉴욕주립대, 버지니아주의 최대 연구중심 대학인 조지메이슨대, 유타대학교의 아시아캠퍼스, 벨기에에 본교를 두고 있는 겐트대 등이다. 이들 대학들은 송도에서 3년 동안 수업하고 마지막 1년은 미국에서 수업하기 때문에 미국 대학 졸업증이 나온다. 최근에는 미국 스탠퍼드대 스마트시티연구소를 유치한 데 이어 영국 케임브리지대 밀너 의약연구소와 분원 설치 문제도 협의 중이다. 송도는 그야말로 국제대학과 연구 도시로 변모해나가고 있다.

채드윅과 CMIS까지 명문 국제학교의 산실

세계적 명문 학교인 채드윅이 송도에 들어오면서 대한민국 1퍼센트 학부모들의 관심도 송도로 쏠리기 시작했다. 내가 대치동에서 가장 많이 상담한 학생들은 외고생들인데, 이들 중 1학년 1학기 성적이 원하는 만큼 나오지 않을 경우 과감히 채드윅으로 전학을 가는 경우가 종종 있었다. 유치원부터 고교까지 학비만 5억 원이 넘는 귀족학교임에도 채드윅에 자녀를 입학시키기 위한 학부모들의 열기는 대단하다.

2023년도에는 새로운 국제학교가 개교할 예정이다. 인천시교육청은 2022년 8월 캐나다 매니토바주에서 유·초·중·고 통합학교를 운영하는 학교법인(GWSCE)이 신청한 CMIS의 설립을 승인했다. 이로써 송도는 다시 한번 국제적인 교육도시로 거듭나려 한다.

송도를 품은 인천은 지역 내 인재를 서울로 빼앗기는 게 아니라 서울의 인재들을 흡수하는 대역전극을 펼치고 있다. 분당, 일산, 평촌, 광교는 모두 국내 신도시였다. 하지만 송도는 국제 신도시다. 분당에는 양질의 일자리가 많지만 다른 세 도시들은 일자리가 거의 없는 베드타운인 걸 고려하면 국제 신도시 송도의 위상과 파급력은 더욱 커질 수밖에 없다. 인천의 운명이 송도에 달려 있다는 말은 절대 과언이 아니다.

대치 학군도 부럽지 않은 인천신정중의 놀라운 약진

원래 인천에서는 특목고와 자사고의 인기가 그다지 높지 않았다. 그러다가 인천과학예술영재학교를 비롯해 전국 단위 자사고인 인천하늘고와 인천진산과학고, 미추홀외고가 생기면서 인근 중학교들이 들썩이기 시작했다.

그렇다면 송도를 비롯한 인천 지역 주요 중학교들의 학력 수준과 입시 실적은 어느 정도일까? 2016년도에 실시된 학업성취도 평가에서 인천의 톱 6에 해당하는 중학교(기준은 보통 학력 이상 90퍼센트)를 중심으로 살펴보자.

영재고와 과고 진학률에서 약진을 보인 인천해송중

인천해송중은 2016년 학업성취도 평가에서 1위를 기록했다. 보통 학력 이상 비율이 94.57퍼센트였고, 외고와 국제고 진학비율도 인천 내 중학교 중에서는 가장 높은 4퍼센트였다. 그런데 당시 영재고와 과고 진학비율은 0.3퍼센트

송도 지역 주요 중학교의 고등학교 진학 현황과 내신점수

중학교	졸업생	일반고	외고·국제고	영재고·과고	자사고	국어 평균점수	수학 평균점수	영어 평균점수
인천신정중	409명	264명 (65.3%)	36명 (8.9%)	13명 (3.2%)	74명 (18.4%)	79.2	74.9	83.5
신송중	388명	313명 (81.8%)	25명 (6.5%)	13명 (3.4%)	18명 (4.7%)	79.7	73.1	76.9
연성중	281명	245명 (86.3%)	4명 (1.4%)	6명 (2.2%)	3명 (1.1%)	78.3	73.1	76.9
박문중	266명	200명 (76.3%)	13명 (5%)	11명 (4.2%)	23명 (8.8%)	82.8	71.4	84.6
인천해송중	249명	196명 (77.7%)	9명 (3.7%)	9명 (3.7%)	24명 (9.7%)	74.6	72.9	69.7
인천여중	132명	88명 (69.8%)	1명 (0.8%)	0명 (0%)	0명 (0%)	79.9	65.4	71.6

로 대단히 낮았다. 하지만 2022학년도에는 영재고와 과고 합격자를 최대 아홉 명 배출한 것으로 추산된다. 대부분 인천과고나 인천진산과고로 갔겠지만 일부는 인천과학예술영재학교에 갔을 수도 있다. 그동안 이과 성향의 우수한 학생들이 많이 늘었다는 증거다.

외고와 국제고의 경우 인천외고, 미추홀외고, 인천국제고로 골고루 진학했을 것으로 추정된다. 자사고의 경우 인천 광역 자사고인 인천포스코고와 전국단위 자사고인 인천하늘고에 조금 더 많은 학생이 진학했을 가능성이 높다. 물론 민사고, 상산고, 외대부고 등의 합격자도 있을 것이다.

박문중은 2016년 학업성취도 평가에서는 인천해송중, 인천신정중, 신송중에 이은 4위였다. 그리고 그해 영재고와 과고 합격생은 없었고 2017학년도에도 단 한 명뿐이었다. 그때까지만 해도 박문중은 특목고와 자사고 진학자가 거의 없는 학교였다. 그러다가 2018학년도에는 갑자기 영재고와 과고 합격자가 여섯 명으로 늘었고, 2022학년도에는 11명이나 합격한 것으로 추산된다.

외고와 국제고 실적은 7년 전이나 지금이나 비슷하다. 즉 문과 상위권 학생보다 이과 상위권 학생들이 훨씬 더 많이 유입된 것으로 보인다. 자사고 합격자도 2016년 10명에서 2022학년도에는 두 배 가까이 늘었다. 인천 지역 자사고에 재학 중인 이과생들의 서울대 진학률이 문과생들보다 훨씬 더 높은 것을 고려하면, 이과 상위권 학생들이 많이 진학하는 자사고라고 추정할 수 있다. 내신성적 중에서 수학점수가 유난히 낮은 것은 이과 상위권 학생들의 변별력을 위해 내신시험 난이도를 높인 결과로 보인다.

연성중은 동춘동에 있는 학교다. 매년 특목고와 자사고 합격생은 총 10명 이하로, 2016학년도와 2017학년도에는 영재고와 과고 합격자를 단 한 명밖에 배출하지 못했다. 외고와 국제고 합격자가 가장 많았던 해는 2017학년도로 총 여섯 명이었다. 지금은 외고와 국제고 진학비율은 줄어드는 반면 영재고와 과고 진학비율은 늘어나는 추세다. 이과 성향의 상위권 학생들이 조금씩 늘고 있다는 증거로 해석할 수 있다.

송도 최고의 인재들을 흡수하고 있는 인천신정중과 신송중

인천신정중은 대치동과 목동을 제외하면 대한민국에서 특목고와 자사고 진학자가 가장 많이 배출되는 중학교다. 인천신정중은 2016년 학업성취도 평가에서 '보통 이상 학력'의 비율이 92.7퍼센트로 해송중과는 차이가 많이 나는 연수구 2등이었다. 당시 영재고와 과고 합격자는 두 명, 외고와 국제고는 12명, 자사고는 10명이었다. 2022학년도의 영재고와 자사고 진학률을 보면 거의 강남 집값 뛰듯이 큰 폭으로 상승했다.

2023년도에 재개되는 학업성취도 평가에서는 인천신정중이 1위를 차지할 것으로 보인다. 이 정도 수준의 특목고, 자사고 진학자를 보유한 학교는 전국적으로 대치동의 대청중과 대명중, 목동의 목동중과 월촌중 정도다. 학군 때문에 송도로 이사를 간다면 1공구를 택해서 인천신정중을 1지망으로 쓰라고 권하고 싶다. 인천의 중학교는 선지망 후추천이며, 송도는 인천시 연수구에 속해 있지만 일반 행정구역의 명칭을 쓰지 않고 설립된 순서대로 '1공구', '2공구' 등으로 부르고 있다.

신송중은 2016년도 학업성취도 평가에서 3위를 기록했다. 1공구의 대표 중학교가 인천신정중이라면 신송중은 2공구를 대표한다. 신송중의 입시 실적은 경기도에서 가장 교육열이 높은 분당의 중학교들을 압도한다. 2016학년도에는 영재고와 과고 합격자가 여섯 명, 외고와 국제고 합격자는 아홉 명으로 10명 이하였지만 2022학년도에는 둘 다 큰 폭으로 늘었다. 물론 자사고 합격자는 34명에서 18명으로 줄었지만 일단 문과와 이과 모두 상위권 학생들이 전보다 늘었다고 추론하는 게 맞다.

인천여중은 갈수록 입학생도 줄어들고 있으며 입시 실적도 좋지 않다. 2016학년도에는 졸업생 132명 중 특목고, 자사고, 영재고 진학자가 11명이었는데 그에 비해 2022학년도의 결과는 너무나 저조하다. 2022년 3학년 학생들의 수는 164명으로 이전보다 학생 수가 많이 늘어나기 때문에 내년에는 좋은 성적이 예상된다. 하지만 송도 지역의 우수한 여학생들이 여중이 아닌 남녀공학을 선호하는 추세는 앞으로도 지속될 전망이다.

이제 송도 학군이 경기권에서 우수한 학생들이 가장 많이 몰리는 지역이라는 사실은 틀림없다. 송도에 있는 초등학교를 보내면서 자녀를 목동의 학원가까지 보낼 이유도 없어졌다. 이런 분위기는 당연히 대입 실적에도 영향을 미칠 것이다.

인천 송도 지역 고등학교들이 수시전형에 강한 진짜 이유

정시 확대 추세에도 수시의 강자 인천 송도 학군은 여전히 좋은 실적을 거둘 가능성이 높다. 살기 좋고 학군 좋은 송도의 인기는 앞으로도 계속될 전망이다. 인천을 상징하는 고등학교도 제물포고, 인천고 그리고 영종도에 위치한 인천하늘고에서 송도 학군에 있는 인천포스코고, 송도고, 세일고 등으로 그 주도권이 빠르게 넘어가는 중이다.

그런데 이들 학교의 서울대 입시 결과를 보면 놀라운 점이 있다. 대부분 수시전형으로 합격한다는 점이다. 이는 최근의 일이 아니다. 내가 입학사정관제 컨설팅을 시작했을 당시 1호 학생이 인천의 한 고등학교 출신이었다. 그 학교도 수시전형으로만 서울대 합격생을 다섯 명이나 배출했고 인천의 다른 학교들의 사정도 마찬가지였다.

송도 지역 주요 고등학교 서울대 합격자 수 및 내신점수

고등학교	서울대 합격자 수	졸업생 수	예상 재수생 비율	국어 평균점수	수학 평균점수	영어 평균점수
인천하늘고	18명(수시 16명, 정시 2명)	217명	22.6%	68.5	60.1	68.9
인천과고	15명(수시 14명, 정시 1명)	조기 졸업자 33명 졸업자 52명	1.2%	76.2	61.9	71.3
인천포스코고	10명(수시 9명, 정시 1명)	198명	34.3%	90.3	79.0	83.4
미추홀외고	9명(수시 9명)	178명	6.2%	85.2	74.4	71.1
인천국제고	8명(수시 6명, 정시 2명)	138명	29.9%	85.3	78.8	83.5
송도고(남)	7명(전원 수시)	280명	45.4%	65.1	54.3	56.8
숭덕여고	3명(전원 수시)	302명	21.7%	62.9	49.7	60.7

다양한 교과목 개설로 학생들의 전공적합성을 보여주는 인천하늘고

인천 지역에서 최고의 실적을 자랑하는 인천하늘고는 민사고, 상산고, 외대부고 같은 전국 단위 자사고지만 실제로는 재학생의 상당수가 인천 지역 고등학생이다. 그 이유는 인천공항 임직원들의 자녀를 뽑는 전형이 따로 있기 때문이다. 그런 면에서 인천하늘고는 강남, 목동, 중계, 분당 등 교육특구 학생 위주의 민사고보다는 포항제철 임직원의 자녀들이 주로 다니는 포항제철고에 가깝다.

이 학교의 강점은 다양한 과목을 개설해 학생들의 수요에 부응하고 이를 학생부에 반영한다는 점이다. 인천하늘고의 학생부는 학교 이름을 가리고 봐도 어느 학교인지 단번에 알 수 있다. 사회 과목만 하더라도 수능에서 선택하는 생활과윤리, 사회문화 과목뿐 아니라 사회과학대에서 원하는 정치와 법, 경제, 세계사 같은 과목도 개설되어 있다. 대학 영어를 체험하는 칼리지 잉글리시도 있으며, 국제관계와 국제기구 과목은 국제학부나 정치외교학과 지망생들에게 상당한 경쟁력을 제공한다. 이과에서는 고급수학과 심화수학Ⅱ까지 선택해서 들을 수 있기 때문에 영재성을 드러내는 게 가능하다. 서울대에 특화된 학교라는

걸 단적으로 보여준다.

그러나 정시 합격자가 추가 합격자를 포함해서 두 명이라는 점은 전국 단위 자사고의 실적이라고 하기에는 턱없이 부족한 수치다. 더구나 2023학년도부터 정시가 40퍼센트로 늘어난 상황에서도 인천하늘고가 여전히 SKY로 가는 직항선이 될지는 미지수다. 결국 인천하늘고에게 남겨진 숙제는 수능 경쟁력이다.

인천과고는 서울 소재 과고보다 소수 인원인데도 서울대 합격자 수에서는 크게 밀리지 않는다. 인천 지역의 우수 인재들만으로 서울대 입시에서 상당한 실적을 올린 것인데 이는 인천의 중학생 자원이 그만큼 우수하다는 증거다. 서울대는 과고 3학년생을 뽑는 경우가 거의 없다. 상위 20퍼센트 학생은 2학년 마치고 조기 졸업을 하기 때문에 서울대에 수시전형으로 합격한 14명은 2021학년에는 2학년이었을 가능성이 높다. 인천과고에는 재수생이 거의 없다는 뜻이다. 다시 말해 조기 졸업자 전원은 서울대 아니면 카이스트, 3학년까지 마친 학생들은 유니스트, 디지스트, 지스트 등의 과학기술원에 입학한다는 의미다.

이는 세종과고나 한성과고도 마찬가지다. 다만 세종과고의 2022학년 재수생 비율이 20퍼센트가 넘는데 이는 의대 입학을 목적으로 한 재수라고 볼 수 있다. 반면 인천과고는 이공계 대학에 진학해야 하는 과고 본연의 목적을 제대로 수행하고 있다고 봐야 한다.

광역 자사고로 전국 단위 자사고급 수시 실적을 내는 인천포스코고

인천포스코고는 2015년에 신설돼 2018학년도에 첫 졸업생을 배출한 인천 유일의 자사고다. 이 학교 역시 학생부 몇 장만 봐도 '인천포스코고구나' 할 정도로 두드러지는 수시형 학교다. 모의유엔 활동, 반도체와 IT 관련 탐구 동아리, 의학과 생명과학 동아리 등이 학생 자치회를 통해 자율적으로 운영된다. 그뿐만 아니라 예체능교육의 활성화를 위해 창의예술 한마당 프로그램을 운영하는 등 다양한 전인교육을 시행하고 있다.

영어로 하는 디베이트 수업과 인공지능 수업도 개설해 정규 과정에 포함시키는 등 미래 지향적인 커리큘럼으로 구성되어 있다는 평을 받는다. 3학년 과정에는 미국 대입에 필요한 AP, 거시경제, 미시경제, 세계사 수업도 있다. 인천포스코고의 커리큘럼을 보면 전반적으로 이과보다는 문과 성향의 학생들에게 좀 더 매력적으로 보여질 여지가 있다. 다만 1회 졸업생 중 서울대 합격생이 여섯 명 나온 이후, 10명에 이르는 데 5년이 걸렸다. 광역 자사고는 서울대 합격생 10명대를 넘으면 전국 단위 자사고 수준의 경쟁력을 인정받을 수 있기 때문에 이는 중요한 지표다. 송도 지역 학생과 학부모들은 인천포스코고가 앞으로 서울대 수시 합격자뿐 아니라 정시 합격자도 꾸준히 배출하는를 지켜볼 필요가 있다.

인천에는 두 개의 외고가 있다. 그중 하나인 인천외고는 사립이고 미추홀외고는 공립이다. 미추홀외고는 2010년 설립되어 2013년도에 첫 졸업생을 배출했으니 신생학교인 셈인데, 서울대 입시 실적은 인천외고를 월등히 앞선다. 당시에는 서울대 합격자가 두 명에 불과했는데 지금은 아홉 명으로 많이 늘어났다. 수행평가를 강화해 과정 중심 교육을 적극 실천하고 있으며 학생이 주도권을 갖는 토론 중심 수업으로 리더십도 키워주고 있다. 그 외에 진로 탐색을 위한 창체 활동을 적극적으로 지원하고 있으며 과목별 세특도 꼼꼼하게 작성해준다.

인천국제고는 전국 국제고 중에서 중간 정도의 서울대 입학 실적을 보여주는 학교다. 재수생의 비율이 외고보다 많이 높아서 상당수의 학생이 정시전형으로 대학에 진학한다고 볼 수 있다. 외고와 국제고의 수시는 모두 문과라는 특징이 있다. 학교마다 차이가 있지만 비교과 영역은 외고가 조금 더 강세고, 모의고사나 수능은 국제고 학생들이 좀 더 경쟁력이 있는 편이다. 인천 역시 그런 특징을 갖고 있는 것으로 보인다. 인천국제고는 정치학개론, 사회학개론, 고급 경제학 등의 수업이 있어서 인문계열이나 어문계열보다는 사회과학계열의 전공적합성을 어필할 수 있다는 장점이 있다. 서울대학교 교육종합연구원과 협력한 2학년 대학연계 과정은 인천국제고의 특장점을 잘 보여주는 활동이다.

인천 지역 일반고의 자존심을 지키는 송도고

송도고는 인천 송도 지역 일반고 중 입시 실적이 가장 좋다. 해마다 서울대 합격생을 5~7명 정도 배출하는데 대부분 수시 합격생이다. 2017학년도에는 합격자를 10명까지 배출하면서 정점을 찍었다. 송도고는 과학, 사회, 국제화, 체육에 이어 군사경찰과 IT융합중점 과정까지 모두 여섯 개의 교과 과정을 내실 있게 운영하고 있다. 국제교육도시의 장점을 살려 외국대학 교수들을 초빙해 전문적인 강연을 열기도 한다. 2022학년에는 특히 재수생 숫자가 큰 폭으로 늘어났다. 재수생 숫자가 28퍼센트에서 45퍼센트로 증가했고 반수생까지 추가되면 서울대 입시에서는 수시뿐 아니라 정시에서도 좋은 실적을 낼 것으로 기대된다. 다만 이 학교는 학교 내신시험 문제를 굉장히 어렵게 출제해서 변별력을 유지하는 특징이 있으니 이 점은 인지하고 입학을 결정해야 한다.

송도고가 인천 송도 지역 남학교의 넘버원이라면 여학교는 남동구에 위치한 숭덕여고를 꼽을 수 있다. 매년 서울대 합격자를 세 명 정도 배출하는데 대부분 수시 합격생이다. 이 학교는 최상위권 학생들이 별도의 사교육 없이도 심층면접을 실시하는 서울대 일반전형 및 연세대와 고려대 학종에 대비할 수 있도록 자체적인 프로그램을 운영하고 있다. 여고는 전반적으로 재수생 비율이 낮은 편인데 숭덕여고는 그중에서도 더 낮은 편이다. 대부분 현역 때 수시로 원하는 대학과 학과에 진학하기 때문이다.

과학 동아리 ILOS 등 다양한 동아리 활동이 좋은 평가를 받고 있다. 중학생 때부터 이 학교를 꿈꿔온 여학생들이 많은 이유는 전공적합성을 잘 보여줄 수 있는 동아리 활동 때문이다. 물론 외부 대회 출전이나 학술 논문은 대입에 반영되지 않는다. 하지만 숭덕여고에서는 이를 적극적으로 권장해 세특 등 다른 부문에 잘 녹여서 담아주고 있다. 수시전형으로 승부를 보려는 여학생들에게 추천할 만한 학교다.

수시전형에 강하지만 서울대 의대 수시전형에는 약한 인천 지역 학교들

송도고와 함께 인천을 양분하는 일반고의 강자는 세일고다. 그런데 세일고의 입학 실적이 앞에 제시된 표에 없어서 의아했을 것이다. 세일고는 전형적인 인천의 명문고가 그렇듯이 수시가 강한 학교로 보통 서울대 합격생이 다섯 명(수시 네 명, 정시 한 명) 정도 나온다. 그러다가 2022학년도에는 서울대 수시전형 합격자가 단 한 명도 나오지 않았다. 그 이유는 극상위권이 서울대를 지원하지 않고 서울권 대학의 의대나 지방대 의대에 지원했기 때문이다. 서울대의 미등록 충원은 거의 100퍼센트 자연계에서 발생하는데 이는 의대 선호 현상 때문이다. 세일고는 수시전형에서 의치한약수를 12명(실제 최종 등록자는 서너 명 정도)이나 보냈고, 서울대는 정시전형으로만 두 명을 보냈다. 정시 합격생 두 명이면 인천에서는 서울대를 정말 많이 보낸 것이다.

인천 지역 고등학교들의 수시 초강세 현상에는 아쉬운 점이 있다. 바로 서울대 의대 수시 합격생이 단 한 명에 불과하다는 사실이다. 대구 수성구 12명, 서울 강남구 아홉 명 등에 비하면 너무나도 적은 수치다. 비단 2022학년도만의 실적은 아니다. 2021학년도에는 인천과학예술영재학교 전교 1등으로 화려한 학생부를 자랑하던 학생도 서울대 의대 입시에서 1단계를 통과하지 못했다. 그 학생은 창의력과 과학탐구 실험정신이 뛰어난 장점이 있었고 각종 교내 대회 및 외부 대회 수상 실적도 있었다. 그런데도 서울대 의대는 그 학생을 뽑아주지 않았다. 그 학생은 연세대와 고려대 등의 학교에서는 모두 1단계를 통과했다. 그만큼 서울대 의대의 벽은 높디 높다.

서울대 의대는 영재고 졸업생을 많이 뽑지 않는다. 평균적으로 서울과고도 서울대 의대 진학률은 세 명 정도에 불과하다. 지역 인구수에 비례할 때 인천은 서울대 수시전형에 가장 많은 합격생을 배출하는 광역시다. 그러나 서울대 의대 진학률은 가장 저조하다. 서울대 의대는 일반적인 학생 선발 기준과는 조금 다른 방식을 택하고 있는 것으로 보인다. 가령 서울대 의대는 수능성적이 잘 나오는 지역, 즉 학업이 우수한 학생들이 모인 곳에서 월등한 내신성적을 받는 것이 최고의 비교과 활동이라고 생각하는 듯하다. 인천의 놀라운 수시 실적과 그것을 가능하게 한 학교의 다양한 프로그램에도 불구하고 서울대 의대의 선택을 받지 못하는 이유에 대해 좀 더 냉철한 분석이 필요하다.

송도 학원가, 유명 학원의 '새끼 학원'까지 성행하고 있다

만약 시간을 과거로 돌려 10년 전으로 돌아간다면 나는 대치동이 아니라 송도 신도시에 학원을 차릴 것이다. 송도의 학원 수요가 실로 놀라울 만큼 폭발적인 증가세를 보이기 때문이다. 물론 이렇게까지 수요가 폭증할 거라고는 그 누구도 예측하지 못했다.

송도 학원가, 머지않아 분당과 일산을 능가한다

인천 송도에는 대치동의 유명 학원과 전국적인 프랜차이즈 학원들이 많이 모여 있는데 송도의 12공구 전체를 통틀어 모두 167개의 학원이 있다. 대치동에는 800개 이상의 학원이 있고, 평촌에는 300개, 분당과 중계동 은행사거리에는 각각 200여 개가 모여 있는 것에 비하면 그렇게 많은 숫자는 아니다. 하지만 증가하는 속도로만 보면 조만간 기존의 학원가를 추월할 것으로 보인다.

송도 학원가의 미래 성장성을 좋게 보는 이유 중 하나는 다른 지역에 비해 특목고와 전국 단위 자사고, 영재고와 과고 등의 인기가 갈수록 더 뜨거워지고 있기 때문이다. 소위 잘나가는 학원들은 학생들로 넘쳐나 대기는 필수고 테스트를 통과해야 들어갈 수 있을 정도다. 그래서 이들 학원의 테스트를 준비시켜 주는 '새끼 학원'들도 등장했다.

주요 학원들은 채드윅국제학교, 인천포스코고, 인천신정초, 인천명선초, 인천신정중 등 송도의 명문학군에 둘러싸여 있는 송도BS프라자에 옹기종기 모여 있다. 이 건물을 중심으로 한 송도의 학원사거리에는 아발론랭콘 송도어학원과 청담어학원 송도국제브랜치 등 유명 프랜차이즈 어학원들이 들어와 있다. 송도는 영어뿐 아니라 중국어에 대한 수요도 높아서 중국어 학원도 문전성시를 이룬다. 그리고 국제학교나 외국 대학을 목표로 토플, IB(채드윅 채택), SAT 등을 대비하는 학원들도 있다. 이는 서울의 대치동을 제외하면 제주도와 송도만 가능한 수업이다.

송도의 어학원들은 스타강사들이 직접 와서 수업하고 스파르타식으로 관리하는 것으로 유명하다. 이제 인천 지역 학생들은 영어와 중국어 수업을 위해서 굳이 다른 지역 학원가를 찾아갈 필요가 없어 보인다.

대치동의 유명 수과학 학원들은 모두 송도에 있다

송도의 수학 학원은 철저하게 국내 대입에 초점을 맞춘다. 영재고와 과고 준비부터 서울대와 의치한약수 진학을 위한 학원들이 주류를 이루고 있다. 대치동 브랜드인 미래탐구 송도캠퍼스, 생각하는황소 송도, 수학의신학원 그리고 코딩과 과학교육을 접목시킨 씨큐브코딩 송도국제센터 등이 들어와 있다. 영재고 준비 학원으로 유명한 대치동의 다원교육도 다원엘리트영재교육원과 독서실을 동시에 운영하고 있다.

대표적인 송도 토박이 학원으로는 노른자프레임수학이 유명하다. 그 외에 일대일 클리닉을 선호하는 학생들은 송도 토착 브랜드인 엠엔에프수학학원을 찾는다. 송도에도 과학 전문 학원이 있다. 대표적으로 스펙트럼과학과 SCI과학전문 학원이 송도의 투 톱이다. 스펙트럼과학은 학교별 내신 관리가 철저한 것으로 유명하고, SCI과학전문학원은 실험 등을 통해 과학 공부를 보다 즐겁게 하려는 학생들에게 인기가 높다.

송도 학원가에는 확실히 수학과 과학 학원이 영어 학원보다 더 많다. 그 이유는 무엇일까? 우선 영재고와 의대를 지망하는 학생들이 많기 때문이다. 그리고 영어는 대형 강의가 가능하지만 수학은 학생별 밀착 관리가 중요해서 소규모 수업을 하기 때문에 그만큼 학원 수가 많을 수밖에 없다. 특히 유아나 초등학생을 대상으로 하는 수학 학원들은 문제 풀이를 지양하고 사고력과 문제해결력을 키워주는 수업을 선호한다.

국어와 예체능 학원까지 학원들의 러시가 이어지고 있다

국어는 프랜차이즈 학원인 뿌리깊은국어학원이 유명하다. 강사의 장악력이 높고 학업 분위기가 좋은 곳으로 알려져 있다. 중학생들 사이에서는 다양한 독서법과 토론 교육을 통해 독해력을 키워주는 학원인 권홍국어전문 학원의 인기가 높다. 국어 과목은 학원의 시스템보다 강사의 열정이 더 중요한데 이 점에서 권홍국어전문 학원은 인정을 받고 있다.

본격적인 내신 준비와 수능시험 대비 전에 다니는 국어 학원은 독서를 통해 문해력을 기르고 글쓰기와 토론을 통해 인문학 소양을 키워주는 역할을 한다. 그런 차원에서 인기가 높은 곳은 책너울국어독서다. 송도 학원가에서 독서와 논술이 중요시되고 있다는 것은 학부모들이 좀 더 긴 안목으로 사교육을 시킨다는 의미다.

이 외에도 예체능 학원 또한 송도에서는 얼마든지 찾아볼 수 있다. 이제는 송도 1공구와 2공구뿐 아니라, 다른 공구로도 학원들의 진출 러시가 이어지고 있다. 송도 신도시는 경기도 최고의 학원가인 분당을 넘볼 수 있는 유일한 지역이다.

송도의 아파트,
지난 3년 동안 강남보다 더 올랐다

2~3년 전만 해도 송도의 아파트 가격은 상승률로만 따지면 강남보다 많이 올랐었다. 아파트 분양 시장의 열기도 그 어느 곳보다 뜨거웠다. 송도더프라우주상복합단지의 청약률은 무려 4,000 대 1에 이르기도 했다. 국내 기업들의 진출도 이어지고 있다. 송도 신도시를 건축한 포스코를 비롯해서 코오롱, 효성그룹, 이랜드, 롯데쇼핑 등이 송도에 입성했다. 그리고 우리나라 바이오 산업을 양분하고 있는 대표 기업 셀트리온과 삼성바이오로직스도 송도에 연구소를 개설했다.

국제학교와 해외 명문 대학의 분교, 각종 기업들의 진출 등 송도에는 여전히 호재가 넘쳐난다. 그뿐 아니다. 송도의 높은 교육열과 사교육 투자 규모를 생각하면 송도의 아파트가 부동산 시장의 블루칩 중 하나라는 사실은 결코 부인할 수 없다.

부동산 거래절벽에도 송도 신도시 아파트는 상대적으로 선전 중

송도 아파트 중에서는 인천신정중 인근의 송도동 아파트들이 가장 시세가 높다. 송도더샵7단지그린애비뉴는 2019년에 25평이 5억 1,000만 원 선에서 거래되었다. 전세가는 3억 4,000만 원 정도였다. 서울에 비하면 상대적으로 저렴한 아파트였는데 2022년 4월에는 34평이 12억 2,000만 원에 거래되었다. 평단가가 2,000만 원대에서 3,000만 원대로 큰 폭의 상승세를 보였다. 전세가는 25평이 4억 5,000만 원에서 5억 원 사이로 2019년과 별 차이가 없다. 이 아파트는 2021년도에 30평이 10억 4,700만 원에 매매되었고 2022년에는 거래기록이 없다. 객관적인 비교는 어려우나 아파트 가격이 인천의 다른 지역처럼 급락하지는 않을 것으로 보인다. 현재 30평 매물의 가격은 9억 원에서 10억 원 사이에 형성되어 있다.

송도동에서 상대적으로 시세가 조금 낮았던 송도더샵하버뷰13단지의 매매가는 2019년에 25평이 4억 6,000만 원 선이었다. 2022년 5월에는 8억 5,000만 원에 팔렸다. 1년마다 1억 원 넘게 오른 셈이다. 물론 절대적인 금액의 상승으로만 본다면 강남 아파트에 비할 바가 아니다. 하지만 원래 가격대가 낮았기 때문에 상승률로 따지만 강남의 아파트보다 많이 올랐다고 볼 수 있다. 전세가는 물량과 시기에 따라 가격이 천차만별인데 2019년에는 25평의 가격이 3억 원 미만이었다. 그런데 2022년에는 같은 평수의 아파트 매물이 전세가 6억 원에 거래된 기록이 있다. 이 아파트는 특이하게도 전세가가 매매가보다 더 많이 올랐다.

송도에서 가장 먼저 입주한 2공구 내 신송중 인근 아파트의 동향은 어떨까? 송도아이파크는 2019년에 25평 시세가 4억 4,000만 원이었다. 집값 하락이 시작된 2022년 7월에는 25평이 9억 4,000만 원에 팔렸다. 불과 두 달 전 매매가인 7억 3,000만 원에서 2억 원 이상이 가파르게 상승한 것이다. 25평의 전세가는 4억 4,000만 원 선이고 30평의 전세가는 6억 5,000만 원 선이다.

본격적인 하락기 전이긴 하지만 이렇게 아파트 가격이 올랐던 것은 학군의 힘이라고 볼 수 있다. 2005년에 입주를 시작해 지금은 구축이 된 송도금호어울림도 2019년에는 25평의 매매가가 4억 3,000만 원 선이었으며 전세가는 3억 원 선이었다. 2022년 3월에는 같은 평수가 7억 3,000만 원에 거래되었고 전세가는 4억 원대다. 이처럼 송도동의 아파트는 입시 실적에 따라 영향을 많이 받는다는 것을 알 수 있다.

신송중 그리고 인천신정중과 함께 빅3를 형성 중인 인천해송중의 인근 아파트는 어떨까? 송도웰카운티1단지는 2019년 25평이 4억 9,000만 원, 전세가가 3억 7,000만 원에 거래되었다. 그때는 인천해송중이 신송중이나 인천신정중보다 더 우위에 있을 때였다. 2022년 7월 기준으로는 30평의 매매가가 8억 7,000만 원 선, 전세가는 5억 원 선이다. 물론 상승하긴 했지만 신송중과 인천신정중 인근의 아파트 가격이 좀 더 올랐다. 결국 아파트 가격에 학력 수준이 반영되었다고 볼 수 있다.

송도 신도시 진입이 어렵다면 청라국제도시 진입도 노려볼 만하다

송도 국제도시와 함께 뜨는 지역이 있다. 바로 청라국제도시다. 서구 청라동의 청라호반베르디움 25평은 2019년에 4억 2,000만 원 정도에서 시세가 형성되었다. 전세가는 2억 5,000만 원 정도였다. 서울의 변두리 지역보다 저렴했는데 2022년 7월에는 25평이 6억 7,500만 원으로 50퍼센트 가까이 상승했다. 이는 서울에서 아파트 시세가 가장 낮은 도봉구, 강북구, 금천구와 비슷한 수준이다.

청라국제도시의 아파트 가격은 신도시의 아파트 가격에 비해 저렴하다. 만약 송도 신도시에 진입하고 싶은데 아파트 가격이 부담스러워 망설여진다면 청라국제도시 쪽도 대안으로 생각해볼 수 있다. 청라국제도시에는 인천해원중이 있는데 이 학교의 입시 실적도 예사롭지 않다. 2022학년도에 과고 합격자 12명, 외고와 국제고 합격자 10명을 배출했다. 서울의 교육특구 외에 이런 실적을 낸 학군은 별로 없다. 다시 말해 청라국제도시도 앞으로 교육특구로 발전할 가능성이 충분하다는 뜻이다. 이처럼 학군을 보면 그 지역의 미래 아파트 가격이 보이는 법이다.

빌라는 어떨까? 송도동에는 빌라나 다세대주택이 없는 100퍼센트 아파트촌이다. 동춘동에만 소형 빌라들이 있는데 시세는 17평이 2억 5,000만 원 정도다. 전세가는 18평이 1억 5,000만 원 선이다. 다만 송도동이 아니라면 송도의 빅3 중학교인 인천신정중, 신송중, 인천해송중에 배정받기는 어렵다. 따라서 자녀교육과 재테크라는 두 마리 토끼를 잡을 목적이라면 동춘동의 빌라나 다세대주택은 좋은 대안이 아니다.

학군별 필수 체크 아파트

인천 송도 학군 주요 아파트

아파트명	세대수	입주연도/ 평단가	배정 예상 학교	매매가-전세가 추이
송도더샵 7단지 그린애비뉴	474 세대	2012년/ 4,000만 원 이상	• 초 : 명선초 • 중 : 인천신정중, 신송중, 해송중 • 고 : 인천연송고, 신송고, 대건고	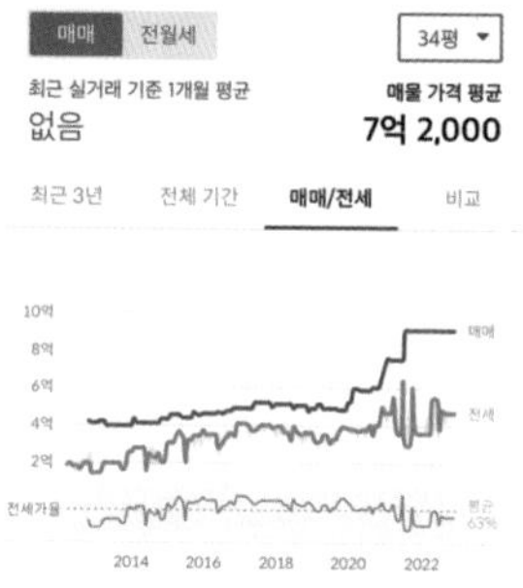매매 전월세 34평 최근 실거래 기준 1개월 평균 없음 매물 가격 평균 7억 2,000 최근 3년 전체 기간 매매/전세 비교 10억 8억 6억 4억 2억 매매 전세 전세가율 평균 63% 2014 2016 2018 2020 2022
송도더샵 하버뷰 13단지	553 세대	2011년/ 2,000만 원 이상	• 초 : 신정초 • 중 : 인천신정중, 신송중, 해송중 • 고 : 인천연송고, 신송고, 대건고	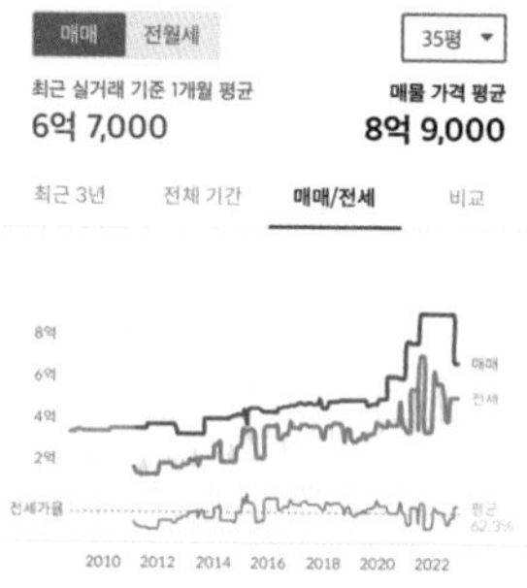매매 전월세 35평 최근 실거래 기준 1개월 평균 6억 7,000 매물 가격 평균 8억 9,000 최근 3년 전체 기간 매매/전세 비교 8억 6억 4억 2억 매매 전세 전세가율 평균 62.3% 2010 2012 2014 2016 2018 2020 2022
송도 아이파크	616 세대	2005년/ 2,000만 원 이상	• 초 : 신성초 • 중 : 신송중, 박문중, 인천해송중 • 고 : 신송고, 박문여고, 해송고	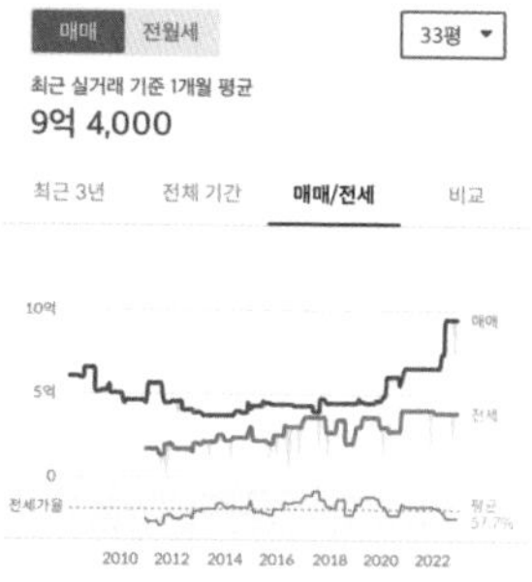매매 전월세 33평 최근 실거래 기준 1개월 평균 9억 4,000 최근 3년 전체 기간 매매/전세 비교 10억 5억 0 매매 전세 전세가율 평균 57.7% 2010 2012 2014 2016 2018 2020 2022

아파트명	세대수	입주연도/ 평단가	배정 예상 학교	매매가-전세가 추이
송도 금호어울림	510 세대	2005년/ 2,000만 원 이상	• 초 : 신송초 • 중 : 신송중, 해송중, 신정중 • 고 : 신송고, 해송고, 박문여고	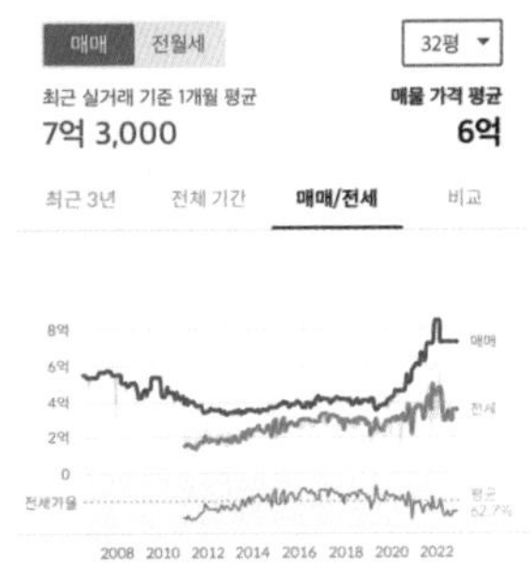 매매 전월세 32평 최근 실거래 기준 1개월 평균 7억 3,000 매물 가격 평균 6억 최근 3년 전체 기간 매매/전세 비교
송도 웰카운티 1단지	980 세대	2008년/ 2,000만 원 이상	• 초 : 해송초 • 중 : 해송중, 능허대중, 신송중 • 고 : 학익고, 인천남동고, 인천논현고	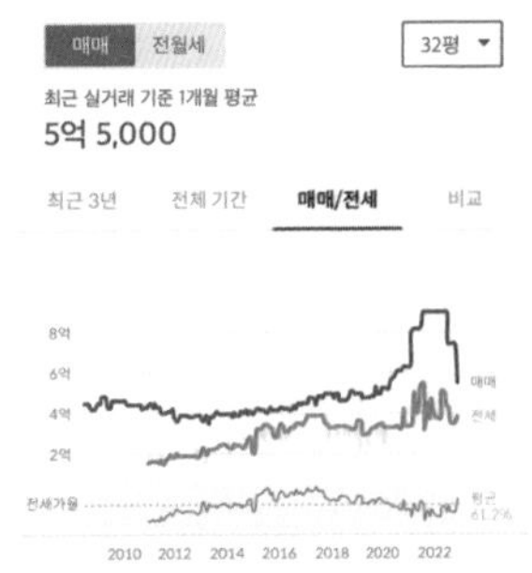 매매 전월세 32평 최근 실거래 기준 1개월 평균 5억 5,000 최근 3년 전체 기간 매매/전세 비교
송도 센트럴파크 푸르지오 시티	1,140 세대	2015년/ 2,000만 원 이하	• 초 : 연송초 • 중 : 인천현송중, 인천예송중, 인천신정중 • 고 : 인천연송고, 인천해송고, 신송고	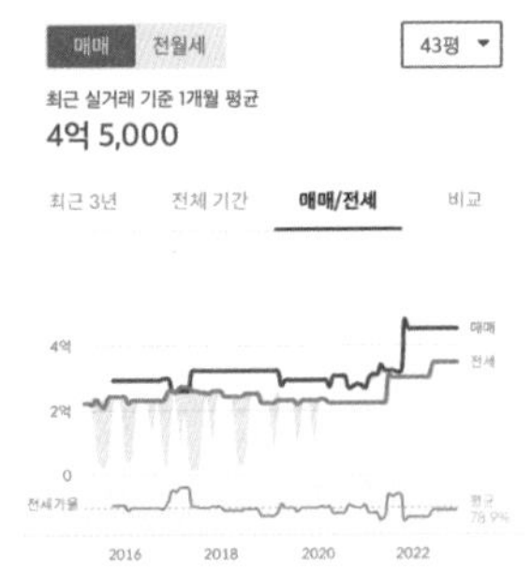 매매 전월세 43평 최근 실거래 기준 1개월 평균 4억 5,000 최근 3년 전체 기간 매매/전세 비교
청라호반 베르디움 4차	2,134 세대	2012년/ 2,000만 원 이하	• 초 : 청일초 • 중 : 인천초은중, 인천청라중, 신현여중 • 고 : 인천초은고, 인천청라고, 인천해원고	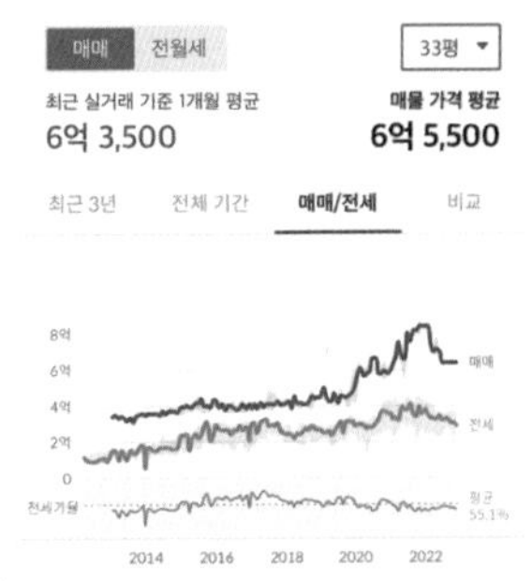 매매 전월세 33평 최근 실거래 기준 1개월 평균 6억 3,500 매물 가격 평균 6억 5,500 최근 3년 전체 기간 매매/전세 비교

아파트명	세대수	입주연도/ 평단가	배정 예상 학교	매매가-전세가 추이
청라 힐스테이트 커낼뷰	244 세대	2012년/ 2,000만 원 이하	• 초 : 청람초 • 중 : 인천청람중, 인천천호중, 인천청라중 • 고 : 인천초은고, 인천청라고, 인천해원고	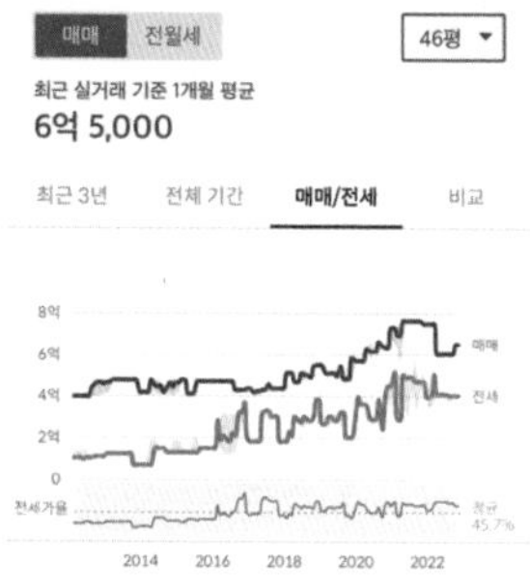매매 전월세 46평 최근 실거래 기준 1개월 평균 6억 5,000 최근 3년 전체 기간 매매/전세 비교 8억 6억 4억 2억 0 매매 전세 전세가율 평균 45.7% 2014 2016 2018 2020 2022
청라제일 풍경채에듀& 파크2차	1,581 세대	2017년/ 2,000만 원 이하	• 초 : 청람초 • 중 : 인천청람중, 인천청호중, 인천청라중 • 고 : 인천청라고, 인천초은고, 인천해원고	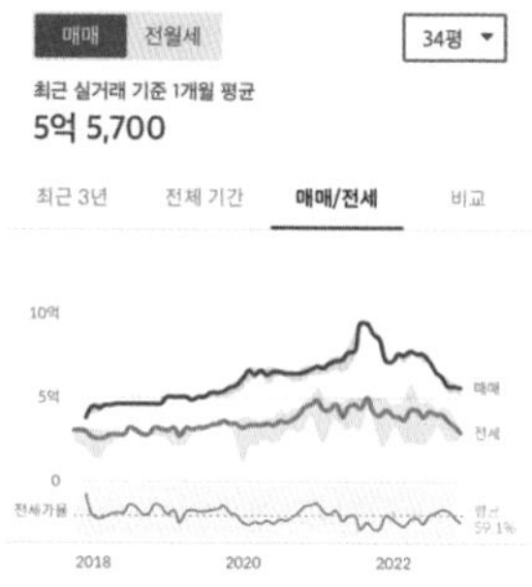매매 전월세 34평 최근 실거래 기준 1개월 평균 5억 5,700 최근 3년 전체 기간 매매/전세 비교 10억 5억 0 매매 전세 전세가율 평균 59.1% 2018 2020 2022

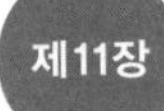

전통의 영통과 부상하는 광교 수원 학군

☑ **입지 특징**	• 신분당선 광교~호매실 연장, 수원역은 GTX-C 노선 예정 • 아주대학교병원, 백화점과 아웃렛, 광교호수공원 등 풍부한 인프라 • 광교의 강남이라 불리는 원천동 아파트 미래 가치 주목
☑ **학원가 특징**	• 고등학생 대상 영통동 학원들의 경쟁력은 대치동급 • 망포동 학원가는 초등학생 대상 학원이 강세 • 여러 학원들이 인접한 빌딩에 서로 밀집되어 있음
☑ **배정 예상 중학교**	광교중, 광교호수중, 곡반중, 망포중, 매원중, 매현중, 산남중, 수원다산중, 원천중, 연무중, 영덕중, 영일중, 영통중, 이의중, 잠원중, 태장중, 화홍중
☑ **배정 예상 고등학교**	광교고, 권선고, 망포고, 매원고, 매탄고, 영덕고, 유신고, 이의고, 창현고, 청명고, 태장고, 화홍고, 효원고

주유소
예인교회
현대테라타워
영통
영통마을회관
교통안전공단
수원검사소
영통구보건
맨발공원
이라이콤
영통중학교
현대
직영영통제일셀프주유소
신나무실신성신안
쌍용진흥아파트
솔찬
어린이공원
영덕고등학교
주공5단지
아파트
신나무실마을
신나무실
2차아파트
벽적골휴먼시아
8단지아파트
신나무실
동보아파트
신영초등학교
파리바게뜨
영동초등학교
신나무실
풍림아파트
태장고등학교
태영9단지
아파트
태장중학교
벽적골공원
보리수
어린이공원
우성8단지
아파트
벽적골주공
9단지아파트
살구골동아
7단지아파트
벽적골롯데캐슬
9단지아파트
315
IBK기업은행
수인분당선
수원어린이
영통
해링턴

❶ 와와학습코칭센터 영통점 : 독서설과 학원이 결합한 곳으로 관리가 강한 학원
❷ 엠코드수학과학학원 : 코딩과 수학, 과학을 같이 배우는 초등이 강한 학원
❸ 이강학원 : 대치동에 본원이 있으며 스타강사가 많은 국영수사과 학원
❹ 영통대찬학원 : 대치동에 본원이 있으며 외고 입시가 강한 국영수 학원

출처: 네이버지도(https://map.naver.com), 네이버부동산(https://land.naver.com)

❺ 펜타스과학학원 : 대치동에 본원이 있는 수학 과학 전문 이과 학원
❻ 대치명인학원 영통캠퍼스 : 대치동에 본원이 있는 국영수과 내신 수능 학원
❼ 마에스트로수학학원 : 내신을 잘 챙겨주는 수학 학원
❽ 엘탑영수전문학원 : 소수정예 관리가 강한 영수 전문 학원

과연 영통동과 광교는 명문학군으로 발돋움할 수 있을까

수원 지역에는 요즘 한참 뜨고 있는 광교신도시가 포함되어 있지만, 아파트 평균 가격은 과천, 분당, 하남시보다 낮다. 과천이나 분당보다도 한참 아래인 걸 보면 서울에서 얼마나 가까이에 있느냐가 아파트 가격에는 훨씬 더 중요한 영향을 미치는 것으로 보인다.

수원은 '광교'라는 신도시가 유명하다. 마치 분당이 성남과는 별도의 지역으로 여겨지는 것과 마찬가지다. 신분당선의 개통으로 강남 접근성이 개선된 광교와 광교를 포함한 영통구의 위상은 더 높아졌다. 더군다나 광교를 포함하는 영통구는 수원의 대치동으로 학부모들의 교육열이 대단히 뜨겁다. 평촌이나 일산처럼 맹모들이 아파트 가격을 올릴 가능성이 크다. 다만 아직은 잠재력에 불과하다. 서울대 입시 실적 면에서 수원은 평촌이나 일산에 비하면 한참 밀린다.

수원 지역 주요 중학교의 고등학교 진학 현황과 내신점수

중학교	졸업생	일반고	외고·국제고	영재고·과고	자사고	국어 평균점수	수학 평균점수	영어 평균점수
연무중	362명	303명 (85.8%)	11명 (3.1%)	6명 (1.7%)	9명 (2.5%)	82.6	78.9	77.6
영덕중	292명	255명 (86.7%)	11명 (3.7%)	7명 (2.4%)	11명 (3.7%)	82.1	74.2	84.2
영일중	225명	198명 (88.7%)	8명 (3.6%)	3명 (1.4%)	5명 (2.2%)	88.4	82.5	82.6
태장중	197명	184명 (93.9%)	4명 (2%)	1명 (0.5%)	0명 (0%)	81.6	73.1	78.2
광교중	162명	139명 (95.8%)	8명 (4.9%)	4명 (2.5%)	2명 (1.2%)	89.8	79.8	85.8
영통중	74명	70명 (90.9%)	1명 (1.3%)	0명 (0%)	1명 (1.3%)	87.3	80.8	77.6

수원의 좋은 중학교는 모두 영통구에 모여 있다

수원의 문과 최상위권 학생들은 확실히 수원외고보다도 동탄국제고를 선호한다. 이과 극상위권은 주로 수원시에 있는 경기과고를 선택하지만, 매년 수원에서 배출하는 경기과고 합격생은 예닐곱 명 정도로 그 수가 많지는 않다. 전국 단위 모집이지만 분당이나 평촌, 일산에서 조금 더 많은 학생이 선발되는 경향이 있다. 아직까지 영통구는 고등학교보다는 중학교가 더 경쟁력이 있다는 게 중론이다.

영통구 부동의 1위 영덕중과 영재고 입시의 강자, 영일중

영통구에서 부동의 넘버원 중학교는 영덕중이었다. 2016년도 학업성취도 평가에서 영덕중은 '보통 학력 이상'의 비율이 94.33퍼센트로 수원 내 최고 수준이었다. 그런데 5년이 더 지난 지금도 여전히 영통구의 1등일까?

일단 학생들의 실력은 더 좋아졌을 가능성이 높다. 2016학년도 외고와 국제고 진학비율은 2.3퍼센트, 영재고와 과고의 진학비율은 0.5퍼센트였는데 2022학년도에는 각각 3.7퍼센트, 2.4퍼센트로 상승했기 때문이다. 특히 영재고와 과고 진학생이 더 늘었다. 경기과고가 아닌 경기북과고였을 가능성이 높지만 여하튼 이 학교는 점점 더 이과 경쟁력을 키우는 중이라고 볼 수 있다. 물론 중학교를 문과와 이과 성향으로 나누는 것은 의미가 없다. 하지만 특목고와 자사고 등에 지원하는 학생들에게는 중요한 선택의 기준이다. 대학은 여전히 계열별로 뽑기 때문에 중학생 때부터 방향을 정해서 공부하는 것은 도움이 된다.

영덕중의 내신성적을 보면 2학년과 3학년 모두 영어성적이 좋다. 즉 이 학교는 문과형 상위권 학생과 영과고를 지원하는 이과형 상위권 학생이 치열하게 경쟁하는 곳으로 볼 수 있다.

영일중은 2016년도 학업성취도 평가에서 보통 학력 이상의 학력을 가진 학생이 93.93퍼센트로 수원 내 2위였다. 영어와 수학 과목은 영덕중보다 보통 학력 이상의 학생이 더 많았다. 당시에 영재고와 과고, 외고와 국제고는 영덕중보다 좀 더 많은 합격자를 배출했다. 그러나 5년이 지난 현재 영일중은 특목고, 자사고, 영재고 실적에서 영덕중에 확연히 밀리고 있으며 그 격차가 당분간 유지될 확률이 높다.

그럼에도 놓치지 말아야 할 사실은 영재고 합격자는 영일중에서만 나왔다는 점이다. 영덕중에서는 영재고 합격자가 나오지 않았다는 점에서 영일중의 성과는 주목받을 만하다. 내신성적을 보면 국어 과목의 평균점수가 유난히 높은데 이는 영일중의 국어시험 난이도가 상대적으로 낮았을 가능성이 크다.

태장중은 2016년도 학업성취도 평가에서 보통 학력 이상이 89.27퍼센트로 수원 내 7위를 기록했다. 당시에도 영재고와 과고, 외고와 국제고 진학자는 많지 않았다. 지금은 2016년에 비해 해당 학교 진학자가 모두 줄어들었다. 수원은 일산보다는 확실히 일반고 선호 경향이 더 강하다는 사실을 알 수 있다.

광교 프리미엄과 함께 성장하고 있는 광교중과 연문중

광교중은 2016년 학업성취도 평가에서 수원 내 3위를 기록한 학교다. 그 당시 영재고와 과고 진학생은 없었지만 외고와 국제고 진학생 비율은 5.45퍼센트였다. 지금 이 학교는 어떻게 변했을까? 영재고 진학자는 남학생이 많기 때문에 기타로 분류되는 세 명의 여학생이 모두 영재고에 합격했을 확률은 낮지만, 여하튼 한 명이라도 영재고 합격자가 나왔을 가능성은 있다. 외고 진학률도 7년 전의 5.45퍼센트에 비해 크게 떨어지지 않았다. 그리고 학교 내신성적을 보면 평균점수가 상당히 높은 편이다.

광교중은 전체적으로 2016년보다 공부 잘하는 학생들이 모였을 가능성이 높다. 7년 전에는 영재고와 과고 진학생이 단 한 명도 없었지만 2022학년도는 최대치로 추정하면 네 명으로 늘었다. 2021학년도에 비해 자사고 진학생도 한 명에서 두 명으로 늘었다. 이는 광교가 뜨면서 광교중이 수원 및 영통에서 차지하는 위상도 더 높아진 것으로 해석할 수 있다.

연무중은 광교에서 광교중과 함께 투톱을 이루고 있는 중학교다. 2016년 학업성취도 평가에서는 수원 내 4위를 기록했다. 당시에 영재고와 과고 진학비율이 1.2퍼센트 정도였고 외고와 국제고 진학비율은 2.7퍼센트 정도였다. 그런데 그 숫자는 조금씩 더 늘어나는 추세다. 즉 이 학교도 광교 프리미엄과 함께 학력이 더 좋아지고 있다고 볼 수 있다. 물론 자사고에는 안산동산고도 포함되어 있겠지만, 상산고와 외대부고 등 전국 단위 자사고도 포함되어 있을 가능성이 높다. 아파트 가격이 비싸더라도 특목고와 자사고 진학을 목표로 한다면 연무중 부근으로 이사하는 것이 좋은 선택이다.

혁신학교인 영통중은 2016년도 학업성취도 평가에서 태장중에 이어 8위를 기록했다. 혁신학교는 경쟁적인 교육환경에 노출되는 것을 선호하지 않는 학생들이 다니는 곳이기 때문에 당연한 결과라고 볼 수 있다. 특목고 진학률도 그때나 지금이나 낮기는 마찬가지다. 내신성적을 보면 평균점수가 거의 80점이 넘는데, 이는 혁신학교의 내신시험 난이도가 높지 않다는 점을 감안해야 한다. 그리고 졸업생 수가 상당히 적다. 영통구에 살면서 자녀를 혁신학교에 보내고자 하는 학부모들이 많지 않다는 의미다.

신쌤's 컨설팅

문과 성향의 자녀를 둔 영통구 엄마들의 희망, 동탄국제고

나는 동탄국제고 학생들을 서울국제고, 부산국제고, 청심국제고 다음으로 많이 만나보았다. 대부분 수원 출신이었다. 2011년 설립되어 2014년에 첫 대학 입학생을 배출한 학교가 서울대 실적으로는 국제고 중 탑 클래스에 올라설 정도로 급성장했다. 2021학년도에는 수시 여덟 명, 정시 네 명 등 아홉 명의 서울대 합격생을 배출했고 2022학년도에는 수시 여덟 명, 정시 네 명으로 총 12명의 합격자를 배출했다. 지난해 2022학년도 수능에서 인문계와 자연계를 통틀어 유일하게 만점을 받은 학생이 동탄국제고 출신 재수생이었다. 그 학생은 2021학년도 수능에서는 아쉽게 서울대 수시에서 고배를 마시고 고려대학교 행정학과를 학종 학업우수형으로 합격했지만 반수를 택했다. 그 학생은 정시로 서울대 경영대에 합격한 것으로 알려졌다. 동탄국제고의 합격생 12명은 고양국제고와 같은 숫자로 훨씬 전에 설립된 서울국제고(10명), 청심국제고(10명)를 뛰어넘는 기록이다.

동탄국제고가 수시는 물론 수능 성적에서도 좋은 실적을 보이는 이유는 학교 프로그램 덕분이다. 고2 때 미시경제학을 배우고 국제법도 배운다. 법과 정치, 경제생활과 윤리 등의 사탐 과목을 고3 때 배치해 고3은 수능과 수시를 동시에 준비하도록 배려하고 있다.

나의 컨설팅 케이스로는 내신 5등급 후반대로 수학이 거의 8등급대였던 학생이 학종으로 외국어대 국제통상학과에 합격한 사례가 있다. 서울국제고에서도 5등급을 넘어가면 수시로 '중경외시'(중앙대·경희대·한국외대·서울시립대) 이상을 가기가 사실상 어려운데 동탄국제고는 거뜬히 이뤄내는 것으로 보아, 학생부의 경쟁력이 강함을 알 수 있었다. 해답은 '전공적합성'이었다. 이 학생은 FTA에 대해서 연구할 때 한미뿐 아니라 그동안 한국이 추진했던 올해 모든 FTA를 분석해 진로 활동 외에 학교 수업 세특에도 적극적으로 녹여냈다. 나는 이 학생의 수학 성적이 크게 걱정이 되었지만 면접 때 교수들은 수학 성적은 물어보지 않고 한미 FTA를 비롯해 우리가 맺고 있는 FTA가 몇 개인지 물어보다. 그리고 정확히 답을 알고 있던 그 학생은 58개라는 정답을 맞혔다. 한미 FTA 외에 타국과 맺은 FTA에 대해서도 자신이 알고 있는 내용을 정확히 답한 그 학생은 내신의 불리함에도 최종합격할 수 있었다.

내신 4등급 후반대 학생이 중앙대를 학종으로 합격한 학생도 있었는데, 그 학생은 트럼프의 대통령 당선 후 《1984》가 미국에서 베스트셀러가 된 현상을 분석해 고립주의가 결국 소설 속의 전체주의와 같은 디스토피아 사회로 가는 지름길이라는 주제의 연구를 실시해 눈에 띄는 학생부를 만들었다. 국제 이슈와 본인의 관심사인 문화 마케팅을 잘 연결시켜 주어진 환경 속에서 자신의 꿈과 재능을 드러냈다는 느낌을 주었다.

수원 지역 일반 고등학교들의 현주소

수원의 영통동과 광교는 고등학교보다 중학교의 경쟁력이 더 높은 것으로 알려져 있다. 수원의 중학교들은 다른 교육특구에 비해 특목고 진학 실적이 크게 밀리지 않는 반면, 고등학교의 진학 실적은 서울과 경기 지역 학군에 비해 확실히 뒤처진다.

〈베리타스알파〉는 매년 서울대 합격생 수를 바탕으로 전국 순위 100위 안에 드는 학교 명단인 '서울대 실적 톱 100'을 발표한다. 수시와 정시를 합쳐 서울대 합격생이 다섯 명 이상 나오면 해당 차트에 포함된다. 그런데 놀랍게도 2022학년도 〈베리타스알파〉가 발표한 차트에 수원 소재 학교는 전국 단위 영재학교인 경기과고 외에는 단 한 곳도 없었다. 수원의 문과 최상위권 학생들이 모이는 수원외고가 포함되지 않았다는 사실은 큰 충격이었다. 수원외고는 서울대 합격자를 많을 때는 16명이나 배출했고, 2020학년도에도 10명의 합격자

수원 지역 주요 고등학교 4년제 대학 진학률 및 내신점수

고등학교	4년제 대학 진학률	졸업생 수	예상 재수생 비율	국어 평균점수	수학 평균점수	영어 평균 점수
수원외고	65.7%	206명	33.8%	72.1	59.9	62.8
창현고	50.6%(서울대 정시 5명)	361명	26.7%	79.1	69.6	71.4
효원고	58.8%	358명	30.3%	69.0	65.9	65.3
광교고	54.7%	284명	27.5%	68.5	63.6	53.8
청명고	186명(55%)	334명	13.3%	72.1	58.9	64.8

*수원 지역은 정확한 서울대 합격자 수를 파악할 수 없어서 4년제 대학 진학률로 대체한다.

를 배출한 학교다.

'서울대 실적 톱 100' 차트에 포함되지 않은 학교들의 서울대 합격자 수를 확인하려면 해당 고등학교에 직접 확인하는 수밖에 없다. 일단 수원 지역 학교에 연락해서 확인해보니 대부분의 학교는 정보 미공개 원칙에 따라 공개해줄 수 없다는 반응을 보였다. 그중 창현고만 유일하게 입시 결과를 밝혔는데, 서울대 수시 합격자는 없었지만 정시 합격자는 다섯 명이었다. 〈베리타스알파〉 순위에는 정시 추가 합격자가 포함되지 않기 때문에 창현고의 경우 추가 합격자가 나왔을 가능성이 높다. 서울대 입학자 수를 공개하지 않는 학교들은 합격자가 없거나 있어도 한 명 정도라고 추측해볼 수 있다.

2022년 수원외고에서는 무슨 일이 벌어진 걸까

수원외고의 서울대 실적을 확인하기 위해서 2022학년도 전국 외고의 서울대 실적 자료를 입수했다. 그 자료에는 서울대 합격자를 세 명까지 배출한 전국의 모든 외고 리스트가 포함되어 있다. 그런데 그 순위에서도 수원외고를 발견할 수 없었다. 학교 차원에서 서울대 입시 실적을 공개하지 않는 곳도 아닌데 해마다 입시 실적을 공개하던 학교가 유독 2022학년도 결과만 공개하지 않았다. 2021학년도 수원외고의 서울대 합격생은 모두 10명(수시 여덟 명, 정시 두 명)이었고, 2020학년도에도 10명(수시 네 명, 정시 여섯 명)이었다. 그런데 2022학년도에는 서울대 실적이 추락한 것이다. 도대체 수원외고에서 무슨 일이 일어났던 걸까?

수원외고의 서울대 합격자 수가 갑자기 줄어든 것은 전년도에 비해 크게 늘어난 재수생(24.4퍼센트에서 거의 10퍼센트포인트 증가) 숫자에서도 추측할 수 있다. 입시 결과에 만족하지 못해 재수를 선택한 학생의 수가 크게 늘어났고, 또 대학에 다니면서 재도전하는 반수생 비중도 크게 늘어날 것으로 보인다. 그런데 2022학년도에는 수시 1단계 통과자도 언론에 공개하지 않은 걸 보면 많은 학생이 1차 서류전형에서 떨어진 것으로 보인다. 원래 수원외고는 다른 외고들처럼 수시형 학교였고, 내가 아는 한 수원외고의 수시 경쟁력은 나쁘지 않다. 수원외고는 다른 외고와 마찬가지로 수시 프로그램이 강한 학교다. 문이과 융합을 선호하는 학과와 서울대 자유전공을 노린 인공지능교육, 인문어문 교수들이 선호할 만한 작가와의 만남 등 프로그램도 알찬 편이다. 즉 전년과 달라진 것이 없다.

그리고 지난해 수원외고 경쟁률이 경기권 외고 중에서 가장 높은 1.6대 1을 기록한 점을 보면 수원외고의 2022학년도 입시의 충격 여파는 길게 이어지지 않을 것으로 보인다. 추측건대 일종의 불이익을 받았을 가능성도 있다. 서울대 실적에서 외고와 국제고 합격생 수가 일정 수준을 유지하는 것을 보면, 학교는 부인하지만 일정 범위를 두고 학생을 선발할 가능성이 크다. 즉 그해에 다른 외고와 국제고에서 상대적으로 더 우수한 학생들이 지원해서 서울대가 이들을 뽑다 보니 수원외고의 실적이 특히 안 좋았을 수도 있다는 말이다.

서울대 합격자를 많이 배출하던 학교에서 갑자기 서울대 합격생이 줄어들면 그다음 해는 무척 조심하는 경향이 있다. 내신 1등급 후반대가 경영학과나 정치외교학과 혹은 경제학과를 지원했다면, 합격률이 줄어든 후에는 영문학과나 중문학과를 쓰는 식으로 눈높이를 낮추는 것이다. 재수생이 늘어나고 2022학년도부터 서울대 정시전형에서 내신과 세특이 반영되는 점을 고려하면, 2023년 학도에는 수원외고가 자신 있게 서울대 입시 결과를 공개할 수 있으리라 기대해본다.

수시전형에 강한 창현고에서 서울대 정시 합격자 수가 늘어난 이유

팔달구에 위치한 창현고는 전통적으로 수원에서 서울대를 가장 많이 보내는 학교다. 2022학년도 합격자 수는 다섯 명, 2018학년도는 세 명이다. 2018학년도는 수시 인원이 정시 인원보다 두 배가량 많았다. 학교 동아리는 뇌과학 동아리, 발명 동아리, 환경윤리 연구 동아리 등 학과목에 국한되지 않은 통섭 연구가 가능한 동아리가 많다. 단순히 문학 감상 동아리가 아닌 한국 문학사 동아리처럼 역사와 문학을 융합하는 동아리도 있다. 이런 이유로 이 학교는 수시형 학교로 볼 수 있다.

그런데 2022학년도 서울대 합격자는 모두 정시전형에서 나왔다. 2021학년도의 순수 재수생 비율은 7.6퍼센트였는데 2022학년도에는 그 세 배가 넘는다. 재수생들의 선전에 힘입어 좋은 입시 결과가 나오자 과감하게 재수를 택했거나 다니고 있는 대학에 만족하지 못한 학생들이 적극적으로 반수에 동참했을 가능성이 크다. 만약에 2023학년도 입시 결과에서도 수시 영 명, 정시 다섯 명의 결과가 나오면 영통의 학생과 학부모들은 어떤 선택을 할까? 이제는 영통구와 광교에서도 대치동이나 분당처럼 정시전형으로 서울대에 갈 수 있으니 '비교과 내신보다 모의고사나 챙기자'라는 마인드가 확산될지도 모른다.

효원고도 과학중점학교로 원래는 수시형 학교였다. 매년 서울대 수시 합격생 두 명 정도는 배출했다. 2016학년도에는 수시전형에서 네 명, 정시전형에서 한 명이 서울대에 합격했다. 어떤 해는 수시전형에서만 합격생 두 명이 나온 적도 있다. 공학연구반 창의과학실험부, 컴퓨터공학 등 이과 성향의 동아리가 강세고 인문학 심포지엄도 알차다. 수원에서 수시전형에 가장 강한 학교를 고르라면 단연 효원고를 꼽을 수 있다. 다만 경기권 학교들이 정시전형에 매진하는 경향에 따라 이 학교도 재수생 비율이 늘고 있어서 점차 수시전형에서 정시전형으로 무게 중심이 이동하는 건 아닌지 우려스럽다.

청명고는 여전히 수시형 학교로 볼 수 있다

광교고도 해마다 서울대 합격생을 두 명 정도 배출하고 있다. 2019학년도까지는 영통구에서 정시전형으로 서울대에 가는 경우가 극히 드물었기 때문에 광교고도 수시전형에서 합격자를 배출했다. 이 학교는 2021학년도에 비해 2022학년도 재수생 숫자가 두 배 가까이 늘었는데 이는 정시전형 준비생들의 비중이 늘어나고 있다는 증거다.

청명고는 영통구나 광교 주민들이 그다지 선호하는 학교는 아니다. 매년 서울대 합격생이 한 명 정도 나오는데 대부분 수시 합격생이다. 과학영재 학급을 운영하면서 졸업생들을 멘토로 활용해 고3 학생들의 수시 준비에 적극적으로 도움을 주고 있다. 일단 다른 학교보다 재수생 숫자가 크게 적다는 사실은 대부분 수시전형으로 대학에 간다는 것을 의미한다. 서울대 진학을 목표로 한 학생이 청명고를 선택할 경우에는 반드시 전교 1등을 해야 한다는 부담이 있지만, 목표가 '인서울'이라면 청명고도 좋은 대안이 될 수 있다. 내가 접한 청명고 학생들도 대부분 서울대가 아닌 수시전형으로 인서울 대학에 가려는 학생들이었다.

청명고의 내신성적을 보면 수학이 아주 낮다는 사실을 알 수 있다. 수학 내신시험이 어렵다는 평가는 없으므로 수학에 강점이 있는 학생은 상대적으로 유리할 수 있다. 물론 정시 비중이 늘어나는 추세에서는 위험한 선택이기는 하지만, 그래도 수시전형에 더 강점이 있다고 판단한다면 청명고 선택은 추천할 만하다.

신쌤's 컨설팅

서울과고와 경기과고의 차이, 영재고의 학생부는 뭐가 다를까

수원시 장안구에 있는 경기과고는 수원에서 극상위권 학생들이 입학하는 영재고다. 서울대 수시 합격생 순위에서 서울예고 등 예체능 고교를 제외하면 항상 1~2위는 서울과고와 경기과고가 차지한다. 2022학년도에는 서울과고가 다소 앞섰지만 2021학년도에 경기과고가 우세했다. 2022학년도 경기과고의 서울대 수시 합격생은 47명으로 서울과고의 52명에 이어 전체 3위(서울예고를 빼면 전체 2위)를 기록했다. 정시전형에서도 서울대 의대를 비롯해 몇 명의 합격자가 나왔다. 하지만 의대 입학을 수치로 여기는 경기과고 교장 선생님의 교육철학 때문에 정확한 숫자는 절대 공개하지 않는다.

이것이 서울과고와 경기과고의 가장 큰 차이점이다. 서울과고는 매년 20명 정도가 수시로 서울권 의대에 진학하지만 경기과고는 수시전형에서만큼은 철저하게 의대 진학을 막는다. 그런데도 경기과고에서 2022학년도 서울대 의대 수시 합격자가 나왔다. 예전에는 학교에서 서울대 의대 추천서를 써주지 않았기 때문에 경기과고에서 서울대 의대 수시 입학은 불가능했다. 그러다가 2021학년도부터 추천서가 사라지면서 학생이 원한다면 수시전형으로 의대 진학하는 것을 막을 방법이 없다.

서울과고와 경기과고의 또 다른 점은 서울대 지원 학과가 확연히 다르다는 것이다. 예를 들어 서울과고는 수리과학부 진학률이 압도적으로 높다. 서울대 의대에 지원하는

수원

10명을 제외한 11등에서 20등까지의 학생이 서울대 수리과학부에 지원하는데, 보통 지원자의 3분의 2 정도가 최종 합격한다. 반면 정보 올림피아드 수상자가 많은 경기과고는 해마다 서울대 컴퓨터공학과에 합격자를 배출한다. 2022학년도에는 서울과고 출신이 컴퓨터공학과에 합격한 사례는 없었다.

두 학교 모두 학생부는 일반고 이과 학생부를 압도한다. 영재고는 교육부 소관이 아닌 과학기술정보통신부 소속이기 때문에 학생부 규제사항을 적용받지 않는다. 외부 대회, 소논문, 심지어 토플과 텝스 성적까지 다 기입할 수 있다. 학교 이름을 블라인드 처리해도 영재고 학생부는 보는 순간 바로 '영재고'라는 걸 알 수 있다.

또한 세특 외에 '연구 활동'이란 항목이 있어서 작성한 논문과 대학교 인턴십도 적을 수 있다. 뿐만 아니라 특기 활동, 교외 수상 이력, 외부 장학금 기록, 외국어 능력, 진로 활동, 단체 활동으로 해외연수를 다녀온 내용까지 일반고 학생들과는 차원이 다른 내용이 담겨 있다.

특히 영재고는 9등급 상대평가가 아니라 학업성취도 절대평가라서 학생 간의 점수 차이가 그리 크게 나지 않아 내신에서도 상대적으로 유리하다. 이제 자소서가 사라지는 2024학년도부터 영재고는 수시전형에서 더욱 강세를 보일 전망이다. 영재고는 세특 분량에 제한이 없고 알앤이 금지 사항도 해당하지 않아 소논문 장기과제 연구가 학생부에 남기 때문이다.

대치동 유명 학원들의 분원은 대부분 수원 학원가에 있다

수원의 대표적인 학원가는 영통동과 망포동에 있다. 영통동에는 수원의 명문 영덕중과 영일중을 비롯해서 수원외고와 인문계 고등학교 세 곳이 있다. 지하철 영통역도 가까워서 최적의 학원가라 볼 수 있다. 망포동은 관내에 학교가 유난히 많다. 대선초, 잠원초, 태장초, 망포초 등 초등학교만 네 곳이다. 중학교는 망포중과 잠원중이 있고 고등학교는 망포고가 있다.

초등학생을 주 타깃으로 한 망포동 학원가

망포동 학원가는 태장사거리를 중심으로 형성되어 있다. 태장사거리 정중앙에 위치한 망포학원가의 대표적 상징인 센트럴타워 건물을 시작으로 태장초와 동수원자이2차 방향으로 대형 프랜차이즈 학원과 수원의 터줏대감인 대형 학원 그리고 소규모 수업 위주의 작은 학원들이 밀집해 있다.

이 지역은 초등학생이 많다 보니 초등 고학년이 다닐 만한 학원들이 강세를 띤다. 즉 대형 강의가 아닌 소수정예와 참여형 수업이 주류를 이루고 있다. 그런 관점에서 보면 와와학습코칭센터 망포점은 반복 수업과 개인별 지도, 장기적인 코칭에서 강점을 보이는 대표적인 학원이다. 망포동 학원가의 영어 학원은 에이프릴어학원 수원영통캠퍼스처럼 유아에서 초등학생까지 타깃으로 하는 곳이 많다. 포워드어학원도 유아부터 초등 전 학년에 강점이 있는 학원이다.

그 외에 초등학생을 대상으로 공부습관을 키워주는 눈높이러닝센터 망포학원 등도 인기다. 자신에게 꼭 맞는 학습 프로그램을 통해 기초 학력과 올바른 자기주도학습법을 알려주는 학습관이다.

대치동 학원가의 축소판인 영통동 학원가

영통구와 광교 지역 고등학교들의 경쟁력은 아직 미지수지만 영통동 학원가의 경쟁력은 대치동급으로 올라와 있다. 이강학원 등 대치동 대형 학원들의 분원이 모두 들어와 있기 때문이다. 아셈프라자를 시작으로 바로 옆의 센터플라자 그리고 그 맞은편 블록의 아이텐텐빌딩과 매직프라자가 대형 집합상가로서 학원가를 구성하고 있다. 학원가가 대치동과 평촌처럼 밀집되어 있으면 학부모와 학생은 편하지만 학원들은 극심한 경쟁에 노출되게 마련이다. 당연히 학원가는 발전할 수밖에 없다.

아셈프라자에는 대치동의 넘버원 대형 학원인 대치명인학원 영통캠퍼스가 들어와 있다. 대치명인학원 영통캠퍼스는 입시 상담부터 수시 컨설팅, 과목별 내신과 대학별 고사까지 입시에 관한 모든 영역을 담당하는 곳이다. 영통과 광교에 맞는 토착화된 마케팅과 학생 관리로 이 지역 수험생과 학부모들은 일단 대치명인학원 영통캠퍼스부터 찾는다.

대치동에서 주로 대원외고 학생들을 가르쳤던 대찬학원도 영통에 들어와 있다. 수원외고 등 문과 상위권 학생들이 선호하는 학원으로 컨설팅과 관리력까지 대치동의 핵심 경쟁력을 그대로 가져왔다는 평을 받고 있다. 최근에는 이과 프로그램까지 강화하면서 중등 우수 자원들을 다수 확보한 상태다. 이 건물에는 이과 전문 기숙학원으로 유명한 펜타스과학학원도 있다. 이곳은 영통의 대표적인 과학 학원으로 예비 중학생부터 시작하는 특목고와 영재고 입시 준비를 영통 내에서 소화할 수 있도록 커리큘럼을 설계했다. 일반계 고등학교에 진학할 학생에게는 학교별로 내신 특강도 진행하고 있다. 이 상가에 있는 나다국어논술학원은 중등부 때 수능 국어를 준비하는 학생들이 많이 찾는다.

아이텐텐빌딩에는 영통구의 조용한 강자 마에스트로수학학원이 있다. 일단 한번 다니기 시작하면 중학교 1학년부터 고등학교 3학년까지 6년 내내 다닐 정도로 내실 있는 학원이다. 그 외에 온라인과 오프라인 수업을 병행하며 학생들의 취약점을 잘 관리해주는 곳으로 유명한 쓰리제이에듀 수원영통점도 이 건물에 있다. 인근의 승우빌딩에는 효원고 등 영통구 고등학교의 내신 영어와 수학을 잘 관리해주기로 유명한 엘탑영수전문학원이 있다.

영통역 근처 드림피아빌딩에는 스파르타식으로 학생들을 지도하는 엠코드수학과학학원이 있다. 숙제를 많이 내주고 학생들을 잘 관리해서 영통과 광교 학부모들에게 최고 인기 학원이다. 영어 학원 중에는 엘케이영어의 관리력이 인정받고 있다. 이 학원은 철저한 진단평가를 바탕으로 학생의 수준에 맞는 커리큘럼을 제공하는 것으로 유명하다. 국어 학원 중에는 국대국어학원이 가장 선호도가 높다. 내신과 수능을 동시에 준비할 수 있으며 강사들의 학생 장악력이 뛰어난 편이다.

광교의 강남,
원천동 아파트의 미래 가치

광교의 비싼 아파트는 주로 원천동에 위치한다. 원천동의 아파트는 영통구 내 다른 동네의 아파트보다 훨씬 비싸다. 광교더샵은 2022년 5월에 25평이 12억 3,000만 원에 팔렸다. 3월에 12억 원이었던 것과 비교하면 두 달 사이에 3,000만 원이 오른 셈이다. 7월부터 거래절벽이 오면서 이 지역도 가격 하락을 피할 수 없었지만 적어도 대선 전까지는 오름세였다. 같은 평수의 전세 매물은 7월 기준으로 5억 6,700만 원에 계약되었다.

매매가를 기준으로 보면 경기도 내에서 분당과 과천 다음으로 아파트 가격이 비싼 지역이 원천동이다. 평당 5,000만 원으로 수원 내에서 압도적으로 높은 가격대를 형성하고 있다. 광교아이파크도 시세는 비슷하다. 2022년 25평의 가격이 12억 5,000만 원으로 평당 5,000만 원 선이다. 전세가는 광교아이파크가 광교더샵보다 조금 더 높게 형성되어 있다. 25평이 6억 7,200만 원 선이다.

광교 아파트 가격, 드디어 20억 원을 돌파하다

중대형 평수가 있는 광교중흥에스클래스는 어떨까? 2022년 33평의 거래가를 보면 20억 200만 원으로 상당히 높은 금액이다. 그런데 이 아파트의 최고가는 한때 25억 원에 육박한 적도 있다. 지금은 거래절벽을 맞아 가격이 급락한 상태라 25억 원 선에서 매수한 사람들은 상투를 잡았을 확률이 대단히 높다. 전세는 활발하게 거래되고 있는데 7월에 33평이 7억 2,000만 원에 거래되었다. 전세가와 매매가의 갭이 크다는 것은 소유 가치가 높은 아파트라는 의미다.

매탄동만 가도 아파트 가격은 원천동과 비교 불가다. 2022년 7월에 현대힐스테이트 25평이 6억 원에 거래되었다. 거의 원천동의 절반 수준이다. 6월에는 7억 원이었다가 한 달 만에 1억 원 가까이 떨어진 것이다. 전세가는 3억 5,000만 원에서 4억 원 사이다. 매탄e편한세상은 현대힐스테이트보다는 조금 더 비싼데 25평이 8억 4,500만 원에 거래되었다. 전세가는 35평이 5억 8,000만 원 정도다.

망포동 힐스테이트영통은 2022년 7월에 25평이 9억 5,000만 원에 거래되었는데 이는 최고 시세라 할 수 있다. 6월 매매가가 9억 2,800만 원이었으니 가격은 오름세라 볼 수 있다. 전세가는 같은 평수가 5억 4,000만 원에서 8억 4,000만 원까지 가격 폭이 굉장히 넓게 형성되어 있다. 저층과 고층의 차이가 어느 정도 있다지만 같은 평수의 전세가가 3억 원 가까이 차이 난다는 점은 상식적으로 납득하기 어렵다.

영통동과 망포동 아파트도 원천동에 비해서는 아주 저렴하다

영통동의 영통대우월드마크는 중대형 평수가 많은 아파트다. 2022년 35평 매매가가 8억 4,000만 원인데 영통구의 다른 아파트보다는 저렴하다. 38평의 전세가도 4억 원 선으로 비교적 부담스러운 가격대는 아니다. 벽산삼익아파트는 2022년 6월에 25평이 7억 4,000만 원에 거래되었다. 같은 평수의 전세가는 4억 7,000만 원에서 4억 8,000만 원 사이다. 이 금액은 서울에서 아파트 가격이 가장 저렴하다는 노도강에도 약간 못미치는 수준이다. 즉 수원은 아파트 값이 가장 비싼 영통구라 해도 광교 인근의 아파트가 아니라면 25평 기준 10억 원 미만으로 구입할 수 있다는 의미다.

빌라는 어떨까? 원촌동의 소형 빌라들은 매매가 활발한 편으로 가격대는 대부분 1억 원 이하다. 월세로 전환하면 보증금 500만 원에 월세는 40만 원 선이다. 영통동의 23평 빌라 매매가는 2억 5,000만 원에서 2억 7,000만 원 선이다. 영통구는 워낙 아파트 밀집 지역이라 빌라나 다세대주택 자체가 적다.

2기 신도시의 대장으로서 강남과의 접근성과 교통의 편리함을 빼고, 순수 학군의 가치로만 생각할 경우 영통구와 광교로의 진입은 투자 대비 효율이 떨어지는 게 분명하다. 누구나 선망하는 경기과고는 어차피 기숙사 학교이고 수원의 중학교를 꼭 나와야 입학에 유리한 것도 아니다. 결국 영통과 광교의 아파트 가격이 상승하려면 최근 몇 년 동안 부진했던 일반 고등학교의 환골탈태가 전제되어야 한다. 서울대 수시 합격자가 다섯 명씩 나오는 학교들이 한두 군데 정도는 있어야 초등생 학부모들이 자녀교육을 위해 영통으로 이사를 결심할 수 있다.

학군별 필수 체크 아파트

수원 학군 주요 아파트

아파트명	세대수	입주연도/평단가	배정 예상 학교	매매가-전세가 추이
광교중흥 S클래스	2,231 세대	2019년/5,000만 원 이상	• 초 : 광교호수초 • 중 : 수원다산중, 광교호수중, 영무중 • 고 : 광교고, 창현고, 유신고	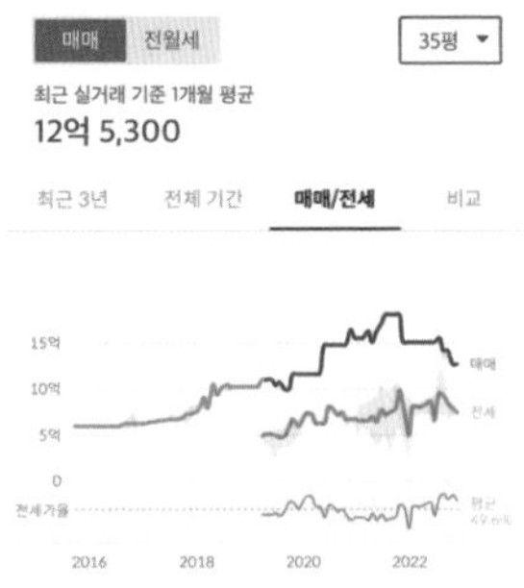 매매 전월세 35평 최근 실거래 기준 1개월 평균 12억 5,300 최근 3년 전체 기간 매매/전세 비교
광교 아이파크	958 세대	2018년/5,000만 원 이상	• 초 : 매원초 • 중 : 광교호수중, 수원다산중, 이의중 • 고 : 매원고, 매탄고, 청명고	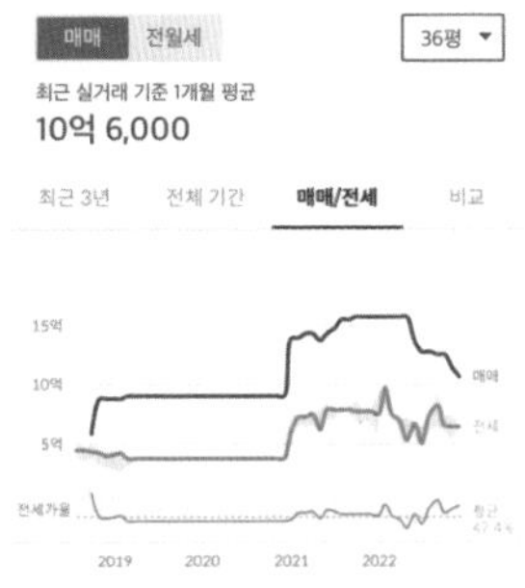 매매 전월세 36평 최근 실거래 기준 1개월 평균 10억 6,000 최근 3년 전체 기간 매매/전세 비교
래미안광교	629 세대	2012년/3,000만 원 이상	• 초 : 신익초 • 중 : 이의중, 연무중, 수원다산중 • 고 : 이의고, 광교고, 창현고	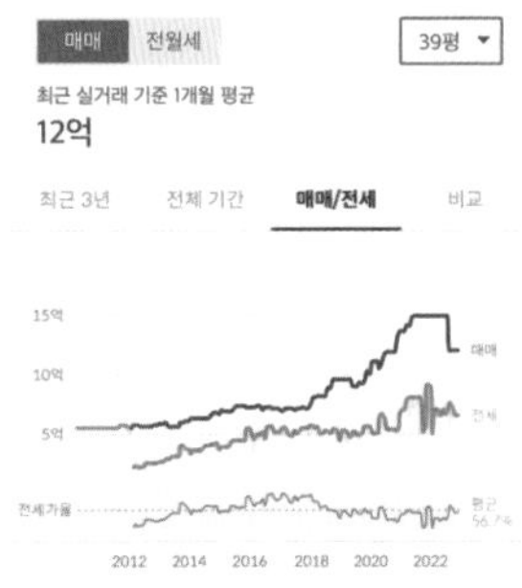 매매 전월세 39평 최근 실거래 기준 1개월 평균 12억 최근 3년 전체 기간 매매/전세 비교

아파트명	세대수	입주연도/평단가	배정 예상 학교	매매가-전세가 추이
힐스테이트 영통	2,140 세대	2017년/ 3,000만 원 이상	• 초 : 망포초 • 중 : 잠원중, 망포중 • 고 : 망포고, 태장고, 화홍고	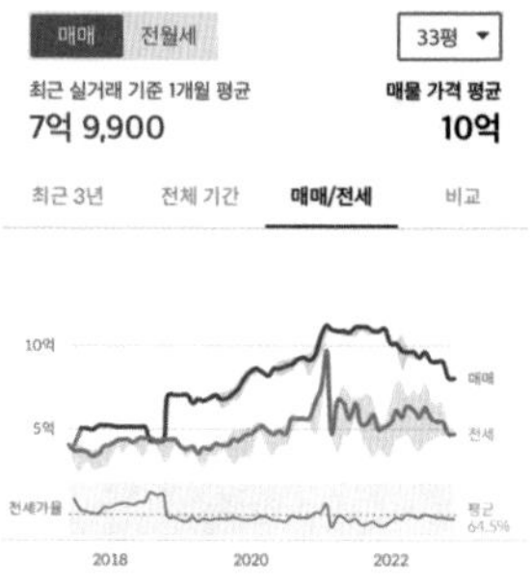매매 전월세 33평 최근 실거래 기준 1개월 평균 7억 9,900 매물 가격 평균 10억 최근 3년 전체 기간 매매/전세 비교 10억 5억 전세가율 매매 전세 2018 2020 2022
래미안 영통마크원 2단지	963 세대	2013년/ 3,000만 원 이하	• 초 : 곡반초 • 중 : 매현중, 화홍중, 곡반중 • 고 : 화홍고, 태장고, 권선고	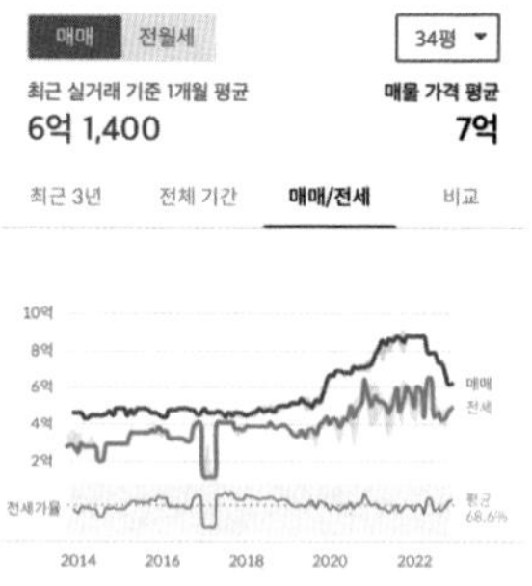매매 전월세 34평 최근 실거래 기준 1개월 평균 6억 1,400 매물 가격 평균 7억 최근 3년 전체 기간 매매/전세 비교 10억 8억 6억 4억 2억 전세가율 매매 전세 2014 2016 2018 2020 2022

가성비 좋은 수도권 학군지 일산 학군

입지 특징	• 호재 지역은 3호선과 GTX-A 더블역세권, 일산테크노밸리가 자리할 대화동 • 3호선, 경의중앙선, 대곡소사선, GTX-A 노선이 지나는 대곡역세권 개발과 함께 탈 베드타운화 기대 • 다른 1기 신도시에 비해 위상 급감, 일자리와 청년층 인구 유입이 시급
학원가 특징	• 상위권 입시생 니즈에 맞춘 수학 학원들의 선전 • 후곡 학원가의 영어와 수학 학원들 모두 호평 • 범일산권인 덕양구 화정동에도 우수한 고등부 학원들이 포진
배정 예상 중학교	발산중, 백마중, 백신중, 성사중, 신일중, 원당중, 양일중, 오마중, 장성중, 정발중, 한수중
배정 예상 고등학교	백마고, 백석고, 성사고, 세원고, 저동고, 저현고, 정발고, 주엽고, 안곡고, 일산대진고, 풍동고, 화수고, 화정고

부동산 시세 보기

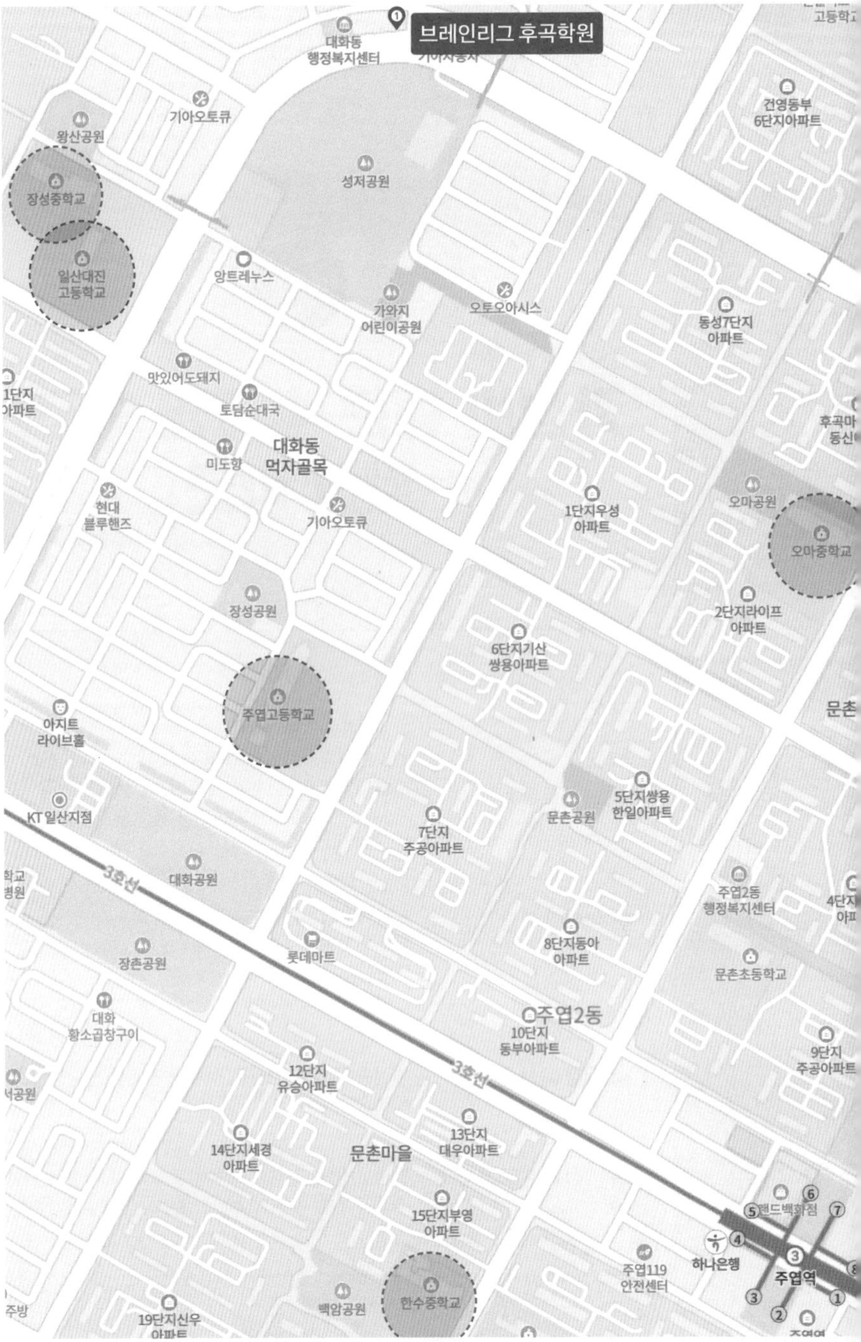

❶ 브레인리그 후곡학원 : 초등 수학 기초를 잘 잡아주는 수학 학원
❷ 수비니겨국어학원 : 일산을 대표하는 국어 논술 학원
❸ 이영신EST학원 : 일산에서 고등 선행을 위해 가장 많이 찾는 중등부 영어 학원
❹ G1230 후곡캠퍼스 : 일산에서 가장 역사가 깊은 외고 전문 영어 학원

학원 중학교 고등학교

출처: 네이버지도(https://map.naver.com), 네이버부동산(https://land.naver.com)

일산은 30년 전의 영광을 되찾을 수 있을까

일산은 분당과 함께 1990년대 신도시를 상징하는 명문 도시였다. '천당 아래 분당'보다 '천하제일 일산'이라는 말이 더 먼저 유행할 정도였으니 말이다. 그랬던 일산이 지금은 분당과 비교 대상이 안 될 정도로 격차가 너무 벌어졌고 급속히 성장하는 평촌에도 따라잡히는 중이다. 일산은 도시 자체가 발전을 멈춘 경우로 아파트 가격도 30년 동안 거의 오르지 않았다. 분당이 판교와 묶이며 강남권과 비교되는 동안 일산은 오히려 은평구와 묶이면서 전혀 주목받지 못했다.

1기 신도시 강자 자리를 분당에 내어준 이유

일산은 지하철이 3호선 단일노선인 데 반해 분당은 분당선과 신분당선으로 강남과의 접근성을 한층 더 높였다. 무엇보다 일산은 철저한 주거지역, 즉 베드타운에서 벗어나지 못해 좋은 일자리가 없다. 반면 분당은 판교와 더불어 IT 기업의 요람으로 확장해가면서 서울보다 좋은 일자리를 더 많이 보유한 지역으로 발전하고 있다.

고양시는 규모 면에서는 분당은 물론 성남시보다 더 큰 대도시지만 인구밀도는 분당보다 낮다. 즉 사람이 부족한 도시다. 좋은 일자리가 없어지자 젊은 사람의 유입도 줄어들었다. 이에 따라 학군과 학원의 경쟁력도 약해져서 아파트 가격은 정체기를 벗어날 수 없었다.

이제 일산의 희망은 대화동이 쥐고 있다. 2023년에 완공 예정인 고양시 일산테크노밸리가 얼마나 많은 일자리를 창출한 것인지에 따라 일산이 30년 전의 명문 도시로 그 위상을 되찾을 수 있을지 여부가 결정될 것이다. 최첨단 융복합 산업을 중심으로 일자리 1만 8,000개가 만들어질 전망이다. 만약 이것이 현실이 된다면 일산의 젊은 인구는 6만 명에서 8만 명까지 늘어날 수 있다.

아파트 가격은 일단 유입 인구가 많아야 오른다. 대곡역세권이 개발되면 일산의 젊은 인구는 자연스럽게 늘어날 것이고 베드타운에서도 벗어날 수 있다. 이와 더불어 중요한 것은 일산 학군이 예전의 명예를 되찾아야 한다는 점이다.

일산에는 왜 영재고와 과고 합격생이 적을까

개인적으로 대치동이나 서초 혹은 분당 지역 학생들을 만날 기회는 많았지만, 일산 지역 학생은 거의 만나지 못했다. 그런데 외대부고 학생들의 학생부를 보다 보면 유독 눈에 띄는 일산의 한 중학교가 있었다. 바로 오마중이다. 일산에서 학업성적이 가장 뛰어난 중학교로, 2016년 학업성취도 평가에서 일산의 중학교 중 유일하게 '보통 이상의 학력' 비율이 90퍼센트를 넘은 학교다.

일산 지역 주요 중학교의 고등학교 진학 현황과 내신점수

중학교	졸업생	일반고	외고·국제고	영재고·과고	자사고	국어 평균점수	수학 평균점수	영어 평균점수
양일중	381명	316명 (82.3%)	26명 (6.8%)	4명 (1%)	10명 (2.6%)	85.1	75.9	81.9
신일중	316명	238명 (77%)	20명 (6.5%)	7명 (2.2%)	11명 (3.6%)	72.2	79.0	81.8
정발중	314명	268명 (85.9%)	20명 (6.0%)	2명 (0.6%)	4명 (1.3%)	74.4	79.2	77.5
오마중	311명	270명 (86.3%)	15명 (4.8%)	6명 (1.9%)	4명 (1.3%)	76.5	79.0	70.2
발산중	246명	222명 (89.9%)	6명 (2.4%)	1명 (0.4%)	4명 (1.6%)	80.2	74.7	80.7

오마중 학생들의 자사고 실적은 민사고, 외대부고, 상산고와 같은 전국 단위 자사고일 가능성이 높다. 일산의 학생과 학부모들도 안산동산고를 그리 선호하지 않기 때문이다. 오마중의 최상위권 학생은 일단 외대부고를 목표로 할 가능성이 크고, 외고를 간다면 대부분 고양국제고와 고양외고로 진학하는 추세다.

오마중의 내신성적을 살펴보면 영어점수가 낮다. 하지만 원래 일산은 전통적으로 외고를 선호하는 지역이고 학원가에서도 영어 학원의 경쟁력이 높은 편이다. 그러므로 학생들의 영어 실력이 떨어진다기보다는 영어시험을 어렵게 출제해 변별력을 키우고 있다는 쪽으로 해석하는 것이 적절하다.

영재고 합격생은 한 명밖에 없는데 경기과고가 아닐까 추측해본다. 해마다 고양시에서는 경기과고 합격생을 15명 정도 배출하는데 이 숫자는 분당보다 조금 많은 편이다. 하지만 일산은 분당과 비교하면 인구수가 거의 2.5배나 많기 때문에 일산이 분당보다 경기과고 진학률이 더 높다고 말할 수는 없다. 그 외 영재고와 과고 진학 경쟁에서도 일산은 분당에 뒤처진 지 오래다.

외고·국제고 합격자가 많은 정발중과 영과고 합격자가 많은 신일중

정발중은 일산의 2위 중학교로 일산서구가 아닌 일산동구에 있다. 정발중은 오마중보다 외고와 국제고 진학률이 높다. 특이한 점은 외고와 국제고 합격생 전원이 여학생이라는 사실이다. 즉 이 학교에서는 국어와 영어 그리고 사회 과목까지 여학생들이 상위권을 차지해서 상대적으로 남학생들은 고전할 가능성이 크다.

정발중은 외고와 국제고에 진학한 후 수시전형으로 서울대 합격을 노리는 상위권 여학생들이 선호하는 학교라 할 수 있다. 2021학년도에는 남학생들도 외고와 국제고에 여섯 명이나 갔지만 2022학년도는 여학생들이 완전히 압도했다. 2022학년도에는 영재고 합격생이 나오지 않은 것으로 보아 이과 극상위권 학생들에게 정발중은 최선의 선택은 아니라고 볼 수 있다.

일산서구에 있는 신일중은 학업성취도 평가가 부활하면 일산의 넘버원 중학교가 될 수 있다. 신일중은 2016학년도보다 외고와 국제고, 영재고와 과고 진학자가 더 늘었기 때문이다. 그만큼 상위권이 늘어났다는 의미인데, 이는 전체 평균을 중시하는 학업성취도 평가에서도 유리할 수 있다. 학교에 상위권 학생이 많으면 학업 분위기가 좋아져서 중위권 학생도 모이게 마련이다.

자사고 진학자도 11명이나 되는데 상당수가 상산고, 민사고, 외대부고 등에 합격했을 것으로 추정해볼 수 있다. 전통적으로 일산 지역 학교들은 문과에 강하기 때문에 이과 성향의 학생들은 선택지가 좁았다. 이런 점을 염두에 둔다면 이제는 신일중이 최선의 선택일 수 있다. 학교 시험 난이도는 적절한 수준이다. 영어성적이 가장 높은 것으로 보건대 여전히 외고와 국제고를 준비하는 학생들이 많다고 볼 수 있다.

일산의 새로운 강자로 떠오른 양일중에 주목하라

서구의 발산중은 외고와 국제고, 영재고와 과고 진학자 비율이 2016학년도보다 약간 줄었다. 이 학교의 특이한 점은 외고와 국제고에 진학한 학생 중 남학생이 더 많다는 점이다. 자사고 진학자도 전원 남학생이라서 2022학년도 졸업생 중에서는 남학생이 최상위권을 독차지했을 가능성이 크다. 2021학년도에도 외고와 국제고에 13명이나 진학했는데 그중에 남학생이 네 명이나 있었던 걸로 보아 남학생도 꾸준히 외고와 국제고에 진학하는 학교다.

앞서 언급한 중학교들은 전통적인 일산의 명문중이다. 그런데 이들 학교의 영재고 합격자는 생각보다 많지 않다. 그렇다면 어느 학교가 영재고 합격자를 많이 배출할까? 요즘 뜨고 있는 식사동의 양일중에서 그 가능성을 읽을 수 있다. 물론 영과고 합격자 네 명이 모두 영재고를 간 것은 아니고 그중 일부는 대안학교를 선택했을 수도 있다.

하지만 일산동구의 식사동 쪽 중학교에 우수 인재들이 몰려서 일산 학군의 판세가 바뀌고 있을 가능성이 높다. 외고와 국제고 진학자도 26명으로 전통적인 일산 명문중보다 높고, 자사고 진학자 비율도 높다. 내신평균점수가 높은 것은 내신시험이 쉬웠기 때문일 수도 있지만 그만큼 학생들의 학업능력이 우수하기 때문일 수도 있다. 개인적으로 이 학교 학생의 학생부를 볼 기회가 있었는데, 외고 진학이 목표여서인지 외국어 능력과 활용을 보여주는 사례들이 풍부했다. 2022학년도에는 전국 단위 자사고의 지존인 민사고 합격생도 나왔다. 2010년에 개교한 이 학교는 앞으로 일산을 대표하는 중학교가 될 가능성이 농후하다고 생각한다.

일산대진고냐 저현고냐, 그것이 문제로다

일산은 비평준화 시절, 즉 2002년 이전에는 분당 못지않게 잘나가는 일반고들이 많던 최고의 학군이었다. 백석고, 백신고, 백마고 등 이른바 '백 트리오' 전성시대였다. 특히 백석고 출신으로 공부의 신이라 불리던 강성태 대표가 서울대 기계공학부에 입학하던 시기는 백석고에서 서울대 합격자가 20명, 백신고에서는 10명이 나올 정도로 기세등등했다.

그러나 백석고의 위상은 크게 떨어졌다. 2017년 반짝 회생하며 서울대 합격자가 여섯 명(수시 다섯 명, 정시 한 명) 나왔지만 요즘은 입시 결과를 절대 공개하지 않는다. 일산 학부모들의 소문에 의하면 서울대 합격자가 많아야 한두 명에 불과할 정도로 실적이 저조하다고 한다. 백신고 역시 입시 결과를 공개하지 않는데 그 학교도 역시 서울대 합격자가 한두 명 정도로 줄어든 지 꽤 오래됐다. 그 왕좌의 자리를 다른 학교가 대신 차지한 것일까? 아니면 일산은 이대로 침몰하고 있는 것일까?

일산 지역 주요 고등학교 서울대 합격자 수 및 내신점수

고등학교	서울대 합격자 수	졸업생 수	예상 재수생 비율	국어 평균점수	수학 평균점수	영어 평균점수
고양외고	13명(수시 12명, 정시 1명)	235명	26.7%	91.2	83.1	88.5
고양국제고	12명(수시)	194명	29.4%	90.4	84.4	87.4
일산대진고	10명 (수시 3명, 정시 7명)	336명	45.2%	67.2	64.9	68.6
저현고	6명(수시 5명, 정시 1명)	305명	41.1	67.0	70.7	64.4

고양외국어고가 서울대 수시전형에서도 선전하는 이유

일산 지역 고등학교의 최강자로는 서구의 일산대진고와 동구의 신흥명문인 저현고를 꼽을 수 있다. 그 외 고양외고와 고양국제고도 치열한 각축전을 벌이는 중이다. 이 두 학교는 일산 지역 학생들로만 구성된 것은 아니지만 일산 학생들이 선호하는 학교다.

고양외고는 예전부터 이과에서 연고대를 많이 보낸 특이한 학교다. 전공어는 약하지만 수능 과목에 올인해서 이과로 정시 수능의 관문을 뚫은 학생들이 정말 많았다. 그리고 서울대 수시 일반전형에서는 문과생 학생부에 방과후학교 등으로 이과 과목을 수강했던 경험을 녹여내기도 했다. 외고의 설립 취지에는 맞지 않지만 입시 결과만큼은 좋았다.

그러다 경기권 외고에 이과가 전면 폐지되고 방과후학교도 학생부에 기재하지 못하게 되자 고양외고에는 문과 성향의 학생만 입학하게 되었다. 그리고 학교는 달라졌다. 수시가 답이라는 생각으로 서울대가 좋아하는 주제 탐구 보고서 쓰기 등으로 학교교육을 수능이 아닌 수시전형에 맞춰 입시 지도에 집중했다. 학생이 진로에 맞게 연구 주제를 스스로 정하고 정기적으로 그 내용을 발표하는 방식으로 수업을 진행하면서 차별화된 학생부를 만들어낼 수 있었다.

그 결과는 놀라웠다. 서울대 합격자가 모두 수시전형에서 나오기도 했으며,

2015학년도에는 23명이나 합격하는 놀라운 성과를 올렸다. 다만 입시에서 정시 인원이 늘면서 고양외고의 서울대 입시 실적도 조금씩 줄어드는 추세다. 그러므로 고양외고가 서울대 실적을 더 높여 2020학년도의 성과(서울대 18명)를 재현하려면 학생들의 수능 경쟁력 강화에도 노력을 기울여야 할 것이다.

고양국제고 역시 전형적인 수시형 학교다. 원래부터 고양국제고는 수시전형에 강하다. 국제고는 외국어 수업이 적고 그 대신 국제관계와 국제정치 등 국제학 과목들을 많이 배운다. 하지만 이는 수능 교과목이 아니기 때문에 학교 내신에 신경 쓰면서 수능 준비를 함께 하기란 어려운 일이다. 그럼에도 이 학교가 정시전형에 강했던 시기가 잠깐 있었다. 2018년학년과 2019년학년에는 서울대 정시 합격자를 각각 다섯 명, 일곱 명 배출했다.

고양국제고는 다양하고 내실 있는 프로그램으로도 유명하다. 독서교육을 강화하고 경기도 꿈의대학과 연계한 지역사회 협력 특색 활동, 다양한 방과후학교 및 주말 아카데미 운영 등으로 서울대가 좋아하는 학교 프로그램을 짜서 운영하고 있다. 또한 서울대 지원자는 전공적합성과 내신성적에 맞게 전략을 짠다. 여러 명의 학생이 같은 과에 몰리지 않도록 학교 측에서 조정을 권유하는 식으로 입시 전략을 짜서 수시전형에서 아주 좋은 성적을 올리고 있다. 문과 성향의 학생 중 영어를 제외한 나머지 외국어 공부에 대한 부담 때문에 외고가 망설여진다면 국제고는 좋은 대안이 될 수 있다.

수시와 정시 모두 강한 일산대진고와 수시형 학교인 저현고

일산의 일반고는 서구와 동구에서 각각 한 학교가 주도하고 있다. 바로 서구의 강자 일산대진고와 동구의 강자 저현고다. 일산대진고는 대순진리회재단에서 적극적으로 지원해주고 있으며, 저현고는 과학중점학교로 수시전형에서 특히 좋은 실적을 거두고 있다. 일산에서는 정시전형으로 대학에 가려면 일산대진고, 수시전형으로 가려면 저현고가 그 답이다.

그런데 일산대진고는 원래 수시전형에 약한 학교가 아니었다. 다만 아무래도 상위권 학생들이 많다 보니 내신 경쟁이 치열한 탓에 상위권 등급이 내려갈 때가 많다. 하지만 내신 1.8등급 정도를 받고 지균으로 서울대에 합격한 사례도 있다. 3학년이 되면 보통 학생부가 20장 정도는 나온다. 그리고 선생님들은 글자수 제한을 넘길 정도로 학생부를 빼곡하게 채워가며 학생들의 성실성과 전공에 대한 열정을 드러내려 최선을 다한다.

일산대진고는 정시 실적이 점점 더 좋아지고 있는데 그 이유는 학력에 있다. 6월 수능모의평가에서 영어 3등급 이상 비율이 70퍼센트, 국어와 수학은 50퍼센트에 이를 정도로 전체적으로 공부를 잘하는 학생들이 많은 학교다. 3등급대가 학종으로 숙명여대에 가고, 6등급대가 소프트웨어 특기자전형으로 숭실대에 가는 등 최상위권 외 학생들의 진로 진학에도 공을 들이고 있다. 영재반과 과학탐구교육 등 서울대에서 좋아하는 학교 프로그램을 충실히 진행하고 있다.

저현고는 최근에 생긴 학교로 졸업생을 배출한 지 얼마 안 되는 시점에서 일산 2위의 실적을 올려 화제가 된 학교다. 식사동의 아파트 가격을 올리는 가장 좋은 호재 중 하나다. 이 학교는 졸업 첫해에 서울대 합격자 한 명을 배출했고 그다음 해에는 실적이 없다가 2020학년도에는 여섯 명, 2021학년도에는 다섯 명, 2022학년도에는 여섯 명의 합격자를 배출하면서 개교 5년 만에 일산의 명문으로 자리 잡았다.

이러한 실적을 낼 수 있었던 가장 큰 이유는 서울대뿐 아니라 서울의 주요 대학이 모두 좋아하는 과학중점학교이기 때문이다. 2022학년도에 연세대 합격자는 15명, 고려대 합격자는 20명이나 배출했다. 물론 복수 지원이기 때문에 여기서 3분의 1 정도가 정확한 실적이라 볼 수 있다. 그렇다고 해도 전교 20등 안에 들면 서울대, 연세대, 고려대는 도전할 수 있다는 점에서 일반고 중에서는 상위권의 경쟁력을 갖춘 학교라 평할 수 있다.

저현고는 고양시 학교 중 유일한 '자율형 공립학교'(이하 '자공고')로서 창의 융합형 과학실 모범학교로 선정되기도 했다. 첨단과학실험과 STEM교육이 가능한 실험실을 갖추고 있다. 서울대 합격자도 주로 자연대에 치중되는 이유가 여기에 있다. 그 외에 인문학 아카데미를 운영해서 이과생들이 인문학 공부를 할 수 있도록 지원하고 있으며, 1학년 학생들을 위한 다양한 진로 수업도 운영 중이다.

이 학교 학생들의 학생부를 보면 선생님이 얼마나 학생을 배려하는지 잘 알 수 있다. 학생의 관심사와 특기 등을 구체적으로 보여주려고 애쓴 흔적이 역력하다. 진로 소모임과 주제탐구, 학술제, 창의수학 체험 활동 등 자율 활동에 대해 써주면서 학생의 진로가 잘 드러나도록 지도하고 있다. 대학은 지원자에 대해 두 가지를 궁금해한다. '이 학생이 우리 학과에 오기 위해 무엇을 준비했는가?'와 '이 학생은 우리 학과에 잘 맞는 학생인가?'이다. 저현고의 학생부에는 그 답이 잘 담겨 있다. 반면 정시는 수능성적표에 합격 여부가 달려 있다. 저현고에는 앞으로 정시전형에서도 합격자를 좀 더 많이 배출해야 하는 숙제가 남아 있다. 2022학년도 재수생 비율이 40퍼센트를 넘은 것을 보면 2023학년도 입시에서는 정시 성과도 좋을 것으로 예상된다.

일산에서 가까운 파주시의 두 학교에도 주목하자

비평준화 지역인 파주에서 운정고와 한민고의 입시 실적은 이미 일산 지역 학교를 능가한 지 오래됐다. 한민고는 2014년에 군 자녀들을 위해 설립한 학교로 거의 전국 단위 자사고 수준의 입시 실적을 자랑하는 명문고다. 경기도민이면 누구나 지원할 수 있는데 60퍼센트 이상의 인원을 군인 자녀로 선발한다.

이 학교는 수시전형과 정시전형에 모두 강하고 특히 경찰대 입시에서 놀라운 실적을 기록하고 있다. 어떤 해에는 경찰대 합격생을 세 명이나 배출하기도 했다. 이는 공주의 한일고에 이은 2위 기록이다. 개인적으로 한민고 학생들을 많이 만나보았는데, 이들의 학생부는 다양한 동아리 활동과 진로 활동 그리고 과목별로 자세한 세특까지 이미 전국 단위 자사고에 버금가는 수준이었다. 전공별로 전공적합성을 보여주는 과제 연구도 문이과 모두 충실하게 운영되고 있었다. 특히 한민고 학생들은 소논문을 쓸 때 고등학생만이 할 수 있는 발상의 참신함이 돋보였다. 대학사정관과 교수들에게도 이러한 점이 크게 어필했을 것이다.

내신 2등급이 넘는 학생이 포스텍에 합격한 사례도 직접 목격했다. 2022학년도에는 드디어 수시전형에서 서울대 의대 합격생이 나왔으며, 서울대 수시 합격생은 총 10명이었다. 정시전형 합격생이 한 명 나왔으므로 총 11명의 서울대 합격자를 배출한 것이다. 물론 2020학년도의 16명보다는 숫자가 조금 줄었지만 수시 합격자가 대폭 늘었다는 건 상당히 고무적이다. 이처럼 한민고의 입학 실적이 좋은 이유는 농어촌전형으로도 지원이 가능하기 때문이다. 정시전형에서 평균 2등급을 넘을 경우 농어촌전형에서는 서강대, 한양대, 이화여대 합격도 가능하다.

운정고도 파주 내 최상위권 학생들의 사랑을 받고 있는 자공고다. 2020학년도에는 서울대 합격자를 16명이나 배출해 경기도 일반고 중 낙생고를 제치고 1위를 기록한 적도 있다. 2022학년도에는 그보다 줄어든 아홉 명(수시 한 명, 정시 여덟 명)을 배출했다. 순수 재수생 비율 43.8퍼센트에서 볼 수 있듯이 이 학교가 거둔 성과는 분명 사교육의 도움도 크다. 따라서 수시와 정시에 모두 강한 한민고처럼 학교 프로그램을 강화할 필요가 있다.

일산에는 왜 좋은 영어 학원이 많을까

2008년 이주호 장관이 교육과학기술부 차관으로 재직 중일 때 외고의 광역화가 단행됐다. 즉 서울에 살면 서울권 외고, 경기도에 살면 경기권 외고만 가게 된 것이다. 그 전에 일산 지역 학생들은 고양외고뿐 아니라 통학버스로 등교할 수 있는 서울의 명덕외고에 많이 지원했다. 일산 지역의 어학원들도 고양외고보다는 명덕외고 실적을 내세우며 학원 홍보를 했다. 하지만 외고의 광역화로 생각지도 못한 위기에 직면하고 말았다.

외고 인기 폭락으로 G1230의 위상도 예전 같지 않다

일산의 후곡마을에는 일산 지역 외고 자원들을 흡수하던 학원이 있었으니 바로 G1230 후곡캠퍼스다. 분당의 아발론교육 분당이매어학원, 중계동의 토피아어학원 중계캠퍼스처럼 일산에는 G1230이 굳건히 버티고 있었다. 그런데 아발론과 토피아가 예전의 명성이 아니듯 G1230의 위상도 예전만 못하다. 외고 입시가 사라지고 수능 영어에서 절대평가를 하면서 영어에 목숨 걸던 일산의 학생들도 이제는 수학에 더 많은 신경을 쓰기 시작했다는 증거다.

영어 공부는 내신 대비에 주력하면 된다는 분위기가 형성되다 보니 일산에서도 DYB최선어학원 일산의 위상이 높아지고 있다. 다들 외고 입시에 올인할 때 가장 먼저 내신 시장에 뛰어들어 사세를 확장해나간 최선어학원을 보면 미래를 보는 통찰력이 얼마나 중요한지 깨닫게 된다. 이영신EST학원도 일산에서 인정받는 강자다. 내신 대비를 잘해주는 곳으로 소문이 났는데 학생들이 많은 것이 장점이자 단점이다. 영어는 네 가지 영역별로 선생님을 별도로 배정한다. 내신과 표현력을 동시에 키우고 싶은 중등 이하 학생들에게 적합한 학원이다.

일산의 수학 학원은 어디가 좋을까

대표적인 수학 학원으로는 브레인리그 후곡학원, 브레인리그 백마학원을 꼽을 수 있다. 일산에서는 이 학원에 들어가기 위해 별도의 과외를 받는 학생이 있을 정도다. 주로 상위권 학생들이 많이 다니기 때문에 경쟁적인 학업 분위기로 유명하다. 상위권 위주의 프로그램과 관리방식 때문에 중하위권 학생들은 다소 소외받는 측면이 있다. 특히 하위권 학생들에게 절실한 오답노트 프로그램이 없어서 아쉽다.

일산 수리학당도 유명하다. 고등부 전문 학원으로 중학생 때부터 고등 과정 선행학습을 하면서 수능을 준비하려는 학생이라면 관심을 가져야 할 학원이다. 세밀하고 꼼꼼하게 관리하지만 자기주도학습이 안 되어 있는 학생들에게는 힘든 면이 있다. 그 외에도 좋은 학원들은 많다. 다만 자녀의 성향과 능력을 정확히 파악해 그에 맞는 학원을 선별하는 것이 중요하다.

수학과 영어에 비해 국어와 과학은 부족하다

일산 지역의 대표 국어 학원은 일산 메가스터디학원, 일산 청솔학원, 대치명인학원 후곡캠퍼스 등 대형 프랜차이즈 학원이다. 아직은 대치동 등 대표 학원가들에 비해 국어에 대한 열기는 덜한 편이다. 국어 학원은 고등학교에 진학한 후에 다닌다는 생각이 지배적이다 보니 고등부 학생들이 주로 다니는 대형 학원의 강좌가 인기있다.

내신 국어 학원으로는 퍼스트학원이 유명하다. 그 외에 수비니겨국어학원은 학생들의 눈높이에 맞는 비문학 지문을 활용한 수능 국어 수업으로 주목받고 있다. 서원국어학원은 수능과 모의고사 국어에 강점을 보이는데, 특이한 점은 학생들과 일일이 카톡으로 대화하면서 생활 속에서 독해력을 키울 수 있도록 이끌어준다는 점이다.

다만 일산 학원가는 영재고와 과고 입시에는 약한 편이다. 하지만 일산에서도 영재고와 과고에 대한 니즈가 상승하는 추세라 수학 학원뿐 아니라 과학 학원이 더 늘어나야 할 것이다. 현재는 우성학원이 영재고와 과고 지망생들을 끌어모으는 중이다. 수학과 과학 수업을 함께 해서 최상위권 이과생들에게 좋은 반응을 얻고 있다.

일산은 아니지만 범일산권으로 묶을 수 있는 덕양구 화정동에도 좋은 학원이 많이 있다. 특히 고등부에 우수한 학원들이 많이 포진되어 있어서 일산에서 화정까지 가서 수업을 듣곤 한다. 씨에틀애비뉴어학원과 G1230 화정캠퍼스, 서강대학교 고양SLP 등 프랜차이즈 어학원도 많이 들어와 있다. 그 외에 대치동의 논술학원 씨앤에이논술의 덕양점도 화정역 인근에 있다. 그러나 화정동 학원가는 확실히 그 위상이 많이 줄어든 느낌이다. 요즘은 일산의 후곡마을과 식사동 주변 학원가가 더 주목받는 분위기다.

일산 학원가에서 영어 학원의 강세는 계속 이어질 것인가

상위권 학생일수록 이과를 선택하는 경향이 강해지다 보니 일산에서도 좋은 사회탐구 학원을 찾기가 어렵다. 중학생 때 전국 단위 자사고를 지망하는 학생이 아니라면 일반 상위권 학생들도 사회 과목은 크게 신경 쓰지 않는 분위기다. 그런 점에서 앞으로도 일산의 사회탐구 학원이 양과 질적인 측면 모두를 만족시킬 수는 없을 것으로 보인다. 돈이 되는 곳에 돈이 모이는 게 사교육의 현실이기 때문이다.

그렇다면 일산의 영어 학원들은 앞으로도 강세를 이어나갈까? 전보다는 약해졌지만 '일산은 곧 외고'라는 인식이 남아 있어서 일산의 학부모들은 아직도 조기 영어교육에 열을 올리는 중이다. 따라서 고등학교는 외고나 국제고에 보내고자 하는 의지가 여전하다. 바로 이 점이 다른 지역보다 상대적으로 영어 학원이 강세를 띠는 이유다. 일산 학부모들도 대치동과 분당의 학부모들처럼 과감하게 이과에 투자한다면 앞으로는 수학과 과학 학원이 일산 학원가의 중심이 될 것으로 보인다.

일산에서는 양일중과 저현고를 품은 식사동을 노려라

일산 신도시에서 가장 비싼 아파트는 서구가 아닌 동구에 있다. 그중 식사동은 서울과 가장 가깝고 신흥강자 양일중과 저현고까지 품은 일산 최고의 학군지로 꼽힌다. 서울과의 근접성도 좋은 곳이라 일산 내에서는 아파트 가격이 높다.

양일중·오마중·정발중에 배정 가능한 아파트는 어디인가

식사동의 랜드마크 아파트는 단연 위시티일산2단지자이다. 2022년 6월에 50평이 11억 원에 팔렸는데 다른 지역의 아파트 가격과 비교하면 그리 높지 않다. 33평은 8억 500만 원으로 서울 중위권 아파트 가격대보다 낮다. 전세가는 35평이 4억 4,000만 원에서 5억 원 사이에 형성되어 있다. 식사동은 주거환경이 좋은 반면 지하철역이 없어서 교통이 불편하다는 약점 때문에 가격 상승이 제한적일 수밖에 없다. 물론 저현고의 선전이 이를 일부 상쇄하는 효과는 있다.

식사동에는 또 하나의 자이 아파트가 있다. 일산자이센트리지아파트로 2단지까지 있었는데 얼마 전 3단지까지 건설되었다. 그만큼 아파트 브랜드로서 자이의 인기가 높다는 의미다. 물론 전반적인 집값 하락 압력을 안 받을 수는 없지만 그래도 일산은 그동안 가격이 크게 오르지 않았기에 조정을 받는다 해도 미세한 수준일 가능성이 크다. 중대형 평수가 많은 위시티일산2단지자이와 달리 소형 평수가 많은 일산자이센트리지아파트는 2022년 3월에 18평이 7억 1,400만 원에 거래되었다. 전세가는 같은 평수가 3억 원 정도 한다. 대형 평수는 현재 거래가 안 되고 있지만 57평이 11억 원대에 나와 있는 것으로 확인된다. 전세가는 소형 평수의 경우 3억 원, 중대형 평수는 5억 원에서 7억 원대로 형성되어 있다.

행정구역상 일산서구 일산동에 위치한 오마중 주변에서는 후곡마을8단지동신아파트의 시세가 가장 높다. 4년 전에는 30평 매매가가 5억 3,000만 원 정도였다. 가장 최근인 2022년 7월에는 8억 3,000만 원에 거래되었다. 이 아파트는 오히려 중대형 평수의 가격대가 낮다. 2022년 7월에 36평이 7억 6,500만 원에 거래되었는데 전세가는 35평이 6억 3,000만 원 선이다. 30평은 3억 4,000만 원에서 4억 3,000만 원 정도에서 계약이 이루어진다. 중소형 아파트가 많은 후곡9단지LG롯데의 시세는 어떨까? 2022년에 21평이 6억 5,000만 원에 거래되었다. 같은 평수의 전세가는 3억 1,500만 원 정도 된다.

정발동에는 정발중과 백마 학원가까지 있어서 정발중 인근 아파트가 인기다. 정발중이 있는 곳은 행정구역상 일산동구의 마두동이다. 강촌마을1단지동아아파트가 가장 유명한데, 2022년 5월에 25평이 7억 1,000만 원에 매매된 기록이 있다. 2019년에는 4억 2,000만 원에 거래되었으니 지난 3년 동안 집값이 많이 상승한 편이다. 다만 원래 가격대가 낮았기 때문에 전체적인 상승액이 커 보이지 않을 뿐이다. 전세가는 보통 4억 원 내외에서 결정된다. 강촌마을우방은 2022년 7월에 25평이 7억 5,000만 원에 거래됐으니 가격이 만만치 않다. 하지만 학군 프리미엄을 고려하면 서울의 주요 학군과 분당 등에 비해 낮은 가격이다. 전세가는 3억 원대 후반에서 4억 원대 후반까지 넓게 분포되어 있다.

식사동 진입 시 1,000만 원대 빌라도 고려해보자

일산은 가성비 측면에서는 분명 매력이 있다. 서울대 입학 실적이 서울의 교육특구들이나 분당과는 비교가 안 되지만, 평촌에 비해서는 크게 밀리지 않는다. 30년 전의 명성을 생각하면 일산의 현재 집값은 상당히 저렴하다.

일산의 아파트 가격은 저평가된 가치주와 같은데 일산의 빌라나 다세대주택도 마찬가지다. 일산에서 제일 주목받는 식사동 진입을 생각하고 있다면 소형 평수의 빌라도 고려해볼 만하다. 20평 정도의 빌라 가격은 평당 1,000만 원도 안 한다. 월세도 보증금 2,000만 원에 월 80만 원 정도로 보통의 월급쟁이라면 충분히 진입이 가능한 수준이다. 서울대 입시 결과만 보면 일산이 분당에 이은 경기도 2위라고 말하기는 어렵다. 하지만 외고 중심의 입시체제에서 이과 중심으로 바뀌고 있는 일산 학군의 미래를 고려하면 분명 지금보다는 아파트 가격이 더 오를 잠재력이 보인다.

신쌤's 컨설팅

다산 신도시와 구리 학군이 뜨는 이유

경기도의 유명 도시 중에서 비평준화 지역으로 남아 있는 곳은 남양주 구리와 화성시, 오산시 정도다. 화성시의 일반고는 부진하지만 화성고와 병점고의 입시 실적은 아주 우수하다. 이들 학교와 함께 경기도 비평준화를 대표하는 학교가 바로 남양주의 대표 고교인 양서고다. 양서고는 행정구역상 양평군에 속하지만 가장 많은 학생이 남양주시에 거주한다.

다산 신도시와 별내 신도시가 인접해 있는 3기 신도시 남양주는 비평준화 지역으로 사실상 어디에 거주하는지는 중요하지 않다. 이 책에서 다뤄진 학군지들은 모두 평준화 지역으로 초등학교와 중학교는 무조건 거주지 인근 학교로 배정받는다. 고등학교도 지역마다 다르지만 선지원 후 지원자가 넘칠 경우 거주지(버스로 한 번에 통학이 가능한지 여부) 등을 고려해 배정하기 때문에 거주지가 어느 정도는 영향을 미친다.

그러나 비평준화 지역은 그 지역에 거주하면 누구나 지원할 수 있고 중학교 내신성적에 따라 합격과 불합격이 결정된다. 따라서 남양주에는 화성의 병점고, 오산의 세마고와 같은 명문 학교가 존재할 수 없다. 그리고 대부분 기숙사가 있기 때문에 학군 프리미엄을 주고 비싸게 아파트를 살 이유가 없다.

• 서울삼육중에 강북과 경기도의 상위권 학생들이 몰리고 있다

다산 신도시는 상담과 학부모 설명회 때문에 여러 차례 방문한 적이 있다. 당시 이 지역 학군은 수시와 정시 사이에서 갈팡질팡하고 있다는 느낌을 받았다. 남양주와 구리 모두 비평준화 지역으로 고등학교별로 수준 차가 있고, 대학들도 그것을 알기 때문에 내신이 좋은 비명문고 학생들도 정시를 목표로 해야 할지 수시를 목표로 해야 할지 방향을 못 잡는 분위기였다. 비교적 명문고라 불리는 학교에 다니는 아이를 둔 학부모들은 생각보다 내신등급이 잘 나오지 않아서 수시전형을 포기해야 할지 말지 고민하고 있었다.

구리와 의정부의 중학교는 서울삼육중, 남양주다산중, 다산새봄중에 주목하면 된다. 서울삼육중은 국영수 과목의 시험을 비롯해서 자기소개서와 면접 단계까지 거친다. 대입을 방불케 하는 치열한 경쟁을 뚫고 합격한 우수한 인재들이 모인 학교다. 2022학년도 영재고와 과고 합격생은 최대치로 볼 때 아홉 명 정도로 전체 학생의 4퍼센트를 차지한다. 외고와 국제고 합격생은 무려 35명으로 전체 학생의 15.6퍼센트가 합격했다. 외고와 국제고에 합격한 남학생도 13명이나 된다. 이는 문이과 과목 모두 실력을 쌓을 수 있는 곳이라는 의미로 해석된다. 자사고 합격생은 총 21명으로 전체 학생의 9.4퍼센트를 차지하는데 전국 단위 자사고에 많은 학생이 합격했을 가능성이 크다.

남양주다산중과 다산새봄중은 다산 신도시에서 가장 인기 있는 중학교다. 두 학교 모두 입시 실적은 미미하다. 재학생의 일반고 진학률이 95퍼센트가 넘는다는 것이 이를 증명한다. 다산새봄중은 수학과 과학보다 국어와 영어 내신 평균점수가 높은데, 이를 고려하면 문과 성향의 학생들이 많이 모인 학교라 볼 수 있다. 두 학교 모두 신설된 중학교인데도 학부모들이 선호하는 이유는 남양주 내 비평준화 명문고들이 오직 내신성적만 보기 때문이다. 학부모와 학생들은 공부 잘하는 학생들이 모여 있는 중학교보다 내신등급을 잘 받을 수 있는 학교를 선호한다. 더 극단적인 예로 가운중을 들 수 있다. 이 학교에서는 일반고 외에 다른 고등학교를 선택한 학생이 단 한 명밖에 없다. 그만큼 남양주에서는 특목고, 자사고, 영재고 열기가 거의 없다고 보면 된다. 별내 신도시의 별내중도 과고 진학생 한 명을 빼면 모두 일반고에 진학했다. 왜 이렇게 남양주시의 중학교들은 다른 지역 중학교와는 다른 진학 패턴을 보이는 것일까? 그 이유는 다음 세 군데 고등학교 때문이다.

• 양서고의 명성을 잇는 남양주의 투톱, 동화고와 와부고

남양주의 대표 고등학교는 양서고로 한때 전국 단위 자율고인 공주의 한일고와 안동의 풍산고에 버금가는 수준을 유지했다. 양서고는 2022학년도 서울대 입시에서 총 11명(수시 네 명, 정시 일곱 명)의 합격자를 배출했다. 2020학년도 서울대 합격자는 수시 여덟 명과 정시 다섯 명이었고, 2021학년도에는 수시 여섯 명과 정시 다섯 명으로 수시 합격자가 조금 더 많았다. 2022학년도는 재수생이 늘어서 서울대 정시 합격자 수는 좀 더 늘어날 수 있다. 양서고가 정시전형에 좀 더 강할 것이라고 추론하는 이유는 수시 합격자 중 내신을 중시하는 연세대 합격자가 단 두 명이기 때문이다. 하지만 최저등급이 높은 고려대 합격생이 14명이나 나온 것을 보면 내신 성적이 좋은 학생들이 높은 수능 점수를 받는다는 추론이 가능하다.

남양주에 있는 학교 중에서는 '남양주의 하버드'로 불리는 동화고와 '남양주의 MIT'로 불리는 와부고가 투톱이다. 동화고는 문과 성향이 강하고 와부고는 이과 성향이 강하다. 서울대 합격생을 기준으로 보면 동화고가 와부고를 앞선다. 동화고는 모두 10명(수시 여섯 명, 정시 네 명)의 합격자를 배출했는데 문과 1등은 서울대 경영학과에 수시전형으로 합격했다. 와부고의 서울대 합격생은 총 일곱 명으로, 학교 측이 공개하지 않지만 수시보다 정시 합격생이 더 많을 가능성이 크다. 졸업생의 40퍼센트 가까이가 순수 재수생인 걸 고려하면 이 학교는 수시보다 정시에 조금 더 무게가 실려 있음을 알 수 있다. 이과 전교

1등은 수시로 서울대 치대에 합격했고 이과 전교 2등은 성균관대 약대에 학종으로 합격했다. 이 학교의 전교 1등 내신이 1.6등급 정도였으니 내신등급 올리기가 얼마나 어려운지 알 수 있다.

와부고가 전통적으로 이과형 학교로 불린 이유는 의대 합격생이 많기 때문이다. 의대 합격생이 가장 많았을 때는 2019학년도로, 의치한 합격생 총 15명(수시 일곱 명, 정시 여덟 명)을 배출했다. 남양주에서는 문과로 SKY대학에 가고 싶다면 동화고를, 이과로 '서포카연고의치한'(서울대·포항공대·카이스트·연세대·고려대·의대·치대·한의대)에 가고 싶다면 와부고를 선택하면 된다.

• 남양주 학군의 아파트 시세와 학원가 동향

다산 신도시와 별내 신도시의 아파트 가격은 예상보다 높다. 2022년 초에 다산 신도시 내 네 군데 아파트의 전용면적 25평이 10억 원대를 돌파했고, 별내 신도시도 세 곳이 10억 원대를 넘어섰다. 아파트 값이 폭락한 9월에도 힐스테이트다산이나 e편한세상다산은 9억 원대에 거래된 기록이 있을 정도로 잘 버티고 있다. 교육에 관심이 많은 학부모들이 남양주의 미래를 밝게 본다는 증거다. 별내 신도시의 별내푸르지오는 25평이 8억 5,000만 원 정도에 거래되고 있으니 다산 신도시보다는 진입 장벽이 낮은 셈이다.

구리에도 학원가는 있다. 그중 큐이엠학원과 LMPS수학학원이 강세다. 큐이엠학원은 대치동의 일타 학원인 미래탐구와 강남대성학원의 스타강사들이 강의를 할 정도로 경쟁력을 인정받고 있다. 특히 고등부가 강하다. LMPS수학학원은 철저한 관리로 초등과 중등부가 강하다. 얼마 전 고등부는 동화고 근처로 이전했다.

다산 신도시 학원가의 분위기를 살펴보면 아직은 수학 학원만 확장세고 영어 학원과 국어 학원은 미흡하다. 입시에서 영어는 여전히 중요하고 국어는 시험의 난이도가 갈수록 높아지고 있다. 하지만 다산 신도시의 영어 학원이나 국어 학원은 수학 학원에 비해 양과 질 모든 면에서 아쉽다. 교육열은 대치동이나 목동에 비할 바가 아니고 중계동에 비해서도 많이 부족하다. 와부고와 동화고 외에 다른 학교들의 입시 실적이 뒷받침되지 않는다는 것도 단점이다. 그럼에도 향후 학군지로서 다산 신도시의 미래 가능성에는 주목해볼 필요가 있다.

학군별 필수 체크 아파트

일산 학군 주요 아파트

아파트명	세대수	입주연도/평단가	배정 예상 학교	매매가-전세가 추이
래미안 휴레스트	1,651세대	2009년/3,000만 원 이상	• 초 : 성사초 • 중 : 성사중, 원당중 • 고 : 성사고, 화수고, 화정고	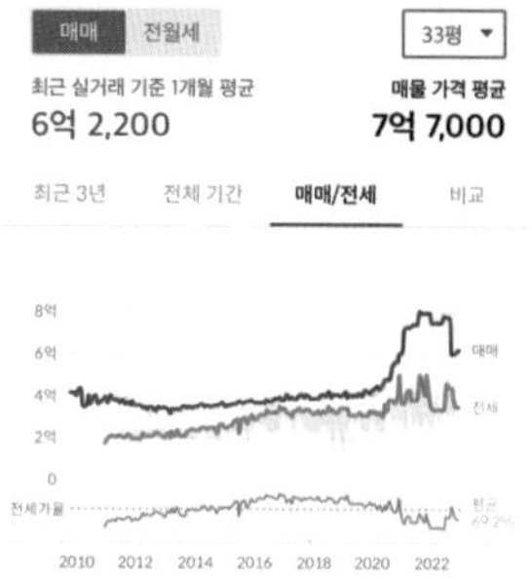 매매 전월세 33평 최근 실거래 기준 1개월 평균 6억 2,200 매물 가격 평균 7억 7,000 최근 3년 전체 기간 매매/전세 비교
위시티 일산 2단지자이	1,975세대	2010년/3,000만 원 이상	• 초 : 양일초 • 중 : 양일중 • 고 : 저현고, 세원고, 풍동고	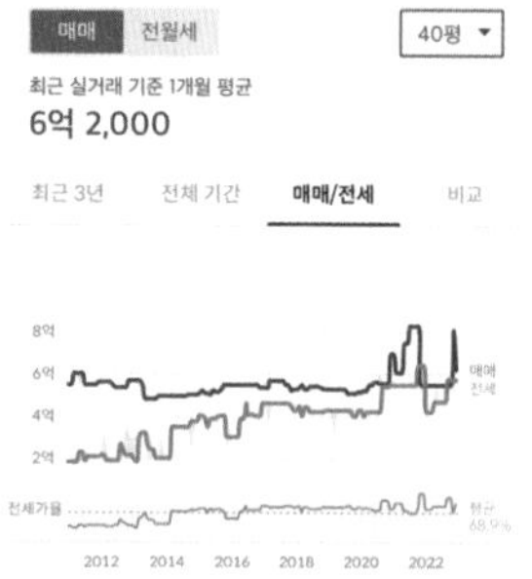 매매 전월세 40평 최근 실거래 기준 1개월 평균 6억 2,000 최근 3년 전체 기간 매매/전세 비교
후곡마을 8단지 동신아파트	434세대	1994년/2,000만 원 이상	• 초 : 오마초 • 중 : 오마중, 정성중, 신일중 • 고 : 주엽고, 일산대진고, 저동고	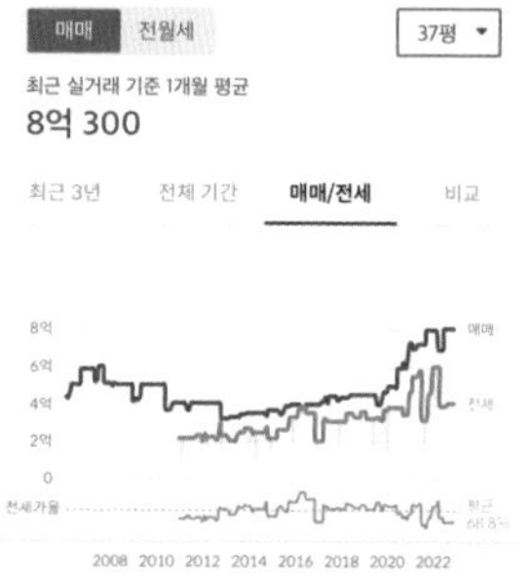 매매 전월세 37평 최근 실거래 기준 1개월 평균 8억 300 최근 3년 전체 기간 매매/전세 비교

아파트명	세대수	입주연도/평단가	배정 예상 학교	매매가-전세가 추이
문촌마을 1단지 우성	892 세대	1994년/ 2,000만 원 이상	• 초 : 오마초 • 중 : 오마중, 장성중, 한수중 • 고 : 주엽고, 일산대진고, 저동고	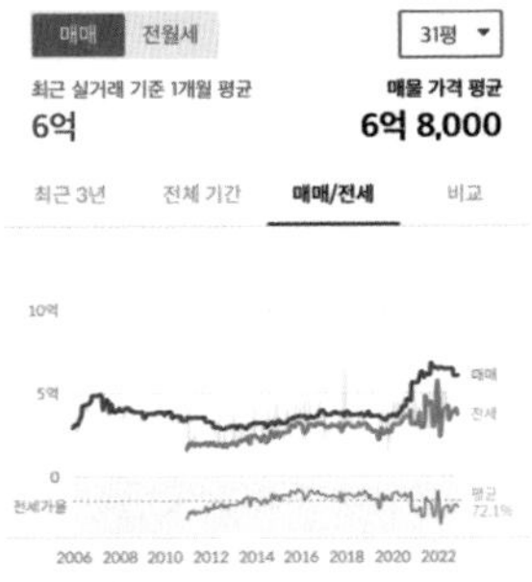 매매 전월세 31평 최근 실거래 기준 1개월 평균 6억 매물 가격 평균 6억 8,000 최근 3년 전체 기간 매매/전세 비교 10억 5억 0 전세가율 매매 전세 평균 72.1% 2006 2008 2010 2012 2014 2016 2018 2020 2022
후곡4단지 금호한양	752 세대	1995년/ 2,000만 원 이상	• 초 : 신촌초 • 중 : 오마중, 신일중, 발산중 • 고 : 주엽고, 일산대진고, 저동고	 매매 전월세 31평 최근 실거래 기준 1개월 평균 5억 6,000 최근 3년 전체 기간 매매/전세 비교 8억 6억 4억 2억 0 전세가율 매매 전세 평균 69.8% 2006 2008 2010 2012 2014 2016 2018 2020 2022

지방 명문학군 입지지도

전국구 의대 입시 사령부
대구 수성 학군

☑ 입지 특징

- 서울, 부산, 인천에 이어 전국 인구수 제4위의 광역시
- 부동산 거래량 급감, 11년 만에 아파트 미분양 물량 최대치인 약 1만 가구
- 조정지역 해제됐음에도 수성구 등 가격 하락세는 여전

☑ 학원가 특징

- 공대보다 의대를 선호하는 현상에 따라 '의치한' 맞춤화
- 꼼꼼하게 내신 관리 해주는 재수특화 종합 학원들
- 지방에서 유일하게 MMI면접 대비 학원이 있음

☑ 배정 예상 중학교

경신중, 경북대부중, 경신중, 대구동중, 대구중앙중, 대륜중, 동도중, 성산중, 성서중, 소선여중, 신명여중, 신영중, 오성중, 용산중, 정화중, 청구중

☑ 배정 예상 고등학교

경북대부고, 경북여고, 경신고, 경원고, 대구남산고, 대구여고, 대구혜화여고, 대륜고, 성산고, 성서고, 오성고, 정화여고, 청구고

부동산 시세 보기

❶ 씨매스 수성범어점 : **영재 교육에 강한 전국 프랜차이즈 대구 분원**
❷ 지성학원 : **대구를 대표하는 재수 종합 학원**
❸ 필즈더클래식 수성센터 : **대수/기하 등 전통적인 방식으로 수학에 접근하는 학원**
❹ 디랩코딩학원 대구수성캠퍼스 : **초등생 중심의 코딩 전문 학원**
❺ 수학과학네이처학원 KBS점 : **수성구의 대표적인 과학 학원**

⑥ 소수서원국어학원 : 국어 내신과 수능 및 논술 대비가 가능한 학원
⑦ 임팩트영어학원 : 학문당의 중등 영어 특화 학원
⑧ 학문당입시학원 : 국영수사과를 모두 커버하는 입시 학원
⑨ 송원학원 : 대구 경북 지역에서 가장 많은 학생을 보유한 재수 학원
⑩ 포스텍과학학원 : 과학 내신과 수능을 대비하는 학원

대구 학군에서는
서울대 위에 '의대' 있다

대구광역시는 자체 인구수(237만 명)만으로는 서울, 부산, 인천에 이어 4위다. 인천은 송도 국제도시 등의 이슈로 대구를 앞지르기 시작해서 현재 인구수는 295만 명이다. 참고로 서울은 949만 명으로 2020년의 971만 명에 비해 인구가 갈수록 줄고 있다.

여기서 인구를 거론하는 이유는 서울과 대구를 비교하려는 게 아니라 대구와 인천을 비교하기 위해서다. 인구수 중에서도 의사 수를 비교해보면 대구는 237만 명 중 의사 수는 8,661명이다. 반면 인구수가 60만 명이나 더 많은 인천은 의사 수가 7,621명이다(국가통계포털https://kosis.kr, '시군구별 인구 천명당 의료기관 종사 의사수', 국민건강보험공단 2021년 자료를 바탕으로 함). 대구에는 확실히 의사들이 많이 살고 있음을 알 수 있다. 대구에서 설명회나 상담을 통해 만난 학부모들의 직업군을 살펴봐도 가장 많은 부류는 역시 의사다.

왜 대구에서는 서울대보다 의대를 선호하는가

'서울대 위에 의대가 있다.' 대구 지역 학부모들의 보편적인 인식이다. 물론 최고의 의대는 서울대 의대지만 그만큼 입학이 어렵기 때문에 서울대 의대가 아니라면 다른 대학교의 의대라도 가야 한다는 인식이 지배적이다. 서울대 공대보다는 경북대 의대를 더 선호한다. 경북대 의대가 아니라면 영남대 의대, 계명대 의대, 대구가톨릭 의대에 진학하는 것이 서울대 공대에 가는 것보다 낫다고 생각하는 경향이 강하다. 물론 경북대 의대보다는 연세대, 가톨릭대, 성균관대 의대를 더 선호한다.

그런데 서울의 학부모들은 그렇게 생각하지 않는다. 정시 나군에 있는 영남대 의대보다는 같은 나군의 서울대 기계공학과를 더 선호하는 편이다. 서울의 학부모들은 서울권 의대나 경북대 의대, 부산대 의대 등의 양대 '지역 거점 국립대'(이하 '지거국') 의대 그리고 한림대 의대, 순천향대 의대, 인제대 의대 등 '지방 3룡 의대' 외에는 선호하지 않는다. 반면 대구의 학부모들은 무조건 의대를 우선시한다. 그중 서울대 의대, 연세대 의대, 가톨릭대 의대, 성균관대 의대, 고려대 의대, 울산대 의대를 가장 선호한다. 그리고 한양대 의대, 중앙대 의대, 경희대 의대, 이화여대 의대보다는 '경북대 의대'를 더 선호한다.

대구는 초등학생이 다니는 학원 광고에서도 서울대가 아니라 유일하게 '의치한'을 더 강조하는 학군이다. 고등학교들도 서울대 합격자 수를 자랑하기보다는 '의치한약'의 합격자 수를 더 강조한다. 삼성을 비롯해서 국내 굴지의 대기업 임원들과 변호사와 정치인들 중 대구 출신이 많은데도 대구의 이과 상위권 학부모들은 자녀를 의대에 진학시키기 위해 많은 에너지와 돈을 쏟아붓고 있다. 법학대학이 사라진 후에 이 현상은 더욱 고착화되었다.

일례로 분당에서는 1등급 후반대의 내신을 받은 학생에게 학교를 상향해서 서울대에 지원하자고 제안하면 학생과 학부모 모두 좋아한다. 그러나 대구 수성구의 명문고 대륜고에서 내신이 1.8등급 정도의 학생은 서울대에 아무런 미련이 없다. 모의고사 점수가 잘 나오면 대구가톨릭대 의대에, 모의고사 점수가 조금 부족하면 대구한의대에 원서를 낸다. 대구가톨릭대 의대는 2022학년도 정시 경쟁률이 22.38 대 1이었고, 대구 한의대도 2022학년도 정시 경쟁률이 자연계의 경우 9.05 대 1이었다. 대구 지역의 의대와 한의대는 대구 지역 출신으로 수능을 잘 치른 학생들끼리 경쟁한다. 그러므로 실제 인서울 대학의 정시 경쟁률이 4 대 1 안팎인 걸 고려하면 경쟁률이 굉장히 높은 편이다.

정시전형에서도 서울대가 아닌 경북대 의대를 목표로 하는 재수생들

대구 지역 학생들을 상담해보면 그들은 서울대가 있는 나군에서 서울대 의대와 치대가 아닌 이상 서울대는 고려하지 않는다. 대신 나군에서는 영남대 의대를, 다군에서는 계명대 의대를 눈여겨본다. 가군에서는 경북대 의대로 상향 지원할 수 있을지가 최대 관심사다. 대구처럼 학생과 학부모들의 니즈가 비슷한 지역도 없을 것이다. 이러한 의대 지향 분위기는 오래전부터 이어지고 있다. 〈영남일보〉 기사를 보면 2013학년도 전국 26개 대학의 의예과 입학 총 정원 1,541명 중 대구 출신 합격생은 159명이었다. 즉 의대 입학생 10명 중 한 명 이상이 대구 학생이란 의미다. 내가 대성학원 강사 시절 정시 컨설팅을 할 때도 대구 지역 학생들은 해마다 지원 패턴이 비슷했다.

그렇다면 왜 대구는 이렇게 의대 선호 현상이 강할까? 보수의 상징인 대구와 의사라는 직업이 지닌 정서가 일맥상통하는 면도 있을 것이다. 대구에서는 이렇다 할 기반 산업이 발전하지 못한 상황이었다. 그러다 보니 자녀가 취업난에 시달리지 않고 안정적인 삶을 살면서 명예도 얻을 수 있는 최고의 직업을 의사로 생각하는 경향이 고착화된 것으로 보인다.

반면 변화에 민감하게 대응하는 서울의 학부모들은 조금 다르다. 자녀가 힘들게 공부해 의사가 돼도 의료보험 수가 때문에 생각보다 많은 돈을 벌지 못하는 현실을 알기에 의대 외에도 다양한 가능성을 고려하는 편이다. 가령 서울대 수학과를 보내 금융상품 설계자가 되거나, 컴퓨터공학과를 나와 세계적인 유니콘 기업을 만드는 창업자가 되길 원하는 경우도 많다.

대구 지역 학부모들과 상담을 해보면 4차산업혁명이나 메타버스 등의 새로운 트렌드와 관련해서 자녀의 장래에 대해 고민하는 경우는 드물다. 중공업 기반의 도시 울산 등지와는 달리 사실상 대구는 상징적인 산업이 없다. 그러다 보니 주변에 성공한 사람들 중 다수가 의사인 경우가 많다. 대구 지역의 의대 선호 현상이 언제까지 이어질지 그리고 변화한다면 어느 방향으로 달라질지 귀추가 주목된다.

강남 학군 부럽지 않은 대구 지역 중학교의 막강한 경쟁력

대구 지역 학원가는 초등학생과 중학생을 대상으로 의대 진학반을 개설할 정도로 의대 열풍이 거세다. 그렇다면 대구 중학생들의 실력은 어느 정도일까? 2016년도에 실시된 학업성취도 평가에서 중학교 3학년 '국어 우수' 학생의 비율은 대구가 제일 높았다. '수학 우수' 학생의 비율은 26.6퍼센트, '영어 우수' 학생의 비율은 36.3퍼센트로 두 과목 모두 서울에 이어 2위를 차지했다. 기초학력 미달 비율은 1.7퍼센트로 전국에서 가장 낮았다.

이처럼 대구 지역 중학생들의 학업능력은 서울과 비교해도 손색이 없으며 전국 최고의 수준을 갖추고 있다. 중학교부터 뛰어난 경쟁력을 가진 학군이라는 것은 틀림없는 사실이다. 지금부터는 그중 특별히 주목해볼 만한 중학교 네 곳을 골라 분석해보고자 한다.

대구 지역 주요 중학교의 고등학교 진학 현황과 내신점수

중학교	졸업생	일반고	외고·국제고	영재고·과고	자사고	국어 평균점수	수학 평균점수	영어 평균점수
정화중	364명	285명 (80.7%)	8명 (2.3%)	0명 (0%)	14명 (4%)	82.4	81.2	78.1
경신중(남)	343명	252명 (74.8%)	4명 (1.2%)	18명 (4.2%)	32명 (9.5%)	81.2	78.3	74.8
동도중	334명	267명 (81.7%)	6명 (1.8%)	5명 (1.5%)	7명 (2.1%)	78.8	72.7	78.9
대륜중(남)	307명	242명 (79.6%)	3명 (1%)	9명 (2.9%)	12명 (3.9%)	76.7	77.0	72.2

외고와 국제고 진학률이 유난히 낮은 대구의 특급 중학교들

2016년도 학업성취도 평가에서 대구 지역 1위는 '보통 이상 학력' 비율이 96.47퍼센트인 동도중이었다. 남녀공학이지만 여학생의 숫자가 두 배 이상 많아서 여학교나 다름없는 학교다. 그런데 이 학교의 진학률을 보면 의아스러운 점이 있다. 대치동을 넘보는 최고 학군의 1등 중학교에서 외고와 국제고, 영재고와 과고 진학률이 2퍼센트를 넘지 않기 때문이다. 도대체 그 이유는 무엇일까?

바로 대구 지역 일반고가 특목고와 자사고 못지않은 의대 진학률을 자랑하기 때문이다. 이들 일반고의 대입 실적을 보면 서울대보다 의대를 더 선호하는 대구 지역의 성향을 잘 반영하고 있다. 그래도 7년 전보다는 외고와 국제고 비율이 꽤 늘었다. 문과 성향의 여학생들이 수시 준비가 잘 되는 대구외고로 진학하는 사례가 늘었다는 의미다.

정화여고와 같은 재단의 정화중은 전체 정원 364명 중 280명이 여학생으로 압도적인 여초 중학교다. 수성구에는 여중이 없어서 특정 학교에 여학생이 몰리는 경향이 있다. 이런 학교는 상위권 남학생들이 기피하는 탓에 여학생들이

내신에서 더욱 강세를 보인다. 정화중은 영재고와 과고 진학자가 거의 없다. 2017년에는 각각 두 명, 세 명이었는데 그나마 줄어들었다. 대구과고에 가봤자 의대 진학에 불리하기 때문이다.

참고로 대구과고는 전국 단위 모집 영재고로 서울과 부산 지역 학생들도 무척 많다. 즉 대구 지역 인재들만 모인 곳이 아니라는 의미다. 대구과고는 영재고 중에서 의대 입시에 가장 불리한 학교다. 학교에서 재학생들이 학종으로 의대에 지원하는 것을 막는다. 그래서인지 대구 학부모들의 경우 다른 지역보다 영재고 입시에 열광적이지는 않은 편이다.

자사고에는 여학생들이 더 많이 진학한다. 물론 서구에 있는 남녀공학 자사고인 계성고에 진학하는 학생도 있겠지만 전국 단위 자사고 진학자도 꽤 될 것이다. 정화중 출신 중 민사고를 졸업하고 서울대에 합격한 사례가 종종 있다.

경신중에서 영재고와 과고 합격자가 갑자기 늘어난 이유는 무엇일까

경신중은 대구 최고의 일반고인 경신고와 같은 재단이다. 한 해 수능 만점자가 네 명이나 나온 경신고의 학력만큼이나 경신중 학생들의 경쟁력도 대단하다. 2016년 학업성취도 평가에서는 '보통 이상 학력' 비율이 94.47퍼센트로 대구경북 지역 3위였다. 그 당시 영재고와 과고 진학자는 네 명 정도였는데 2022학년도에는 최대 18명으로 늘어났다. 2018학년도에도 영재고와 과고 진학자는 여섯 명이었고 2021학년도에는 불과 세 명이었다. 유독 2022학년도에 진학자 수가 급증한 이유는 무엇일까?

경신중 상위권 학생들이 의대에서 서울대로 진학의 방향을 바꾼 걸까? 그건 아닐 것이다. 수성구 최고 명문고인 경신고가 자율형 사립고에서 일반고로 전환되면서 미래가 불투명하다고 생각한 학생과 학부모들이 일단 영재고와 과고에 진학해서 수시와 수능을 함께 준비하자는 생각으로 선택했을 가능성이 크다. 실제로 수시전형으로 서울대에 입학한 후 의대 진학을 위해 반수를 택하는 영재고 학생들이 상당히 많다.

대구과고는 2020년까지는 재수생 비율이 6퍼센트 미만이었는데, 2021년도부터 갑자기 28퍼센트로 늘었다. 재수를 해서라도 의대에 가려는 학생들이 늘고 있다는 증거이며, 그들 중에는 수성구 중학생 출신이 많을 것으로 보인다. 다만 2022학년도 서울대와 의대 입시에서 경신고가 다시 놀라운 실력을 보였으므로 경신중의 2023학년도 영재고와 과고 진학 실적은 다시 조정될 확률이 높다.

대륜중은 수성구의 중학교 중에서도 유난히 외고와 국제고 진학률이 낮다. 이는 대륜중의 상위권 학생들 역시 의대 선호 현상이 강하다는 것을 의미한다. 내가 상담한 대구의 중학생들 중 토플점수가 110점일 정도로 탁월한 영어 실력에 비해 수학성적은 좋지 않았음에도 의대에 가려고 이과를 선택하는 사례가 많았다.

다만 대륜중의 의대 진학 열기가 경신중보다는 덜한 편인지 영재고와 과고 진학자 수가 상대적으로 많다. 자사고 진학자는 지역 자사고인 계성고와 대건고 그리고 전국 단위 자사고인 민사고, 외대부고, 상산고 등을 선택했을 가능성이 크다.

대구는 서울대 의대 입시 실적 1위를 수성할 수 있을까

대구 수성구는 서울대 의대 수시전형에서 부동의 전국 1위를 기록한 최강의 학군지다. 특히 경신고는 일반고 전환 이후 맞은 첫 번째 대입에서 자사고 시절의 저력을 과시하며 세간의 우려를 일거에 불식시켰다. 2020학년도에 이어 2021학년도 입시에서도 '의대 합격자 전국 톱 3' 실적을 올리며 전국구 강자의 면모를 과시했다. 〈베리타스알파〉의 조사에 따르면 의대 합격자만 2020학년도에 108명, 2021학년도에 84명을 배출해 일반고 중에서는 단연 전국 1위를 기록했다. 단 이 숫자는 재수생과 N수생 숫자, 복수합격자까지 포함하고 있기 때문에 최종 합격자 수는 이보다 적을 수 있다(평균적으로 한 학생이 3.5군데 정도 합격한다). 수성구의 또 다른 강자 대륜고도 2021학년도 의치한 합격자 전국 순위 20위에 오를 정도로 의대 입시에서 놀라운 실적을 보여주고 있다. 과연 대구 일반고의 의대 진학 신화는 계속 이어질 수 있을까? 미래는 현재가 말해주고 현재는 과거가 말해준다. 2022학년도 입시 결과를 분석해 그 답을 찾아보자.

대구 지역 주요 고등학교 서울대 합격자 수 및 내신점수

고등학교	서울대 합격자 수	졸업생 수	예상 재수생 비율	국어 평균점수	수학 평균점수	영어 평균점수
대륜고(남)	10명(수시 8명, 정시 2명)	352명	36.2%	78.9	73.9	77.7
경신고(남)	8명(수시 3명, 정시 5명)	225명	51.6%	75.9	79.6	69.4
정화여고	8명(수시 5명, 정시 3명)	294명	26.5%	81.8	61.9	71.9
경원고(남)	8명(수시 4명, 정시 4명)	339명	14.7%	72.0	64.3	65.2
계성고	6명(수시 3명, 정시 3명)	220명	30.1%	74.3	66.5	70.8

경신고의 서울대 수시 합격자, 모두 의대에서 나왔다

경신고는 아주 특별한 학교다. 서울대 의대 수시전형에 세 명이 지원해서 세 명 모두 합격했다. 서울대 의대 수시 지원자가 모두 합격하는 학교는 전국에 경신고 외에는 없다. 이는 서울대 의대가 민사고의 1~4등까지는 뽑아주는 것처럼 경신고의 1~3등까지 믿고 뽑아준다는 뜻이다. 경신고의 의대 실적은 놀라울 정도다. 서울대에 충분히 합격할 수 있는 4등~10등까지의 학생은 서울대에 수시전형으로 합격해서 정시전형으로 의대에 갈 기회가 사라질 경우에 대비해 아예 서울대에 지원하지 않는다. 그만큼 수능에도 자신이 있다는 의미다.

경신고는 의대 합격자만 중복 합격자를 포함해 73명으로 대한민국 4위다. 물론 재수생과 N수생이 포함된 수치다. 그 위의 세 군데 학교는 휘문고(1위), 상산고(2위), 세화고(3등)로 모두 자사고다. 즉 경신고는 일반고 중에서는 의대 합격 실적 1위이고, 서울대 의대 수시 합격 실적도 진선여고와 함께 1위다. 경신고는 내신 1등이 1.3등급을 넘는다. 즉 1등급 중반대만 되어도 수시전형에서 서울대 의대를 바라볼 수 있다는 뜻이다.

이 학교는 동아리나 진로 활동보다 수업으로 차별화를 시도하고 있다. 심화융합독서, 철학, 고급수학 Ⅰ, 창의융합 과제 연구, 화학실험, 생명과학실험, 고급물리학, 고급화학, 고급생명과학 등의 과목을 수업하고 있다. 특히 수강생이 적더라도 해당 과목이 개설되는데 이는 학교가 학업에 관한 학생의 선택권을 최대한 존중해준다는 의미다.

물론 이 학교도 약점은 있다. 순수 재수생이 50퍼센트를 넘는다는 것은 반수생까지 포함하면 70퍼센트 이상이 다시 수능을 치른다는 말이다. 대구의 송원학원이나 서울의 강남대성학원, 이천의 강남대성기숙학원에서 가장 많이 볼 수 있는 지방 학생은 경신고 학생이다. 이는 경신고가 철저한 수능형 학교임을 보여주는 증거다.

대륜고가 수시전형과 정시전형에 모두 강한 이유

대구 대륜고는 수시의 제왕이다. 그렇다고 전국 단위 자사고처럼 각종 동아리 활동 등 비교과로 승부를 거는 학교는 아니다. 대륜고가 비교적 수시 지향적인 학교인 것은 맞지만 인천이나 천안, 아산 지역의 학교들보다는 수시 프로그램이 미흡한 상황이다. 사실 최상위권 학생부를 봐도 특별한 점이 없다. 차별화된 비교과로 평가받은 게 아니라 교과 수업 그 자체를 중시한다. 학부모들도 비교과라는 말 자체에 익숙하지 않고 거기에 투자하지 않는다. 오로지 수학과 과학에만 집중투자하고 있다.

대륜고는 3학년 때 고급물리학 수업을 한다. 수학은 2학년 때까지 미적분과 기하 확률, 통계를 다 끝내고, 3학년 때는 심화수학과 벡터까지 공부하는 학습 프로그램으로 유명하다. 이러한 심화 교과 수업이 서울대의 인정을 받은 것이다. 서울대 특히 의대는 공부 잘하는 학생들이 많은 학교에서 받는 압도적인 내신성적만큼 의미 있는 비교과 활동은 없다는 사실을 잘 알고 있다.

대륜고는 해마다 서울대 의대 수시 합격자를 최소 한 명에서 두 명까지 배출한다. 전교 1등은 평균적으로 내신 1.2등급 이내로, 경신고보다는 조금 더 높은 편이다. 경신고가 주로 서울대 일반전형에서 의대 합격자를 배출한다면 대륜고는 지균에서도 한 명씩 배출한다. 그 이유는 상대적으로 높은 내신등급 때문이다. 경신고보다 인원이 많아서 내신등급 올리기는 좀 더 유리하다. 그런데 대륜고는 수시만 강한 학교가 아니다. 재수생도 적지 않고 수능성적이 좋아서 전국 의대 합격에서 실적 13위를 기록하고 있다. 합격자 수가 총 40명인데 중복 합격을 고려해도 한 해에 10~15명 정도는 의대에 진학하는 셈인데 이는 대단한 실적이다.

서울대 의대 수시 합격자만 두 명을 배출한 정화여고

정화여고는 대구를 넘어 명실상부한 지방 최고의 여고다. 수시전형에서 서울대 의대 합격자 두 명을 배출하면서 강남의 진선여고(세 명), 숙명여고(두 명)와 견줄 만한 전국구 실력을 증명해보였다. 의대 합격자는 중복 합격자를 포함해서 24명으로 전국 21위를 기록했다. 수시 프로그램도 대구 지역 남고들보다는 확실히 좋다.

정화여고는 경신고와 대륜고 등 두 남학교가 고급물리학을 개설한 것과 달리 3학년 때 의대와 약대를 희망하는 학생들을 위해 고급생명과학과 고급화학을 개설했다. 정화여고는 분명 이과 상위권 학생들에게 유리한 학교지만, 연세대 국제학부 합격자를 배출하는 등 문과 최상위권 학생들의 실력도 손색이 없다. 정화여고의 영어 평균점수는 의외로 낮은데 변별력을 확보하기 위해 내신 시험을 상당히 어렵게 출제한 것으로 보인다.

수성구 밖 두 강자, 경원고와 계성고

경원고는 수성구가 아닌 달서구에 위치한 남고로, 수성구를 제외하면 대구 지역에서 서울대를 가장 많이 보낸 학교다. 대구 지역 고등학교는 수성구만 벗어나면 다른 지방의 학교들처럼 수시전형에 좀 더 강한 면모를 보인다. 경원고는 진로진학 상담 전문교사가 학교의 진학 프로그램을 총지휘하고 있다. 학교 차원에서 재학생들을 인근 중학교로 보내 멘토링 활동을 하게 한 후 학생부에 반영한다. 전공별로 심화독서 프로그램을 실시하는 등 다양한 프로그램을 운영 중이다. 그러면서도 의학계열에 모두 15명을 합격시키는 등 만만치 않은 수능 경쟁력을 갖고 있다. 경원고는 대구의 이과 중심 학교 가운데 문과 쪽에서도 좋은 입시 실적을 보여주는 학교다.

대구 지역 고등학교 중 5위를 기록한 계성고는 보기 드문 남녀공학 학교다. 이 학교도 3학년 때는 고급화학, 고급생명과학, 고급물리학, 고급지구과학을 모두 개설해서 심화학습을 강화한다. 계성고는 수성구 외 지역에서 유일하게 서울대 의대 수시 합격자가 나온 학교다. 의치한약까지 합치면 모두 17명의 의학계열 합격자를 배출했다. 중복 합격을 고려한다 해도 한 학교에서 서울대 의대를 비롯한 의학계열 합격자를 10명가량 배출한 것은 서울 지역 학군지에서도 흔한 일은 아니다. 다만 계성고도 재수생 비율이 높다. 의대 진학을 위해 많은 학생이 재수를 선택했다고 볼 수 있다.

이밖에 전통의 명문 경북고가 해마다 서울대 의대 수시 합격자를 배출하고 있다. 능인고와 대구여고도 서울대 의대 수시 합격자를 자주 배출하는 학교다. 대구 지역 학교들의 면면을 보면 서울대 의대가 중요시하는 것은 겉만 화려한 비교과 활동이 아니라 학력의 깊이와 실력임을 확신할 수 있다. 앞으로도 대구 지역 고등학교들이 서울대 의대 입시에서 차지하는 위상은 계속 이어질 전망이다.

유난히 재수 학원과 의대 입시 전문 학원이 많은 수성구 학원가

대구는 워낙 재수생들이 많은 지역이라서 학원가에서도 재수 학원들이 가장 유명하다. 이 학원들은 재수생을 위한 수업만 하는 게 아니라 중고등학생의 내신까지 챙겨주는 경우가 많다. 수성구의 3대 재수 학원이자 대형 종합 학원으로는 송원학원, 지성학원, 유신학원을 꼽을 수 있다.

이 중에서 내신 관리는 단연 유신학원이 가장 유명하다. 학교별로 개별 수업을 하면서 일대일 클리닉도 병행한다. 지성학원은 고등부 단과반을 운영해서 학생들을 모으지만 내신보다는 수능 모의고사 대비를 더 잘하는 곳으로 알려져 있다.

송원학원은 서울대 합격자만 44명, 의학계열 합격자는 23명을 배출한 입시의 강자로 '대구의 강남대성학원'이라 할 만하다. 대구와 경북 지역 상위권 재수생을 강남대성학원과 양분하고 있다 해도 과언이 아니다. 내가 만난 대구 출신 자연계 상위권 재수생의 절반 정도가 이 학원의 재원생이었다. 송원학원은 재수생 외에 고3 학생들의 수능 대비 단과 수업, 그리고 수시 면접과 논술 대비까지 하면서 최적의 대입 학원으로서의 경쟁력을 강화하고 있다.

김샘학원은 여전히 잘나가고 있을까

대구 하면 떠오르는 또 하나의 학원 브랜드가 있다. 대구 지역에서 공부 잘하는 학생들은 자기주도학습이 가능해서 수학 학원 외에는 다른 학원에 다니지 않는 경우도 있다. 그런데 이 학생들이 가장 많이 다니던 학원이 바로 김샘학원이다. 김샘학원은 1998년 수성구에서 시작해 지금은 전국에 200개 정도 되는 분원을 보유하고 있다. 대치동에는 없지만 서울에도 분원이 여러 군데 있다. 지금은 학원이라기보다는 교육 기업에 가깝다. 온오프라인 통합 수업을 진행하면서 숙제 확인이나 채점 피드백 등을 시스템화시킨 것으로도 유명하다.

저학년들에게는 대치동에서부터 이름난 강의하는아이들이 대구에서도 인기가 높다. 이 학원은 학생들이 스스로 토론하고 발표하면서 수학을 공부하는 플립러닝을 시도하고 있다. 사실 가장 효율이 높은 교육법은 학생들 스스로 배운 내용을 설명하는 것이다. 물론 수능을 앞둔 고등학생들에게는 다소 적합하지 않은 면이 있지만, 수학에 재미를 느껴야 할 초중학생들에게는 좋은 프로그램이다. 범어동에 있는 설대학원영재원도 영재원과 영재고를 준비하는 학생들에게 인기가 높다. 소수정예 수업과 세세한 클리닉으로 소문난 곳이다.

수학에 비해 국어와 영어 학원의 유명세는 약하다

영어 학원은 에이프릴어학원 등 대형 프랜차이즈 학원들이 강세지만, 김샘학원처럼 대구 지역에서 시작된 영어 학원들도 적지 않다. 그중 학문당 임팩트

영어학원은 내신 관리를 잘해주는 곳으로 알려져 있다. 손샘영어는 꼼꼼한 테스트와 레벨 관리로 유명하다. 범어한빛학원도 재원생들의 평가가 아주 좋은 편이다. 다른 지역에 비해 외고와 국제고 인기가 시들하고, 외국 유학보다는 의대 진학을 최우선시하는 대구에서 영어 학원의 입지는 수학에 비해 좁은 편이다. 대구 학생들의 영어 공부 목표가 학교 내신등급 확보와 수능 1등급에 국한되어 있기 때문이다.

국어 학원도 절대강자는 없다. 그중 틀을잡는국어학원, 소수서원국어학원, 언어와사고국어학원 등이 유명한 편이다. 국어 역시 대구 학생들에게는 수학과 과학에 비해 중요도가 떨어지는 과목이다.

대구 지역 고교들의 심화과학 수업에 초점을 맞춘 과학 학원

수성구 학원가에서 수학 학원 다음으로 중요도가 높은 학원은 과학 학원이다. 수학과 함께 의대 입시에서 중요한 비중을 차지하기 때문이다. 그래서 범어동에서는 국어 학원보다 과학 학원의 유명세가 더 높다. 그중 네이처과학학원은 중학생 때부터 통합적으로 과학을 지도한다. 포스텍과학학원은 수성구 학교들이 많이 도입한 과학Ⅱ 과목과 고급과학까지 지도하는 커리큘럼을 갖추고 있다. 그 밖에 원장이 직강하는 작은 교습소들도 많다.

대구 수성

수성구 학원가에는 의대 MMI면접 대비 학원도 있다

최근 의대 면접에서 가장 주목받고 있는 것은 MMI면접(다중미니면접)이다. MMI면접은 지원자가 여러 면접실을 거치면서 소통 능력, 제시문 독해 능력, 비판적 사고 능력, 통계 및 도표 활용 능력, 설득 능력 등을 평가받는데 이는 미국 의전원의 선발 방식과 비슷하다. 대학들은 이 면접을 통해 학생들의 인성과 학업능력을 종합적으로 평가한다.

당연히 MMI면접을 대비해주는 학원들도 늘어나고 있는데 이는 대치동에만 있다고 보면 된다. 그런데 지방에서는 유일하게 대구에 MMI면접 대비 학원이 있다. 서울대 의대를 비롯해서 의대 합격생을 대거 배출하는 수성구가 이를 도입한 것은 어찌 보면 당연한 일이다. 경북대 의대도 2022학년도부터 수시전형에서 MMI면접을 도입했다. MMI면접 대비 학원 중 선두주자는 스펙마스터다. 이 학원은 수학과 과학을 중심으로 학생들의 내신과 비교과를 관리해주다가 고3 때부터는 면접을 정규 프로그램에 편성한다. 학원 자체적인 테스트를 통과한 학생들에 한해서 집중적으로 의대 적성 MMI면접을 준비해주는 것으로 유명하다.

부동산 폭락론자들은 왜 대구의 아파트 가격 추이에 주목할까

최근 들어 부동산 가격이 심상치 않다. 지난 정부 때 폭등한 부동산 가격의 거품이 금리 인상 여파로 빠지고 있다고는 하지만, 2022년 7월 이후의 거래량 감소는 지나치게 극단적이다. 전국 어디서든 매수자를 찾아볼 수 없을 지경이다. 특히 대구는 아파트 가격에 거품이 많이 낀 곳으로 한동안 폭락론자들의 표적이 된 지역이다. 대구가 아파트 가격 폭락의 촉매 지역이 될 것이라는 부정적인 평가를 받는 이유는 한때 대구의 건설사들이 연달아 부도 위기에 빠지는 등 시공사의 무덤으로 불린 시절이 있었기 때문이다. 대구는 부동산 가격이 폭락했던 2009년에 엄청난 물량의 미분양(통계상으로 2만 2,000세대지만 실제는 그보다 더 많았다)이 쏟아진 전력이 있다. 그리고 2022년 9월 기준으로 대구의 미분양 주택 수는 다시 급증했다. 총 1만 593가구로 11년 만에 최대치를 기록했다. 전국 미분양 주택 수의 25퍼센트를 차지하는 규모다. 전국 어느 지역보다 먼저 얼어붙은 셈인데 대구 지역 부동산에는 어떤 문제점이 있는 것일까?

2015년 수능 만점자 네 명 배출 이후 대구는 달라졌다

박근혜 정부 때 수성구의 경신고에서 한 해 수능 만점자가 네 명이나 나온 후, 범어동 아파트 가격은 초강세를 유지했다. 이후에도 서울대 의대 입시에서 범어동이 발군의 실력을 발휘하면서 수성구 학군의 아파트는 고공행진을 이어 나갔다. 2017년에는 분당과 함께 투기과열지구로 지정되기도 했다.

2019년 전국적으로 집값이 뛰기 시작할 때 범어동의 랜드마크인 대구범어삼성쉐르빌의 가격은 25평이 7억 5,000만 원 선이었다. 2022년 1월에는 30평이 14억 8,000만 원에 팔리면서 정점을 찍었다. 실제로 그 이후에는 거래가 뚝 끊겼다. 전세가는 같은 평수가 5억 8,000만 원으로 2021년의 거래가인 6억 5,000만 원보다 많이 떨어졌다. 전세가가 떨어지고 거래량 자체가 없다는 것은 앞으로 집값이 더 떨어질 가능성이 높다는 것을 의미한다.

수성동 3가의 수성코오롱하늘채도 대구 지역에서는 고가의 아파트다. 2019년에 38평이 12억 6,000만 원에 거래되었는데 2022년에는 14억 원에 거래된 한 건을 제외하고는 일체 거래가 없다. 2021년에는 15억 원 이하에 거래된 물건이 없었던 것으로 보아 이 정도면 폭락까지는 아니지만 거품이 빠지고 있는 것은 확실하다. 2022년 5월에는 전세 매물이 9억 5,000만 원에 거래되었는데, 불과 두세 달 만에 7억 8,000만 원으로 주저앉았다.

범어동의 또 다른 아파트인 브라운스톤범어를 살펴보자. 2022년 8월 25평의 매매가는 7억 1,000만 원 선이다. 2022년 4월 8억 1,500만 원에 거래된 것에 비하면 많이 하락했다. 같은 평의 전세가는 4억 5,000만 원 정도다. e편한세상범어는 2021년에 25평이 8억 원이었고 2022년에는 7억 원으로 하락했다. 전세가는 3억 5,000만 원에서 4억 2,000만 원 사이로 크게 변함이 없다.

범어동과 만촌동, 우수 학군지도 집값 하락의 추세는 피할 수 없다

대륜고가 있는 만촌동의 아파트 가격은 어떨까? 2016년에 입주를 시작한 만촌화성파크드림3차는 이 지역 최고의 인기 아파트다. 2022년에는 단 한 건만 거래됐는데 25평의 가격은 11억 7,000만 원이다. 2021년에는 13억 원이 넘는 가격에 팔린 아파트다. 아파트 가격이 이미 10퍼센트 이상 하락했고, 거래절벽 상황이 지속된다면 이보다 더 하락할 수도 있다. 전세가는 4년 전인 2019년이나 지금이나 별 차이 없이 5억 원대 초반에서 중반 사이이다. 확실히 수성구의 아파트들은 큰 폭의 가격 조정이 시작되었음을 부인할 수 없는 상황이다.

그러면 달서구의 아파트 가격은 어떨까? 그중 서울대를 가장 많이 보내는 경원고 근처 용산동의 시세를 살펴보자. 용산롯데캐슬그랜드 25평의 매매가는 4억 5,000만 원 수준으로 수성구와는 차이가 크다. 다만 가격이 낮으면 그만큼 조정의 폭도 좁아서 2020년 집값 거품이 절정이었을 때에 비하면 3,000만 원 정도 하락했다.

수성구에도 빌라는 있다. 하지만 범어동의 경우 대형 빌라의 가격이 만만치 않다. 40평 신축 빌라의 매매가가 14억 9,500만 원으로 많이 비싼 편이다. 구축 25평 빌라는 3억 원 이하로도 구할 수 있다. 투자 가치와 주거환경 등을 고려하면 빌라는 어디까지나 차선이다. 하지만 자녀가 서울대를 비롯한 의학계열 대학 진학을 목표로 하는데 경제적으로 여의치 않다면 아파트가 아닌 빌라로 진입하는 것도 충분히 고려해볼 만하다. 그만큼 수성구는 학군지로서의 메리트가 대단한 곳이다.

2022년 상반기 대구 지역 아파트 매매는 5,743건이다. 2년 전보다는 53퍼센트, 3년 전보다는 77퍼센트가량 줄었다. 하반기는 더 줄어들어 거의 거래절벽 상황에 직면했다. 그에 비해 공급물량은 더 늘어날 것으로 보인다. 광역시 중 대구 아파트의 하락세가 가장 두드러질 것이라는 전망은 분명 설득력 있다.

하지만 나는 조금 다르게 생각한다. 수시전형이든 정시전형이든 수성구가 서울과 경기를 제외한 지방 중에서 최고의 학군이란 사실은 변함이 없다. 특히 수시보다 정시가 강한 수성구의 실적을 볼 때 해마다 실적이 좋아지면 학군 때문에 아파트를 선택하는 초등 고학년 학부모들이 수도권 진입을 포기하고 대구 쪽으로 진출할 가능성도 높다. 대구는 국영수과 주요 과목의 학원뿐 아니라 재수 종합반, 컨설팅 학원까지 보유하고 있어 모든 사교육을 자체적으로 해결할 수 있는 강점이 있기 때문이다.

학군별 필수 체크 아파트

대구 수성 학군 주요 아파트

아파트명	세대수	입주연도/평단가	배정 예상 학교	매매가-전세가 추이
대구범어 삼성쉐르빌	213세대	2010년/4,000만 원 이상	• 초: 대구경동초 • 중: 경신중, 오성중, 정화중 • 고: 경신고, 오성고, 정화여고	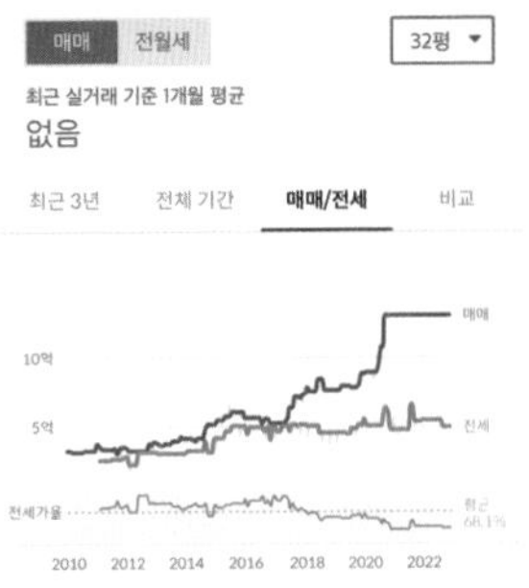 매매 전월세 32평 최근 실거래 기준 1개월 평균 없음
수성 코오롱 하늘채	439세대	2009년/4,000만 원 이상	• 초: 대구동일초 • 중: 대구동중, 신명여중, 대구중앙중 • 고: 경북대부고, 대구여고, 경신고	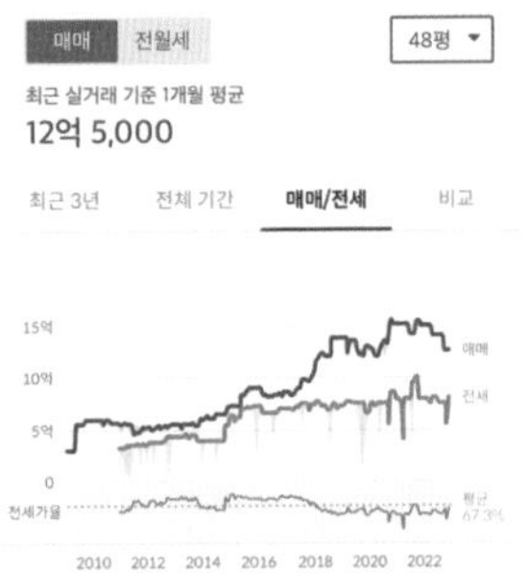 매매 전월세 48평 최근 실거래 기준 1개월 평균 12억 5,000
브라운스톤 범어	180세대	2017년/2,000만 원 이상	• 초: 대구범어초 • 중: 경신중, 대구동중, 대구중앙중 • 고: 경신고, 대륜고, 정화여고	 매매 전월세 35평 최근 실거래 기준 1개월 평균 7억 1,000

아파트명	세대수	입주연도/ 평단가	배정 예상 학교	매매가-전세가 추이
e편한세상 범어	842 세대	2015년/ 2,000만 원 이상	• 초 : 대구동천초 • 중 : 대구중앙중, 대구동중, 신명여중 • 고 : 청구고, 대구남산고, 대구여고	 매매 전월세 33평 최근 실거래 기준 1개월 평균 5억 9,250 최근 3년 전체 기간 매매/전세 비교 10억 5억 0 전세가율 매매 전세 평균 64.3% 2016 2018 2020 2022
수성대림 e편한세상	664 세대	2005년/ 2,000만 원 이상	• 초 : 대구동인초 • 중 : 대구중앙중, 대구동중, 신명여중 • 고 : 청구고, 대구남산고, 경북대부고	 매매 전월세 32평 최근 실거래 기준 1개월 평균 4억 5,000 최근 3년 전체 기간 매매/전세 비교 6억 4억 2억 0 전세가율 매매 전세 평균 70.1% 2008 2010 2012 2014 2016 2018 2020 2022

고교 학군 최고의 가성비
대전 둔산 학군

입지 특징

- 충청권 광역철도 등 도시계획 주목
- 교육 인프라가 좋은 둔산동에 진입 수요가 많은 편
- 목련, 크로바, 다모아 등 서구의 구축과 유성구의 신축 아파트가 시세 리드

학원가 특징

- '대전의 대치동'이라 불리는 둔산동에 집중
- 서울과 접근성 좋아 스타강사들의 직강 가능
- 초등 때부터 의대, 서울대, 카이스트 목표로 수학, 과학 선행학습

배정 예상 중학교

갈마중, 남선중, 대전갑천중, 대전관평중, 대전도안중, 대전둔산중, 대전문지중, 대전삼육중, 대전삼천중, 대전원신흥중, 대전전민중, 대전탄방중, 도마중, 문정중, 문지중, 번동중, 봉명중, 봉산중, 삼천중, 월명중, 유성중, 전민중

배정 예상 고등학교

대덕고, 대전고, 대전괴정고, 대전둔산여고, 대전둔원고, 대전만년고, 대전복수고, 대전용산고, 대전전민고, 대전제일고, 동대전고, 서대전고, 서대전여고, 유성고, 충남고, 충남여고, 한밭고

대전 둔산 학군

대전시청역

❶ 제일학원 : **대전을 대표하는 재수 종합 및 고등 수능 학원**

❷ 메가스터디 러셀CORE : **메가스터디에서 운영하는 과목별 단과 학원**

❸ 스피커어학원 : **대전에서 토익/토플을 가장 잘 대비해주는 학원**

❹ 수학의힘제일학원 : **쌍방향 수업을 진행하는 초중등 수학 학원**

출처: 네이버지도(https://map.naver.com), 네이버부동산(https://land.naver.com)

❺ 양영학원 : 대전을 대표하는 중고 내신 및 수능 학원
❻ 토피아잉글리쉬존 대전캠퍼스 : 중계동에서 출발한 초중등 영어 전문 학원
❼ 시대인재 대전 : 대치동에 본원을 둔 국영수과 단과 학원의 분원

대전 지역 중학생들의 특목고와 자사고 진학률은 어느 정도일까

대전은 광역시 가운데 2016년에 실시된 학업성취도 평가에서 광역시 전국 1위를 기록했다. 그렇다면 지금도 여전히 대전의 중학생들은 공부를 잘하고 있을까? 2016년 학업성취도 평가에서 대전 지역 1위는 구도심인 중구에 있는 대전동산중이 차지했다. 국영수 평균점수의 '보통 이상 학력'이 98.80퍼센트로 압도적인 1위를 기록했다. 당시 졸업생 수는 281명이었고, 전체 졸업생 중 0.7퍼센트가 외고와 국제고에 진학했다. 그런데 최근 이 학교는 졸업생 수가 140명으로 절반가량 줄었다. 외고와 국제고 그리고 영재고와 과고 합격생은 전무하다. 즉 2016년에 비해 전반적인 학력 수준이 떨어졌을 가능성이 크다.

지금부터 살펴볼 대전 지역 중학교들은 2016년 학업성취도 평가에서 대전동산중에 이어 우수한 성적을 보인 곳들이다. 이 학교들의 경쟁력은 얼마나 달라졌을까? 특히 대전의 강남으로 떠오르고 있는 서구와 유성구 학생들의 학업역량이 어떤지 살펴보자.

대전 지역 주요 중학교의 고등학교 진학 현황과 내신점수

중학교	졸업생	일반고	외고·국제고	영재고·과고	자사고	국어 평균점수	수학 평균점수	영어 평균점수
대전도안중	279명	210명 (75.8%)	6명 (2.2%)	4명 (1.4%)	0명 (0%)	85.4	76.9	79.4
대전관평중	204명	151명 (74.4%)	11명 (5.4%)	4명 (2%)	23명 (11.3%)	82.1	76.9	78.0
대전전민중	190명	150명 (79.4%)	7명 (3.7%)	4명 (2.1%)	22명 (11.6%)	84.9	79.7	84.6
대전문지중	102명	88명 (83%)	4명 (3.8%)	1명 (0.9%)	5명 (4.7%)	75.9	76.4	79.3
대전삼육중	70명	37명 (52.9%)	12명 (17.1%)	2명 (2.9%)	12명 (17.1%)	86.9	84.8	91.6

서구의 명문 중학교인 대전도안중과 대전삼육중

대전의 최고 명문학군은 서구 둔산동 인근이다. 그리고 대전시가 의욕적으로 선보인 서구의 도안 신도시에도 우수한 자원들이 몰리고 있다. 그중 대전도안중은 서울권 외고 다음 수준인 대전외고에 꾸준히 합격자를 배출하고 있으며, 영재고와 과고 합격자도 배출하고 있다. 다만 몇 해 전까지만 해도 자사고 합격생은 배출하지 못했는데, 2021학년도에는 자사고 합격생을 무려 27명이나 배출했다. 물론 합격자 전원이 남학생이기 때문에 전국 단위 자사고가 아닌 대전 지역 자사고인 대전대성고와 대전대신고일 가능성이 높다. 하지만 지금까지의 실적으로 미루어보건대 전국 단위 자사고 합격자를 배출하는 것도 머지않아 가능해보인다. 그렇게 되면 진정한 명문 중학교로 자리매김할 수 있을 것이다.

대전삼육중은 삼육재단과 삼육우유로 유명한 안식교 학교다. 전교생이 100명이 채 안 되는 소수정예 학교로 학력이 높기로 정평이 나 있다. 2016년 학업성취도 평가에서는 97.97퍼센트로 대전동산중에 이어 2등을 차지했다. 당시는 영재고와 과고 진학률이 1.3퍼센트, 외고와 국제고 진학률은 3.9퍼센트였는데 비율만으로는 거의 대원국제중과 동급 수준이다. 외고는 대전외고, 국제고는 전국 단위의 국제고에 진학했을 가능성이 높다. 학교 내신점수를 보면 학생들의 학업 역량이 얼마나 뛰어난지 가늠할 수 있다.

유성구의 다크호스, 대전전민중과 대전관평중

대전전민중은 카이스트가 있는 유성구 내에서 가장 우수한 학생들이 모인 중학교다. 2016년도 학업성취도 평가에서 보통 학력 이상이 94.80퍼센트로 대전 지역 3위를 기록했다. 당시 졸업생의 3.9퍼센트가 외고와 국제고에 진학했고 0.8퍼센트가 영재고와 과고에 진학했다. 최근의 입시 실적을 보면 외고와 국제고의 진학률은 비슷한 반면 영재고와 과고 진학률은 조금 늘었다. 자사고는 2021학년도에 43명의 합격자를 배출했는데 남학생이 42명, 여학생이 한 명인 것으로 미루어보건대 합격생은 대부분 대전대성고와 대전대신고에 진학했을 가능성이 크다.

대전관평중도 유성구에 있는 중학교로, 2016년도 학업성취도 평가에서 보통 학력 이상이 93.60퍼센트로 대전 지역 4위였다. 당시에 외고와 국제고 진학비율은 3.2퍼센트로 무난한 수준이었으나, 영재고와 과고 진학비율은 0.3퍼센트에 불과했다. 그러다가 점차 영재고와 과고 진학비율도 상승해서 최상위권 학생들이 늘어났음을 추론할 수 있다. 자사고 합격자에 여학생이 두 명 포함되어 있는 것으로 보아 전국 단위 자사고일 가능성이 크다. 즉 대전관평중은 대전 지역에서는 전국 단위 자사고에 가장 많은 합격생을 배출한 학교로 추정해볼 수 있다. 지금도 학업 수준이 높지만 앞으로가 더 기대되는 학교다.

대전문지중은 2016년 학업성취도 평가에서는 9위를 기록했다. 하지만 당시에 영재고와 과고 진학률은 3.5퍼센트로 대전 지역 1위를 기록했다. 최근에는 예전보다 진학률이 많이 줄었다. 2020학년도와 2021학년도에는 두세 명 정도 진학했는데 2022학년도 들어서는 한 명으로 줄었다. 이런 추세가 단기적인 것인지는 2023학년도 진학 실적까지 지켜봐야 정확하게 진단할 수 있다.

대전 지역 중학교의 입시 실적을 살펴보면 확실히 영재고, 과고, 자사고의 진학 실적은 좋지 않다. 서울에서 멀어질수록 특목고와 자사고 열기가 줄어든다는 말은 소문이 아니라 진실일 가능성이 높다.

문과는 대전외고, 이과는 일반고 빅3로 분산된다

대전 지역도 의대와 치대 열풍이 거센 편이다. 물론 대구, 광주, 부산 등지의 학부모와 학생들이 서울대보다 지거국 의대를 선호하는 수준까지는 아니지만 의대와 치대 선호도가 높다. 적어도 지방에서는 '서울대 위에 의대'(물론 서울대 의대는 제외)라 해도 과언이 아니다. 그럼에도 대전은 서울대에 대한 로망만큼은 다른 지역보다 크다.

부산대 의대와 서울대 생명과학과에 합격한 부산 지역 학생과 경북대 의대와 서울대 바이오시스템학과에 합격한 대구 지역 학생은 주저 없이 의대를 택한다. 하지만 대전 지역 학생들은 쉽게 의대를 선택하지 않는다. 그 이유는 서울대가 국내 최고의 대학이라서가 아니다. 충남대 의대가 부산대 의대나 경북대 의대만큼 매력적이지 않기 때문이다. 그러나 순천향대 의대, 서울대 자연대나 공대에 합격한 대전 학생들은 8 대 2의 비율로 순천향대 의대를 선택하는 편이다. 순천향대 의대, 인제대 의대, 한림대 의대는 지방 3룡 의과대학으로 서

충남 지역 주요 고등학교 서울대 합격자 수 및 내신점수

고등학교	서울대 합격자 수	졸업생 수	예상 재수생 비율	국어 평균점수	수학 평균점수	영어 평균점수
충남고(남)	10명(수시 4명, 정시 6명)	332명	30.7%	54.2	46.5	50.5
대전고(남)	9명(수시 8명, 정시 1명)	335명	16.9%	64.8	61.7	55.3
대전외고	9명(수시 8명, 정시 1명)	238명	38%	86.2	73.1	72.0
대전대성고(남)	9명(수시 5명, 정시 4명)	311명	20.4%	80.0	75.7	73.2
충남여고	4명(전원 수시)	362명	17.1%	75.8	65.0	66.9

울에도 병원이 있어서 사실상 '인서울 의대급'이라고 할 수 있다.

2022학년도 서울대 의대 입시에서 대전시는 총 여섯 명의 수시 합격자를 배출했다. 광역시 내 순위로는 대구 13명, 광주 일곱 명에 이어 3위다. 그런데 이 여섯 명은 대전 서구와 유성구 소재 학교에 모두 몰려 있다.

대전의 빅3 남고에 비해 여고의 경쟁력은 다소 미흡하다

대전 지역 고등학교의 특성은 간단하게 정리할 수 있다. 문과 상위권 학생은 대전외고로, 이과 상위권 학생은 대전대성고, 보문고, 충남고, 대전고, 충남여고 등으로 분산된다. 2022학년도 서울대 실적으로 대전의 경쟁력을 보다 자세하게 분석해보자.

충남고는 대전의 유일한 자공고다. 자공고는 공립고 중에서도 자사고 못지않은 자율성을 보장받는다. 특히 이과 쪽에서는 영재반 등에 적극적인 투자를 할 수 있다(자공고는 2025년에 폐지될 예정이다). 충남고에 이과 상위권 학생들이 몰리는 이유도 여기에 있다.

특히 충남고는 대전 지역 중학생 중 영재고 입시를 준비하다가 면접에서 아

슬아슬하게 탈락한 학생들이 가장 많이 모인 학교다. 그러니 최상위권의 내신 등급 경쟁은 상당히 치열하다. 충남고 학생들은 고1 때 치르는 첫 번째 중간고사에서 '멘붕'을 경험한다. 학교 측에서 변별력을 확보하기 위해 시험의 난이도를 아주 높게 설정했기 때문이다. 내신점수를 보면 국영수 평균점수가 아주 낮다. 이런 학교에서도 몇 년 전에 전 과목 1등급을 받은 학생이 나왔다. 그 학생은 서울대 의대에서도 탐낼 수밖에 없는 인재였다.

충남고 전교 1등은 해마다 서울대 의대에 수시전형으로 합격한다. 충남대와 연계한 지역 협력 사업은 영재고 수준의 알앤이 결과물을 보여주고 있으며, 이과생에게도 문과생처럼 진로 심화 독서를 하도록 지도해서 세특 등에 적극적으로 반영한다. 다양한 프로그램 중에서 뭐니 뭐니 해도 최고의 강점은 고3 때 고급물리학을 선택할 수 있다는 점이다. 서울대 의대는 물리Ⅱ를 넘어 대학 과정에 준하는 수준 높은 공부를 한 학생들을 선호한다. 서울대와 카이스트 등 최상위권 대학들은 소수의 우수한 학생을 위한 수업을 과감하게 개설하는 학교를 좋아할 수밖에 없다.

전통의 지방 명문 대전고와 대전외고의 고군분투

대전고는 대전을 대표하는 명문고다. 지방의 전통적인 명문고 빅4는 경북고, 광주일고, 부산고, 대전고였다. 그런데 이들 중 지금도 서울대 합격생을 10명 가까이 배출하는 학교는 대전고가 유일하다. 대전의 신흥강자들이 서구와 유성구에 밀집해 있는 반면, 대전고는 구도심인 중구에 있다. 철저한 수시 위주의 학교다. 재수생 숫자가 보여주듯이 대부분 고3 재학 중에 수시전형으로 승부를 보는 경향이 강하다. 인공지능과 프로그래밍 수업을 정규강좌에 넣은 후 컴퓨터공학과 반도체 분야 학과로의 진학도 강화되었다.

대전외고는 부산외고와 함께 지방 외고의 쌍두마차로 불린다. 2022학년도 서울대 합격자는 10명 미만이지만 매년 합격자를 10명 이상 배출하던 학교다. 수준 높은 프로그램 운영과 다양한 초청 강연으로 학생들의 전공적합성을 키워주고 있다. 독일어과 학생이 쓴 〈독일 통일 연구〉 보고서를 본 적이 있는데, 학생 눈높이에서 독일과 한국의 교육을 비교하면서 교수들이 호기심을 가질 만한 내용들을 잘 담아내 놀란 적이 있다. 앞으로도 서울대 입시뿐 아니라 전반적인 경쟁력을 유지할 학교로 보인다.

대전에는 두 개의 자사고가 있다. 전국 광역 자사고 중에서 한 도시에 자사고가 두 군데나 지정된 곳은 대전과 대구뿐이다. 대전대신고와 대전대성고, 두 학교는 이름도 비슷하다. 대전 시민들에게 폭발적으로 인기를 얻고 있는 곳은 대전대성고로 수시와 정시 모두 강한 학교다. 이 학교에서 설명회를 한 적이 있는데 당시 학생뿐 아니라 학부모들의 관심도 유난히 높았던 기억이 난다. 그때는 정시전형에만 강한 학교였는데 어느 시점부터 학생들의 자기주도학습능력을 적극적으로 육성하고 전공적합성을 빨리 확인해 학생부에 반영하면서 서울대 수시 실적이 비약적으로 발전했다.

대전 지역 이과 성향의 여학생은 어느 학교를 선택할까? 최선의 대안은 충남여고다. 호수돈여고나 대전성모여고도 있지만 충남여고가 서울대는 물론이거니와 의치대 입시 실적에서 단연 앞선다. 충남여고에서는 내신 2등급 초반대 학생도 학생부 분량이 20페이지가 넘을 정도로 선생님들이 열성적으로 학생부를 챙겨준다. 즉 수시전형으로 끝장내는 분위기다. 특히 학생 개개인의 장점을 부각시키는 프로그램이 많다. 1인 1탐구와 주제 발표 시간은 해당 학생의 호기심과 전공 분야가 어디 쪽인지 구체적으로 잘 드러나는 활동이다. 하지만 정시가 점점 더 늘어나는 현실을 생각한다면 충남여고도 수능 및 모의고사 대비는 좀 더 강화할 필요가 있다.

이 순위에 포함되지는 않았지만 동구에 있는 보문고도 서울대 의대 합격자를 자주 배출하는 학교다. 2022학년도에는 서울대 정시 합격자가 두 명 나왔는데 수시 합격자는 학교 측에서 공개하지 않았다. 보문고는 다시 전성기를 찾을 가능성이 얼마든지 있는 학교이기 때문에 주목할 필요가 있다.

신쌤's 컨설팅

대전 지역을 놀라게 한 서울대 의대 합격생 이야기

서울대 의대 합격 사례 중 가장 기억에 남는 주인공은 서대전고 학생이다. 이 학생은 영재고 학생들이 독차지한 한국뇌캠프에서 사상 처음으로 일반고 출신 1등을 기록한 영재 중의 영재다. 물론 과학 올림피아드는 자소서와 학생부에도 쓸 수 없는 외부 활동이다. 하지만 서울대에서 실시하는 대회는 서울대 내부에서 당연히 수상자 이름을 알고 있다(주최는 한국뇌연구원이다).

이 학생은 내신도 전 과목 1등급이었고 봉사 활동 등 다른 비교과 영역도 나무랄 데가 없었다. 게다가 서울대 의대가 학력을 인정하고 선호하는 대전 지역 고등학교 졸업생 중 그해 최고의 자원이었기에 누구나 합격을 당연시했다. 자사고와 영재고 학생들과의 경쟁을 피할 수 있는 지균으로 응시했고 모의고사 성적도 우수해서 당시 최저등급도 문제없었다. 그런데 놀랍게도 이 학생은 최종 탈락했다. 당시 대전 지역 고등학교와 학원가는 큰 충격에 빠졌다.

도대체 그 학생은 왜 떨어졌을까? 훗날 그 학생은 자신이 탈락한 이유로, 자소서와 학생부 내용을 묻는 인성면접에서 너무 긴장한 나머지 목소리를 제대로 내지 못해 소통 능력이 부족하다는 부정적 인상을 준 것 같다고 말했다. 결국 서울대 의대에 재도전했는데 재수 학원에 다닐 필요가 없었다. 그다음 해에 수능 최저등급이 없는 일반전형에 지원해 당당히 합격했기 때문이다. 사실 재수생은 서울대 의대 일반전형에서 많이 붙어야 한두 명에 불과하다. 서울대 의대는 수시전형에서 웬만하면 재수생을 뽑으려 하지 않기 때문이다. 그런데 이 학생이 그 어려운 관문을 뚫은 것이다.

당일 컨디션과 생각도 하지 못할 변수들로 믿기 힘든 일이 일어나는 게 입시다. 대한민국 극상위권 학생들의 경합지인 서울대 의대 입시도 예외는 아니다.

대전 지역 학원들이 유독 둔산동에만 몰려 있는 이유

대전 지역 학원가는 대전 서구청이 있는 둔산동에 몰려 있다. 음식점과 유흥업소와 학원이 혼재되어 있다는 점에서 대치동이나 목동 학원가와는 분위기가 조금 다르다. 공통점은 밤 10시가 되면 각종 학원 차와 학부모들의 차가 인산인해를 이룬다는 점이다. 둔산동 학원가는 지방 광역시 학원가 중에서 가장 경쟁력이 높다. 가장 큰 이유는 서울 접근성 때문이다. EBSi 강사를 비롯해서 강남의 대형 학원 강사들이 당일 코스로 둔산동에 와서 강의를 하고 다시 서울로 갈 수 있기 때문에 둔산동 학원가는 우수한 강사들을 충분히 확보할 수 있다.

그 외에 전문직 종사자 학부모들의 뜨거운 교육열도 주요한 이유다. 둔산동은 대전 지역 개업의를 비롯해서 전문직 종사자들이 많이 사는 곳이라 사교육 노출 시기가 이른 편이고 그 강도가 서울과 경기의 신도시 못지않은 편이다. 카이스트에 근무하는 연구직도 이 대열에 가담해 자녀가 초등학생 때부터 의대, 서울대, 카이스트 등을 목표로 수학과 과학 선행학습을 하도록 과감한 투자를 하고 있다. 이러한 교육열은 둔산동 학원가를 발전시키는 원동력이다. 또 대치동의 돼지엄마들처럼 대전에서 자녀를 서울대나 의대에 보낸 학부모들이 소규모로 학원을 열어 우수 학생들을 대상으로 맞춤 교육을 한다는 점도 둔산동 학원가가 다른 지역 학원보다 강한 이유다.

대전에서 제일학원을 모르는 사람은 없다

대전 학원가에서 가장 명성이 높은 학원은 제일학원이다. 초중등 그리고 재수생까지 확보한 대전을 대표하는 명문 종합 입시 학원으로 부동의 1위를 고수하고 있다. 고등부 학원의 성패는 얼마나 많은 학교의 내신을 제대로 챙겨줄 수 있는가로 판명된다. 제일학원의 고등부는 대전의 모든 고등학교를 별도의 반으로 따로 편성해 주요 과목을 철저하게 챙겨주고 있다.

대전 지역 상위권 학생들은 압도적으로 이과를 선호하기 때문에 제일학원은 국영수 외에 과학 수업도 하고 있다. 중학생과 초등 고학년을 위해서는 자기주도학습능력을 키워주는 방향으로 프로그램을 설계했다. 국영수 중심으로 학생들이 자율적으로 공부할 수 있는 스터디카페와 일대일 멘토링관 등을 운영한다. 특히 제일학원 설립자이자 이사장인 한기온 원장은 최고의 입시 전문가다. 그는 학원 운영 외에 사회공헌 사업도 하는 등 대전 지역에서 큰 영향력을 미치고 있다.

제일학원과 함께 둔산동을 양분하고 있는 학원은 바로 양영학원이다. 제일학원이 고등부 중심이라면 양영학원은 중등부 중심이다. 재원생도 고등학생보다 중학생이 많다. 영재고인 대전과고를 목표로 삼는 초등 고학년과 중학생들이 주로 양영학원을 찾는다. 학습량과 숙제량이 굉장히 많고 학생 관리를 철저하게 하는 것으로 유명하다. 내신 준비에도 아주 좋은 학원이지만 커리큘럼을 제대로 따라가려면 학습 의지가 있어야 한다는 평을 받고 있다.

대전 지역 학부모들의 남다른 교육열에 맞춘 중소학원들

둔산동에는 영어 학원도 많다. 아무리 외고 인기가 시들해도 영어 조기교육에 대한 학부모들의 열기는 대전에서도 식지 않았다. 예전에는 내신성적 향상, IBT토플과 토플시험 등 스펙을 쌓기 위해 영어 학원에 다녔다면 지금은 영어로 자유롭게 말하고 토론하는 수준의 아웃풋을 목표로 영어를 배우는 학생들이 많아졌다. 이러한 니즈를 잘 캐치해서 학원 프로그램에 접목시킨 대표적인 어학원은 굿모닝어학원과 스피커어학원이다.

그리고 체계적인 개별 관리로 유명한 소규모 학원들도 많다. 이들 학원은 대부분 국영수 세 과목을 모두 다루고 있으며 학교 내신 대비에 특화되어 있다. 모티브에듀학원이 대표적이다.

영수 전문 학원들은 학원과 과외의 장단점을 아우르는 시스템으로 틈새시장을 노리고 있다. 개별 관리와 맞춤 학습을 강조하는 둔산시그마학원도 여기에 해당한다. 그 외에 최근에는 인기 수학 강사인 송미현 선생님이 원장으로 있는 둔산마이스터디학원도 급성장하고 있다. 학생들이 칠판에 문제를 풀면서 직접 설명하는 과정을 통해 개념을 확실히 다지게 하는 점이 인상적이다.

부동산 대세 상승기에 과연 서울, 수도권 집값만 올랐을까

대전의 집값도 학군이나 서울대 입시 실적에 비례할까? 이 질문에 대한 답을 찾기 위해서는 학원가 인근 지역인 둔산동의 아파트 시세를 살펴봐야 한다. 둔산동은 대전둔산초가 도보 거리에 있고, 대전둔산중, 충남고 등이 인접해 있다. 또한 '대전의 대치동'이라 불리며 유명 입시 학원이 밀집한 둔산동 학원가도 도보로 이용할 수 있다.

특히 이 지역은 대덕연구단지에 종사하는 연구원 학부모들이 많아서 자녀 교육 열기가 뜨겁고 학생들의 성적도 우수한 편이다. 대전 지역에서는 둔산동이 교육 인프라 측면에서 가장 경쟁력 있고 수요가 많은 편이다.

대전 아파트, 소리 소문 없이 신고가를 경신하다

둔산동에는 목련아파트가 유명하다. 2019년에는 30평이 6억 원대에 거래되었는데 2022년 6월 기준 40평이 15억 5,000만 원이다. 본격 하락기가 시작되기 전이므로 이 가격이 최고가일 가능성이 있지만 어쨌든 단기간에 정말 많이 상승했다. 서울과 경기도 신도시들이 투기과열지구로 묶여 집중적으로 단속을 당할 때 대전 아파트는 소리 소문 없이 거의 두 배 가까이 오른 것이다.

크로바아파트는 최근의 하락기에도 신고가를 기록할 정도로 인기가 높다. 2019년 1월 25평이 5억 3,000만 원에 팔렸고 같은 평수의 전세가는 3억 5,000만 원 선이었다. 그후엔 얼마나 올랐을까? 약 3년 만에 가격이 두 배 넘게 오르면서 같은 평수가 2021년 11월에 12억 5,000만 원까지 거래됐다. 그야말로 대전의 아파트 가격은 미친 듯이 오른 것이다. 35평의 가격이 6억 8,000만 원으로 역시 서울 변두리 지역보다 높다. 본격 조정기를 맞은 2022년 10월에도 35평은 13억 4,000만 원에 거래되었다.

월평동 부근은 원래부터 시세가 조금 저렴한 곳이었다. 2019년에는 25평이 3억 원 이하에서 거래되었다. 그런데 지금 시세는 어떻게 달라졌을까? 월평동의 대표 아파트인 다모아아파트의 시세를 살펴보면 알 수 있다. 1994년에 준공된 다모아아파트는 2022년 5월에 25평이 5억 원에 거래되었다. 얼핏 생각하면 저렴한 것 같지만 4년 전 가격에 비하면 거의 두 배 가까이 오른 셈이다. 다만 전세가는 그때나 지금이나 2억 원대로 비슷하다. 진달래아파트는 2019년에 25평 가격은 2억 6,000만 원 정도였는데 4억 5,000만 원으로 올랐다. 두 배까지는 아니지만 많이 오른 편이다. 전세가는 4년 전의 2억 3,000만 원에 비해 크게 오르지 않은 2억 6,000만 원 선이다.

서구와 함께 투톱인 유성구의 아파트 가격은 어떨까? 대전전민중이 있는 전민동의 아파트는 저렴한 편이다. 전용면적 25평의 신축은 5억 원 이하, 구축은 1억 원대에도 살 수 있었다. 하지만 지금은 상황이 많이 달라졌다. 유성구 전민동 내에서도 가장 저렴했던 세종아파트는 2019년에 25평이 1억 8,000만 원 정도에 거래되었지만 2022년 7월에는 3억 3,500만 원에 거래되었다. 절대 금액의 상승은 크지 않지만 비율로만 보면 많이 올랐다고 할 수 있다. 원래 이 아파트는 전세가와 매매가의 차이가 별로 없었는데 현재 25평의 전세가가 2억 7,500만 원 선으로 매매가와 격차가 좀 더 벌어졌다.

'대전 아파트 가격은 싸다' 라는 언론보도는 오보다

유성구 문지동의 문지지구효성해링턴플레이스는 2017년에 입주를 시작한 따끈따끈한 신축 아파트다. 이 아파트의 시세는 25평이 6억 9,000만 원 정도로 비교적 현실적인 가격이라 할 수 있다. 전세가는 같은 평수가 4억 원대다.

서구에서 비교적 싼 도마동의 아파트 가격은 어떨까? 그중 경남2단지아파트의 매매가는 25평이 2억 6,000만 원 선이고 전세가는 1억 원 이하다. 앞으로 대전 학군과 학원이 더욱 발전할 것임을 감안한다면 이제 막 결혼한 30대도 진입할 수 있는 수준의 가격대다.

대전노은중이 있는 도안 신도시는 2002년 한일 월드컵 때 만들어진 신도시다. 주요 아파트인 열매마을새미래8단지아파트는 2019년에 25평의 가격이 3억 8,000만 원 정도였고, 전세가는 3억 1,000만 원 수준이었다. 2022년에는 30평이 7억 2,000만 원에 거래된 기록이 있다. 전세가는 같은 평수가 4억 7,000만 원 선으로 많이 상승했다.

대전에서는 학군을 생각한다면 둔산동을 노려야 한다. 그래야 두 마리 토끼를 다 잡을 수 있다. 그동안 언론에서는 대전 지역 아파트 가격이 많이 오르지 않았다고 보도했지만 실제로는 적지 않게 올랐다. 이는 지금의 거래절벽 시기가 지나면 다시 상승세를 보여줄 여지가 충분하다는 의미다.

학군별 필수 체크 아파트

대전 둔산 학군 주요 아파트

아파트명	세대수	입주연도/평단가	배정 예상 학교	매매가-전세가 추이
목련	1,116세대	1993년/3,000만원 이상	• 초: 한밭초 • 중: 대전탄방중, 대전삼천중, 문정중 • 고: 충남고, 대전둔산여고, 대전괴정고	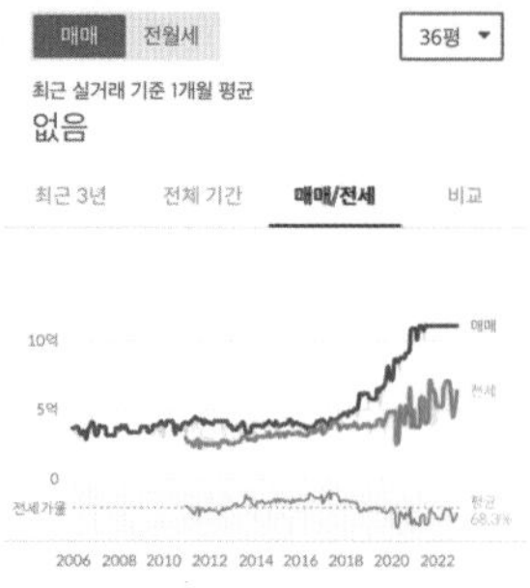 매매 전월세 36평 최근 실거래 기준 1개월 평균 없음 최근 3년 전체 기간 매매/전세 비교
크로바	1,632세대	1992년/2,000만원 이상	• 초: 한밭초 • 중: 대전탄방중, 대전삼천중, 문정중 • 고: 충남고, 대전둔산여고, 대전괴정고	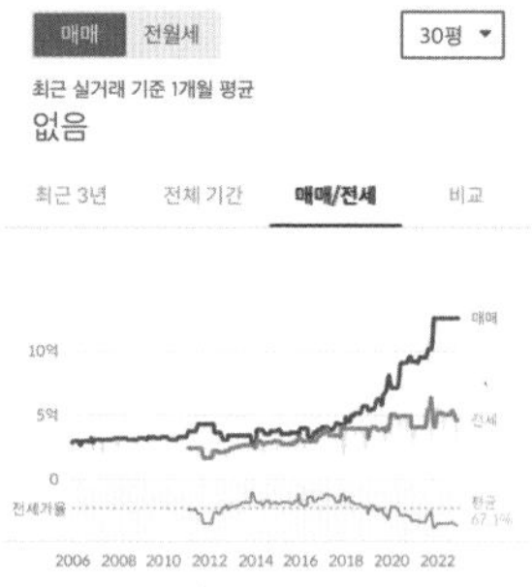 매매 전월세 30평 최근 실거래 기준 1개월 평균 없음 최근 3년 전체 기간 매매/전세 비교
다모아	1,260세대	1994년/2,000만원 이상	• 초: 대전강천초 • 중: 대전갑천중, 남선중, 월명중 • 고: 서대전고, 대전만년고, 대전둔산고	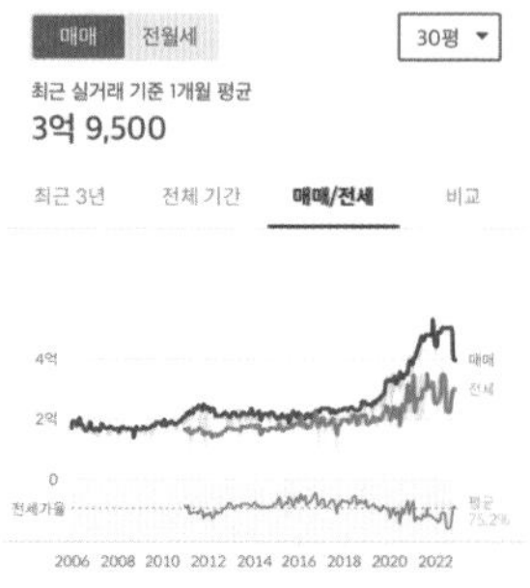 매매 전월세 30평 최근 실거래 기준 1개월 평균 3억 9,500 최근 3년 전체 기간 매매/전세 비교

아파트명	세대수	입주연도/ 평단가	배정 예상 학교	매매가-전세가 추이
문지 효성 해링턴 플레이스	1,142 세대	2017년/ 2,000만 원 이상	• 초 : 대전전민초, 문지초 • 중 : 대전전민중, 대전문지중 • 고 : 대전전민고, 대덕고, 대전용산고	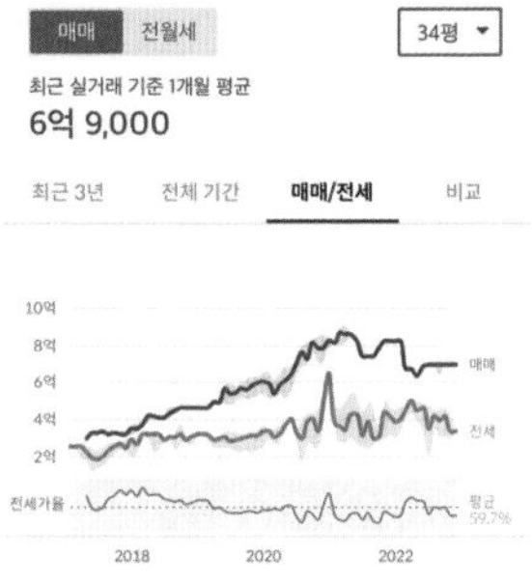 매매 전월세 34평 최근 실거래 기준 1개월 평균 6억 9,000 최근 3년 전체 기간 매매/전세 비교 10억 8억 6억 4억 2억 매매 전세 전세가율 평균 59.7% 2018 2020 2022
향촌	1,650 세대	1995년/ 2,000만 원 이상	• 초 : 대전둔산초 • 중 : 둔산중, 월명중, 갈마중 • 고 : 대전둔산여고, 한밭고, 대전둔원고	 매매 전월세 31평 최근 실거래 기준 1개월 평균 4억 8,000 최근 3년 전체 기간 매매/전세 비교 6억 4억 2억 0 매매 전세 전세가율 평균 70.9% 2006 2008 2010 2012 2014 2016 2018 2020 2022

제15장

떠오르는 신흥강자
천안 불당 학군

입지 특징

- 행정상으로는 충남이지만 KTX, SRT, 1호선 있어 서울 연결성 좋음
- 2022년 9월 조정대상 지역에서 해제
- 대장 아파트는 불당아이파크, 중대형 평수를 본다면 주상복합 펜타포트 주목

학원가 특징

- 프랜차이즈 학원과 소수정예 학원들이 밀집
- 초등 영어 학원은 영어 실력과 글로벌 리더십 위주
- 이과 중심 고교의 분위기를 반영한 수학 학원들

배정 예상 중학교

모산중, 아산배방중, 천안가온중, 천안동중, 천안봉서중, 천안불당중, 천안불무중, 천안성성중, 천안여중, 천안오성중, 천안월봉중, 천안쌍용중, 환서중

배정 예상 고등학교

배방고, 설화고, 온양여고, 천안고, 천안두정고, 천안불당고, 천안여고, 천안오성고, 천안월봉고, 천안중앙고, 천안쌍용고, 청수고

부동산 시세 보기

❶ 과수원 과학수학학원 : **수학과 과학을 대표하는 불당동 학원**
❷ 정상어학원 천안 분원 : **대형 프랜차이즈를 대표하는 불당동 영어 학원**
❸ 페르마수학학원 천안캠퍼스 : **천안을 대표하는 중등부 수학 학원**
❹ 대치해솔국어수학학원 : **불당동의 대표적인 국영수 단과 학원**

출처: 네이버지도(https://map.naver.com), 네이버부동산(https://land.naver.com)

천안의 강남, 불당동에도 이과 열풍이 분다

개인적으로 불당동과 인연이 깊다. 《수시의 진실》을 출간한 후 불당동의 대형 학원에서 여러 차례 설명회를 한 적이 있다. 이후 컨설팅을 하면서 이 지역의 학부모와 학생들을 만났는데 교육열이 경기도 신도시 못지않게 뜨거웠다. 특히 수시전형에 대한 관심과 열정이 대단했다. 천안, 아산 지역은 이미 2010년대 초반부터 수시체제로 돌입해서 학생부 관리에 공을 들이고 있었다.

교육도시로서의 입지를 공고히 다지고 있는 천안

천안, 아산은 인천과 함께 대한민국을 대표하는 수시형 학군이면서 대학들이 밀집해 있는 곳이다. 이곳에는 순천향대, 단국대와 상명대의 천안 캠퍼스 등이 있다. 고등학교로는 전국 단위 자사고인 천안의 북일고가 가장 유명한데 한화재단이 세운 학교로 야구의 명문이기도 하다. 천안, 아산은 충청남도의 도시

천안 지역 주요 중학교의 고등학교 진학 현황과 내신점수

중학교	졸업생	일반고	외고·국제고	영재고·과고	자사고	국어 평균점수	수학 평균점수	영어 평균점수
천안불당중	384명	303명 (79.5%)	7명 (1.8%)	16명 (4.1%)	32명 (8.4%)	85.6	78.4	88.3
천안월봉중	379명	295명 (77.4%)	4명 (1%)	8명 (2.1%)	8명 (4.7%)	83.3	78.0	80.1
천안쌍용중	362명	279명 (77.1%)	4명 (1.1%)	6명 (1.7%)	8명 (2.2%)	76.3	72.8	73.8

지만 어찌 보면 이미 수도권 범주에 속해 있다고 볼 수 있다. 천안의 학구열과 중고등학교의 경쟁력도 수도권 학군지 못지않다.

학군지의 위상은 중학교의 경쟁력에 따라 좌우된다. 앞서 살펴본 서울과 수도권 학군지의 현황을 보면 알 수 있다. 천안 지역은 2016년에 실시된 학업성취도 평가에서 전국 100위 안에 든 학교가 단 한 곳도 없었다. 하지만 지금은 상황이 많이 달라졌다. 물론 지난 6년 동안 학교와 지역별 학업성취도 평가가 공개되지 않아서 정확한 분석은 어렵다. 하지만 천안불당중을 비롯한 천안의 주요 중학교들의 특목고, 자사고, 영재고 진학률이 해마다 늘어나고 있다는 점으로 볼 때 2016학년도보다는 학력이 많이 올라갔으리라 추정해볼 수 있다.

삼성이 재단인 충남삼성고의 서울대 합격 실적이 뛰어난 것은 물론 천안의 다른 고등학교들의 진학 실적도 전반적으로 좋아지고 있다. 이런 점을 감안한다면 천안 지역 중고등학교들의 경쟁력은 확실히 강해지고 있다고 봐야 한다. 천안은 전국 단위 자사고와 지역 자사고 그리고 추첨으로 입학하는 지역 일반고들이 치열하게 경쟁하면서 전체적인 학력을 끌어올리는 긍정적인 사례로 꼽을 수 있다.

천안과 아산의 명문 학교인 복자여고, 북일고, 충남삼성고의 재학생들을 만

나보면 대부분 천안불당중, 천안월봉중, 천안쌍용중 졸업생들이었다. 이 지역에서 가장 공부를 잘하는 학생들이 모인 학교들이다. 특히 천안불당중의 입시 실적은 그야말로 화려하다. 물론 영재고와 과고 실적의 경우 충남과고가 대다수지만 그래도 최대 16명을 보냈다는 것은 이 학교의 최상위 학생들은 중학교 단계에서 이미 고등 수학과 과학까지 끝냈다는 의미다. 그리고 문과 학생들이 선호하는 외고와 국제고보다 영재고와 과고의 진학비율이 두 배 이상 높다는 사실은 불당동에서는 일찍부터 이과를 생각하는 학생들이 많다는 것을 말해준다. 2019학년도에는 영재고와 과고 합격생이 두 명, 외고와 국제고 합격생이 아홉 명이었는데 최근 들어 완전히 역전되었다.

천안의 3대 중학교, 점점 더 높아지는 이과 선호도

천안 지역 학생들의 이과 선호도가 높아지고 있다는 점에서 천안불당중의 자사고 합격생 32명은 전국 단위 자사고 북일고와 삼성 임직원들의 자녀를 주로 뽑는 충남 삼성고에 집중되어 있을 가능성이 크다. 32명 중 남학생이 18명, 여학생이 14명인 것으로 봐서 남고인 북일고보다는 남녀공학인 충남삼성고에 좀 더 많이 진학한 것으로 추정할 수 있다. 학교 내신성적을 보면 난이도가 평이하거나 전반적으로 학력이 좋은 것으로 볼 수 있는데 입시 실적으로 보건대 후자에 가깝다. 그중 영어 점수가 높은 이유는 불당동의 영어 조기교육 열풍 때문이라고 볼 수 있다. 영어유치원부터 어학원까지 어릴 때부터 영어 실력을 키운 학생들이 많다.

천안불당중이 불당동의 넘버원이라면 천안월봉중은 그 뒤를 잇는 명문 중학교다. 영재고와 과고, 자사고와 외고 합격생이 20명인데, 상위 5퍼센트에 드는 최상위권 학생들은 확실히 경쟁력 있음을 의미한다. 천안불당중과 천안월봉중의 입시 실적을 보면 이 지역 중학생들은 지방 공립외고보다는 과고나 자사고를 더 선호한다는 사실을 알 수 있다. 천안쌍용중도 외고와 국제고보다는 영재고와 과고 진학률이 더 높다. 다만 자사고 진학률은 천안불당중과 천안월봉중에 비해 낮은 편이다.

서울대 의대가 북일고보다 더 선호하는 천안의 고등학교가 있다

전국 단위 자사고인 북일고는 상산고와 민사고처럼 전국 각지에서 인재들이 모여드는 편은 아니다. 대신 충남, 대전, 경기 지역의 우수 학생들이 많다. 북일고는 2022학년도에 서울대 합격생 21명(수시 14명, 정시 일곱 명)을 배출했다. 초창기보다는 확실히 늘어난 수치다. 2018학년도에 15명(수시 여덟 명, 정시 일곱 명)을 돌파한 후 드디어 20명을 넘어섰다. 특히 초기에는 두세 명이었던 수시 합격자가 14명까지 늘었다. 학교가 수시전형을 위한 프로그램에 과감하게 투자한 결과다. 의치한약 합격자도 2020학년도 16명, 2021학년도 18명에 이어 2022학년도에는 32명으로 비약적으로 증가했다.

2학년 때부터 과학II 수업을 받고, 3학년 때는 고급물리학, 고급화학, 고급생명과학 수업을 받게 해서 경쟁력을 더 높였다. 진로선택과목은 성취도 평가이기 때문에 대부분의 학교는 쉽게 출제해서 후한 점수를 준다. 하지만 북일고는 그런 꼼수를 부리지 않는다. 진로선택과목을 제대로 운영하고 있다는 증거다.

천안, 아산 지역 주요 고등학교 서울대 합격자 수 및 내신점수

고등학교	서울대 합격자 수	졸업생 수	예상 재수생 비율	국어 평균점수	수학 평균점수	영어 평균점수
북일고(남)	21명(수시 14명, 정시 7명)	301명	34.4%	83.3	65.3	73.2
충남삼성고	14명(수시 13명, 정시 1명)	328명	32.1%	83.6	68.7	76.6
복자여고	5명(전원 수시)	244명	22.5%	74.0	71.9	71.3
천안고(남)	4명(전원 수시)	305명	26.9%	68.3	58.0	59.7

그런 북일고도 징크스가 있다. 수시전형에서 서울대 의대 합격자가 나오지 않는다는 점이다. 대입에 수시전형이 생긴 후 합격자가 한 명도 없다가 17년 만인 2019학년도에 첫 번째 합격자가 나왔다.

전국 단위 자사고의 실적이 부럽지 않은 충남삼성고

서울대 의대가 천안 지역 고등학교 중 가장 선호하는 학교는 북일고가 아니다. 바로 삼성이 만든 충남삼성고와 비평준화 시절 상위권 여학생을 모두 쓸어가던 복자여고다.

충남삼성고의 학생부를 펼치면 자율 활동 첫 페이지에 '사교육 없는 기숙 공동체 생활'이라는 문구가 눈에 띈다. 즉 모든 교육은 공교육 내에서 이루어져야 한다는 설립 취지를 분명히 하고 있다. 충남삼성고의 프로그램을 만든 사람은 외대부고의 박하식 교감이다. 박 교감은 외대부고와 경기외고를 거쳐 충남삼성고에 부임한 후 사교육 없이 공교육만으로 대학에 가는 첫 학교를 만들어냈다. 물론 이는 삼성의 전폭적인 지원에 힘입은 성과다.

방과후학교나 입시 설명회 등에도 일체 사교육 강사를 쓰지 않는다. 불당동의 유명 학원 관계자들에 의하면 충남삼성고에 입학한 제자들을 고등학교 3년

동안 학원에서 만나본 적이 없다고 할 정도다. 그만큼 철저하게 학생들의 탐구능력과 자기주도학습능력을 길러주는 학교라고 볼 수 있다.

2013년 설립된 이후 첫 졸업생이 배출된 2016학년도 서울대 입시에서도 큰 주목을 받았다. 2017학년도에는 신설된 지 2년 만에 서울대 의대 수시 합격생이 나와 화제가 되었다. 2018학년도에는 서울대 수시 합격자를 12명이나 배출했고, 2022학년도에는 서울대 합격자 총 14명(수시 13명, 정시 한 명)을 배출했다. 오랫동안 학교별 프로그램을 분석해온 경험으로 보건대 이 학교의 프로그램은 민사고, 하나고, 외대부고에 비해 손색이 없을 정도로 좋다. 2022년 12월 현재 진행 중인 서울대 수시에서 충남 삼성고는 기적을 연출했다. 삼성고는 서울대를 대부분 일반전형으로 지원하는데 17명이 1단계를 통과했다. 2023학년도 수시는 무려 29명(지균 한 명 포함)으로 크게 늘었다. 전국 최고의 전국 단위 자사고인 민사고와 같은 숫자다. 전국 단위 자사고도 아니고 충남 지역 광역 자사고로서 대부분 삼성임직원 자녀 위주로 천안 아산에서 학생들을 선발하는 학교라는 점을 생각하면 정말 놀라운 실적이다. 충남삼성고는 2023학년도 수시에서 서울대 의대와 서울대 수의대 합격자를 배출했다.

충남삼성고에서는 2학년 때부터 영어, 수학, 과학, 사회 과목에 IB(국제바칼로레아)를 도입했다. 박하식 교감이 경기외고에서 이룬 혁신도 IB를 통해서였다. IB 수업을 받은 국제반 학생들 중 다수가 서울대 자율전공학부 등에 합격했다. IB 수업으로 영어 실력을 강화하고 각 과목별로 주관식·논술식 평가시스템을 적용해 서울대의 후한 평가를 이끌어낸 것이다. 3학년 때는 고급수학과 고급물리학 등의 과목을 들을 수 있으며 디지털 논리회로, 전자제품 기획, 로봇 하드웨어 설계 등 영재고에서나 가능한 공학 프로그램을 선택해서 들을 수 있다. 서울대 이공계와 성균관대 공대가 내신 3등급이 넘는 충남삼성고 학생들을 믿고 뽑는 데는 그만한 이유가 있다.

학생부도 대단히 섬세하게 작성해준다. 문과 과목 선생님들은 특정 주제에 대해 학생이 어떤 의견을 갖고 있는지 구체적으로 써주고, 이과 과목 선생님들은 실험 실습한 내용을 구체적으로 써준다. 가령 2차전지에 관심을 갖고 있는 학생의 학생부에는 전고체와 음극재 등 전문 지식이 그대로 포함되어 있다. 학생 개개인의 학업 역량과 전공적합성을 유기적으로 연결해 학생부에 기재하는 시스템이다.

해마다 서울대 의대 합격자를 배출하는 복자여고

복자여고는 2018학년도에 평준화가 실시되기 이전까지는 거의 해마다 서울대 의대 합격생을 배출했던 학교다. 어떤 때는 서울대 의대 수시전형에서 전교 1등은 지균으로, 전교 2등은 일반전형으로 나란히 합격하기도 했다. 여학교인데도 이과 상위권 학생들이 많아서 내신 3등급이 훌쩍 넘는 학생이 학종으로 이화여대 공대에 합격하기도 했다. 문과에서는 4등급이 넘는 학생이 외국어대에 입학하는 사례도 있었다. 물론 고교평준화가 되면서 예전의 명성에 비해서는 실적이 많이 떨어졌지만 지금도 매해 서울대 합격생을 다섯 명 정도 배출한다.

지금은 교내상이 대입에 반영이 안 되기 때문에 관련 대회가 사라지는 추세다. 하지만 복자여고의 과제 연구 발표대회에서 선보이는 것들은 전국 단위 자사고 수준의 깊이 있는 연구들이 적지 않았다. 학교는 이 과정을 고스란히 학생부에 담아냈다. 또한 서울대 자유전공학부의 수업처럼 전공독서세미나 '숲길'로 문이과의 융합 독서교육을 실시하고 있다. 2015년 개정 교육과정 이전부터 실시하고 있었으며, 창의적 자기학습 보고서 쓰기를 통해 자기주도학습능력과 전공적합성을 이미 학생부에 반영해왔다. AI와 환경 소프트웨어 융합 쪽으로도 적극적인 지원을 아끼지 않고 있다. 앞으로도 수시전형에서 강세를 보일 학교지만, 정시 확대를 고려한다면 정시와 모의고사에 대한 대비는 좀 더 강화해야 한다.

천안고는 복자여고의 남고 버전이라고 해도 과언이 아니다. 역시 수시전형에 강한 학교다. 평준화 전에는 정시전형으로도 서울대 합격생을 꽤 배출했는데 요즘은 수시 합격자가 훨씬 더 많다. 프로그래밍 교육과 공학 교육 등을 선택할 수 있고, 메이저데이, 커리어데이, 커리어인턴십으로 이어지는 학과 진로 프로그램으로 진로와 직업에 대한 가이드를 확실히 해준다는 평을 받고 있다. 커리어인턴십은 전문가를 만나 인터뷰한 뒤 보고서를 쓰는 프로그램이다.

이처럼 천안, 아산 지역에는 남고, 여고를 불문하고 수시전형에 강한 우수한 학교들이 포진해 있다. 다만 정시가 강화되는 최근 추세에 이들 학교가 어떻게 대응할지는 조금 더 지켜봐야 할 것이다.

프랜차이즈 학원과 소수정예 학원의 치열한 격전지, 불당동 학원가

불당동 학원가는 충남 최대의 학원가로 점점 더 규모가 커져가고 있다. 평촌의 학원가를 연상시킬 정도로 대형 학원 건물이 즐비하다. 학원이 끝나는 시간대에는 각종 학원버스와 픽업을 위해 나온 학부모들의 차량이 도로를 메운다. 천안시가 학원버스 등 통학버스 승하차 주차 관련 민원을 수렴해 관내 '픽업 존'을 운영할 정도다.

대표적인 학원 빌딩은 정상어학원 천안 분원, 하이탑베리타스학원, 과수원과학수학학원 등이 들어와 있는 한나플라자를 들 수 있다. 그 외에도 불당동 학원가에는 대형 프랜차이즈 학원이 속속 입성해 있고, 지역의 특색에 맞는 소수정예 학원들이 입지를 공고히 다지고 있다.

초등 저학년의 영어교육 열기, 불당동도 뜨겁다

불당동은 다른 지역 학군지와 마찬가지로 초등 저학년부터 영어교육에 힘을 쏟는 분위기다. 특히 충남삼성고에 입학하려는 학생들은 수준급의 영어 실력을 갖춰야 하기 때문에 초등학생 때부터 영어 공부에 열을 올리는 분위기다. 충남삼성고는 2020년에 국제학교가 아닌 자율형 자사고 중에서는 최초로 국제 바칼로레아(IB) 인증을 받은 학교로 상당수 수업이 영어로 진행된다. 이공계 진학의 비중이 높은 학교지만 공학 수업도 영어로 된 교과서를 쓰는 경우가 있을 정도다.

불당동 학원가의 대표적인 영어 학원은 닥터윤영어학원이다. 원래 구 불당 지역에서 중고등학생들의 입시에 주력했던 학원이지만 학생 수가 늘어나자 신불당으로 옮기면서 유아와 초등부를 강화했다. 초등부의 교육 프로그램은 영어 실력 외에 글로벌 리더십을 키워주는 데 주안점을 두고 있다. 닥터윤영어학원이 전통의 강자라면 김홍영어학원은 불당동의 신흥강자다. 중고등부 내신 강의를 주로 하고 있으며 초등 5학년부터 중등 영어 문법 위주로 선행학습을 시킨다.

초등부에서 국어와 수학을 함께 수업하는 학원도 있다. 대치해솔국어수학학원으로 입시에서 국어와 수학이 중요해지면서 영어와 수학이 아닌 국어와 수학을 함께 해결하려는 수요가 많아지고 있는데 이러한 트렌드를 적극 반영한 학원이다. 어려서부터 쌓아온 독서 습관과 문해력이 수능 국어 점수를 결정하고, 수학 점수에도 상당한 영향력을 발휘하기 때문에 이러한 학원들에 대한 학부모들의 관심도 커지는 추세다.

하이탑베리타스학원은 동명의 고시학원이 유명한데 불당동에 있는 곳은 국영수를 중심으로 하는 입시 학원이다. 입시 설명회를 자주 열어서 수시전형에 관한 최신 정보를 전달하고 수시 합격을 위한 솔루션을 제시하는 학원이다.

이과 중심 고등학교의 분위기를 반영한 수학 학원의 강세

천안 지역 고등학교는 이과가 강한 곳이 많다. 그러다 보니 아무래도 수학 학원들이 대세다. 대형 프랜차이즈 학원들도 잘나가지만 천안 지역의 정서와 특성을 반영한 운영으로 꾸준히 사랑받는 지역의 맹주들도 있다. 그중 301영재수학과학학원은 중학생 때부터 영재고와 과고, 자사고를 준비하는 학생들을 많이 보유한 학원이다. 10명 이하의 소수정예 수업을 지향하고 레벨 테스트로 학생들의 수준을 철저하게 파악한 뒤 그에 맞는 수업을 진행하는 곳으로 유명하다.

학원의 규모로는 역시 센트럴프라자에 있는 페르마수학학원 천안캠퍼스가 가장 크다. 다만 이 학원은 중등부의 비중이 가장 크고 고등부는 상대적으로 규모가 줄어드는 추세다. 레벨별 관리를 지향하고 숙제를 많이 내주면서 실력이 상승하면 월반을 허용하는 시스템으로 운영하고 있다. 다만 선행학습보다는 개념과 심화를 강조하는 학원 특성상 선행학습을 원하는 학생들의 니즈는 만족시켜주지 못한다는 평이다.

천안 시청 옆의 강남탑클래스학원은 소수정예 수업을 한다. 방학 때는 집중 캠프를 통해 수학이 부족한 학생들의 실력을 단기간에 향상시켜주는 곳으로 유명하다. 탑씨크리트수학학원도 소수정예 학원으로 입시 컨설턴트가 일대일로 학생들을 상담해주면서 영어와 수학 과목의 내신과 비교과를 관리해주고 있다. 과수원과학수학학원은 중계동 은행사거리에 본원이 있는 학원으로 소수정예 밀착수업과 스파르타식 관리로 유명하다.

이처럼 불당동은 대형 프랜차이즈 학원과 소수정예 수업에 강점이 있는 소규모 지역 학원들의 경쟁이 치열하다. 그 경쟁은 서울대와 의대 입시 전에 충남삼성고와 북일고 등 특목고와 자사고 입학을 위한 경쟁이기도 하다.

충남삼성고의 매력을 생각하면 더 오를 수밖에 없는 불당동 아파트

불당동은 학원가뿐 아니라 충남삼성고와 북일고의 위상만으로도 아파트 가격이 천안 내에서는 가장 비쌀 수밖에 없는 지역이다. 천안 아파트 중에서 가장 세대수가 많은 불당아이파크는 2022년 10월에 25평이 4억 2,300만 원에 팔렸다. 5월에는 5억 7,000만 원에 팔렸는데 어찌 보면 이 가격에 산 사람은 상투를 잡았을 가능성이 높다. 전세가의 경우 2022년에 2억 8,000만 원 선에서 거래되었고, 2021년에는 2억 7,000만 원에서 3억 7,000만 원 사이에 가격이 형성되었다. 지금은 전반적으로 거래량 자체가 줄었는데 매물도 많지 않은 상황이다.

33평 이상의 중대형 평수를 원하는 학부모라면 주상복합 건물인 펜타포트를 노려볼 수 있다. 2022년 6월, 33평이 7억 4,000만 원에 거래되었다. 9월에는 57평이 23억 7,000만 원에 계약되었다. 전세는 33평이 가장 인기가 있는데 5억 원 내외에서 거래되고 있다.

불당동의 대장 아파트, 천안불당지웰시티푸르지오와 천안불당지웰더샵

불당동에서 시세가 가장 비싼 아파트는 천안불당지웰시티푸르지오2단지다. 2022년 9월에 30평이 8억 5,000만 원에 거래됐으니 천안 지역에서는 고가에 해당한다. 2022년 초에는 9억 4,000만 원까지 치솟았는데 하반기 들어서 전체적으로 가격이 조금씩 하향하는 추세다. 전세가는 4억 2,000만 원에서 6억 원 사이에 형성되어 있다.

2016년에 지은 신축인 천안불당지웰더샵의 가격은 어떨까? 2022년 7월에 30평이 8억 6,000만 원에 거래되었다. 25평은 6월에 8억 7,500만 원에 거래되었는데 이는 30평보다 비싼 가격이다. 주택 가격도 철저히 수요와 공급에 의해 결정된다는 사실을 실감할 수 있는 사례다. 전세가는 4억 2,000만 원에서 5억 5,000만 원 사이에 형성되어 있다.

천안불당지웰더샵과 비슷한 시기에 지어졌지만 아파트의 브랜드 인지도가 약한 호반베르디움센트로포레의 가격은 상대적으로 더 저렴하다. 수요와 공급의 균형 못지않게 브랜드 인지도도 가격에 영향을 많이 미친다는 것을 알 수 있다. 2022년 10월에 25평이 6억 2,000만 원 정도에 거래됐으니 확실히 가격이 낮은 편이다. 전세가는 3억 8,000만 원에서 4억 2,000만 원 사이다.

빌라는 부대동과 신당동 일대에서 찾아라

불당동에 진입할 수 있는 방법은 아파트밖에 없을까? 아쉽지만 불당동에는 빌라가 거의 없는 대신 부대동과 신당동에는 꽤 있다. 부대동의 경우 천안부대초 근처가 인기 있으며 중학교는 천안부성중과 천안두정중을 선호하는 편이다. 지하철 1호선인 부성역이 근처에 있어서 불당동 학원가로 접근하기도 쉽다. 신당동 내에는 초등학교가 없지만 천안부대초와 천안부성중, 천안신당고가 배정을 통해 주로 가는 학교다. 학원가를 가는 버스는 다양하게 있기 때문에 불당동이 버거운 학부모들에게는 좋은 대안이 될 수 있다.

부대동 빌라는 2022년 10월 기준으로 22평이 1억 4,500만 원 정도에서 거래되고 있다. 전세가도 1억 2,000만 원으로 경기 지역에 비해 확실히 저렴하다. 신당동에는 빌라와 다세대주택이 조금 더 많은데 23평 빌라가 6,500만 원에 거래된 기록이 있다. 월세로 환산하면 보증금 1,500만 원에 월 20만 원 정도다.

천안, 아산 지역의 학교들은 확실히 정시전형보다 수시전형에 강하다. 즉 수시가 입시의 전부가 아니라고 믿는 학부모들에게 천안, 아산 지역은 선뜻 선택하기 힘든 면이 있다. 무엇보다 정시가 확대되는 추세이기 때문에 이 고민은 더 깊어질 수밖에 없다.

학군별 필수 체크 아파트

천안 불당 학군 주요 아파트

아파트명	세대수	입주연도/평단가	배정 예상 학교	매매가-전세가 추이
천안불당 지웰더샵	685 세대	2016년/3,000만 원 이상	• 초 : 천안아름초 • 중 : 천안불무중, 천안불당중 • 고 : 천안불당고, 천안월봉고, 천안고	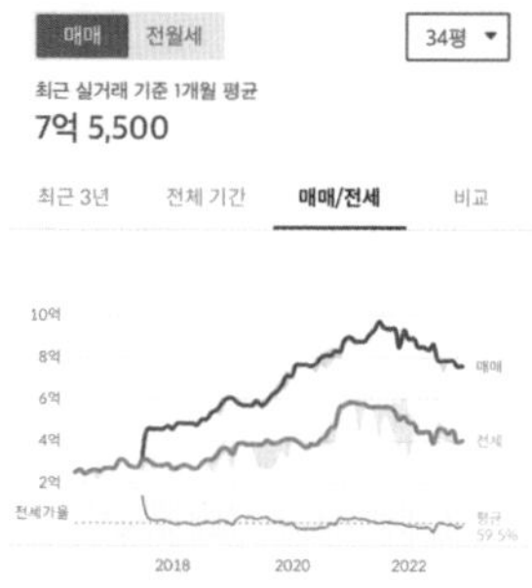 매매 전월세 34평 최근 실거래 기준 1개월 평균 7억 5,500 최근 3년 전체 기간 매매/전세 비교
불당 아이파크	1,046 세대	2004년/2,000만 원 이상	• 초 : 천안불당초 • 중 : 천안불무중, 천안불당중 • 고 : 천안불당고, 천안월봉고, 천안고	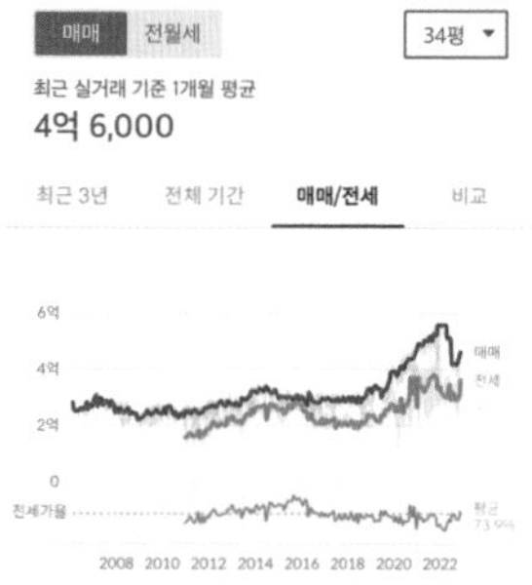 매매 전월세 34평 최근 실거래 기준 1개월 평균 4억 6,000 최근 3년 전체 기간 매매/전세 비교
천안 시티자이	1,646 세대	2018년/2,000만 원 이상	• 초 : 천안성성초 • 중 : 천안오성중, 천안성성중, 환서중 • 고 : 천안두정고, 천안오성고	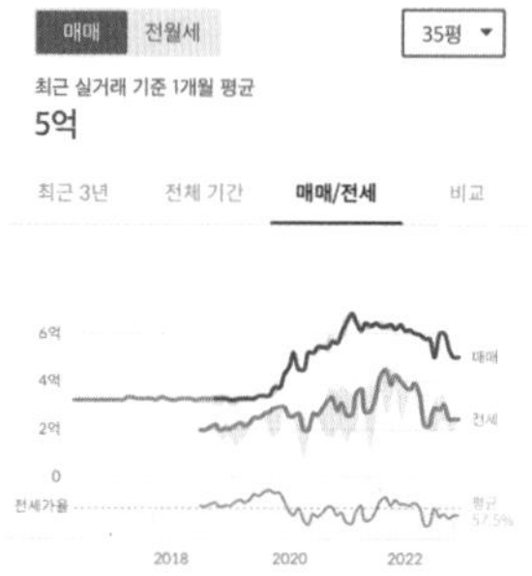 매매 전월세 35평 최근 실거래 기준 1개월 평균 5억 최근 3년 전체 기간 매매/전세 비교

아파트명	세대수	입주연도/ 평단가	배정 예상 학교	매매가-전세가 추이
천안불당 지웰시티 푸르지오 2단지	355 세대	2017년/ 2,000만 원 이상	• 초 : 천암아름초 • 중 : 천안불당중, 천안불무중, 천안월봉중 • 고 : 천안불당고, 천안월봉고, 천안두정고	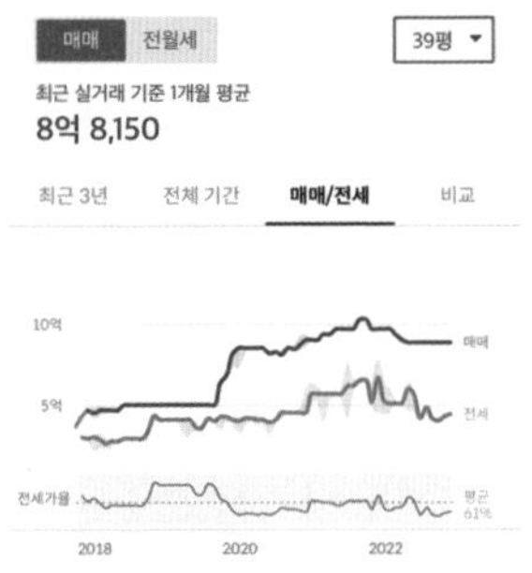 매매 전월세 39평 최근 실거래 기준 1개월 평균 8억 8,150 최근 3년 전체 기간 매매/전세 비교 10억 5억 매매 전세 전세가율 평균 61% 2018 2020 2022
불당호반 베르디움 더퍼스트	1,096 세대	2016년/ 2,000만 원 이상	• 초 : 천암아름초 • 중 : 천안불당중, 천안월봉중, 천안불무중 • 고 : 천안불당고, 천안월봉고, 천안쌍용고	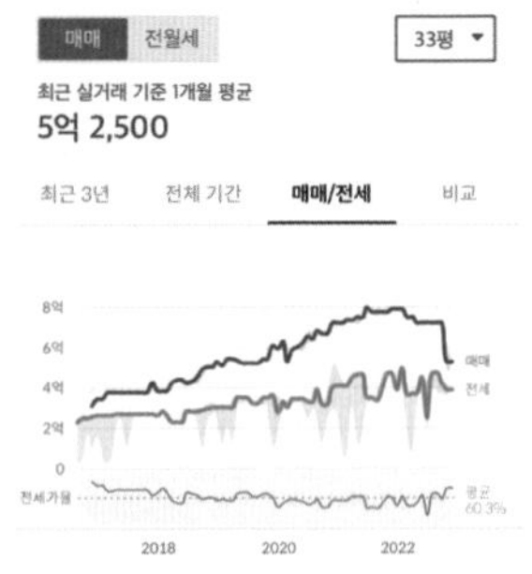 매매 전월세 33평 최근 실거래 기준 1개월 평균 5억 2,500 최근 3년 전체 기간 매매/전세 비교 8억 6억 4억 2억 0 매매 전세 전세가율 평균 60.3% 2018 2020 2022

제16장

제2의 교육도시를 꿈꾸다
부산 해운대 학군

☑ 입지 특징

- 사상-해운대 지하고속도로 2026년 개통 예정, 부산-속초 간 동해선 연장
- 초고층 초대형 아파트가 많은 해운대구
- 해운대구 입주 공급 물량은 적정량의 절반 수준

☑ 학원가 특징

- 학원들은 남천동과 센텀시티, 좌동에 분산
- 영재고, 과고 준비에 특화된 수학 학원들
- 대부분의 프랜차이즈 어학원이 센텀시티에 포진

☑ 배정 예상 중학교

대천중, 동백중, 부흥중, 분포중, 센텀중, 신도중, 용문중, 재송여중, 재송중, 해강중, 해운대여중, 해운대중

☑ 배정 예상 고등학교

대연고, 부산남일고, 부흥고, 분포고, 센텀고, 센텀여고, 신도고, 예문여고, 해강고, 해운대여고

부동산 시세 보기

❶ 코넬어학원 : 유아부터 대입 수능 영어까지 영어 전문 학원
❷ 생각하는황소 센텀학원 : 대치동에 본원을 둔 수학 내신 관리 학원
❸ 대치명인학원 센텀캠퍼스 : 대치동에 본원을 둔 국영수과 단과 학원
❹ 씨매스 센텀센터 : 전국 프랜차이즈를 갖춘 영재 교육 전문 학원

학원 중학교 고등학교

출처: 네이버지도(https://map.naver.com), 네이버부동산(https://land.naver.com)

❺ 포엠학원 부산센텀점 : 공부법과 관리가 강한 국영수 학원
❻ 강의하는아이들 부산센텀시티캠퍼스 : 대치동에서 시작한 플립 러닝 기반의 수학 학원
❼ MKACADEMY엠케이아카데미 : 부산 지역에서 영재 입시에 강한 학원

부산은 교육 분야에서도 '대한민국 제2의 도시'가 될 수 있을까

부산은 정말 살기 좋은 도시다. 1년 내내 따듯하고 무엇보다 푸른 바다를 언제든지 볼 수 있다. 대한민국에서 가장 높은 빌딩 10개 중 네 개가 부산에 있을 정도로 하늘로 치솟은 마천루는 웅장하다 못해 압도적이다. 부산 발전의 기폭제가 될 '2030 부산세계박람회' 개최까지 성공하면 그야말로 퀀텀점프가 가능할 전망이다.

교육도시 부산의 위상, 대구와 대전 등지에도 밀리고 있다

그런데 교육도시로서 부산은 그다지 입지가 탄탄하지 않다. 인구수를 고려한다면 서울에 이어 광역시 중에서 서울대 입시 실적이 2위를 기록해야 하는데 실상은 그렇지 않다. 부산도 대구 못지않게 서울대보다 의대를 선호하는 지역인데 의대 진학률은 대구보다 낮다.

몇 년 전, 부산시 전체의 서울대 정시 합격생 수보다 서울의 휘문고 한 곳에서 배출한 서울대 정시 합격생 수가 더 많았을 때가 있었다. 해운대구나 연제구 등 교육열이 높은 학군지 외의 지역에서는 전교 1등이 수능 최저 2등급 세 개를 맞추지 못해서 서울대 지균에서 떨어지기도 했다. 서울대는 2023년부터 전교에서 두 명(주로 문과 1등, 이과 1등)만이 지원 가능한 지균에서 수능 최저 등급을 2등급 세 개에서 세 개 영역 7등급으로 완화했다. 즉 상위 11퍼센트 안에 들면 받는 2등급을 국어 탐구(2과목 평균)에서 받고 절대평가인 영어에서 3등급(70점 이상) 받아도 서울대에 합격할 수 있다는 이야기다. 부산에서는 몇 년 전부터 이런 일이 심화되었고, 광주에서는 2022학년도 입시에서 같은 일이 벌어졌다.

2016학년도 학업성취도 평가에 따르면, 당시 중3은 국어 과목의 경우 '우수 학력 이상'의 비중이 41.2퍼센트로 서울과 대구 다음이었다. 수학 과목의 '우수 학력 이상'의 비중은 22.1퍼센트로 서울과 대구뿐 아니라 울산과 대전에도 밀렸다. 영어 과목의 '우수 학력 이상'의 비중은 30.2퍼센트로 서울, 대구, 대전, 울산에 밀려 5위에 머물렀다. 이제 교육에 관해서는 부산을 '대한민국 제2의 도시'라고 부르기에는 무리가 있다.

아파트 가격은 어떨까? 부산은 잘 알려진 대로 2005년부터 2008년까지 대규모 미분양이 있었던 지역이다. 고분양가가 문제였는데 시세가 분양가 수준으로 떨어지면서 자연스럽게 물량이 소화되었다. 부산 해운대는 초고층 초대형 아파트가 아주 많다. 이들 아파트의 가격은 수십억 원을 넘어섰다. 마린시티에 있는 트럼프월드마린은 74평이 32억 8,500만 원에 팔렸으니 고가 아파트 기준으로 따지면 서울 다음이 맞다.

그러나 해운대가 아닌 구도심 지역 그리고 구포역이 지나는 북구의 화명동 근처는 여전히 집값이 저렴하다. 18평 소형 아파트의 경우 대부분 가격대가 1억 원 선이다. 이처럼 부산은 양극화가 심한 곳이다. 구도심에는 저가 아파트가 널려 있지만 센텀시티 쪽에는 아시아에서 가장 큰 백화점이 들어서 있다. 외제차 구입률이 인구 대비 가장 높은 곳도 부산이다. 어느 쪽에 포커스를 맞추느냐에 따라 부산의 위상은 완전히 다르다. 제2의 서울일 수도 있고 아니면 쇠락하는 도시일 수도 있다.

센텀시티, 의대 진학 열풍의 진원지

부산의 센텀시티를 방문할 때마다 병원들이 정말 많다는 인상을 받곤 한다. 실제로도 '메디컬 타운'이라 불린다. 당연히 이 지역의 학구열은 부산시 내에서도 남다르다. 특히 의사 부부가 많이 사는데 이들의 자녀들은 대개 초등학교를 마치고 미국이나 영국으로 유학을 가서 현지에서 대학을 다니는 경우가 많다. 그래서 부산은 서울 압구정동이나 대치동에만 있는 SAT나 ACT 등 미국 대학 입학 학력시험과 토플 등의 어학시험 수요가 꾸준히 늘어나고 있다.

이들은 한국에서 의대에 진학하는 것이 점점 더 어려워지고 있음을 누구보다 잘 알기 때문에 과감하게 자녀의 외국행을 선택한다. 물론 여전히 자녀가 한국에서 의대나 치대에 진학하기를 바라는 의사 학부모들도 많다. 그래서 초등학생 때부터 의사 학부모들은 그들만의 네트워크를 조직한다. 그리고 각종 봉사 모임을 만들어 자녀의 의대 진학에 관한 정보를 주고받는다.

이러한 분위기를 고려했을 때 지방, 특히 부산과 대구의 의대 진학 열기는 앞으로도 계속될 것으로 보인다. 어찌 보면 지금의 의대 열풍은 부산과 대구에서 시작해 서울로 올라온 셈이다. 과연 부산이 교육 분야에서도 '제2의 도시'라는 타이틀을 지켜낼 수 있을지 그 가능성에 대해 살펴보자.

부산의 학부모들이 국제중과 예술중을 선호하는 이유

부산의 중학교는 2016년에 실시된 학업성취도 평가에서 국어, 영어, 수학 세 과목의 '보통 이상 학력' 비율이 90퍼센트 이상인 학교가 모두 15곳이었다. 이 중에서 해운대구에 위치한 중학교가 모두 다섯 곳으로 가장 많았다. 부산의 전통적인 강자인 동래구(두 곳), 연제구(한 곳)보다 많은데, 이미 2016년부터 부산 학군의 중심지가 센텀시티를 중심으로 한 해운대 학군으로 옮겨지고 있는 상황이었다.

부산에서 센텀시티나 마린시티 등 수십 억 원대의 아파트에 사는 전문직 학부모들은 자녀가 어느 중학교에 가기를 원할까? 일단 1순위는 부산국제중이고, 2순위는 브니엘예술중이다. 예중 입학은 음대나 미대 진학을 목표로 하는 것인데 그렇다면 이 지역에는 예술 분야의 우수 자원이 많다는 의미일까? 반드시 그런 것은 아니다.

부산 지역 주요 중학교의 고등학교 진학 현황과 내신점수

중학교	졸업생	일반고	외고·국제고	영재고·과고	자사고	국어 평균점수	수학 평균점수	영어 평균점수
센텀중	386명	241명 (63.9%)	36명 (9.5%)	9명 (2.4%)	31명 (8.2%)	85.7	78.2	78.5
해강중	336명	199명 (61.8%)	17명 (5.3%)	17명 (5.3%)	23명 (7.1%)	82.5	80.7	83.5
해운대중(남)	204명	114명 (57%)	8명 (4%)	7명 (3.5%)	26명 (13%)	84.8	82.9	80.8
부흥중	189명	119명 (64.3%)	9명 (4.9%)	6명 (3.2%)	8명 (4.3%)	79.7	73.4	80.1
브니엘예술중	75명	30명 (41.1%)	10명 (13.7%)	2명 (2.7%)	15명 (20.5%)	83.3	82.3	85.9
부산국제중	49명	14명 (31.1%)	19명 (42.2%)	2명 (4.4%)	9명 (20%)	90.8	86.6	87.8

최고의 인재들을 보유한 부산국제중과 브니엘예술중

부산국제중은 부산 지역에서 최고의 인재들이 모이는 중학교다. 지금은 추첨제로 바뀌었지만 원래는 시험을 통해 상위권 학생들만 선발하던 학교다. 부산국제중 학생들은 국어와 영어뿐 아니라 수학과 과학 과목에도 강하다. 외고와 국제고 입시에 반영되지 않는 과학 과목도 3학년의 평균 점수가 90점을 넘길 정도로 국영수사과 그리고 제2외국어까지 모두 우수한 성적을 내고 있다.

졸업생이 49명밖에 안 되는 이유는 경쟁이 너무 심해 중간에 다른 중학교로 전학가는 학생들이 있기 때문이다. 부산국제중 학생들은 부산외고나 부산국제고뿐 아니라 이과 초강세 학교인 해운대고에서도 최상위권을 차지할 정도로 최고의 인재들이 모인 명문 중학교다. 2016학년도 학업성취도 평가에서 부산국제중은 청심국제중, 대원국제중, 영훈국제중을 제치고 학력 1위를 기록하기도 했다. 당연히 부산 지역 부유층 자제들의 부산국제중 입시를 위한 경쟁은 초등학생 때부터 치열하다.

부산의 유일한 예술중학교인 브니엘예술중의 입시 실적을 보면 고개를 갸우뚱하게 된다. 예고가 아닌 자사고, 외고, 국제고로 진학하는 학생들이 더 많기 때문이다. 일부는 과고로도 진학한다. 브니엘예술중을 나와 외대부고에 진학한 학생도 있다. 부산 지역 학부모들도 대구 학부모들처럼 서울대보다는 의대를 선호하는 경향이 강하다. 하지만 특목고와 자사고에 그다지 관심이 없는 대구 학부모와는 달리 부산 학부모는 특목고에도 대단히 관심이 많다. 그래서 브니엘예술중에 입학한 학생들은 그림을 잘 그리거나 악기를 잘 다루는 것은 기본이고, 국영수 주요 과목의 심화학습과 선행학습도 잘된 학생들이다. 당연히 특목고와 일반고에 진학해서도 좋은 성적을 거두고 있다.

해운대 지역 빅4 : 센텀중, 부흥중, 해강중, 해운대중

부산에서는 해운대 지역의 빅4 중학교들도 주목해서 살펴봐야 한다. 센텀중은 2016년 학업성취도 평가에서 부산 해운대 지역 1등(보통 이상 학력 92.2퍼센트)을 기록했다. 이 학교의 실적을 보면 센텀시티 쪽 학생과 학부모들은 일반고보다 특목고와 자사고를 훨씬 더 선호한다는 사실을 알 수 있다. 특히 외고와 국제고 진학자가 36명으로 어마어마하다. 부산에는 문과 성향이 강한 남학생들이 갈 만한 일반고가 전혀 없다. 그래서 SKY대학의 문과를 목표로 한 학생들은 외고와 국제고 진학에 상당히 적극적이다.

센텀중의 7년 전 외고와 국제고 진학률은 3.8퍼센트였으나 2022학년에도는 9.5퍼센트로 크게 상승했다. 특히 외고와 국제고 합격자 36명 중 16명이 남학생이라는 점은 부산 지역 문과 상위권 남학생들이 갈 만한 일반고가 없다는 의미다. 즉 일반고가 이과에 편중되어 있어서 문과생들에게는 불리하다는 것이다. 자사고 진학은 대부분 해운대고에 집중되어 있겠지만 여학생 합격자 세 명은 전국 단위 자사고, 그중에서도 외대부고와 상산고에 진학했을 가능성이 높다. 부산 학부모들의 목표도 자녀를 서울대에 보내기보다는 의대에 진학시키는 것이기 때문이다.

반면 영재고와 과고 진학률은 그다지 높지 않다. 일단 한국과학영재학교는 영재고 중에서 유일하게 의대 진학자가 없는 학교다. 학교에서 의대 진학 자체에 부정적이기 때문이다. 그래서 부산에서 의대 진학을 목표로 하는 학생들은 굳이 영재고나 과고에 가기보다는 해운대고나 다른 일반고를 택한다. 그런 후 내신과 모의고사 준비를 잘해서 수시와 정시를 동시에 노리는 전략을 짜는 경우가 많다.

부흥중은 2016년 학업성취도 평가에서 센텀중에 이어 2위(보통 이상 학력 89.60퍼센트)를 차지했다. 그런데 센텀중에 비해 외고와 국제고를 비롯한 자사고, 영재고, 과고의 진학률이 낮다. 참고로 센텀중과 부흥중 등에서 기타 진학자로 분류되는 학생들 중에는 영재고 외에 해외 고등학교 진학자도 있다. 특히 제주도에 있는 국제학교인 NLCS제주 등으로 진학한 학생들이 꽤 있다. 부흥중에서 자사고를 간 케이스는 모두 남학생인 것을 보면 해운대고로 갔을 가능성이 높다.

해운대 3위인 해강중은 부산에서 영재고와 과고 진학자를 가장 많이 배출하는 학교다. 이 중 기타로 분류되는 일곱 명 중 다섯 명은 여학생이다. 추측건대 모두 영재고에 진학한 게 아니라 제주도의 NLCS British International School in South Korea 나 브랭섬홀아시아 등 국제학교로 간 경우가 더 많을 수 있다. 원래 영재고 입시 결과는 따로 발표해왔는데 지난 정부 때부터 비인가 국제학교(독수리학교 등)와 외국인학교(NLCS제주) 등과 같이 묶어서 기타로 발표한다. 물론 NLCS제주 등은 초등학생 때부터 진학하는 경우가 많다. 하지만 센텀시티 지역은 중학교까지는 부산에서 마치고 고등학교 과정부터 제주도의 국제학교로 진학하는 경우가 꽤 있다.

그럼에도 해강중의 영재고와 과고 진학률은 놀랍기 그지없다. 2017학년도에는 1.2퍼센트, 2018학년도에는 2퍼센트, 2021학년도에는 2.6퍼센트였다. 그러다 2022학년도에 5.3퍼센트로 급상승했다. 전년도 대비 이과 최상위 자원이 많았을 수도 있고 더 많은 학생이 제주 국제학교로 진학했을 수도 있다. 해강중은 외고와 국제고 진학률도 같이 상승했다. 이러한 사실로 짐작건대 해강중에는 문이과 상위권 학생들이 모두 몰린다고 볼 수 있다.

해운대중은 남학교로, 특목고 진학률은 남녀공학인 빅3 중학교에 비해 떨어진다. 그 대신 같은 재단이자 자사고인 해운대고의 진학률이 높다. 해운대중은 외고와 국제고에도 꾸준히 합격자를 배출하고 있다. 하지만 전반적으로 사회, 도덕, 역사 과목보다 과학 과목의 성취도가 높고 학업성취도 A 비율도 높다. 이러한 점을 고려하면 상위권 학생들의 성향이 문과보다는 이과에 더 가까운 것으로 추정된다.

부산의 고등학교가 유독 서울대 실적이 부진한 이유는 무엇일까

부산에서 해마다 서울대 합격생을 한 명 이상 배출하는 학교는 거의 정해져 있다. 장안제일고, 부산장안고, 해운대고, 동인고, 부산과고, 부산외고, 부산국제고, 대연고 등이다. 그 밖에 동아고와 동래고, 과학중점학교인 용인고 등도 서울대 합격자를 자주 배출한다. 2022학년도에 서울대 수시 합격자를 두 명 이상 배출한 학교는 특목고를 제외하면, 자사고인 해운대고와 동래구에 있는 일반고인 동인고 정도다.

부산은 2022학년도 대학입시에서 광주와 마찬가지로 서울대 실적이 특히 부진했다. 해운대고 다음으로 우수한 학생들이 많은 대연고에서는 서울대 수시 합격자를 단 한 명도 배출하지 못했다. 대연고는 서울대 의대 수시 합격자를 종종 배출하던 학교였고 수능 만점자도 나온 곳이다.

더 놀라운 사실은 해운대 지역에서 내신 3~4퍼센트 안에 드는 중학생들이 지원하는 기장군의 양대 명문 장안제일고(서울대 의대 수시 합격자가 자주 나오

부산 지역 주요 고등학교 서울대 합격자 수 및 내신점수

고등학교	서울대 합격자 수	졸업생 수	예상 재수생 비율	국어 평균점수	수학 평균점수	영어 평균점수
부산외고	13명 (수시 12명, 정시 1명)	232명	17.2%	85.8	81.4	78.2
부산과고	9명 (수시 6명, 정시 3명)	104명 (조기 졸업자 27명, 고3 77명)	10%	80.7	64.4	81.3
해운대고(남)	6명 (수시 2명, 정시 4명)	151명	44.4%	83.4	69.4	77.8
부산국제고	5명 (수시 4명, 정시 1명)	167명	34.7%	77.9	70.6	75.3
동인고(남)	5명 (수시 2명, 정시 3명)	255명	23.1%	75.3	58.7	72.0
부산장안고	1명 (수시 1명)	119명	18.5%	74.1	65.2	68.4

는 학교)도 2022학년도에 서울대 수시 합격자를 한 명도 배출하지 못했다는 점이다. 코로나 때문에 재학생들의 학력이 저하된 탓도 있겠지만, 부산 지역 우수 자원들이 특목고와 전국 단위 자사고를 비롯해서 영재고와 국제학교로 진학했기 때문일 수도 있다.

부산외고의 놀라운 2022학년도 서울대 합격 실적

2022학년도 부산 지역 입시 결과에서 최대 이변은 부산외고의 선전이다. 부산외고는 부산국제고에 비해 입시 실적이 늘 떨어졌고, 서울대 수시 합격자도 다섯 명 이하가 일반적이었다. 그러다가 2022학년도에는 서울대 수시 합격자만 12명을 배출해냈다. 정시전형으로는 최초합(최초 전형에 바로 합격한 상태)이 없었지만 추가 합격자는 한 명 있었다. 예전에는 서울대 경영학과 정시 합격자가 나오던 학교였는데 수시체제로 완전히 전환된 것이다.

그렇다면 2022년 졸업생들은 어떤 특장점이 있었기에 서울대에서 그렇게 많이 뽑아준 걸까? 우선 부산외고 학생들을 상담해보면 철저하게 진로에 맞는 창체 활동을 한 점이 인상적이었다. 학생부에는 경영경제계열, 외국어계열, 행정계열 등 학과별로 전공적합성을 꼼꼼하게 담아내려고 노력한 흔적이 역력했다. 결국 학생부에 담길 내용의 핵심은 '무엇을 잘하는지', '무엇에 관심이 있는지', '그 관심이 해당 학과와 어떻게 연결되는지' 등이다. 부산외고 학생부는 이 세 가지 원칙을 철저하게 지키며 학생부를 작성했다. 그 과정에서 학생과 담임 선생님의 소통이 원활했고, 학교에서도 가능하면 수시 합격률을 높이자는 차원에서 지나치게 상향 지원을 하지 않는 분위기였다. 전반적으로 부산외고는 수시형 학교로 탈바꿈한 것으로 볼 수 있다.

의치한약 진학률 전국 4위의 해운대고

부산과고의 서울대 실적은 예년과 비슷하다. 서울대 정시 합격자가 나오는 이유는 의대에 진학하기 위해 조기 졸업을 포기하고 3학년에 졸업한 후 재수까지 하는 학생들이 있기 때문이다. 부산과고의 서울대 정시 합격자 세 명은 서울대뿐 아니라 다른 의대(부울경 의대)에도 합격해서 최종적으로 의대에 진학했을 가능성이 높다. 서울대에 갈 재원들은 대부분 2학년 때 조기 졸업을 한 학생들이다. 실제로 서울대는 과고 출신 학생들의 경우 수시전형에서 조기 졸업자만 집중적으로 뽑는 경향이 있다. 카이스트 합격생 23명도 서울대 합격생 여섯 명을 제외한 나머지 조기 졸업자일 확률이 높다. 물론 여기에는 고3 졸업생도 일부 포함되었을 것이다.

해운대고는 의대 입시에 최적화된 학교다. 문과가 한 반에 불과하고 이과반 학생들은 대부분 의대 진학을 꿈꾼다. 서울대 의대도 해운대고를 선호하는 편이라서 전교 1등과 2등이 나란히 서울대 의대 수시전형에 합격했다. 서울대 의대 합격자를 많을 때는 세 명이나 배출한 적도 있다.

해운대고는 매년 전교 1~3등 정도만 서울대 수시전형에 지원하는 분위기다. 1등은 내신 1.0등급에 가까운 놀라운 학업능력을 갖춰서 지균에 합격하고, 2~3등은 일반전형에 합격한다. 2022학년도 정시 합격자 네 명 중 세 명은 의외로 인문계열 지원자들이었다. 이들 중 일부는 서울대 진학을 위해 문과로 교차지원한 이과생일 것으로 추정된다. 그들의 최종행은 서울대가 아닌 부산권 의대일 가능성이 높다.

해운대고는 의치한약에 모두 85명(복수합격 포함)의 합격자를 배출했는데 그중 부산대 의대만 23명의 합격자를 배출하는 기록을 세웠다. 이 중 내신 3등급 학생도 학종으로 합격해서 큰 화제가 되었다. 이는 부산대 의대가 블라인드 평가를 해도 해운대고 학생의 학생부는 알아본다는 의미다.

실제로 최종 등록자를 고려하면 해운대고의 의치한약 진학자는 20명에서 30명 정도다. 이 실적은 대구의 경신고, 서울의 휘문고, 전주의 상산고 다음으로 꼽힌다. 의대 합격자는 총 41명으로 전국 12위를 기록했다. 재수생 비율도 높은데 여기에 반수생까지 포함하면 3수나 4수를 해서라도 의대에 가자는 분위기가 팽배하다고 볼 수 있다.

부산국제고는 최근 문과 최상위 학교의 자리를 부산외고에 내주었다. 2022학년도 입시에서는 국제고의 실적이 좋지 않았다. 서울국제고를 비롯해 한 해에 서울대 의대를 네 명이나 보내는 청심국제고까지 전반적으로 국제고의 서울대 실적이 외고에 비해 저조했다. 부산외고가 외국어나 인문계열로 낮춰 현실적인 진학지도를 한 반면 부산국제고는 예전의 명성을 믿고 상향 지원했을 수도 있다.

동인고의 선전과 평준화되는 장안고의 미래

동인고는 동래구 최고의 학교로 매년 서울대 합격생을 다섯 명 내외로 꾸준히 배출하고 있다. 전반적으로 부산의 일반고가 서울대 입시에서 초라한 성적표를 받은 것과 달리 동인고는 예년과 비슷한 실적을 냈다. 아쉬운 점은 서울대 의대 합격자를 비롯해 경영대 경제학과, 수리과학부 컴퓨터공학과 등 인기 학과에서 합격자가 나오지 않았다는 점이다. 동인고는 원래 수시형 학교로 학생들의 진로에 맞게 학생부를 잘 써주는 것으로 유명한데, 최근 들어서는 정시 실적도 좋아지는 추세다. 의치한약 합격자가 총 13명(복수합격 포함)이나 나왔다는 사실은 수능성적에도 신경을 쓰기 시작했다는 뜻이다.

과학중점학교인 부산장안고는 2023년부터 전체 학생이 평준화 적용 대상이 된다. 장안제일고와 함께 해운대에서 공부 잘하는 중학생들이 몰려들었던 곳인데, 평준화고로 바뀌면서 이런 분위기는 사라질 것으로 예상된다. 특히 서울대가 칭찬할 정도로 학교 프로그램이 좋았는데 2022년에는 예년보다 못한 성적을 올렸다. 대신 서울대 의대 수시 합격자가 나왔다. 그 학생은 MMI면접을 전혀 준비하지 못한 상황이었다. 심지어 1단계 합격자 발표가 수능 다음날이어서 면접까지는 일주일밖에 시간이 없었다. 그럼에도 최종 합격했다는 것은 서울대 의대 면접이 단기간 학원에서 준비한다고 되는 게 아니라는 사실을 확인시켜준다. 즉 평소에 학교생활을 열심히 하면서 실험과 독서 활동에 적극적인 학생이 순발력까지 갖춘다면 얼마든지 대비가 가능하다는 뜻이다.

부산장안고의 한 관계자는 서울대 입시가 연고대 입시보다는 좀 더 정석에 가깝다고 말한다. 교육과정을 성실히 이수해나가는 과정에서 자신의 호기심을 해결하고 남다른 역량을 발휘한 학생은 좋은 평가를 받을 수 있다는 것이다. 이는 학생부의 스토리가 지니는 진정성을 중요하게 여긴다는 뜻이기도 하다. 해당 학생이 3년 동안 어떻게 성장해왔으며 그 과정에서 학교는 어떤 기여를 했는지 잘 담아낸다면 큰 변수 없이 합격할 수 있다.

세간에서는 평준화된 부산장안고에 대한 우려가 있다. 하지만 과학중점학교로 남는 한 큰 걱정은 없을 것으로 보인다. 과학중점학교라는 장점 때문에 여전히 우수한 학생들이 1지망으로 부산장안고를 선택할 것이다. 물론 전체적인 수준은 비평준화 시절보다 못하겠지만 서울대에 갈 수 있는 최상위권 자원들의 내신성적은 더 올라갈 것이다. 여전히 경쟁력 있는 학생부를 보유할 가능성이 높기 때문에 적어도 서울대 실적에서는 큰 차이가 없을 것으로 보인다.

신쌤's 컨설팅

내 자녀를 약대에 보내고 싶은 초등생 부모가 알아야 할 것들

2022학년도부터 약대는 대학원이 아닌 학부에서 신입생을 선발하게 되었다. 이 때문에 대입 컨설턴트로서 약대 지망생들을 만나볼 기회가 많았는데 이들에겐 몇 가지 공통점이 있었다. 우선 남학생은 단 한 명도 없었다. 그리고 두 번째 특징은 모두 화학 마니아였다는 점이다. 사실 대학원에서 신입생을 선발할 때는 화학과, 생명과학과, 화학공학과, 생명공학과 순으로 약대 진입이 쉬웠다. 과거 의전원 시절 의대가 생명과학과를 선호한다면 약대는 화학과를 조금 더 선호하는 경향이 강했다.

예전에 가톨릭대 의대와 약대 입학설명회에 참석해서 '약대에서 학생을 선발하는 첫 번째 기준이 무엇인지' 물어본 적이 있다. 당연히 화학 내신점수를 가장 우선시하고 그다음은 화학Ⅱ 과목을 이수했는지 확인한다는 답을 들었다. 즉 수시전형에서 학종으로 약대에 지원하려면 초등학생 때부터 수학과 함께 화학 과목을 선행학습할 필요가 있다.

세 번째 특징은 신약 개발에 관심이 많았다는 점이다. 수시 학종으로 약대에 합격한 학생들의 학생부에는 신약에 관한 관심과 탐구 내용이 포함되어 있었다. 가령 이런 식이다. "아미노산 중합체를 이용한 약물 전달 시스템을 연구하고, 뇌 질환을 치료하기 위해서는 분자들이 혈액을 통해 뇌혈관 장벽$_{RRR}$을 통과해야 한다는 것을 이해함." 일반 입학사정관은 이해할 수 없는, 약대 교수만이 이해할 수 있는 용어나 개념 등이 잘 담긴 학생부 작성이 필요하다.

네 번째 특징은 높은 내신등급이다. 아무리 비교과 내용이 좋고 신약이나 화학 쪽 관심사를 잘 녹여냈다고 해도 내신등급이 높지 않으면 1차에서 탈락한다. 외대부고와 같은 정상급 자사고에서도 내신이 3등급대에 들지 않으면 주요 대학 약대는 1단계 통과도 어렵다. 일반고에서는 1.5등급 내에 들어가야 가능하다. 물론 교과전형에서는 내신등급이 그보다 훨씬 더 높을 수밖에 없다.

약대는 의대 못지않게 수능 최저점수가 높고, 정시 비중이 커서 수능 고득점은 필수다. 서울대 약대의 커트라인은 서울대 컴퓨터공학과와 비슷한 수준이다. 서울권에서 가장 약한 삼육대 약대의 커트라인도 연고대 공학계열보다 높다. 앞으로 약대의 인기는 더욱 거세질 전망이다. 약대 지망생은 초등학생 때부터 수학과 과학 특히 화학 과목에 신경을 쓰면서 약물의 원리와 역사에 대한 책을 읽는 등 평소에도 관심사를 집중시킬 필요가 있다.

센텀시티 학원가는 왜 부산 지역을 대표하는 학원가가 아닌가

부산의 학원가는 수영구 남천동과 센텀시티 그리고 해운대 교육청 근처의 좌동에 포진해 있다. 즉 한 곳에 집중되어 있지 않다. 그중에서 센텀시티의 규모가 가장 크기는 한데, 센텀시티의 경우 유흥시설이 많은 편이라서 순수 학원가로 보기는 어렵다.

대치동 학원가에서는 해운대 센텀시티의 미래 전망을 밝게 보고 다양한 학원들이 진출했다. 하지만 부산의 학부모들은 대치동에서 왔다고 해서 무조건 신뢰하지는 않았다. 과연 대치동의 유명 강사들이 직접 부산에 와서 강의하는지, 대치동의 강의 수준과 어느 정도의 차이가 있는지 등을 일일이 점검하는 분위기가 강했다. 이처럼 부산 지역 학부모들은 유명세에 현혹되기보다는 부산에서 시작해서 현지 학교들의 특장점을 잘 아는 학원들을 좀 더 선호한다고 볼 수 있다.

부산 지역 학부모들은 학원보다는 과외를 선호한다

부산을 대표하는 학군지인 센텀시티에 대규모 학원가가 조성되지 않는 이유 중 하나는 부산 특유의 과외문화 때문이다. 특히 고등학생들은 과외를 정말 많이 한다. 학원비보다는 조금 비싼 가격이지만 그래도 일대일 수업인 과외가 효율적이라고 생각하는 경향이 있다. 그래서 해운대 학원가에는 일종의 과외방처럼 선생님과 학생을 일대일로 연결해주는 중개소 역할을 하는 학원들이 많다. 이런 이유로 학원은 초등학생, 중학생 때 보내는 곳이라는 인식이 강하다.

일단 영어 학원은 초등학생 때부터 보낸다. 학원의 시스템이 강사의 강의력이나 학생 장악력보다 중요하다고 생각하는데 이는 서울이나 부산이나 마찬가지다. 일단 센텀시티 내 어학원의 경쟁력부터 알아보자. 대부분의 프랜차이즈 어학원은 센텀시티에 들어와 있다. 리뷰를 분석해보면 초등학생들의 영어도서관으로 유명한 리드101 부산점의 반응이 좋다. 수능 영어는 독해력이 가장 중요하기 때문에 어려서부터 원서 읽기를 통해 자녀의 리딩 수준을 끌어올리려는 학부모들이 선호하는 곳이다. 대형 어학원으로는 영어유치원이 있는 폴리어학원 해운대캠퍼스가 주목받고 있다. 유학이나 국제학교를 희망하는 학생들은 주로 코넬어학원을 찾는다.

부산을 대표하는 국영수과 학원은 어디일까

센텀시티에도 수학 학원들이 많다. 그중에서 엠케이아카데미가 눈에 띈다. 올림피아드 준비와 한국과학영재학교 등 영재고 대비를 잘해주는 곳으로 알려져 있다. 부산에서 서울과고에 합격하는 학생은 손에 꼽을 정도인데, 그중 대부분이 이 학원 출신일 정도로 영재고와 과고 준비에 특화된 학원이다.

영재고는 캠프면접에서 최종 당락이 결정되는데 부산 지역 전체에서 엠케이

아카데미가 이 단계를 가장 잘 준비해주는 학원으로 꼽힌다. 물론 센텀시티에는 영재고와 과고 준비를 해주는 다른 학원들도 많다. 대치동의 전통적인 강자인 미래탐구 해운대캠퍼스와 대치명인학원 센텀캠퍼스 등도 들어와 있다. 그러나 확실히 부산 학부모와 학생들은 토착 브랜드를 선호하는 경향이 강하다.

포엠학원 부산센텀점은 해운대고를 비롯한 부산 내 주요 고등학교의 내신 수학을 잡아주는 데 일가견이 있다. 그뿐만 아니라 수리논술 수업까지 해주고 있어서 대표적인 대입 준비 학원이라 할 만하다. 로든수학학원은 티칭보다 코칭을 내세우면서 해운대고와 주요 학교의 내신시험을 꼼꼼하게 준비해준다는 평을 받고 있다. 초등학생들에게는 사고력 수학을 가르치는 프랜차이즈 브랜드 시매쓰 센텀센터의 인기가 높다. 대치동의 브랜드인 강의하는아이들 부산 센텀시티캠퍼스도 선전하는 중이다.

부산의 국어논술 학원의 강자는 센텀시티가 아닌 남천동에 있다. 가람토국어학원과 청어당국어학원이다. 가림토국어학원은 수능 국어와 내신 국어를 함께 대비해주는 곳으로, 거리가 먼 부산외고 학생들을 위한 반이 만들어질 정도로 상위권 학생들이 몰려드는 학원이다. 청어당국어학원도 20년 이상 남천동에서 전통의 강자로 인정받고 있다. 수어재국어학원은 중학생 때부터 국어 내신을 챙기고 독서력을 키우고 싶은 학생들이 많이 찾는다. 그리고 남천동에는 부산에서 가장 유명한 논술학원인 네오논술이 있다. 부산 지역에서 대학별 논술고사를 준비할 수 있는 최고의 학원으로 손꼽힌다.

과학 학원 중에는 용호동에 있는 에스원과학학원이 내신과 수능 대비에 강한 학원으로 알려져 있다. 에스원과학학원은 전공적합성 대비 과학탐구 학습 전략을 제시하는 등 이과계열 학생들의 입시 정보도 지속적으로 공유해준다.

해운대 아파트 값 상승에 학군 프리미엄은 얼마나 기여할까

부산에서 가장 부촌으로 손꼽히는 지역은 단연 센텀시티가 있는 우동이다. 우동의 센텀시티에서 지하철로 두 정거장만 가면 마린시티가 있는데 이 지역에는 센텀시티보다 아파트가 훨씬 더 많다.

센텀시티의 아파트도 비싸지만 마린시티의 아파트 가격은 정말 대단하다. 전망이 탁월한 해운대두산위브더제니스의 경우 2022년 3월에 44평은 26억 9,000만 원, 63평은 37억 원에 거래되었다. 해운대 우동의 센텀시티와 마린시티는 워낙 중대형 평수가 많은데, 센텀시티에서 25평 아파트 가격은 지금도 13억 원 선이다. 트럼프월드센텀의 25평은 2022년 4월에 17억 5,000만 원에 거래되었다. 전세가가 4억 1,000만 원인데 비해 매매가가 훨씬 높은 것은 그만큼 소유 가치가 크다는 뜻이다. 2021년 10월에 거래된 기록을 보면, 25평이 16억 2,000만 원으로 6개월 사이에 1억 3,000만 원이나 오른 셈이다. 그러나 새 정부 들어 급속히 얼어붙은 부동산 시장에서 센텀시티도 예외는 아니다.

센텀시티와 마린시티에는 학군 프리미엄이 없다

우동에서도 잘 찾아보면 가격대가 저렴한 아파트가 있다. 그중 해운대오션파크 같은 중소형 아파트는 노려볼 만하다. 2021년에 25평이 7억 3,000만 원에 거래되었다. 2020년에는 4억 원 이하에서 거래되었다가 2021년 정점을 찍을 때 7억 원을 돌파한 뒤 2022년에는 단 한 건의 거래도 없었다. 내년 초까지이 학군 진입을 위해 아파트 매매를 고려 중인 학부모들이라면 올 연말까지는 기다릴 것이므로, 이후의 거래가에 주목해볼 필요가 있다. 전월세 가격 추이를 보면, 2021년에 25평이 2억 5,000만 원에 거래됐고 2022년은 이 가격 이상으로 거래된 기록이 없다. 인기가 많은 해운대자이2차는 2022년 3월에 25평이 8억 1,000만 원에 거래된 기록이 있다. 전월세의 경우 전세 거래는 없고, 월세가 보증금 5,000만 원에 월 120만 원으로 계약된 사례만 있다. 2021년까지만 해도 매물은 적고 전세 계약은 많았던 아파트인데 2022년 들어 거래절벽이 심화된 것이다.

우동의 아파트 가격대 변화 등을 보건대 마린시티나 센텀시티의 아파트 가격은 학군 효과라고 보기는 어렵다. 해운대고가 바로 인접해 있는 것도 아니기 때문이다. 그리고 해운대고는 내신성적으로 1차 합격자를 가리기 때문에 센텀중, 해운대중, 해강중, 부흥중에 비해 반드시 더 유리하다고만 볼 수도 없다.

물론 센텀시티가 부산의 다른 지역보다 학원이 많기는 하지만, 광역 자사고인 해운대고와 이 정도의 학원가만으로는 높은 아파트 가격이 설명되지 않는다. 이는 삶의 질, 주변환경, 입주민들의 경제력 등이 더 크게 작용한 결과로 볼 수 있다. 즉 대구의 범어동, 서울의 목동, 대치동, 인천의 송도처럼 학군이 올린 아파트 가격이 아니라는 말이다.

30년 차 아파트들의 재건축 이슈에 주목하라

부산의 전통적인 명문고인 부산고와 경남고는 구도심에 있고, 동인고, 동래고, 사직고 등 우수한 일반고는 연제구와 동래구에 있다. 따라서 센텀시티는 젊은 학부모들이 진입하는 곳이 아니라 자녀교육이 끝난 중장년 부유층이 마치 별장을 갖는 기분으로 입주하는 곳이다.

센텀시티에는 1990년대 초중반에 지어진 아파트들이 많다. 부흥중 주변의 해운대롯데3차는 지은 지 25년이 지났고 해강중 부근의 대우마리나1차는 지은 지 30년이 지났기 때문에 재건축 이슈가 가격 상승에 견인차 역할을 할 가능성이 크다. 그러면 구축 아파트들의 가격도 동반상승할 것이다. 지금은 구축 아파트 가격이 서울의 변두리나 경기도 신도시보다는 저렴해서 5억 원대 미만에 살 수 있다. 하지만 4년 뒤에는 이 아파트들이 랜드마크를 제치고 가격 상승을 주도할 수 있다. 그러기 위해서는 해운대고 외에 센텀시티 인근의 다른 고등학교들도 분발해야 한다. 센텀고, 부산센텀여고, 부흥고, 해강고, 신도고, 해운대여고 등은 지금보다 서울대와 의대 입시 실적이 더 좋아져야 한다. 아파트 가격을 올리는 데는 여러 요소들이 작용하지만 변치 않는 핵심 요소는 학군이다. 센텀시티와 마린시티 내 고가 아파트들은 학군 영향력이 적지만 우동의 구축 아파트들은 재건축 이슈 못지않게 학군 프리미엄이 중요하다.

학군별 필수 체크 아파트

부산 해운대 학군 주요 아파트

아파트명	세대수	입주연도/평단가	배정 예상 학교	매매가-전세가 추이
해운대 두산위브더제니스	1,788세대	2011년/6,000만 원 이상	• 초: 해원초 • 중: 해강중, 해운대여중, 해운대중 • 고: 해강고, 해운대여고, 신도고	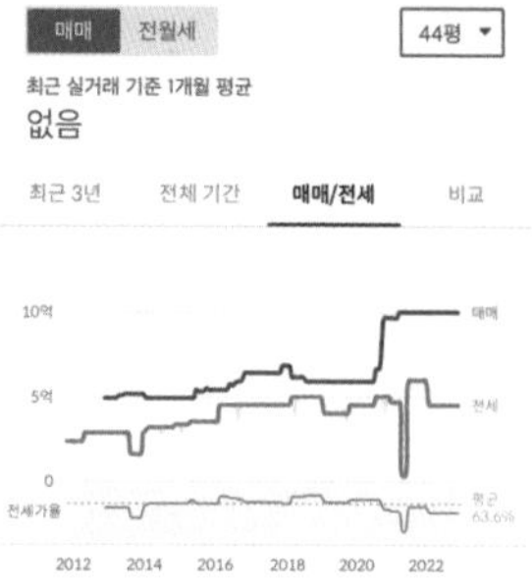 매매 전월세 44평 최근 실거래 기준 1개월 평균 없음
트럼프 월드센텀	564세대	2006년/6,000만 원 이상	• 초: 강동초 • 중: 해강중, 해운대여중, 해운대중 • 고: 해강고, 센텀고, 해운대여고	 매매 전월세 34평 최근 실거래 기준 1개월 평균 17억 5,000
해운대 아이파크	1,631세대	2011년/6,000만 원 이상	• 초: 해원초 • 중: 해강중, 해운대여중, 해운대중 • 고: 해강고, 해운대여고, 센텀고	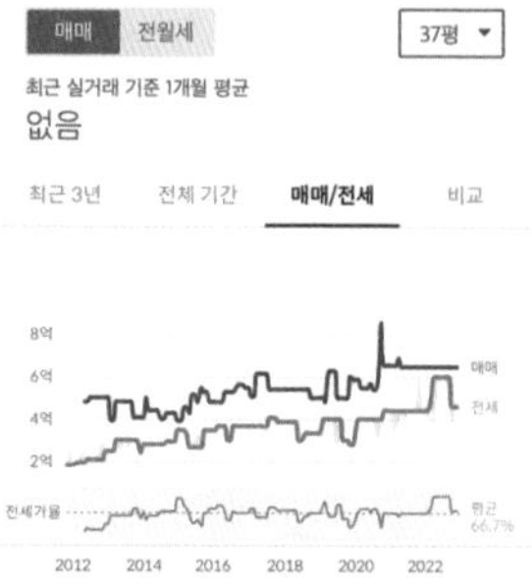 매매 전월세 37평 최근 실거래 기준 1개월 평균 없음

아파트명	세대수	입주연도/평단가	배정 예상 학교	매매가-전세가 추이
더샵 센텀파크 1차	2,752세대	2005년/3,000만 원 이상	• 초 : 센텀초 • 중 : 센텀중, 재송여중, 재송중 • 고 : 센텀고, 부산남일고, 해강고	 매매 전월세 34평 최근 실거래 기준 1개월 평균 12억 5,000 최근 3년 전체 기간 매매/전세 비교 10억 5억 0 전세가율 매매 전세 평균 60.2% 2008 2010 2012 2014 2016 2018 2020 2022
해운대센텀 두산위브	581세대	2014년/3,000만 원 이상	• 초 : 강동초 • 중 : 해강중, 해운대여중, 해운대중 • 고 : 해강고, 센텀고, 해운대여고	 매매 전월세 35평 최근 실거래 기준 1개월 평균 7억 4,000 최근 3년 전체 기간 매매/전세 비교 10억 5억 0 전세가율 매매 전세 평균 59.1% 2016 2018 2020 2022

호남 유일의 학원가 광주 봉선 학군

입지 특징

- 서울, 부산, 인천, 대구에 이어 다섯 번째로 인구가 많은 호남 제1도시
- 선호지역인 봉선동 내 신축 아파트와 구축 아파트 가격 차이가 큰 편
- 아파트 주변 학교, 학원가, 편의시설 양호, 유흥가가 없어 우수한 면학 분위기

학원가 특징

- 220여 개 학원이 밀집한 봉선동 학원가
- 영어는 리딩스타어학원과 청담에픽이 양대 산맥
- 경쟁력 있는 수학 학원들의 춘추전국시대

배정 예상 중학교

광주서광중, 광주송원중, 광주중, 금당중, 동아여중, 무등중, 문성중, 봉선중, 상무중, 숭의중, 운라중, 운림중, 전남중, 조대부중, 주월중, 치평중

배정 예상 고등학교

광주동성고, 광주수피아여고, 광주숭일고, 고려고, 금호고, 대광여고, 동아여고, 문성고, 상무고, 상일여고, 설월여고, 송원고, 송원여고, 전남고, 풍암고

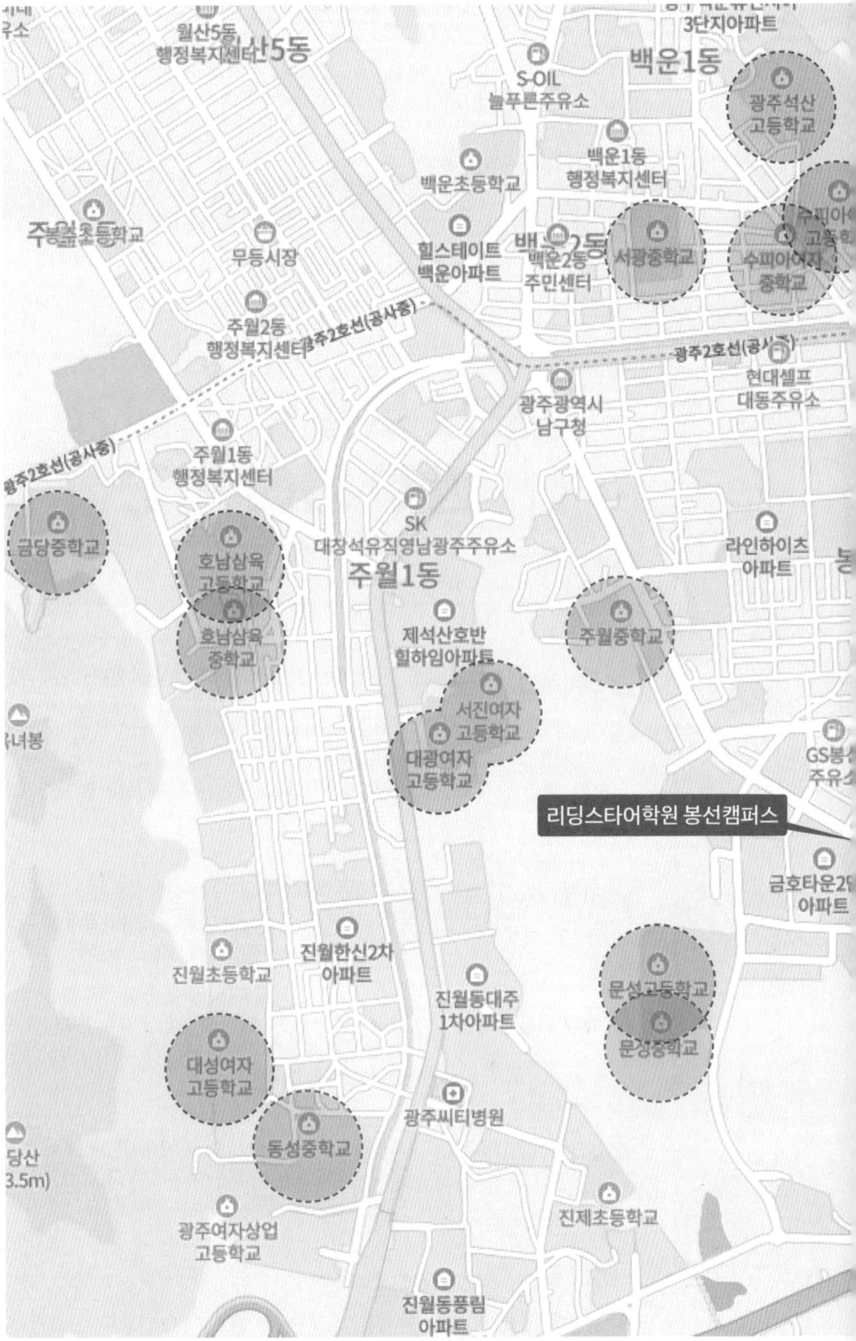

❶ 리딩스타어학원 봉선캠퍼스 : 맞춤 지도와 레벨별 수업, 내신 관리까지 해주는 학원
❷ 독한수학 : 학생별 맞춤 수업으로 객관적, 단계별로 수업하는 학원
❸ 청담에픽 : 초등 영어 학습 전문, 원어민 강사와 한국인 강사가 번갈아 수업
❹ 프렌즈과학학원 : 맞춤 지도와 학생 관리에서 만족도가 높은 학원

출처: 네이버지도(https://map.naver.com), 네이버부동산(https://land.naver.com)

⑤ 일취월장국어학원 : 수능 국어, 내신 국어 모두 체계적으로 관리하는 학원
⑥ 지산한길학원 : 봉선동에서 성장한 곳으로 학생 만족도가 높은 학원
⑦ 생각하는황소 광주봉선점 : 대치동에 본원이 있는 수학 전문 학원
⑧ 윤학당프리미엄 : 진학 컨설팅까지 자체적으로 해주는 학원

코로나 직격탄을 맞은 광주 학군의 충격적인 입시 결과

광주는 호남에서 제일 큰 도시로 서울, 부산, 인천, 대구에 이어 다섯 번째로 인구가 많다. 광주에서는 1973년에 동구와 서구, 1980년에는 북구가 각각 설치되었다. 1988년에는 당시 전남 광산군이 광주로 편입되면서 광산구가 생겨나고 1995년에는 남구가 추가되면서 면적이 두 배 이상 늘어났다. 오늘날 광주를 대표하는 학군지인 봉선동이 있는 남구는 1995년에 서구와 분리된 지역으로, 이후 광주는 지금의 다섯 개구 체제가 되었다.

코로나로 완화된 서울대 최저등급도 못 맞춘 최상위권 학생들

광주는 교육과 예술의 도시다. 과거 대구 인재의 산실이 경북고였다면, 호남에서는 광주일고가 수많은 정치인과 법조인을 양성해냈다. 그리고 광주비엔날레를 비롯해 각종 예술 행사를 주도하는 도시이기도 하다.

최근 광주는 교육도시로서 위기를 겪고 있다. 〈베리타스알파〉가 발표한 2022학년도 '서울대 톱100' 리스트 중 광주에 위치한 학교는 고려고 단 한 곳뿐이었다. 이 리스트는 정시 최초 합격자를 기준으로 한 것이라서 추가 합격자 결과를 반영하지 못했을 거라 생각했고, 그래서 따로 조사를 해봤다. 그럼에도 다섯 명을 배출한 고려고만 해당 리스트에 포함된 것으로 확인됐다. 이처럼 광주 지역 대다수 학교들은 전년도보다 서울대 합격자가 줄었다. 더불어 교육도시 광주의 위상도 흔들렸다. 모 여고는 서울대 합격생이 전년도에는 여섯 명이었는데, 2022학년도에는 단 한 명도 배출하지 못하는 충격적인 결과를 내기도 했다.

광주의 학교 선생님들은 이구동성으로 코로나 직격탄을 맞았다고 말했다. 코로나 19 팬데믹으로 원격학습이 일반화되면서 고3 수험생과 재수생과의 학습 격차가 더욱 커졌다는 것이다. 예전에는 다른 지역에서 서울대 최저등급을 맞추지 못해 전교 1등이 서울대 지균에서 떨어진다는 소식을 들으면 남의 일 같았는데 2022학년도에는 그렇게 떨어진 학생들이 너무나 많았다.

그런데 더 놀라운 소식이 있다. 서울대는 최근 2년간 코로나를 이유로 최저등급을 2등급 세 개에서 3등급 세 개로 완화했다. 3등급 세 개면 정시전형에서 '인서울 대학'의 진입이 불가능한 수능성적이다. 교육의 도시 광주에서 상당수 학교의 전교 1등이 2등급 세 개, 아니 3등급 세 개를 못 채웠다는 사실은 정말 큰 충격이었다.

광주 학군의 부활은 봉선동에 달려 있다

광주 지역의 2022학년도 입시 결과를 두고 학원가에서도 다양한 평가가 오가고 있다. 하지만 혁신교육이 광주를 휩쓰는 동안에도 광주의 맹모들은 열심히 자녀들을 교육하면서 사교육에 많은 투자를 했다. 광주의 교육열은 대구와 부산 못지않게 뜨겁다. 지방에서 상담을 하면 부산 다음으로 광주의 학생과 학부모들을 많이 만나게 된다. 오히려 대구 지역 학부모들이 수능에 집중하느라 수시 투자에는 소극적이다.

그동안 광주는 수시전형에 적극적으로 투자하면서도 모의고사와 수능성적도 잘 나오는 지역이었다. 그런데 2022학년도 서울대 입시는 완전히 실패했다. 코로나로 인한 학습결손 탓인지 아니면 광주 지역 내 다른 이유 때문인지 알 수 없지만 그 결과는 처참했다. 그럼에도 나는 광주의 부진이 계속 이어질 것이라고 보지 않는다. 광주의 대치동인 봉선동의 저력을 믿기 때문이다.

자사고와 특목고가 없는 광주, 최상위 중학생은 어떤 선택을 할까

광주에는 영재고인 광주과고를 제외하면 특목고나 자사고가 없다. 따라서 광주 지역 최상위권 중학생이 특목고나 자사고를 지원하고자 하다면 다른 지역의 고교를 선택해야 한다. 그나마 영재고와 과고, 전국 단위 자사고는 기숙사가 있어서 전국 어디든 갈 수 있지만, 외고 특히 서울권에 있는 명문 외고는 명덕외고와 대일외고를 제외하면 기숙사가 없다.

그래서 영어 실력이 탁월하고 성적이 좋은 학생들도 서울권 외고에 진학하려는 경우는 많지 않다. 광주에서 중학교를 졸업한 제자 중 대일외고에 진학해서 서울대 경영학과에 합격한 사례가 있긴 하지만 이는 굉장히 드문 경우다. 그렇다면 광주 지역의 최상위권 중학생들은 고교 진학 시 어떤 선택을 할까? 먼저 주요 중학교들의 성적과 입시 실적에 대해 살펴보자.

광주 지역 주요 중학교의 고등학교 진학 현황과 내신점수

중학교	졸업생	일반고	외고·국제고	영재고·과고	자사고	국어 평균점수	수학 평균점수	영어 평균점수
동아여중	192명	159명 (84.1%)	1명 (0.5%)	0명 (0%)	0명 (0%)	77.3	71.0	85.0
문성중(남)	185명	161명 (85.6%)	1명 (0.5%)	1명 (0.5%)	0명 (0%)	74.3	79.8	76.3
봉선중	178명	137명 (76.5%)	1명 (0.6%)	2명 (1.2%)	0명 (0%)	74.4	72.6	70.6
금당중	169명	153명 (89%)	1명 (0.6%)	2명 (1.2%)	0명 (0%)	75.6	70.7	69.8

외고와 국제고 진학자가 거의 없는 광주의 중학교

현재 광주 학군지 중 가장 주목받는 곳은 봉선동이다. 이 지역 중학교들의 2016학년도 학업성취도 평가 결과를 보면 다소 의아스럽다. 당시 국어 과목은 '우수 학력 이상'이 33퍼센트로 전국 평균인 37.5퍼센트보다도 낮았다. 비슷한 인구 규모의 대전(42.6퍼센트)보다도 크게 낮은 수치였다. 가장 높았던 대구(44.9퍼센트)와는 그 격차가 많이 벌어져 있었다. 수학의 '우수 학력 이상'은 21.9퍼센트로 서울(27.8퍼센트)보다 많이 낮았지만 그 차이는 국어만큼 심하지는 않았고 전국 평균인 19.9퍼센트보다는 높았다. 영어는 '우수 학력 이상' 비율이 27퍼센트로 서울(39퍼센트)보다는 많이 낮았고, 전국 평균인 28퍼센트보다는 약간 낮았다. 즉 7년 전 광주는 교육특구로 불릴 만한 학군은 아니었다. 이를 통해 광주 학부모들은 수학에 적극 투자하고 국어나 영어는 서울이나 대구 지역만큼 많이 투자하지 않는다는 점을 확인할 수 있었다.

그리고 광주 지역 주요 중학교들의 입시 실적을 살펴보면 공통점이 있다. 바로 외고와 국제고 진학자가 거의 없다는 점이다. 즉 문과 성향의 학생들 중 SKY대학을 목표로 해서 서울로 이사를 가거나 홀로 서울에 가서 공부하고자

하는 사례가 거의 없다고 볼 수 있다. 광주의 학부모들은 외고 진학과 서울대 입학이라는 문과 최상위권 학생들의 보편적인 로드맵은 염두에 두지 않는다는 사실을 알 수 있다.

광주 지역에서 과고와 자사고 진학률이 가장 높은 호남삼육중

광주 지역 중학교들의 또 한 가지 공통점은 전국 단위 자사고에 진학하는 학생이 거의 없다는 점이다. 이는 서울의 교육특구 그리고 분당 등지와 가장 많이 차이 나는 부분이다. 실제로 민사고 재학생 중 중학교를 광주에서 나온 학생은 거의 본 적이 없다. 그나마 광주에서 전국 단위 자사고를 보낸다면 가장 가까운 상산고를 선호하는 편인데 이 진학률도 해마다 줄어들고 있다.

그리고 지역 내에 영재고가 있음에도 불구하고 영재고와 과고 진학자가 극히 적다. 서울대 이공계 진학을 목표로 하는 학생이 적다는 의미다. 그렇다면 광주의 학생과 학부모들도 대구처럼 서울대보다는 의대 선호 현상이 강한 걸까? 상위권과 중위권을 막론하고 대부분의 학생이 일반고에 진학하는 것을 보면 그런 가능성을 배재할 수 없다.

광주 지역에서 주목해야 할 중학교 중 하나는 호남삼육중이다. 광주에서 공부 잘하고 특목고와 자사고에 진학하는 학생 중에는 이 학교 출신 학생들이 많다. 개인적으로도 많이 만나봤다. 제7일 안식교에서 운영하는 이 중학교는 기타 학교로 분류돼 내적 실적이 공개되지는 않지만, 진학 현황을 보면 졸업생 중 과고(전남과고)와 전국 단위 자사고(상산고 등) 진학자가 전체 학생 수의 10퍼센트 정도를 차지한다. 이 학교는 국영수 시험으로 학생을 선발하기 때문에 봉선동 학원가에는 호남삼육중 입시 대비 학원들도 꽤 많다. 광주에는 특목고가 없지만 호남삼육중이 그 역할을 담당하고 있는 셈이다.

광주 지역 학부모들은 서울대와 의대 중 어디를 더 선호할까

지난 몇 년 동안 광주에서 서울대 진학률이 가장 높은 학교는 단연 고려고다. 이 학교는 남구가 아닌 북구에 있는데, 광주는 전 지역이 '선지망 후추첨'이기 때문에 남구에서도 북구에 있는 학교에 지원할 수 있다. 고려고는 광주 내 최상위권 학생들이 기숙사 생활을 하면서 공부할 수 있는 곳이며 학교에서 집중적으로 학생부를 관리해주는 것으로 알려져 있다.

서울대는 극소수의 최상위 학생들끼리 경쟁하는 학교보다는 다수의 우수한 학생들이 경쟁하고, 이들에게 지속적으로 동기부여를 하는 학교를 선호한다. 그 기준에서 볼 때 고려고는 광주의 명문고로 서울대가 탐낼 만한 곳이다. 특히 이 학교는 수학 내신시험의 난이도가 정말 높다. 진로선택과목은 A, B, C로만 평가 결과가 나오는데 그중 기하 과목의 평균점수가 60점대에 불과하고, A를 받은 학생이 나오지 않았을 정도로 변별력 있는 문제들이 출제된다.

하지만 2022학년도 의대 진학률로만 본다면 고려고는 광주 지역에서 3위

광주 지역 주요 고등학교 서울대 합격자 수 및 내신점수

고등학교	서울대 합격자 수	졸업생 수	예상 재수생 비율	국어 평균점수	수학 평균점수	영어 평균점수
고려고(남)	5명(수시 3명, 정시 2명)	234명	11.5%	64.7	44.8	57.1
조대부고(남)	5명(수시 4명, 정시 1명)	214명	16.9%	48.7	56.7	47.7
광덕고(남)	4명(수시 3명, 정시 1명)	280명	8.2%	58.3	57.4	52.1
광주숭일고	4명(수시 3명, 정시 1명)	265명	4.5%	89.7	59.2	47.8
금호고(남)	3명(전원 수시)	233명	9.9%	58.8	46.7	54.4

(여덟 명) 정도에 해당하고, 서울대 합격자를 가장 많이 배출했지만 다섯 명에 그쳤다. 이 결과만 놓고 본다면 서울대나 의대 입시에서 광주의 고등학교들은 서울은 물론이거니와 다른 광역시와 경기도에 비해서 밀리는 편이다.

전체적으로 정시보다 수시전형에 더 강한 광주의 일반고

동구에 위치한 조대부고는 수시전형에 강한 학교다. 코로나 기간 중 줌으로 학생들이 중앙대 독문과 김누리 교수, '하리하라'로 유명한 이은희 생명과학 작가와 소통하는 기회를 마련하는 등 인문사회 융합교육 쪽으로는 정평이 나 있다. 또한 소프트웨어 선도학교로 AI 인재들에게 수학, 과학, 인문학을 통섭적으로 공부할 수 있는 기회를 제공해 좋은 반응을 얻고 있다. 광덕고는 한때 광주에서 서울대 입시 실적이 가장 좋은 학교였는데 지금은 고려고에 약간 밀린 상황이다. 고교학점제 선도학교로 지정되기도 했으며 4학기제로 운영하고 있다. 진학 특강과 학과전공 특강, 일대일 진로진학 컨설팅, 진로위탁 박람회를 통해 학생들의 진로를 파악한 후 개별 맞춤형 교육과정을 진행한다. 특화과정 중 하나인 로봇중점과정에서는 학생들이 직접 로봇을 만들어 세계로봇대회에 출전한 적도 있으며 교내 쓰레기를 처리하는 자율차도 개발했다. 대학에서 기계공학이나 자동차공학을 전공하고자 하는 학생이라면 이보다 더 좋은 프로그램은 없다. 다만 학교 내신시험은 상당히 어려운 편이다.

광주숭일고는 광주에서 서울대를 많이 보내는 학교 중 유일한 남녀공학이다. 2022학년도 수시전형에서 서울대 의대 합격생이 나왔다. 예전에는 한양대 의대 학종에서 무려 네 명의 합격자를 배출해 화제가 된 적이 있다. 물론 그 학생들이 전부 한양대 의대 이상의 서울권 의대에 합격해 최종 등록자는 '영 명'이었다. 한양대 의대는 당시에도 자소서 없이 학생부만으로 학생을 선발했다. 광주숭일고가 의대 수시전형에 그만큼 경쟁력이 있다는 의미다.

광주숭일고를 대표하는 프로그램은 'F.A.C.T'다. 사실Fact을 기반으로 인문사회과학을 융합Fusion 그리고And 창조Creation하는 기술Technology로, 복수의 교과 영역의 내용을 연구하고 융합적·통섭적 이해를 이끌어내는 활동이다. 이러한 숭일고의 프로그램은 상위권 의대 합격생의 조건인 학생맞춤과 진정한 자기주도 학습과도 일맥상통하는 점이 있다. 또 미션 스쿨에서 전교생이 봉사 활동을 하는(최근에는 잠시 쉬고 있다) 점도 의대 지원자들에게는 긍정적으로 작용한다.

금호그룹이 재단인 금호고는 광주 지역 고등학교 중에서 투자에 가장 적극적인 학교다. 2022학년도 서울대 의대 수시전형에서는 합격자도 한 명 나왔다. 이 학교에 컨설팅을 하고 재학생과 선생님들을 대상으로 입시 전략을 강연한 적도 있는데, 그 당시의 금호고는 정시형 학교였다. 정시전형으로만 서울대 합격생이 나온 적도 있다. 한때 서울대 합격자 수가 아홉 명(수시, 정시 포함)에 이른 적도 있었는데, 2015년경을 기점으로 서서히 수시전형으로 무게 중심이 바뀌면서 새롭게 진화하고 있다. 북구청 조선대와 함께 로봇코딩교육을 실시하며 AI 중심 학교로 변신 중이다. 특히 수학과 과학 동아리가 굉장히 다양한데 게임을 직접 만들어보는 동아리도 있다. 이처럼 이 학교는 문과보다는 이과 성향의 학생들에게 좀 더 유리한 학교라고 볼 수 있다.

광주시 전체적으로 볼 때 서울대 실적의 경우 일반학과에 합격하는 학생보다 수시전형으로 서울대 의대에 합격하는 학생들의 비율이 더 높다. 예년에도 여덟 명 정도의 학생이 수시전형으로 합격을 했으니 2022학년도와 큰 차이가 없다. 대구의 경우 수성구에 거의 모든 서울대 의대 합격생이 몰려 있는 반면, 광주는 여러 지역의 학교에서 골고루 진학한다는 점이 특징이다.

광주에서 여학생 학부모들의 한숨이 크게 들리는 이유

광주 지역 고등학교의 입시 실적을 보면 한 가지 우려가 든다. 광주에는 다른 지역보다 유달리 여고가 많은데 서울대 진학률이 높은 여고가 없다는 점이다. 예전에는 설월여고와 조대여고가 서울대 합격생을 다섯 명가량 배출했는데 두 학교 모두 2022학년도에는 서울대 입시 결과를 공개하지 않았다.

일단 설월여고는 서울대 합격 후 다른 대학의 의대를 선택한 학생이 있을 것이다. 의치한약 합격자가 10명(복수합격 포함)이 나와 광주 지역 1등을 기록했기 때문이다. 조대여고도 일곱 명(복수합격 포함)이 나왔다. 물론 최소 한 명이 세 곳 이상은 중복합격하기 때문에 최종 등록자는 많아야 서너 명이다. 하지만 일단 여고 최상위권 학생들은 의대를 더 선호한다는 사실은 증명된 셈이다. 동아여고, 상일여고, 금호중앙여고, 전남여고, 살레시오여고 등도 상황은 마찬가지다.

또 한 가지 문제는 광주시 학생들의 수능성적이 점점 더 낮아지고 있다는 점이다. 문재인 정부 때부터 수능성적을 학교별 혹은 지역별로 공개하지 않아서 정확히는 알 수 없지만 어느 정도 가늠은 할 수 있다. 바로 서울대 정시 합격자 수, 수시전형에서도 높은 최저등급을 요구하는 의대 합격자 수, 정시전형에 의치대를 압도적으로 보내는 재수생 비율 등을 통해 알 수 있다. 이 기준으로 봤을 때 광주 지역의 수능성적은 예년보다 떨어지고 있으며, 의대에 지원하는 우수 자원이 생각보다 많지 않을 수 있다.

신쌤's 컨설팅

광주의 넘버원, 고려고의 학교생활기록부

광주에서 서울대 실적 1위를 기록하고 있는 고려고의 학생부를 보면, 과목의 특성에 맞게 공부하고 이해한 내용 위주로 평가자가 관심을 가질 만한 부분을 써주는 경향이 짙다. 미적분을 기반으로 한 학생부 사례를 보자.

'미분' 단원에서 미분의 활용에 대해 고민하던 중, '신경망 첫걸음(타리크 라시드)'을 다시 읽으며 딥러닝에 사용되는 '경사하강법'이라는 수학 원리가 미분 개념을 필수로 한다는 사실을 알게 됨. 이를 통해 수학이라는 과목이 입시만을 위한 과목이 아니라는 사실을 깨닫고 미분의 발전 과정에 대해 조사함. 이후 미분 발명 전 접선의 기울기를 구하는 방법으로 접선의 기울기를 구해보고, 이러한 방법이 어떻게 미분으로 발전되고 공식화되었는지에 대해 탐구하고 이에 관한 보고서를 작성함.

상수항을 미분했을 때 0이 되는 이유를 변화율과 관련하여 설명한 부분을 읽고, '변수가 여러 개인 함수를 한 변수에 대해 미분할 수 있을까?'라는 의문을 가지고 이에 대해 조사함. 변수가 서로 독립적일 때는 변수들 간 영향을 받지 않는다는 특징을 이용한 편미분법에 대해 알아내는 탐구력을 보임. 또한 딥러닝에서 가중치를 계산하는 방법인 '행렬' 개념에 대해서 추가 조사하여 행렬이라는 수학적 방법이 어떻게 신경망을 간결하게 표현하는지에 대해 이해함.

인공지능에 관심 있는 학생의 우수성을 미분의 개념을 활용해 잘 표현하고 있다. 편미분은 고등학교 과정에 없는 내용인데, 이 학교는 상위권 학생들의 변별력을 위해 해당 학생이 공부한 내용을 구체적으로 써준다. 학생의 우수성과 전공적합성은 서울대 입학사정관과 해당 학과 교수들이 특히 주목하는 부분이다.

봉선동 학원가를 대표하는 국영수 학원은 어디일까

광주를 대표하는 교육특구 봉선동은 서울 인근의 신도시와 비슷한 느낌이다. 그 외 지역은 아직도 1980년대에 멈춰 있는 듯해서 많은 차이가 있다. 봉선동 학원가는 학원 빼고 다른 업종은 아예 없는 건물들이 모여 있을 정도로 학원 수가 만만치 않다. 2022년 기준 학원 수가 220여 개를 넘어서서 서울과 수도권의 웬만한 학원가의 규모와 맞먹는다.

봉선동의 맹모들은 주로 어떤 학원에 관심이 많을까? 봉선동에 설명회를 갈 때마다 느끼는 점인데 이곳에도 의대 열풍이 강하게 불고 있다. 다만 초등학생 때까지는 영어에 좀 더 주력하는 학생들이 많다. 이과 열풍으로 일찌감치 수학과 과학으로 방향 전환을 한 다른 지역과의 차이점이라 할 수 있다. 학부모들은 대입 수시전형에 특히 관심이 많다. 따라서 설명회 때도 수시전형에 주안점을 두고 내신을 잘 챙겨서 지역에 있는 의대로 진학하는 전략을 권한다.

봉선동을 대표하는 영어 학원과 수학 학원은 어디인가

봉선동 영어 학원의 양대 산맥으로는 리딩스타어학원 봉선캠퍼스와 청담에픽을 꼽을 수 있다. 리딩스타어학원 봉선캠퍼스는 맞춤지도와 체계적인 레벨별 수업 그리고 학교별 내신 관리까지 잘해주는 곳으로 봉선동 맹모들의 최고 평가를 받는 학원이다. 유일한 불만이라면 학원비가 다소 비싸다는 점 정도다.

청담에픽은 학생의 영어 수준을 정확히 평가하는 레벨 테스트와 실력에 맞는 반 편성 및 경쟁적인 분위기 조성 등으로 리딩스타어학원 봉선캠퍼스와 함께 봉선동 영어 학원의 넘버원을 다투는 중이다. 이 학원은 특이하게 '체험 수업'이라는 상품을 도입했다. 연세대 영문학과 출신의 원장이 열성적으로 운영하는데, 초중등학생이 고등학교에 올라가면 내신시험뿐 아니라 수능 영어도 챙겨주는 것으로 알려져 있다. 그 외 리딩타운 광주남구캠퍼스는 파닉스가 좀 더 중시되는 초등 저학년을 집중적으로 공략하는 학원이다.

수학 학원은 그야말로 '군웅할거' 수준이다. 다수의 학원들이 서로가 강자임을 내세워 경쟁한다. 그중 가장 먼저 떠오르는 이름은 한수위수학학원이다. 봉선동 학부모들의 워너비 중학교인 호남삼육중 대비 프로그램이 확실하고, 학생들의 성적표를 시각화시켜 학부모들과도 적극적으로 소통하고 있다. 독한수학도 학생별 맞춤 수업으로 서서히 저변을 넓혀가는 중이다. 학생들의 수학 실력을 객관적으로 분석하고 단계별 수업을 진행해서 학부모들에게 높은 신뢰를 받는 것으로 알려져 있다.

원티칭수학학원은 수학 공부 습관을 바로잡아주면서 수학을 어려워하는 학생들이 수학을 친근하게 접할 수 있도록 만들어주는 학원으로 소문이 나 있다. 지산한길학원도 봉선동에서 잔뼈가 굵은 학원으로 학생들의 만족도가 높고 선생님들이 무척 친절하다는 평가를 받는다.

진학 컨설팅까지 하는 국어 학원과 확장세에 들어선 과학 학원

국어 학원은 윤학당프리미엄과 국풀국어전문학원 광주봉선원을 비롯해서 청어람국어, 일취월장국어학원 등이 유명하다. 윤학당프리미엄은 국어 실력과 독서력을 동시에 키워주면서 재원생들의 진학 컨설팅도 자체적으로 해준다. 국풀국어전문학원 광주봉선원은 국어 수업을 하면서 NIE Newspaper In Education(신문활용교육), 독후감 등 다양한 독서 논술 수업도 병행해 학생들의 비판적 사고력을 키워준다는 평을 받는다. 주 1회 정규수업 세 시간에 한 시간의 클리닉 시간을 확보해서 학생의 부족한 점을 보충해주는 시스템을 갖고 있다.

일취월장국어학원은 수능 국어는 물론이거니와 내신 국어까지 책임지고 있다. 학생부의 체계적 관리까지 내세워 경쟁력을 높였다. 이처럼 봉선동의 국어 학원들은 국어 수업 외에 학종 컨설팅도 겸하면서 변화하는 흐름에 민첩하게 대응 중이다. 이는 광주 지역 고등학생들의 수능성적이 예전만 못하고, 수시전형으로 진학하는 비율이 늘어나면서 학생부 관리와 진학 컨설팅 수요가 늘어나고 있기 때문이다.

전국적인 의대 열기 때문에 봉선동에도 과학 학원의 숫자가 늘어나고 있다. 이 중 프렌즈과학학원과 본과학학원이 봉선동에서는 인기가 높다. 학생 관리와 맞춤 지도란 측면에서 만족도가 높은 편이다.

봉선동의 학원가는 광주 남구뿐 아니라 광주 전 지역 그리고 순천이나 광양 등의 명문고에서도 찾아오면서 호남 지역을 대표하는 학원가로 성장했다. 광주의 학부모들도 대구나 부산처럼 서울대보다 의학계열을 선호하는 분위기를 따라간다면 학생들의 수능 준비는 지금보다 좀 더 일찍 시작될 가능성이 높다. 그리고 이는 영어 학원 외에 국어, 수학, 과학 등의 학원이 골고루 발전할 가능성을 높여준다. 따라서 2022년의 아픔을 극복하고 광주 봉선동 학군은 더욱 성숙해진 모습으로 성장할 가능성이 높다.

광주의 기적, 봉선동의 아파트 가격은 과연 유지될 수 있을까

광주 지역 전체를 두고 아파트 가격의 순위를 매기자면 1위부터 10위까지의 아파트가 모두 봉선동에 있다. 봉선동의 아파트 가격은 광주 내 다른 지역과는 비교 불가다. 그러나 지금 부동산 시장은 대치동, 분당, 대구의 범어동도 피해 갈 수 없는 거래절벽을 맞아 하락세에 접어들었다. 광주의 대표적인 학군지이면서 학원가인 봉선동도 예외일 수는 없다.

봉선동 대장 아파트들의 하락세가 심상치 않다

2022년 기준으로 봉선동에서 가장 비싼 아파트는 봉선한국아델리움3차다. 한때 25평이 12억 원을 넘었던 아파트다. 지금은 가격이 얼마나 될까? 2022년 5월에 거래된 기록을 보면 9억 6,000만 원으로 상당히 많이 떨어진 것을 알 수 있다. 6~7월에는 아예 거래가 없었다. 11월에는 결국 25평 가격이 9억 원 밑으로 떨어져 8억 8,500만 원에 거래됐다. 지금처럼 매물이 쏟아져 나오고 매수가 완전히 끊긴 상태에서는 가격이 더 가파르게 하락할 가능성이 농후하다. 전세가 역시 하락세다. 2021년에는 6억 5,000만 원에 이르던 전세가가 2022년에는 5억 5,000만 원으로 약 1억 원이 떨어졌다.

봉선동에서 봉선한국아델리움3차에 이어 가장 주목받고 있는 봉선제일풍경채엘리트파크는 어떨까? 이 아파트의 최고가는 2022년 상반기에 거래된 25평의 가격으로, 10억 1,500만 원이었다. 그런데 그해 6월에는 9억 5,000만 원으로 급락했다. 전세가 역시 1억 원 정도 떨어져 현재 5억 원대에 계약되고 있다. 그리고 정부가 특단의 조치를 내놓지 않는 한(금리의 대폭 인하) 봉선동 역시 계속해서 집값이 떨어질 수밖에 없다.

그렇다면 학원가가 밀접한 포스코더샵은 어떨까? 2022년 7월 기준 25평은 6억 2,000만 원에, 33평은 9억 9,500만 원에 거래되었다. 6월까지만 해도 33평이 10억 원을 넘어서며 기대를 모았으나 한 달 만에 10억 원 선이 무너졌다. 주식으로 치면 가격 저항선이 무너진 것과 같다. 매도자는 심리적으로 쫓길 수밖에 없다. 25평도 불과 2년 전인 2021년에는 8억 2,000만 원에 팔렸는데 이 가격이 고점일 가능성이 크다. 결국 11월에는 8억 선이 무너지고 7억 9,200만 원에 계약되기도 했다. 주식도 아닌 부동산에서 1년 만에 평가손실이 2억 원 이상 나면 견디기 어려울 것이다. 포스코더샵의 25평 전세가는 5억 원대로 2021년 가격인 5억 5,000만 원보다 10퍼센트 이상 하락했다.

이처럼 봉선동 아파트 가격 하락세는 가파르다. 더군다나 광주 지역 학교들이 서울대와 의대 입시 모두에서 예전만 못하다는 인식이 확산되자 3040세대들은 '굳이 봉선동에 10억 원의 돈을 투자해서 살아야 할 이유가 있을까?' 하는 의구심이 들기 시작한 것이다.

봉선동 내에서 상대적으로 저렴한 구축 아파트를 노려라

봉선동은 신축 아파트 지역과 구축 아파트 지역의 가격 차이가 심한 편이다. 봉선동이라고 해서 모두 같은 봉선동이 아니다. 구축이거나 브랜드가 약한 아파트, 세대수가 적은 아파트들이 모인 곳은 같은 봉선동이라고 해도 대부분 25평 기준으로 가격대가 3억 원이 채 안 된다. 그래서 봉선동 학군의 환경을 이용하되 상대적으로 적은 금액으로 진입하고자 한다면 구축 아파트가 대안이 될 수 있다.

지금은 대출금리가 치솟고 있지만 점차 대출 제한이 풀리고 있으므로 호남 지역 최고의 학군과 학원의 경쟁력을 갖춘 봉선동에 입성하고자 한다면 구축 아파트 진입을 고려해볼 만하다. 봉선동의 빌라는 소형의 경우 3억 원 이하면 얼마든지 구할 수 있으므로 평범한 직장인들도 봉선동 진입이 어렵지 않다.

추후 봉선동의 아파트 가격은 금리 변동뿐 아니라 서울대와 의대 입시 실적과도 무관할 수는 없다. 원래 광주는 수능성적이 좋은 곳이었다. 현재 주춤하고 있는 것은 코로나 영향도 있겠지만 진보 교육감의 교육 철학도 일부분 작용했을 것으로 보인다. 현행 교육감은 진보 성향으로 분류되지만 전직이 교대 총장이었던 만큼 광주의 학력 수준을 끌어올리기 위해 특별한 노력을 기울일 것이다. 이는 광주 그리고 봉선동의 학부모들도 원하는 사항이다.

학군별 필수 체크 아파트

광주 봉선 학군 주요 아파트

아파트명	세대수	입주연도/평단가	배정 예상 학교	매매가-전세가 추이
봉선한국 아델리움 3차	279 세대	2014년/ 3,000만 원 이상	• 초 : 조봉초 • 중 : 문선중, 봉선중, 주월중 • 고 : 문성고, 동아여고, 대광여고	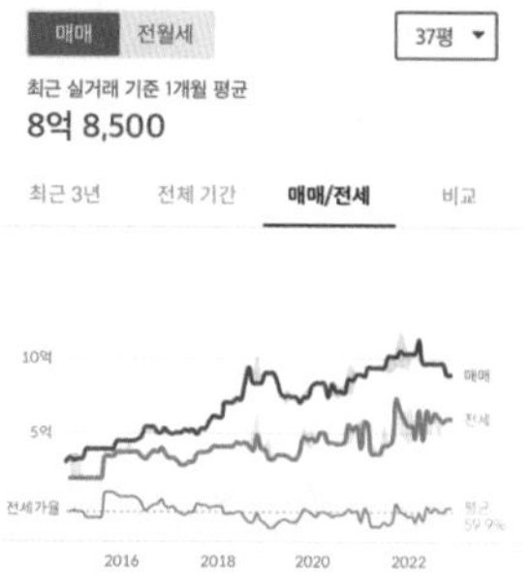 매매 전월세 37평 최근 실거래 기준 1개월 평균 8억 8,500 최근 3년 전체 기간 매매/전세 비교
봉선제일 풍경채 엘리트파크	400 세대	2016년/ 2,000만 원 이상	• 초 : 조봉초 • 중 : 문성중, 주월중, 봉선중 • 고 : 문성고, 대광여고, 광주동성고	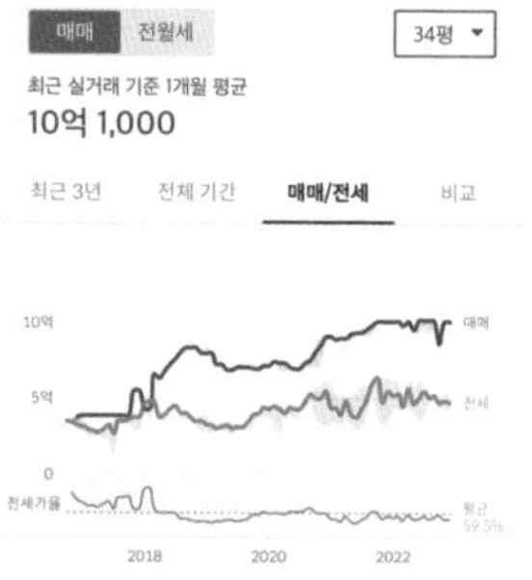 매매 전월세 34평 최근 실거래 기준 1개월 평균 10억 1,000 최근 3년 전체 기간 매매/전세 비교
포스코더샵	1,140 세대	2004년/ 2,000만 원 이상	• 초 : 불로초 • 중 : 동아여중, 문성중, 숭의중 • 고 : 동아여고, 문성고, 설월여고	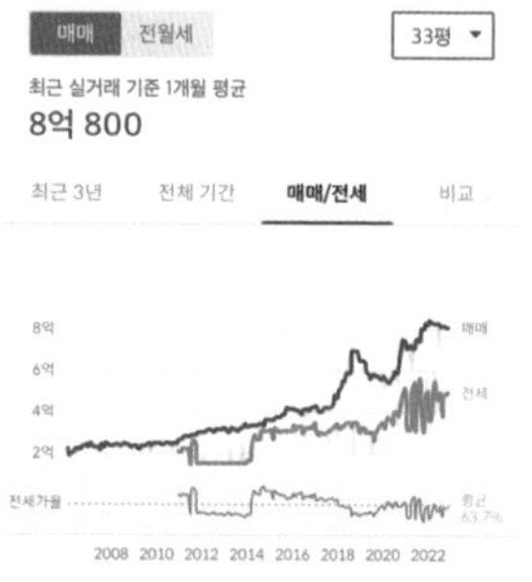 매매 전월세 33평 최근 실거래 기준 1개월 평균 8억 800 최근 3년 전체 기간 매매/전세 비교

아파트명	세대수	입주연도/ 평단가	배정 예상 학교	매매가-전세가 추이
상무 SK뷰	536 세대	2016년/ 2,000만 원 이상	• 초 : 광주상무초 • 중 : 상무중, 치평중, 전남중 • 고 : 전남고, 상무고, 상일여고	 매매 전월세 33평 최근 실거래 기준 1개월 평균 6억 4,500 최근 3년 전체 기간 매매/전세 비교 8억 6억 4억 2억 0 전세가율 매매 전세 평균 66.1% 2018 2020 2022
동부 센트레빌 아파트	804 세대	2003년/ 2,000만 원 이하	• 초 : 운라초 • 중 : 운라중, 광주송원중, 광주중 • 고 : 풍암고, 송원고, 송원여고	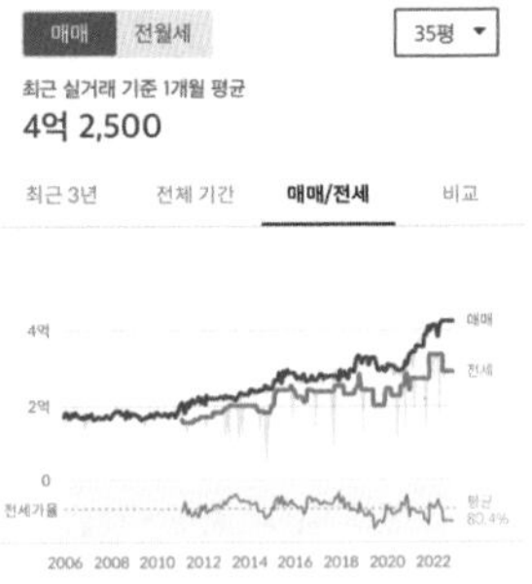 매매 전월세 35평 최근 실거래 기준 1개월 평균 4억 2,500 최근 3년 전체 기간 매매/전세 비교 4억 2억 0 전세가율 매매 전세 평균 80.4% 2006 2008 2010 2012 2014 2016 2018 2020 2022

에필로그

투자자의 시각에서 입시를 준비해야 성공한다

이 책을 끝까지 읽은 독자분들은 입시와 부동산의 오묘한 관계를 충분히 이해하셨을 겁니다. 지금부터는 발상의 전환이 필요합니다. 부동산과 교육을 연결시켜 생각해야 합니다. 교육도 관련 현안만을 들여다볼 게 아니라 부동산 정책과 같이 연동해서 보는 습관을 가져야 합니다. 부동산과 입시는 공통점이 많습니다. 아파트 가격을 결정하는 핵심 요소는 학군, 교통, 직주근접 세 가지입니다. 그런데 그중 학군은 향후 아파트 가격 변화에 가장 큰 변수가 될 것입니다. 이미 변수를 넘어 상수가 되었다고 할 수 있습니다.

입시와 부동산 정책 변화는 단 하나라도 놓치지 마라

저는 주식 투자자이기도 합니다. 주식 투자를 하기 위해서는 종목 분석뿐 아니라 관련 산업과 세계 경제 동향 등 공부해야 할 내용이 정말 많습니다. 공부의 양과 수익률이 정비례하는 것은 아니지만, 대체로 수익률이 높은 사람은 그만큼 공부를 많이 했을 가능성이 높습니다. 입시와 부동산 투자도 주식 투자와 마찬가지로 열심히 공부해야 성공 확률을 높일 수 있습니다.

둘 다 관련 제도와 정책이 미치는 영향이 워낙 크기 때문에 두 눈을 부릅뜬 채 입시와 부동산 정책에 관한 뉴스를 탐독하고 전문가들의 분석을 샅샅이 분석해야 합니다. 특히 KB부동산을 통해 빅데이터의 동향을 면밀히 파악하시길 권해드립니다. 입시 정책은 네이버 뉴스의 교육 섹션을 매일 들여다보면서 정책의 흐름을 읽으려고 노력해야 합니다. 그리고 각종 맘 카페에 가입해서 학교와 학원 정보를 공유하는 것도 추천드립니다. 가장 빠르게 최신의 교육 정보를 접할 수 있기 때문입니다.

투자는 목표가 명확하면 절반은 성공한 것이다

입시와 부동산은 '투자'라는 점에서도 공통점이 있습니다. 내가 산 아파트의 가격이 오르는 것과 자녀가 명문대에 입학하는 것, 이 두 가지 모두 투자의 결실입니다. 투자는 목표가 명확할 때 이미 절반은 성공했다고 볼 수 있습니다. 자녀가 초등학교 5학년이 되면 입시 목표를 구체적으로 설정해야 합니다. 그래야 그 목적지에 도달하기 위한 로드맵을 짤 수 있고 아무리 힘들어도 뚜벅뚜벅 앞으로 정진할 수 있으니까요. 목표가 분명하면 주변의 소란스러움에 의연하게 대처할 수 있으며 아이를 믿고 기다려줄 수 있습니다.

대한민국의 학부모들이라면 누구나 자녀교육과 부동산 투자, 두 가지 모두에서 성공하고 싶은 욕망을 갖고 있을 겁니다. 부디 이 책이 부동산 투자와 자녀의 입시 성공이라는 두 마리 토끼를 모두 잡는 데 좋은 길잡이가 되길 바랍니다.

부록

17개 학군지의 주요 재건축 진행 현황 (2022년 12월 현재)

"서울에 아파트를 앞으로 살 사람은 대부분 재건축 아파트를 구입해야 할 것이다."

많은 부동산 전문가들이 이렇게 말하는데, 이유는 간단하다. 서울에는 새 집을 지을 땅이 없기 때문이다. 기존의 집을 허물고 새로 지을 수밖에 없다. 서울에 살거나 서울 못지않게 교육열이 높고 특목고, 자사고, 영재고 등 대학 입시에서 실적이 뛰어난 지역들도 마찬가지다. 부동산은, 특히 학군이 좋은 지역의 땅은 무한대로 찍어낼 수 없는 공급의 제한이 있다. 바로 부동산의 부증성不增性이다. 결국은 노후된 건물을 부수고 새로 짓는 방법 외에는 없다. 이 재건축 아파트에 사는 방법은 두 가지가 있다. 하나는 기존에 살고 있던 사람들로부터 입주권을 프리미엄을 주고 사는 경우다. 또 한 가지는 용적률을 높여 더 많은 아파트를 짓게 되면 그 늘어난 수만큼 일반분양의 몫이 된다. 이는 철저하게 청약 점수가 높은지에 낮은지에 따라, 그리고 추첨에 따라 결정된다. 무주택자 15년 이상, 부양가족 포함 4인 이상의 가족 등 청약 조건을 맞추기도 쉽지 않은데 경쟁률도 수백 대 일은 기본이고 1,000:1을 넘는 경우도 있다. 결국 학군 때문에 이사를 해야 하는 사람들은 재건축에 관심을 갖지 않고 부동산을 이해한다는 것은 불가능하게 된다.

더욱이 2023년에는 재건축 시장에 호재로 작용할 요인이 있다. 2022년 12월 8일부로 국토교통부는 재건축 안전진단 합리화 방안을 발표했고, 올해 1월부터 시행된다. 개선안에 따르면 안전진단 평가항목의 구조안전성 비중을 50퍼센트에서 30퍼센트로 낮추고 주거환경 점수 비중은 현행 15퍼센트에서 30퍼센트로, 설비노후도의 비중은 현행 25퍼센트에서 30퍼센트로 각각 높였다. 재건축 사업 첫 단계인 안전진단은 '예비안전진단(현지조사)-1차안전진단(안전진단실시)-2차안전진단(적정성 검토)' 순으로 진행되는데, 이 중 1차안전진단 평가항목 중 구조안전성 비중을 낮추고, 1차안전진단 점수 기준을 조정함으로써 2차 안전진단 없이 곧바로 재건축 사업을 시작할 수 있는 길이 열린 것이다. 개선된 평가항목을 적용하면 서울만 하더라도 안전진단을 추진 중인 양천구 목동 신시가지 아파트 2만 4,000여 가구를 비롯해 노원·강동·송파·영등포구 등지의 30년 이상 노후 아파트가 수혜를 볼 것으로 예상된다고 한다. 이후 관심 있는 학군지에서 어떤 단지가 대상이 될 만할지, 시세는 어떻게 움직일지 꾸준히 지켜봐야 할 이유다.

끝으로, 이 책은 부동산 투자를 전문으로 다루는 책이 아니라 입시와 부동산의 융합이므로 재건축에 대해서는 꼭 알아야 할 내용들만 선별해 담았다. 그리고 책에 소개된 각 학군지의 현재 재건축 진행 상황을 표로 제공하고자 한다. 재건축 부동산에 대한 공부를 콤팩트 하게라도 시작해보자.

1. 서울시

① 강남구

지역	사업장명	단지명	진행 단계	총 가구 수 (세대)	분양(입주) 시기
개포동	개포주공4단지	개포자이프레지던스	준공 예정	3,375	2019.12 (2023.02)
	개포주공5단지	-	사업시행인가 예정	1,336	-
	개포주공6·7단지	-	사업시행인가 예정	2,994	-
대치동	대치우성1차	-	사업시행인가 예정	712	-
도곡동	개포한신	-	사업시행인가 예정	819	-
청담동	청담삼익아파트	청담 르엘	공사중	1,261	2023 상반기 (2025.08)

② 서초구

지역	사업장명	단지명	진행 단계	총 가구 수 (세대)	분양(입주) 시기
방배동	방배삼익아파트	아크로리츠카운티	이주중	793	-
	방배5구역	디에이치방배	착공	3,080	2023 (2026 하반기)
	방배6구역	래미안 원페를라	착공	1,097	2023
	방배7구역	-	사업시행인가 예정	276	2024
	방배13구역	방배포레스트자이	이주	2,275	-
	방배14구역	롯데캐슬 르엘	이주	452	-
	방배신동아아파트	-	사업시행인가 준비중	843	-
반포동	신반포15차	래미안원펜타스	착공	641	2023
잠원동	신반포4지구	신반포메이플자이	착공	3,307	2023
서초동	진흥아파트	-	조합설립인가	854	-
	서초신동아 1·2차아파트	대림아크로 클라우드파크	관리처분인가	1,340	2023

③ 송파구

지역	사업장명	단지명	진행 단계	총 가구 수 (세대)	분양(입주) 시기
잠실동	잠실주공5단지	-	조합설립인가	6,605	-
	잠실우성1·2·3차	-	조합설립인가	2,716	-
	잠실우성4차	-	조합설립인가	916	-
신천동	잠실미성크로바	잠실 르엘	착공신고	1,910	-
	잠실진주아파트	잠실래미안아이파크	착공	2,678	2022 상반기
	장미1·2·3차아파트	-	조합설립인가	3,913	-

지역	사업장명	단지명	진행 단계	총 가구 수 (세대)	분양(입주) 시기
마천동	마천5구역	-	추진위원회 설립	2,300	-
가락동	가락삼환아파트	-	조합설립인가	1,136	-
	가락극동아파트	-	조합설립인가	1,080	-
	가락프라자아파트	-	조합설립인가	1,166	-
문정동	가락현대1차	-	조합설립인가	915	-
송파동	가락삼익맨숀	-	사업시행인가 준비중	1,570	-

④ 양천구

지역	사업장명	단지명	진행 단계	총 가구 수 (세대)
목동	목동신시가지	1단지	2차 정밀안전진단(적정성 검토) 진행중	1,882
		2단지	2차 정밀안전진단(적정성 검토) 진행중	1,840
		3단지	2차 정밀안전진단(적정성 검토) 진행중	1,588
		4단지	2차 정밀안전진단(적정성 검토) 진행중	1,382
		5단지	2차 정밀안전진단(적정성 검토) 진행중	1,848
		6단지	2차 정밀안전진단 최종 통과	1,368
		7단지	2차 정밀안전진단(적정성 검토) 진행중	2,550
신정동		8단지	안전진단 통과 후 적정성 검토 신청 전	1,352
		9단지	유지보수(재건축 탈락)	2,030
		10단지	2차 정밀안전진단(적정성 검토) 진행중	2,160
		11단지	유지보수(재건축 탈락)	1,595
		12단지	안전진단 통과 후 적정성 검토 신청 전	1,860
		13단지	2차 정밀안전진단(적정성 검토) 진행중	2,280
		14단지	2차 정밀안전진단(적정성 검토) 진행중	3,100

⑤ 노원구

지역	사업장명	단지명	진행 단계	총 가구 수 (세대)
상계동	상계 주공 아파트	1단지	2차 정밀안전진단(적정성 검토) 진행중	2,064
		2단지	정밀안전진단 진행중	2,029
		3단지	예비안전진단 통과	2,213
		4단지	예비안전진단 통과	2,136
		5단지	조합설립인가	최대 1,271
		6단지	2차 정밀안전진단(적정성 검토) 진행중	2,646

지역	사업장명	단지명	진행 단계	총 가구 수 (세대)
상계동	상계 주공 아파트	7단지	예비안전진단 통과	2,634
		8단지	2020.12 준공(포레나 노원)	1,062
		9단지	예비안전진단 통과	2,830
		10단지	예비안전진단 통과	2,654
		11단지	정밀안전진단 추진	1,944
		12단지	예비안전진단 추진	1,739
		13단지	예비안전진단 통과	939
		14단지	예비안전진단 통과	2,265
		15단지(공무원 임대)	2,100	
		16단지	예비안전진단 통과	2,392
중계동	건영아파트2차	중계건영2차	예비안전진단 통과	742
	중계그린아파트	중계그린	예비안전진단 통과	3,481
	중계무지개아파트	중계무지개	예비안전진단 통과	2,433
하계동	하계장미6단지	하계장미 6단지	1차 정밀안전진단 통과	1,880

⑥ 광진구

지역	사업장명	단지명	진행 단계	총 가구 수 (세대)	분양(입주) 시기
자양동	자양1구역	롯데캐슬리버파크 시그니처	준공 예정	878	2020.07 (2023.07)
	자양7구역	-	사업시행인가 준비	917	-
	자양아파트 가로주택정비	자양하늘채베르	준공 예정	165	2021.02 (2023.02)
중곡동	중곡3동	중곡아파트(공공재건축)	조합설립인가	330	-

⑦ 강동구

지역	사업장명	단지명	진행 단계	총 가구 수 (세대)	분양(입주) 시기
길동	길동신동아1·2차	강동헤리티지자이	준공 예정	1,299	2022.12(2024.06)
천호동	천호3구역	대림이편한세상	착공 예정	535	2023(2025)
	천호우성	-	조합설립인가	625	-
둔촌동	둔촌주공	올림픽파크포레온	준공 예정	12,032	2022.11(2025.01)
명일동	고덕주공9단지	-	2021년 안전진단 탈락	기존 1,320	-
	삼익그린맨션2차	-	조합설립인가	2,740	-

2. 경기도

① 성남시

지역	사업장명	단지명	진행 단계	총 가구 수 (세대)	분양(입주) 시기
중원구	하대원삼남	계룡리슈빌	착공	117	2023.01(2024.05)

주목할 만한 재건축 예상 아파트

지역	아파트명	입주연도	총 가구 수(세대)	용적률(%)	건폐율(%)
분당 수내동	푸른마을신성	1992	630	179	16
	푸른마을쌍용	1993	1,164	179	16
분당 분당동	샛별마을삼부	1992	588	144	17
분당 서현동	효자촌현대	1992	710	185	16
	효자촌동아	1992	648	187	18
	효자촌상환	1992	632	174	15
분당 정자동	한솔마을4단지주공	1994	1,651	148	13
분당 이매동	이매6단지청구	1992	710	174	14

② 안양시

지역	사업장명	단지명	진행 단계	총 가구 수 (세대)	분양(입주) 시기
만안구	안양진흥	안양역 푸르지오더샵	준공 예정	2,736	2022.03(2024.10)
	안양대동아	한신공영	시공자 선정	222	2023

주목할 만한 재건축 예상 아파트

지역	아파트명	입주연도	총 가구 수(세대)	용적률(%)	건폐율(%)
호계동	목련선경	1992	480	186	14
비산동	은하수한양5단지·샛별한양6단지	1993	3,227	167	15
	샛별한양1단지	1993	1,292	198	17
관양동	공작부영	1993	1,710	198	14

③ 수원시

지역	사업장명	단지명	진행 단계	총 가구 수 (세대)	분양(입주) 시기
영통구	영통2구역 매탄주공 4·5단지	영통 자이아이파크	관리처분인가	4,002	2023 하반기
장안구	대우연립주택재건축사업	북수원 하우스토리	준공 예정	135	2022.11 (2023.01)
팔달구	우만동금성	남광교 퍼스트루브루	착공 예정	91	2022.12
장안구	율전동장미6차	-	조합원 분양 신청 중	155	-

④ 고양시

지역	사업장명	단지명	진행 단계	총 가구 수 (세대)	분양(입주) 시기
덕양구	능곡연합	대곡역롯데캐슬 엘클라씨	준공	834	2020.10 (2022.12)
일산서구	일산동 세인아파트	-	사업시행인가 준비중	70	-

주목할 만한 재건축 예상 아파트

지역	아파트명	입주연도	총 가구 수(세대)	용적률(%)	건폐율(%)
일산동	후곡9단지LG롯데	1994	936	182	15
주엽동	문촌마을1단지우성	1994	892	162	15
	강선마을4단지동신	1993	624	162	17
	강선마을8단지럭키롯데	1993	966	183	15
마두동	강촌마을5단지라이프	1992	1,558	163	14
	강촌마을8단지우방	1993	766	184	16
	백마마을3단지금호한양	1995	1,116	181	15

3. 인천시

지역	사업장명	단지명	진행 단계	총 가구 수 (세대)	분양(입주) 시기
미추홀구	남광로얄	-	사업시행인가	711	-
연수구	송도영남	-	사업시행(변경)인가	649	-
부평구	삼산대보	브라운스톤부평	준공 예정	726	2020.07(2023.01)

4. 대구시

지역	사업장명	단지명	진행 단계	총 가구 수 (세대)	분양(입주) 시기
수성구	수성동4가광명	-	관리처분계획인가	158	-
	중동희망지구	-	사업시행인가	910	-
	범어목련	-	정비기본계획변경	281	-
	범어아진	-	조합설립인가	164	-
	범어우방1차	범어아이파크	착공	418	2023.11
	범어우방2차	-	관리처분인가	490	2023

5. 대전시

지역	사업장명	단지명	진행 단계	총 가구 수 (세대)	분양(입주) 시기
서구	탄방동1구역	대전 숭어리샘 자이아이파크	착공	1,974	2023.07
	탄방동2구역	e편한세상 둔산1·2단지	조합해산	776	2018.01(2020.04)
	용문동1·2·3구역	둔산 더샵 엘리프	착공	2,763	2022.11(2025.02)

6. 천안시

지역	사업장명	단지명	진행 단계	총 가구 수 (세대)	분양(입주) 시기
동남구	다가동 주공4단지	천안 극동스타클래스 더 퍼스트	착공	1,225	2021.12(2024.07)
서북구	성정동 남부아파트	-	관리처분인가	149	-

7. 부산시

지역	사업장명	단지명	진행 단계	총 가구 수 (세대)	분양(입주) 시기
동래구	명륜2구역	래미안 마크 더 스위트	착공 예정	550	-
해운대구	반여3-1구역 (왕자맨션·현대4차)	힐스테이트 루센츠	조합설립인가	944	-
	반여4구역(창신)	-	관리처분인가	536	-
	우동1구역(삼호가든)	아크로 원하이드	사업시행인가 진행중	1,481	(2028 입주)
	재송2구역(시영79년)	-	이주중	924	-

8. 광주시

지역	사업장명	단지명	진행 단계	총 가구 수 (세대)	분양(입주) 시기
남구	방림동 삼일	-	사업시행인가	549	-
북구	운암주공3단지	그랑자이포레나	착공 예정	3,214	2023.05